COMENTARIOS REALES

clásicos Castalia

COLECCIÓN FUNDADA POR
DON ANTONIO RODRÍGUEZ-MOÑINO

DIRECTOR
DON ALONSO ZAMORA VICENTE

Colaboradores de los volúmenes publicados:

J. L. Abellán. F. Aguilar Piñal. José M.ª G. Allegra. A. Amorós. F. Anderson. R. Andioc. J. Arce. I. Arellano. J. A. Ascunce. E. Asensio. R. Asún. J. B. Avalle-Arce. F. Ayala. G. Azam. P. L. Barcia. A. J. Battistessa. G. Baudot. H. E. Bergman. A. Blecua. J. M. Blecua. L. Bonet. H. Bonneville. C. Bravo-Villasante. J. M. Cacho Blecua. M. Camarero. M.ª J. Canellada. J. L. Canet. J. L. Cano. S. Carrasco. J. Caso González. E. Catena. B. Ciplijauskaité. A. Comas. E. Correa Calderón. C. C. de Coster. J. O. Crosby. D. W. Cruickshank. C. Cuevas. B. Damiani. A. Delgado Gómez. A. B. Dellepiane. G. Demerson. A. Dérozier. J. M.ª Díez Borque. F. J. Díez de Revenga. R. Doménech. J. Dowling. A. Duque Amusco. M. Durán. P. Elia. I. Emiliozzi. H. Ettinghausen. A. R. Fernández. R. Ferreres. M. J. Flys. I.-R. Fonquerne. S. Fortuño Llorens. E. I. Fox. V. Gaos. S. García. C. García Barrón. L. García Jambrina. L. García Lorenzo. M. García-Posada. D. T. Gies. G. Gómez-Ferrer Morant. A. A. Gómez Yebra. J. González-Muela. F. González Ollé. F. Gutiérrez Carbajo. G. B. Gybbon-Monypenny. A. Hermenegildo. R. Jammes. E. Jareño. P. Jauralde. R. O. Jones. J. M.ª Jover Zamora. A. D. Kossoff. T. Labarta de Chaves. M.ª J. Lacarra. J. Lafforgue. C. R. Lee. I. Lerner. J. M. Lope Blanch. F. López Estrada. L. López-Grigera. L. de Luis. I. R. Macpherson. F. C. R. Maldonado. N. Marín. E. Marini-Palmieri. R. Marrast. J. M. Martínez Cachero. F. Martínez García. M. Mayoral. D. W. McPheeters. G. Mercadier. Th. Mermall. W. Mettmann. I. Michael. M. Mihura. M. T. Mir. C. Monedero. J. Montero Padilla. H. Montes. J. F. Montesinos. E. S. Morby. L. A. Murillo. R. Navarro Durán. A. Nougué. G. Orduna. B. Pallares. J. Paulino. J. Pérez. M. A. Pérez Priego. J.-L. Picoche. A. Piedra. J. H. R. Polt. A. Prieto. E. Pupo-Walker. A. Ramoneda. M. I. Resina Rodrigues. J.-P. Ressot. R. Reyes. J. V. Ricapito. F. Rico. C. Richmond. D. Ridruejo. E. L. Rivers. J. Rodríguez-Luis. J. Rodríguez Puértolas. E. Rodríguez Tordera. L. Romero. V. Roncero López. J. M. Rozas. J. M. Ruano de la Haza. E. Rubio Cremades. F. Ruiz Ramón. C. Ruiz Silva. P. E. Russell. G. Sabat de Rivers. C. Sabor de Cortázar. F. G. Salinero. J. Sanchis-Banús. R. P. Sebold. D. S. Severin. F. Sevilla Arroyo. D. L. Shaw. S. Shepard. M. Smerdou Altolaguirre. G. Sobejano. N. Spadaccini. O. Steggink. G. Stiffoni. R. B. Tate. J. Testas. A. Tordera. J. C. de Torres. I. Uría Maqua. J. M.ª Valverde. D. Villanueva. S. B. Vranich. F. Weber de Kurlat. K. Whinnom. A. N. Zahareas. A. Zamora Vicente. A. F. Zubizarreta. I. de Zuleta.

INCA GARCILASO DE LA VEGA

COMENTARIOS REALES

Edición, selección,
introducción y notas
de
MERCEDES SERNA

clásicos castalia

Madrid

Copyright © Editorial Castalia, S.A., 2000
Zurbano, 39 - 28010 Madrid - Tel.: 91 319 89 40 - Fax: 91 310 24 42
Página web: http://www.castalia.es

Cubierta de Víctor Sanz

Impreso en España - Printed in Spain

I.S.B.N.: 84-7039-855-5
Depósito Legal: M. 2.068-2000

*Queda prohibida la reproducción total o parcial de este libro, su inclu-
sión en un sistema informático, su transmisión en cualquier forma o por
cualquier medio, ya sea electrónico, mecánico, por fotocopia, registro
u otros métodos, sin el permiso previo y por escrito de los titulares del
Copyright.*

SUMARIO

INTRODUCCIÓN BIOGRÁFICA Y CRÍTICA … … … … … …   9

    Vida del autor … … … … … … … … … … … …   9
    Obras del Inca Garcilaso   … … … … … … … …   23
    "Comentarios reales"   … … … … … … … … …   32

NOTICIA BIBLIOGRÁFICA   … … … … … … … … … … …   83

BIBLIOGRAFÍA SELECTA … … … … … … … … … … … …   85

NOTA PREVIA … … … … … … … … … … … … … … …   93

COMENTARIOS REALES   … … … … … … … … … … …   95

    Proemio al lector … … … … … … … … … … …   97
    Advertencias   … … … … … … … … … … … …   101
    Libro primero   … … … … … … … … … … … …   105
    Libro segundo   … … … … … … … … … … … …   169
    Libro tercero   … … … … … … … … … … … …   231
    Libro cuarto … … … … … … … … … … … … …   271
    Libro quinto … … … … … … … … … … … … …   307
    Libro sexto   … … … … … … … … … … … … …   339
    Libro séptimo   … … … … … … … … … … … …   371
    Libro octavo … … … … … … … … … … … … …   413
    Libro nono   … … … … … … … … … … … … …   435

APÉNDICE   … … … … … … … … … … … … … … …   481

ÍNDICE DE LÁMINAS … … … … … … … … … … … …   495

A Michael Maudsley

INTRODUCCIÓN

BIOGRÁFICA Y CRÍTICA

VIDA DEL AUTOR

La lápida funeraria de la tumba de Garcilaso de la Vega, sita en la catedral de Córdoba, en España, resume muy bien la vida del fallecido: su ascendencia ilustre, su mestizaje y su formación y espíritu renacentistas reflejados en su dedicación a las armas y letras (tomando ora la espada, ora la pluma), en su labor de traductor (siguiendo el método filológico de la época renacentista) y en su espíritu religioso. Éstas son las palabras inscritas sobre la piedra mortuoria:

> Varón insigne digno de perpetua memoria: ilustre en sangre: perito en letras: valiente en armas: hijo de Garcilaso de la Vega: de las casas de los Duques de Feria e Infantado, y de Elizabeth Palla: comentó *La Florida*: tradujo a León Hebreo y compuso los Comentarios reales. Vivió en Córdoba con mucha religión: murió ejemplar: dotó esta capilla: enterróse en ella: vinculó sus bienes al sufragio de las ánimas del purgatorio: son patrones perpetuos los señores deán y cabildo de esta Sta. Iglesia. Falleció el 22 de abril de 1616. Rueguen a Dios por su ánima.[1]

---

[1] Véase el prólogo de Ricardo Rojas a *Comentarios reales*, edición al cuidado de Ángel Rosenblat, del Instituto de Filología de la Universidad de Buenos Aires, Buenos Aires, Emecé Editores, vol. I, p. VII.

Garcilaso no cejó en el empeño de contar su propia vida —haciendo especial hincapié en sus orígenes y antecedentes—, tal como puede comprobarse en su opúsculo *Genealogía de Garci-Pérez de Vargas*, linaje al que pertenece su padre, así como en sus obras literarias.[2] Su vida se caracteriza por una extrema preocupación, en ocasiones verdadero celo, por documentar su procedencia y por conocer la historia y el regio árbol genealógico de sus antecedentes maternos, los incas del Perú. Al mismo tiempo, silenciará hechos de su familia y del imperio inca que pudieran manchar o profanar el recuerdo o que no se inscriban en un concepto edificante de la historia. Estas omisiones vendrán apoyadas por el ejemplo tanto de la herencia clásica como de la tradición historiográfica inca. De esta manera, desvelar aquello que silencia sobre su vida en sus obras literarias deviene tan fundamental como retener aquello que cuenta, para acercarnos a un estudio íntegro del Inca y de sus *Comentarios reales*.

Fue su padre Garci-Lasso de la Vega, hombre de linaje relacionado por sus ascendientes con escritores españoles ilustres como el marqués de Santillana, los Manrique, el canciller López de Ayala, Fernán Pérez de Guzmán o el poeta español Garcilaso de la Vega.[3] El padre del futuro Inca Garcilaso, el capitán Sebastián Garcilaso de la Vega, vinculado a la nobleza castellana y extremeña, debió de pasar a América sobre 1530 o 1531, participó con Francisco Pizarro en la conquista del Perú y murió después de

---

[2] Sobre la genealogía y vida del Inca Garcilaso, véase Raúl Porras Barrenechea, *El Inca Garcilaso en Montilla (1561-1614)*, Lima, Editorial San Marcos, 1955; John Grier Varner, *El Inca: The life and times of Garcilaso de la Vega*, Austin, University of Texas Press, 1968; Aurelio Miró Quesada, *El Inca Garcilaso y otros estudios garcilasistas*, Madrid, Ediciones Cultura Hispánica, 1971. En los *Comentarios reales* aparecen numerosos datos de carácter autobiográfico que comentamos en las correspondientes notas a pie de página.
[3] Sobre dicha ascendencia véase Miró Quesada, *ob. cit.*, pp. 13-15.

haber guerreado allí unos treinta años. Personaje importante en el Cuzco, sus actividades y cargos —la Audiencia
le nombró corregidor y justicia mayor del Cuzco en
1554— servirían a su hijo para conocer de cerca los entre-
sijos del ambiente colonial español.[4] Como en muchos
otros casos de conquistadores españoles,[5] el capitán Garcilaso de la Vega se unió con una mujer indígena de descendencia real, una "princesa del Sol" llamada Chimpu
Ocllo, futura madre de nuestro autor.[6] Orgulloso de su
prosapia indígena,[7] el Inca Garcilaso contará en su *Genealogía* cómo su madre, doña Isabel Chimpu Ocllo, fue
hija del Huallpa Túpac Inca, cuarto hijo legítimo del emperador Túpac Inca Yupanqui y de la Coya Mama Ocllo, y

---

[4] Aurelio Miró Quesada, en el prólogo a su edición de los *Comentarios reales* (Caracas, Ayacucho, 1985, p. XI), señala al respecto: "El pequeño mestizo vio así cómo su padre partía aceleradamente a Lima cuando la rebelión de Gonzalo Pizarro; cómo Diego Centeno, con las tropas
realistas, hacía su entrada en el Cuzco antes de su derrota de Huarina; con
qué boato Gonzalo Pizarro lucía su pendón de rebeldía y Francisco de
Carvajal iba y venía en su mula bermeja con su albornoz morado que le
cubría a la morisca; y cómo sólo unos meses después el Pacificador don
Pedro de La Gasca celebraba desde el 'corredorcillo largo y angosto' de la
casa de Garcilaso las fiestas por la victoria sobre el mismo Gonzalo en Xaquixahuana."

[5] Hubo varios casos de conquistadores españoles que se unieron con
princesas del Sol: Beatriz Ñusta se casó con Mancio Sierra de Leguizamo;
Inés Ñusta tuvo dos hijos de Francisco Pizarro; Francisca Ñusta tuvo un
hijo con Juan Collantes; Angelina Ñusta fue madre de Juan de Betanzos,
maestro de quechua, cuyo nombre era el de su padre; Luis de Valera en-
gendró, en una mujer de la corte de Atahualpa, a Blas Valera, clérigo e historiador cuyos manuscristos conoció y aprovechó Garcilaso.

[6] Garcilaso, en su opúsculo *Genealogía de Garci-Pérez de Vargas*, explica: "Húvome en una india llamada doña Isabel Chimpu Ocllo; son dos
nombres, el cristiano y el gentil, porque los indios y las indias en común,
principalmente los de sangre real, han hecho costumbre de tomar por
sobrenombre, después del bautismo, el nombre propio o apelativo que
antes de él tenían."

[7] En *Comentarios reales* (IX, 38) documenta Garcilaso: "Mi madre
fue sobrina, hija de un hermano suyo, legítimo de padre y madre, llamado
Huallpa Túpac Inca Yupanqui."

hermana de Huayna Cápac Inca, último rey del Perú. De esta sobrina del inca Huayna Cápac, Chimpu Ocllo, y del capitán Garcilaso de la Vega, nació el 12 de abril de 1539 Gómez Suárez de Figueroa, quien a partir de 1563 cambiará su nombre por el de Inca Garcilaso de la Vega.[8]

Sus primeros estudios, como él mismo documentará, estuvieron a cargo de Juan de Alcobaza.[9] Pasó, seguidamente, por diversos preceptores de latín, hasta asentarse en un colegio de indios nobles que se fundó, para esta primera generación de mestizos, en el Cuzco.[10] Allí cursó estudios el Inca Garcilaso junto con sus primos Carlos y Felipe, bajo el magisterio del padre Juan de Cuéllar,[11] docto en latín.

Por esta época, el Inca Garcilaso —por su identidad española Gómez Suárez de Figueroa— vivió junto a su padre los graves motines, rebeldías y perturbaciones que

---

[8] En *Historia General del Perú* él mismo lo anota en distintas ocasiones: "Yo nací el de mil y quinientos y treinta y nueve" (II, 25); también hay referencias a la celebración de su onomástica (IV, 42). De aquí en adelante le llamaremos el Inca Garcilaso.

[9] Juan de Alcobaza fue un amigo de la familia que crió, además de a sus propios hijos, al Inca Garcilaso.

[10] Aurelio Miró Quesada (*El Inca Garcilaso...*, pp. 48-49) señala al respecto: "En las clases de Cuéllar, el hijo de Garcilaso alternó con un enjambre movido y bullicioso de compañeros de su edad. Sólo uno, al parecer, era criollo, o hijo de padre y de madre españoles: Gonzalo Mexía de Figueroa, hijo de Lorenzo Mexía de Figueroa y de Leonor de Bobadilla [...]. Todos los demás eran mestizos o indios descendientes de la familia imperial de los Incas: Carlos Inca, hijo del Inca Paullu; Juan Serra de Leguizamo, hijo de Mancio Serra y de Beatriz Coya, hija, a su vez, de Huayna Cápac; Juan Balsa, descendiente de Juan Balsa el almagrista y de otra hija de Huayna Cápac, Leonor Coya; el hábil Felipe Inca; los hijos de Pedro del Barco, cuya casa se había edificado en parte del antiguo Acllahuasi; Pedro y Francisco Altamirano, hijos del extremeño Antonio Altamirano, conquistador de los primeros; Juan de Cillorico; Bartolomé Monedero; Diego de Vargas [...]; Francisco Pizarro (hijo del Marqués y de Doña Angelina), con quien si no compitió en letras disputó en juegos de destreza, en carreras y saltos."

[11] Juan de Cuéllar, natural de Medina del Campo, fue canónigo de la catedral del Cuzco.

ocurrieron en el Cuzco, motivados por las luchas entre el individualismo de los conquistadores y el poder de la Corona española. Engrandeciendo la figura de su padre, recordará en sus obras literarias las reformas urbanas que se llevarían a cabo a raíz del nombramiento de su padre como corregidor del Cuzco, en 1554.[12]

Como era costumbre y siguiendo recomendaciones de la Corona, que no veía con buenos ojos matrimonios mixtos o de distinta procedencia social y cultural, el padre del Inca Garcilaso se casó el 24 de junio de 1549 con doña Luisa Martel de los Ríos, una joven panameña nacida en enero de 1535.[13] La madre del Inca, Chimpu Ocllo —quizá alentada por el propio padre de su hijo— contraería, seguidamente, matrimonio con Juan del Pedroche.[14] El Inca Garcilaso, no obstante, silenciará en sus *Comentarios reales* tales sucesos que deshonraban tanto el nombre de su padre como el suyo propio. No obstante, parece que siguió viviendo en la casa paterna, relacionándose con los hombres de conquista que rodeaban a su padre,[15] sin por ello perder los vínculos tan estrechos que tuvo con su madre y

---

[12] Así, en VI, 4, el Inca Garcilaso, en calidad de testigo presencial de lo que narra, comenta: "Siendo mi padre corregidor en aquella ciudad, después de la guerra de Francisco Hernández Girón, por los años de mil y quinientos y cincuenta y cinco y cincuenta y seis, llevaron el agua que llaman de Ticatica [...]"

[13] Señala John Grier Varner (*ob. cit.*, pp. 108 y ss.): "Nacida en Panamá en enero de 1535, Luisa Martel fue la hija mayor del administrador del rey, Gonzalo Martel de la Puente, y de su legítima mujer, Francisca Lasso de Mendoza." (La traducción es mía.)

[14] Sobre Juan Pedroche, véase John Grier Varner (*ob. cit.,* pp.105-106).

[15] El Inca Garcilaso serviría a su padre como escribiente de cartas. A estas informaciones se une el contacto que mantuvo con los parientes paternos (Antonio de Quiñones, Juan Julio de Hojeda, Pedro Luis de Cabrera), así como con personalidades, caballeros y personajes de la conquista (Diego Maldonado, Lorenzo de Aldana, Tomás Vásquez, Jerónimo Costilla o Mancio Serra de Leguizamo), tal como testifica en sus *Comentarios reales*.

parientes maternos y que tanto le servirían para la composición de sus *Comentarios reales*.[16]

El 18 de mayo de 1559 moría el capitán Garcilaso de la Vega dejando a su hijo natural, tal como consta en su disposición testamentaria, y a un tal García Suárez de Figueroa, en dos partes iguales, la chácara (alquería) de coca de Avisca. Tal repartimento lleva a pensar que el tal García Suárez de Figueroa debió de ser un hermano del Inca Garcilaso, aunque nunca reconocido.

En enero de 1560, con veintiún años de edad, parte del Cuzco a España el Inca Garcilaso, aún llamado Gómez Suárez de Figueroa. Ni él mismo sabía que nunca más volvería a su país, ni a encontrarse con su madre. En un viaje que aparece bien detallado en sus *Comentarios reales*, el Inca hizo el trayecto hacia Lima, rumbo Panamá. Cruzado el istmo de Panamá, pasó a Cartagena de Indias, a Lisboa (donde, nos cuenta, estuvo a punto de perder la vida), y llegó a España. En Extremadura visitó a sus parientes paternos. Tras su paso por Sevilla, se establecería en Montilla, Córdoba, bajo la tutela de su tío paterno el capitán Alonso de Vargas. De él recibirá el apoyo fundamental y decisivo para asentarse en tierras españolas. Su estancia en Montilla comprende desde 1561 a 1591, año éste en que se trasladó a Córdoba.[17]

Su viaje a España tenía un claro motivo: ir a la Corte a pedir compensaciones o mercedes por los servicios prestados por su padre y por la restitución patrimonial de su

[16] Entre la variedad de las fuentes que registran los *Comentarios reales*, es fundamental la información recogida de los parientes maternos. El Inca testifica la importancia de sus conversaciones con su madre, con su tío materno Fernando o Francisco Huallpa Túpac Inca Yupanqui, con los capitanes de su tío abuelo el inca Huayna Cápac, Juan Pechuta y Chauca Rimachi. Estos diálogos y conversaciones son los que dan a la crónica su carácter intimista y autobiográfico, de cosa vivida. Véanse al respecto, los capítulos I, 15; I, 16; III, 21; IX, 15; IX, 38.

[17] Véase Raúl Porras Barrenechea, *El Inca Garcilaso en Montilla (1561-1614)*.

madre Chimpu Ocllo. Según don José de la Torre y del Cerro, el Inca Garcilaso debió de pasar los años de 1562 y 1563 en Madrid, para conseguir ante el Consejo de Indias el logro de sus peticiones.[18] Siguiendo su propio testimonio, sus peticiones fueron desoídas por culpa de las declaraciones del licenciado Lope García de Castro, presidente del Consejo y futuro Gobernador del Perú, quien declaró que el capitán Garcilaso había prestado su caballo "Salinillas" al rebelde Gonzalo Pizarro, en la batalla de Huarina, salvándole, de esta manera, la vida. De nada servirían las palabras de Garcilaso negando tales hechos y calificándolos de falsos testimonios. Ni el rey ni el Consejo de Indias accederían a sus pretensiones. Más sería su amargura y su frustración al saber que tales testimonios nunca podrían ser tachados de falsos ni levantados porque así constaba en las relaciones oficiales a cargo de Diego Fernández, el Palentino, y de Agustín de Zárate. La frase de quien había levantado el falso testimonio contra su padre, Lope García de Castro —"lo que está escrito por los historiadores no puede negarse"—, debió de convertirse en un buen revulsivo para la elaboración de sus *Comentarios reales:* corregir a los cronistas y restituir la verdad, historiarla y hacerla respetable por la autoridad que confiere la palabra escrita.

Tras el fracaso de su empresa, Gómez Suárez tuvo la intención de regresar a Perú. No obstante, por motivos que se desconocen, nunca realizó ese viaje de vuelta,[19] y se

[18] Fechas que se suponen por las referencias que aparecen en VII, 10 ("A este caballero vi en la corte de Madrid, año de mil y quinientos y sesenta y dos"), y en VIII, 23 ("este mozo —que yo conocí— estuvo en Madrid año de mil y quinientos y sesenta y dos y sesenta y tres").
[19] Señala al respecto Aurelio Miró Quesada (*El Inca Garcilaso...*, p. 361): "Por un momento quiso regresar al Perú. Es posible que hubiera querido hacer el viaje con el Provincial de la Merced en el Cuzco, Fray Juan de Vargas, con quien estuvo en Madrid y a quien sirvió como testigo en una información para el paso de veinte mercedarios a Conventos peruanos. En todo caso, el 27 de junio de 1563, una Real Cédula expedida

instaló de nuevo en Montilla junto a su protector Alonso
de Vargas, a partir de 1563. Montilla será el lugar de su residencia hasta 1591, con breves ausencias motivadas por
su participación en las guerras de la época.

Gómez Suárez de Figueroa cambiará entonces su nombre por el de Garcilaso de la Vega.[20] Comenzaba una nueva etapa que perseguía la consolidación de su persona como un hombre de armas y letras y que, simbólicamente, se
iniciaba con la primera transformación apreciable: el cambio de nombre, tomando el de su padre, el capitán Garcilaso de la Vega, hermano de Alonso de Vargas.[21] Este último se había casado unos años antes, en 1556, siendo ya
viejo, con doña Luisa Ponce de León, y de esta manera
emparentó a Garcilaso con el futuro escritor español Luis

---

en Madrid concedió licencia, entre otras cosas, 'para que los oficiales de
Sevilla dexen pasar al perú a gomez xuarez de figueroa hijo de garcilasso
de la vega que sirvio en aquella tierra, dando ynformacion en forma' "
(AGI, Lima, 568, ffs. 357v.-358). No se sabe si al cabo se le obstaculizó
dicha licencia, si perdió la flota que partió de Sevilla, si no quiso embarcarse en el galeón en que viajó después precisamente el mismo Lope García de Castro que había portado su solicitud ante el Consejo de Indias, o si
simplemente desistió de viajar por otro motivo que aún se ignora."

[20] El cambio de nombre lo aduce Raúl Porras Barrenechea (*ob. cit.*,
p. XV) al consejo de su tío Alonso de Vargas. Según Porras Barrenechea,
Alonso de Vargas no vería con buenos ojos que su sobrino, un mancebo
humilde y desconocido, utilizara el mismo nombre que tenía un importante magnate de Montilla así como el apelativo que correspondía a los
primogénitos de los Condes de Feria, ligados íntimamente con los Marqueses de Priego. El tío —continúa Porras— "aconsejaría al sobrino adop-
tar el nombre de su hermano y tomar el glorioso apelativo de Garcilaso de
la Vega que empieza a usar, poco más o menos, desde 1563."

[21] Así resume Raúl Porras Barrenechea esta nueva época que dará como fruto imperecedero la consagración de un gran cronista: "El cambio
del nombre y el momento psicológico en que lo realiza, probablemente
después de habérsele denegado el permiso para volver al Perú, es significativo de un decisivo vuelco espiritual: el joven pupilo de don Alonso de
Vargas ha decidido ser español, romper con las Indias del mar oceánico y
olvidarse del indiano mestizo Gómez Suárez de Figueroa. Vivirá en Montilla al lado de su tío don Alonso de Vargas. Su aspiración es, por entonces,
aprender la carrera de las armas y ser Capitán español", *ob. cit.*, p. XVI.

de Góngora y Argote.[22] Alonso de Vargas será quien decida, prácticamente, el futuro de su sobrino. Como todo vecino de Montilla, Garcilaso se someterá al mandato de los señores de Aguilar y marqueses de Priego. Su situación es la de un "criado noble dependiente de la magnanimidad y de la protección de su tío y de los señores de la villa", pues no es ni un hidalgo completo, ni español, ni indio, ni vecino, ni pechero, ni forastero. Es el sobrino del hidalgo español don Alonso de Vargas y vivirá en la casa familiar de éste, bajo su protección económica.

Las campañas militares llevadas a cabo confirmarán el deseo de Garcilaso de la Vega de seguir el camino de su padre y de su tío, que, como buen hidalgo, y según cuenta nuestro autor, gastó "treinta ocho años de vida peleando contra los moros, turcos y herejes y contra los enemigos de la Corona de España."

En 1564 sirvió en el ejército en Navarra y en Italia, y, en 1568, en la campaña contra los moros rebeldes de las Alpujarras, en una intervención corta pero que le otorga el grado de capitán. En marzo de 1570 regresaría, nuevamente, a Montilla para asistir a la muerte de su tío don Alonso de Vargas, cuyos bienes, por disposición testamentaria, quedaron para su esposa doña Luisa Ponce de León y, a la muerte de ésta, debían repartirse, por mitad, entre su hermana doña Isabel de Vargas y "el señor Garcilaso de la Vega mi sobrino residente en esta villa." Hasta 1587 éste no podrá recoger la herencia que le permitirá, en paz y reposo económico, escribir los *Comentarios reales*. Entre tanto, viviría con cierta angustia de ánimo, pues a sus penurias económicas —aireadas constantemente en sus escritos— se añadiría su precaria y confusa situación social, perdido el amparo de su tío. A la muerte de éste le

---

[22] Luisa Ponce de León, de ilustre familia cordobesa, era hija de Alonso de Argote y de Leonor de Angulo. Luisa era hermana del futuro padre del poeta español Luis de Góngora y Argote, don Francisco de Argote.

sigue la no menos trágica noticia de la muerte de su madre, ocurrida allá en el Perú, en 1571. La muerte de Chimpu Ocllo, de la que tiene noticia en 1573, rompe el último lazo, el más hondo, con su patria nativa. Perdido el nombre con el que vivió toda su niñez en el Cuzco —Gómez Suárez de Figueroa— y perdido el vínculo más emotivo, le quedará la escritura como único medio de identificación y unión con sus ascendientes y su patria. La escritura le ubicará y le otorgará un lugar principal en la historia del pueblo inca.

Tras la muerte de su tío, sale de nuevo para la guerra del reino de Granada y en julio del mismo año se halla de regreso en Montilla, donde residirá casi sin interrupción, en la casa de su difunto tío, dedicado posiblemente a la administración de los bienes de doña Luisa de Ponce de León, ocupado en vigilar las viñas y propiedades familiares, en la crianza de caballos y en la lectura.

Sobre 1587 se inicia el apartamiento del Inca Garcilaso de Montilla. Tras algunas reapariciones, en octubre de 1591 vende la casa y se instala definitivamente en la ciudad de Córdoba.

Estos años fueron propicios para la lectura y el estudio. En Montilla se forjarán sus dos primeras obras y el inicio de los *Comentarios reales.* La traducción de los *Dialoghi d'amore* de León Hebreo, cuya dedicatoria está fechada el 19 de enero de 1586, se escribió en dicha ciudad.

Rodeado de un ambiente proclive al estudio y la lectura, en el retraimiento y el silencio, el Inca Garcilaso dio en leer el libro de León el Hebreo. La suavidad y dulzura de su filosofía le cautivaron de tal modo que se puso a la tarea de traducirlo. A la afinidad espiritual que sentía por el concierto que hallaba con la filosofía neoplatónica de los *Dialoghi*, se unía el hecho de que era una buena manera, tal como él confiesa, de matar la ociosidad, "que por beneficio no pequeño de la fortuna me faltan haciendas de campo y negocios de poblado, de que no le doy pocas gracias."[23]

Así, lo que había iniciado de forma placentera, por deleite y recreación, se le trocó en arduo trabajo y cuidado. El Inca Garcilaso debió de ir filosofando conjuntamente con el autor de los *Dialoghi*. La filosofía desprendida y la labor de traducción, siguiendo el método filológico de su época, influirían de forma decisiva en los *Comentarios reales*. Animado —nos cuenta él mismo en el prólogo a su traducción— por maestros y eruditos, jesuitas y agustinos, teológos y personas graves,[24] prosiguió con su traducción recurriendo a los consejos del hebraísta padre Jerónimo de Prado, natural de Úbeda.

En 1590 se publica su traducción con una dedicatoria a Felipe II, de tono festivo y con solemne memorial de servicios. Como será característico de toda su producción literaria posterior, Garcilaso, en dicha dedicatoria, hace mención de su propia persona destacando su prosapia indígena así como los servicios prestados a la Corona por parte de su padre, conquistador y poblador de los reinos y provincias del Perú. A sus ascendientes más inmediatos, agrega el ser sobrino del capitán Alonso de Vargas.

---

[23] Prólogo a la traducción de los *Dialoghi d'amore*.
[24] El Inca Garcilaso en su prólogo a la traducción de los *Dialoghi d'amore* especifica: "Y habiéndome entretenido algunos días en este ejercicio, lo vino a saber el padre Agustín de Herrera, maestro en santa Teología y erudito en muchas lenguas, preceptor y maestro de don Pedro Fernández de Córdoba y Figueroa, marqués de Priego, señor de la casa de Aguilar, y el padre Jerónimo de Prado de la Compañía de Jesús, que con mucha aceptación hoy lee escritura en la real ciudad de Córdoba, y el licenciado Pedro Sánchez de Herrera, teólogo, natural de Montilla, que años ha leyó Artes en la imperial Sevilla y a mí me las ha leído en particular, y últimamente lo supo el padre Fernando de Zárate, de la orden y religión de San Agustín, insigne maestro en santa Teología, catedrático jubilado de la Universidad de Osuna, y otros religiosos y personas graves que por no cansar a V. S. no las nombro. Todos ellos me mandaron e impusieron con gran instancia que pasase adelante en esta obra [...]"

En la publicación de 1590 de la traducción de los *Dialoghi* aparece, por primera vez, Garcilaso de la Vega con el título de Inca. La traducción fue recibida con el aplauso del público y la estima de los doctos, aunque la soñada reimpresión nunca se realizó, a pesar de que el traductor dio poderes para ello al escribano Juan de Morales.

Entre 1586 y 1589, según Porras Barrenechea,[25] escribiría su segundo trabajo, *La Florida*, obra que recoge la relación que Gonzalo Silvestre proporcionó al Inca Garcilaso sobre la expedición del gobernador y adelantado Hernando de Soto a esa tierra. Tal como cuenta el autor en el proemio de la obra, el temor a que su relator Gonzalo de Silvestre —hombre ya viejo y con dolencias— o él mismo perecieran, hizo que, en 1588, se trasladara de Montilla a Las Posadas, donde vivía su confidente, para acelerar la realización de la obra.[26] Los documentos publicados por José de la Torre y del Cerro demuestran que el capitán Gonzalo Silvestre falleció en Las Posadas en 1592.[27]

En carta fechada en marzo de 1587 dirigida a Maximiliano de Austria, Garcilaso declara que está por acabar la historia de *La Florida*, "que ya está escrita mas que la cuarta parte della." El 7 de noviembre de 1589, en una nueva dedicatoria al rey fechada en Las Posadas, informa que ha terminado de escribirla.

Con *La Florida* empieza la tarea del Inca Garcilaso de rescate de los hechos heroicos que la historia no debe olvi-

---

[25] Porras Barrenechea da por terminada *La Florida* en 1589, Eugenio Asensio en 1592, Durand en 1599, y en 1596 Miró Quesada. Véase al respecto Raúl Porras Barrenechea, *ob. cit.*, p. XXXII; A. Miró Quesada, *El Inca Garcilaso...*; José Durand, "Dos notas sobre el Inca Garcilaso", *Nueva Revista de Filología Hispánica*, III, 1949, p. 282; Eugenio Asensio, "Dos cartas desconocidas del Inca Garcilaso", en *Nueva Revista de Filología Hispánica*, México, VII, 1954, pp. 583-593.

[26] Sobre las relaciones entre el Inca Garcilaso y Gonzalo Silvestre véase el estudio de Varner, *ob. cit.*, pp. 114-115.

[27] Don José de la Torre y del Cerro, *El Inca Garcilaso de la Vega*, Madrid, 1935.

dar. Su labor, según él mismo dejó escrito en el proemio, era "la del escribiente" que vuelca y ordena en el papel la relación que le proporcionaron Gonzalo Silvestre y otros dos soldados, testigos de vista que se hallaron en la misma jornada, llamados Alonso de Carmona y Juan Coles.

El estímulo que recibió el Inca Garcilaso de historiadores y arqueólogos andaluces viene documentado en una carta escrita por éste y dirigida al licenciado Juan Fernández Franco, gobernador de los estados del marqués del Carpio y residente en Bujalance, fechada en 1592.[28]

Por esta época, el Inca Garcilaso vive en Córdoba. Desde 1588 había ya ausencias prolongadas de Montilla y en 1590, vendida la casa familiar, figura ya en Córdoba. Según Porras Barrenechea,[29] su marcha de Montilla a Córdoba vino motivada por el mejoramiento de su situación económica, que le permitió vivir en un ambiente intelectual más dilecto, así como por la necesidad de terminar y ver impresas sus obras.

Ya cuando se afincó en Córdoba habría nacido su hijo natural Diego de Vargas Lasso de la Vega. La madre era la sirvienta del Inca Garcilaso, Beatriz de Vega o de la Vega. Este hijo debió de crecer en Córdoba. No obstante, nuestro autor —sin seguir el ejemplo de su padre— ocultará siempre su paternidad y jamás le reconocerá en sus escritos en calidad de hijo propio. En Córdoba asume el cargo de Mayordomo del Hospital de la Limpia Concepción.

---

[28] "La historia de *La Florida* tengo acabada, gracias a Nuestro Señor, aunque se detiene por falta de escribientes que la saquen en limpio. Espero en su Divina Majestad servir a v. m. con ella en todo el año que viene, para que v. m. la favorezca, como favoreció el señor doctor Ambrosio de Morales la cuarta parte della juntamente con el Hebreo que su merced alcanzó a ver en sus postreros días: en los cuales merecí besarle las manos, y fue tanta la merced que me hizo, que me adoptó por hijo y tomó por suyos mis trabajos, y se llevó Dios cuando más lo hube menester." Eugenio Asensio, art. cit.

[29] *Ob. cit.,* p. XXXII.

En la ciudad andaluza, el Inca Garcilaso acrecienta su biblioteca y se relaciona con eminentes figuras intelectuales, anticuaristas y humanistas como Juan Fernández Franco y diversos padres de la Compañía de Jesús, con el prestigio de una cultura sólida y de una formación severa que tales vínculos conlleva. Como explica Miró Quesada, los jesuitas harán, al mismo tiempo, de "censores" de los escritos del Inca Garcilaso.

El padre jesuita Juan Pineda le instó a preparar un comentario sobre las *Lamentaciones de Job*, en un deseo de devolver a su sentido espiritual el texto que había sido objeto de interpretaciones de tipo amoroso por parte del poeta Garci Sánchez de Badajoz. La tarea, no obstante, no se llevó a cabo por un inesperado viaje que, en ese momento, tuvo que realizar el Inca Garcilaso.

El padre Maldonado entregó a Garcilaso, en 1598,[30] el manuscrito de la famosa e incompleta *Historia del Perú*, de Blas Valera, obra valiosa para la composición de sus *Comentarios reales*.

En Córdoba conoció, asimismo, al padre jesuita Francisco de Castro, catedrático de retórica y prefecto del colegio de Santa Catalina de Córdoba. El Inca Garcilaso dio a leer a dicho catedrático de retórica sus *Comentarios reales*, como también a Bernardo de Aldrete o Alderete, arqueólogo, literato, teólogo, canonista, hombre dedicado a los estudios lingüísticos y, quizás, el "más eminente filólogo que hubo en Europa hacia 1600."[31]

Sobre 1597, el Inca Garcilaso debió de recibir órdenes menores que le vincularían aun más a los jesuitas y eclesiásticos cordobeses y andaluces.

---

[30] Así consta en los *Comentarios reales* (I, 6). Sobre el padre Blas Valera puede leerse en *Monumenta Peruana*, edición de Antonio de Egaña, Roma, 1954, vol. I, pp. 283-284, 446, 512. Para la polémica sobre Valera, véase José de la Riva Agüero, *La Historia en el Perú*, Lima, 1910, pp. 13-32.

[31] José Durand, *El Inca Garcilaso, clásico de América*, México, SepSetentas, 1976, p. 21.

En 1604, terminada su historia de los incas del Perú, decidió enviarla a Portugal para que se imprimiera allí, junto con *La Florida*. El título de *Comentarios reales* ya aparece en las dos licencias o aprobaciones que permitían su publicación. *La Florida del Ynca* se publicó definitivamente en 1605. Excluía del texto el escrito *Relación de la descendencia del famoso Garcí Pérez de Vargas*, que debía, en principio, formar parte de los capítulos iniciales de *La Florida* y que acabó por publicar de forma independiente. Siguiendo con la necesidad que tiene el Inca de aparecer en la historia, en la *Relación* exalta con orgullo su linaje español.

Comentarios reales apareció en 1609, tras la licencia final conseguida el 2 de septiembre de dicho año. Doctos humanistas de España como el jesuita don Francisco de Castro o Bernardo de Alderete iban a alabar la obra garcilasiana. Con su publicación llegaba el reconocimiento de su prestigio y de su obra. Señala Miró Quesada cómo los libros de Garcilaso se fueron distribuyendo en el Perú y cómo llegaban a su casa de Córdoba cartas, informaciones y visitas de quienes querían colaborar en la composición de su obra histórica.

Los últimos años de Garcilaso vienen marcados por su labor intelectual. El 18 de abril de 1616 hizo su testamento y murió días más tarde.

La segunda parte de los *Comentarios reales* o *Historia General del Perú*, libro dedicado a su padre y en el que había trabajado los últimos años de su vida, saldría a la luz, póstumamente, entre 1616 y 1617.

OBRAS DEL INCA GARCILASO

La primera obra del Inca Garcilaso fue la traducción del italiano al castellano de la obra renacentista los *Dialoghi d'amore* (1535) del escritor judío portugués Judah Abra-

banel o León Hebreo. Viene precedida de un prólogo y dedicatoria al rey Felipe II y de una carta a don Maximiliano
de Austria, "Abad mayor de Alcalá la Real, del Consejo de
Su Majestad su muy aficionado servidor, Garcilaso Inca
de la Vega." En esta carta nuestro autor comenta y explica
la manera en que vino a dar en su trabajo. Una tarea que —
dice— se inició como medio de diversión y manera de matar el ocio. A ello le siguieron dos acicates fundamentales
para el desarrollo de su empresa: las circunstancias que le
rodearon, es decir, un ambiente religioso, culto y erudito
que le estimuló al estudio y a la reflexión, y el deleite que le
produjo la filosofía contenida en el texto de León Hebreo.

A pesar de que esta carta parece estar escrita siguiendo
modelos literarios,[32] estas razones eran verdaderas, pues
aparece documentado cómo el Inca Garcilaso acabó su
obra gracias al impulso del agustino fray Fernando de Zárate, maestro de Teología, el padre Agustín de Herrera,
maestro de Teología y preceptor del marqués de Priego, y
el jesuita Jerónimo de Prado. No obstante, el Inca no pro-
cedió ingenuamente, sino que tenía muy bien planeada no
solamente esta obra sino las futuras, que le ocuparían una
vida literaria de tres décadas.[33]

---

[32] Miró Quesada (*El Inca Garcilaso...*, pp. 110-111) ha señalado los parecidos de este prólogo con las palabras con las que Juan Boscá (o Boscán)
Almugaver cuenta cómo inició la traducción de *El Cortesano*, de Baltasar de
Castiglione. Boscán, al narrar su entrevista con Andrea Navagero mientras
paseaba por los jardines de Granada, declara que lo hizo como entreteni-
miento personal, para distraerse en "la largueza y soledad del camino" pero
que poco a poco fue metiéndose paso a paso "y con calor" en ello. Y que, no
obstante, hubiera desistido de faltarle el impulso de Garcilaso.

[33] En el prólogo y dedicatoria, tras explicar las causas que le indujeron a
traducir la obra y tras su presentación personal ("ser de la familia y sangre
de los incas") y familiar, aparece su futuro proyecto literario, *La Florida* y
los *Comentarios reales*: "[...] ofreceros presto otro semejante, que será la jornada que el adelantado Hernando de Soto hizo a la Florida, que hasta ahora
está sepultada en las tinieblas del olvido. Y con el mismo favor pretendo pasar adelante a tratar sumariamente de la conquista de mi tierra alargándome
más en las costumbres, ritos y ceremonias de ella, y en sus antiguallas [...]"

Los motivos que le llevaron a traducir los *Dialoghi* son diversos. En principio, la necesidad de situarse histórica y socialmente, siguiendo el modelo de su época, ejercitándose en las armas y tomando la pluma. Ésta es una de las razones que explica en el prólogo y dedicatoria que dirige a Felipe II:

> La tercera que, pues en mi juventud gasté en la milicia parte de mi vida en servicio de V. S. M., y en la rebelión del Reino de Granada, en presencia del serenísimo don Juan de Austria, que es en gloria, vuestro dignísimo hermano, os serví con nombre de vuestro capitán, aunque inmérito de vuestro sueldo, era justo y necesario que lo que en edad más madura se trabajaba y adquiría en el ejercicio de la lección y traducción, no se dividiera del primer intento, para que el sacrificio que de todo el discurso de mi vida a V. R. M. ofrezco sea entero, así del tiempo como de lo que en él se ha hecho con la espada y con la pluma.[34]

La admiración que sentía por esa obra y por su autor, paradigma de discreción, ingenio y sabiduría, le llevó igualmente a trabajar con lenguas ajenas ("porque ni la lengua italiana, en que estaba, ni la española, en que la he puesto, es la mía natural") .

No se sabe cuándo aprendió italiano, cuando gustó de la dulzura, suavidad y equilibrio que se derivaban de la filosofía neoplatónica. Todo ello fue calando y formando su espíritu. Hay claras conexiones entre el pensamiento armonizador de León Hebreo y el del peruano en los *Comentarios reales.* A través de la lengua, de la palabra y del poder que sobre ella tiene, el Inca Garcilaso intentará la

---

[34] El prólogo y dedicatoria es interesante para conocer el espíritu del autor. Garcilaso, en ese intento de ubicarse histórica y socialmente, hace un recuento genealógico, recuerda las grandes hazañas de su padre y los servicios que prestó a la Corona, expone su deseo de ser un caballero español sirviendo al rey Felipe con la espada y con la pluma y se presenta a sí mismo como símbolo del Perú.

reconciliación del Nuevo y Viejo Mundo, ese mestizaje feliz y utópico del que habla José Durand.[35]

A la semejanza filosófica de ambos pensamientos, a este espíritu sincretista, se añade otra característica hondamente renacentista, y es la preocupación que el Inca Garcilaso manifestó siempre por la traducción, fruto de su formación y ambiente humanísticos. Ya en los *Diálogos de amor* aparece la idea clave que va a hacer del Inca Garcilaso un escritor de ánimo reivindicativo: convertirse en un intérprete (traductor, reformador, comentador, restañador, rectificador, ampliador) lingüístico y, por tanto, histórico, cultural y espiritual, absolutamente fidedigno. La interpretación exacta de la palabra podrá modificar la historia. Este profundo cuidado y obsesión por la fidelidad en la traducción ya aparece en esta primera obra, los *Diálogos*. En el prólogo y la carta —como hará en su obra posterior— ya hay advertencias de tipo lingüístico. En la carta que envía a don Maximiliano de Austria, con fecha de 18 de septiembre de 1586, especifica nuestro autor:

> De la mía puedo afirmar que me costaron mucho trabajo las erratas del molde, y mucho más la pretensión que tomé de interpretarle fielmente por las mismas palabras que su autor escribió en el italiano, sin añadirle otras superfluas, pues, hasta que lo entiendan por las que él quiso decir y no por más. Que añadírselas, fuera hacer su doctrina muy común, que es lo que él más huyó, y estragar mucho la gravedad y compostura de su hablar, en que no mostró menos gallardía de ingenio que en las materias que propuso, amplió y declaró con tanta facilidad y galanía [...].

En este sentido, la traducción de los *Dialoghi* no supone ningún trabajo alejado de su posterior obra literaria si-

---

[35] Véase "El influjo neoplatónico", en *El Inca Garcilaso clásico de América*, p. 76. Esta actitud conciliadora, como rasgo de sincretismo neoplatónico, ya fue subrayada por Sánchez Alonso y por Menéndez Pidal.

no que, al contrario, es el inicio de una trayectoria literaria que se asienta en el papel de la traducción y en un espíritu conciliador y armonizador.

En la traducción del Inca Gacilaso aparece la escrupulosa fidelidad en el traslado al vocablo español, el cuidado por encontrar el término justo. Destacan, esencialmente, el afán por la precisión, que le lleva a escribir distintos borradores para bien interpretar el texto, y la pureza de estilo.

La crítica (entre la que descuellan los elogios de Menéndez y Pelayo) valoró altamente esta traducción y coincidió en que superaba las otras dos que existían de los *Dialoghi*.[36] En lo que ha divergido, sin embargo, es en el papel que esta traducción desempeñó en la trayectoria literaria del Inca Garcilaso. Así, para José Durand las primeras obras de Garcilaso son simplemente un ejercicio de grandes dimensiones, como es su clásica traducción española de los *Dialoghi d'amore*.[37] Para Aurelio Miró Quesada, la traducción de los *Dialoghi* aportó a su traductor el espíritu neoplatónico y armónico que se reflejará en los *Comentarios*.[38] Pupo-Walker recalca la raigambre neoplatónica y la pericia lingüística de la traducción que le dio una rigurosa formación filológica.[39] Para Susana Jakfalvi-Leiva, los *Diálogos* demuestran que la concepción del lenguaje que tiene Garcilaso "parte de una teorización sobre la lectura y la escritura."[40] La obra debe analizarse, asimismo,

---

[36] En 1568 se había publicado, en Venecia, la primera versión al castellano por obra de ibn Guedalia ben Joseph, judío de origen portugués, nacido en Imola, vinculado, por su familia, a los Abrabanel. La segunda traducción española se publicó en España, Zaragoza, en 1585, a cargo de Micer Carlos Montesa.

[37] José Durand, "El Inca Garcilaso, historiador apasionado", en *El Inca Garcilaso clásico de América*, p. 22.

[38] *El Inca Garcilaso...*, pp. 109 y ss.

[39] Véase su edición a los *Comentarios reales*, Madrid, Cátedra, 1996, p. 34.

[40] Susana Jakfalvi-Leiva, *Traducción, escritura y violencia colonizadora: un estudio de la obra del Inca Garcilaso de la Vega*, Syracuse, Maxwell School of Citizenship and Public Affairs, 1984, p. 10.

como el inicio de un proceso de "traducción" que tendrá honda relevancia en sus posteriores escritos. Margarita Zamora ve en la traducción de los *Dialoghi* la continuidad del método filológico de Valla, Nebrija, Erasmo y fray Luis de León.[41]

La Florida (1605)[42] narra la crónica de la exploración de esa región hoy perteneciente a Estados Unidos. Como el propio Inca Garcilaso refiere en el proemio de *La Florida,* simultaneó la elaboración de esta obra con la de los *Comentarios reales*. El 19 de enero de 1586, en la primera dedicatoria al rey, a la par que se refiere a su primera obra, el Inca Garcilaso comenta que pronto le enviará *La Florida* que tiene sepultada en las "tinieblas del olvido." Igualmente anuncia sus *Comentarios reales.* En otra carta fechada el 12 de marzo de 1587 dice que los *Diálogos* están acabados y *La Florida* escrita "más que la cuarta parte della." Parece que el Inca Garcilaso escribió *La Florida* al mismo tiempo que traducía los *Dialoghi d'amore*.

La crónica nada tiene que ver con el Perú. Está dividida en seis libros que, como indica el propio autor, correspon-

---

[41] "Durante los diez años después de su llegada, fray Luis sería perseguido por la Inquisición a causa de sus traducciones y por su uso del método filológico para cuestionar la precisión de la Vulgata. Poco después Martínez y Grajal, estudiosos y filólogos hebreos de Salamanca, morirían en las celdas de la Inquisición por delitos parecidos. Éste era el trasfondo contra el cual Garcilaso desarrollaría las ideas sobre la lengua que le llevarían a traducir los *Dialoghi d'amore* de León Hebreo y posteriormente a sus comentarios revolucionarios acerca de la historia y cultura de los incas." Margarita Zamora, *Language, authority, and indigenous history in the Comentarios reales de los incas*, Cambridge, Cambridge University Press, 1988, p. 37. La traducción es mía.

[42] *La Florida* se publicó en Lisboa en el mes de marzo, dirigida al serenísimo príncipe duque de Braganza, y apareció con el título "La Florida del Ynca. Historia del Adelantado Hernando de Soto, governador y Capitan general del Reyno de La Florida, y de otros heroicos cavalleros Españoles e Indios; escrita por el Ynca Garcilaso de la Vega, capitán de su Magestad, natural de la gran ciudad del Cozco, cabeça de los Reynos y provincias del Perú."

den a cada año que duró la expedición. A su vez, los libros segundo y quinto se subdividen en dos partes cada uno.[43] El primer libro abarca los preparativos de la expedición, su salida hacia Cuba y los contratiempos vividos. El segundo libro (entre numerosas anécdotas y digresiones) describe la llegada a *La Florida* y las adversidades pasadas durante el recorrido de la zona norte. El tercer libro continúa con las desventuras de la expedición por rutas norteñas, acosada por los ataques indios y por una geografía desconocida. En el cuarto se cuenta el ataque de los españoles contra las fortificaciones de Alibamo y la travesía del Mississipí. En el quinto libro, la supervivencia se convierte en el único objetivo de los exploradores. Hernando de Soto muere de unas fiebres y es sustituido en el mando por Luis de Moscoso. Intentan recibir el socorro de otra expedición que suponían próxima, pero se ven obligados a volver al Mississipí para salir al mar. El último libro narra los postreros ataques indios que la expedición soporta durante la navegación antes de ponerse a salvo en México.

El Inca Garcilaso redactará estas aventuras que su informante Gonzalo Silvestre y otros dos "testigos de vista" le cuentan sobre la conquista realizada por Hernando de Soto. Es decir, que va a escribir cosas que nunca vio ni presenció. Es un narrador de oídas. En este sentido, se inscribe entre aquellos cronistas que, como Pedro Mártir de Anglería o López de Gómara (y el propio Colón), no vivieron lo que relataron. En los *Comentarios*, por el contrario,

---

[43] En el "Proemio al lector" explica Garcilaso: "la cual va escrita en seis libros, conforme a los seis años que en la jornada se gastaron. El libro segundo y el quinto se dividieron en cada dos partes. El segundo, porque no fuese tan largo que cansase la vista, que, como en aquel año acaecieron más cosas que contar que en cada uno de los otros, me pareció dividirlo en dos partes, porque cada parte se proporcionase con los otros libros, y los sucesos de un año hiciesen un libro entero. El libro quinto se dividió porque los hechos del gobernador y adelantado Hernando de Soto estuviesen de por sí aparte y no se juntasen con los de Luis de Moscoso de Alvarado, que fue el que le sucedió en el gobierno."

el autor insistirá, en un intento de dar credibilidad a todo lo que redacta, en que él vio y presenció muchas cosas de las contadas. Es decir, que, en su evolución literaria, primero escribe un texto en el cual no se siente ni viajero, ni actor, ni tan siquiera testigo de los hechos, estando desvinculado de la experiencia propia; después, con los *Comentarios*, el autor se erige en calidad de testigo incuestionable en un tono de exaltación de lo vivido.[44]

Con respecto a la evolución historiográfica de las crónicas de Indias, la obra de Garcilaso se inscribe en una segunda época en la que se reemplazan las historias generales por las que se circunscriben a un marco concreto, en este caso al Perú.[45]

El "Proemio al lector" de *La Florida* es esencial para entender los propósitos del autor y para analizar sus principios historiográficos. En éste explica cómo él no posee la historia ("la verdad"), pero posee el discurso, la escritura, la palabra:

> Conversando mucho tiempo y en diversos lugares con un caballero, grande amigo mío, que se halló en esta jornada, y oyéndole muchas y muy grandes hazañas que en ella hicieron así españoles como indios, me pareció cosa indigna y de mucha lástima que obras tan heroicas que en el mundo han pasado quedasen en perpetuo olvido. Por lo cual, viéndome obligado de ambas naciones, porque soy hijo de un español y de una india, importuné muchas veces a aquel caballero escribiésemos esta historia, sirviéndole yo de escribiente.

Igualmente, en los *Comentarios* el autor se erigirá como el único que tiene la facultad de poder escribir una historia

---

[44] La épica, en general, no narra hechos contemporáneos al autor (*La Araucana* es una excepción y esta misma excepción es lo que ha hecho que algún crítico sea reticente a incluirla en el género épico), sino acontecidos en un pasado lejano que el autor pretende engrandecer.

[45] Benito Sánchez Alonso, *Historia de la historiografía española*, Madrid, CSIC, 1944.

que, por no tener escritura los incas, se hubiera perdido. En ambos casos, él deviene el escribiente que sacará del posible olvido toda una épica de carácter oral, en un proceso muy semejante al de los cantares de gesta.

En el proemio insiste en la veracidad del discurso historiográfico en oposición a las fábulas o ficciones. Walter Mignolo explica las fronteras del discurso historiográfico que se contemplan en la obra garcilasiana y, en concreto, en el texto de *La Florida*. El Inca Garcilaso, según Mignolo, distingue lo verdadero de lo ficticio, y de lo ficticio, lo que es poesía de lo que son libros de caballerías.[46]

José de la Riva Agüero halla en *La Florida* el "candor de un cantar de gesta", Ventura García Calderón la define como "una Araucana en prosa", y Pupo-Walker, como una "creación narrativa de corte historiográfico." José Durand advierte, en la evolución filosófica del Inca Garcilaso, una primera etapa influida por el neoplatonismo que se refleja en el carácter utópico de las obras literarias y una segunda época más estoica que produce obras de tono trágico.[47]

---

[46] "En donde la clasificación de discursos se ejerce, por un lado, entre tres conjuntos y, por otro, articula una clasificación cruzada: la verdad se distingue de la ficción (o mejor, los 'discursos verdaderos' de los 'discursos ficticios') en un nivel, pero también, dentro de lo ficticio, nos propone distinguir jerárquicamente entre la ficción que es 'la buena poesía' y aquella que representan 'los libros de caballerías y otras semejantes'. Pero en cuanto el discurso *verdadero* es, además de verdadero, también *discurso*, éste no debe perderse en la sola función de ser informativo y verdadero sino también de cumplir con las exigencias de su ser discurso y, por lo tanto, coherente: 'llevar el orden de los tiempos'." Walter Mignolo, "Cartas, crónicas y relaciones del descubrimiento y la conquista", en *Historia de la literatura hispanoamericana*, Madrid, Cátedra, vol. I, 1982, p. 90.

[47] "En un caso, los *Comentarios*, la idealización será una utopía; en *La Florida*, epopeya, y tragedia en la *Historia general del Perú*, segunda parte de los *Comentarios reales de los incas*." José Durand, "Garcilaso el Inca, platónico", en *El Inca Garcilaso clásico de América*, p. 44. En "Un rasgo humanístico del Inca Garcilaso" (*idem*, p. 124), el mismo autor señalará también: "Neoplatonismo, estoicismo cristiano, petrarquismo, providencialismo, influyen de hecho en sus concepciones históricas."

El Inca Garcilaso parte de una concepción edificante de la historia siguiendo el modelo clásico. *La Florida* recrea la historia, es una epopeya novelada que se apoya en hechos históricos heroicos y en los modelos literarios, tradición que ya iniciaron los primeros cronistas de América.[48] Como va a ser constitutivo de los *Comentarios*, aparece en *La Florida* una idea providencialista que no es exclusiva de la obra garcilasiana sino que es común a todos los cronistas. Para el Inca Garcilaso, y en la concepción medieval española, la historia lo es por designio divino.

COMENTARIOS REALES

Comentarios reales, obra maestra, es la primera historia completa de la civilización incaica. La primera parte de *Comentarios reales* vio la luz en Lisboa, en 1609, e iba dedicada a doña Catalina de Portugal, duquesa de Braganza. La segunda parte apareció con el título de *Historia General del Perú* y se publicó, póstumamente, en 1617. En la dedicatoria de *Diálogos de amor* Garcilaso, al hablar del plan de sus obras posteriores, no divide la obra *Comentarios reales* en dos partes, si bien indica cómo se alargará más en la descripción de las costumbres de su tierra, en sus antiguallas, que en la colonización española. Asimismo, al finalizar la primera parte de los *Comentarios*, detalla el autor que va a escribir el décimo libro, es decir, que en ese momento no había pensado separar la obra en dos volúmenes. Ese décimo libro se convertirá en el primero

---

[48] Colón seleccionó la realidad y la describió reduciéndola a los elementos del paisaje culto de los trovadores y a las novelas leídas. Como señala Enrique Anderson Imbert (*Historia de la literatura hispanoamericana*, México, FCE, p. 21), "En el fondo de los pasajes más vívidos de Colón no había una visión directa de América, sino el reflejo, como de nubes en un lago quieto, de figuras literarias tradicionales."

de la *Historia General del Perú*, que trata de la conquista española del Tahuantinsuyu las consecuencias, las guerras civiles del Perú y la decapitación en el Cuzco de Túpac Amaru I (1572), el último soberano del linaje real.

Los *Comentarios* y la *Historia General del Perú* son dos obras distintas con propósitos, influencias, fuentes, tradiciones, contenidos y recursos expresivos distintos, por lo que, en general, la crítica las ha estudiado de forma separada. Los *Comentarios* carecen de fuentes escritas, puesto que los incas no escribían sus anales. El autor se atiene a fuentes orales, a lo que le contaron sus antepasados, a los recuerdos y a crónicas y relaciones. Para la elaboración de la *Historia General del Perú* utiliza documentos, testimonios de actores o cronistas y textos escritos. La primera parte es más mítica, mágica, folclórica, y su valor no es sólo literario, sino histórico, arqueológico y lingüístico.

Por ser los *Comentarios* la historia más completa, por estar escrita por un mestizo que se enorgullece de su descendencia inca y española, por el valor testimonial y la proyección autobiográfica de la obra, por la importancia que concede a las tradiciones orales y a las creencias antiguas, por la calidad de su estilo, ocupa un puesto primordial en la historia de la literatura hispanoamericana.

Desde muy joven, el Inca Garcilaso tenía intención de componer esta historia con la que pretendía ofrecer una visión más precisa y verdadera de lo que hasta el momento se había escrito sobre la civilización inca y sobre el Perú. En el prólogo y dedicatoria a la traducción que hizo de *Diálogos de amor* (1586), tras hablar de sus antecedentes familiares, comenta las futuras obras que tiene previstas, *La Florida* y los *Comentarios reales*:

> Pero con mis pocas fuerzas, si el divino favor y el de V. M. no me faltan, espero, para mayor indicio de este afecto, ofreceros presto otro semejante, que será la jornada que el Adelantado Hernando de Soto hizo a *La Florida*, que hasta ahora

> está sepultada en las tinieblas del olvido. Y con el mismo fa-
> vor pretendo pasar adelante a tratar sumariamente de la con-
> quista de mi tierra alargándome más en las costumbres, ritos
> y ceremonias della, y en sus antiguallas, las cuales, como pro-
> prio hijo, podré decir mejor que otro que no lo sea [...].

Sin embargo, en la génesis de la obra influyen circunstancias más complejas, de carácter histórico y político.
Tras la publicación de la *Brevísima relación de la destrucción de las Indias*, de Bartolomé de las Casas, la Corona
emprendió una campaña antilascasista para legitimarse. El
virrey don Francisco de Toledo promovió a partir de 1565
la creación de diversas crónicas que justificaran el colonia-
lismo y combatieran el derecho de soberanía de los reyes y
la nobleza incas. Esta ideología se proyecta en las *Relaciones,* de Polo de Ondegardo, en la *Historia de los incas*, de
Sarmiento de Gamboa, y en las Informaciones que sobre el
pasado incaico ordenó el virrey de Toledo. Estas obras buscaban el desprestigio de los indígenas y, concretamente,
pretendían demostrar que los incas no eran reyes por derecho natural sino bárbaros y tiranos usurpadores y que su
religión y sus prácticas de culto (politeísmo, canibalismo,
sacrificios humanos) eran del todo inhumanas. Al colegir-
se la total ausencia de soberanía de los reyes incas, la Corona podía rebajarlos y disponer impunemente de sus bienes.
Garcilaso, como reacción a esta política, y ayudado por los
jesuitas —mal avenidos con el virrey e impulsadores del
sincretismo religioso—, escribió sus *Comentarios* reba-
tiendo los argumentos toledistas y en concreto la legitimidad de los reyes incas y la cuestión religiosa. Para ello, el
Inca, por un lado, atribuye todas las prácticas bárbaras a
las civilizaciones preincaicas y, por otro lado, asigna a los
incas un papel similar al de los españoles al hacerles prefi-
guradores del cristianismo. De esta manera, gracias a la labor de los incas, los españoles encontraron un imperio preparado para el advenimiento del cristianismo.

Carmelo Sáenz de Santa María distingue tres etapas en la elaboración de la historia de los incas: una preliminar de planificación, otra de recopilación de datos a través de diversas fuentes y una última de redacción de la obra, teniendo en cuenta los papeles de Valera.[49]

Los *Comentarios reales* están divididos en nueve libros que recogen, tras una explicación sobre el Nuevo Mundo y la historia preincaica, la historia de los reyes incas y las fábulas sobre el origen de este pueblo, la fundación del Cuzco y la descripción de su sociedad, instituciones, templos, costumbres, creaciones culturales y ritos religiosos, hasta la llegada de los españoles. El orden es cronológico, aunque no estrictamente lineal, pues el autor no duda en alterarlo con determinados recursos narrativos (adelantamientos del final, digresiones, inserciones de cuentos, etc.), en un intento de amenizar al lector.

El árbol genealógico que nos ofrece Garcilaso en sus *Comentarios* abarca catorce generaciones de reyes. Se inicia con Inca Manco Cápac —el "Moisés" del pueblo inca—, al que siguen Sinchi Roca, Lloque Yupanqui, Mayta Cápac, Cápac Yupanqui, Inca Roca, Yáhuar Huácac, Viracocha Inca, Inca Pachacutec, Inca Yupanqui, Túpac Inca Yupanqui y Huayna Cápac, decimosegundo rey. Finalizan los *Comentarios* con la guerra fratricida entre Atahualpa y Huáscar.

---

[49] "Una etapa preliminar de planes y proyectos, que ha de situarse en los últimos años de la estancia en Montilla, que está atestiguada en la carta a Felipe II. Segundo, un período de recolección de datos y lectura de crónicas ya editadas que puede iniciarse en 1590 y que llega en 1595 a una primera redacción provisional que se basa sobre recuerdos personales, sobre cartas de sus corresponsales del Perú y sobre los cronistas y, en primer lugar, la *Historia Natural y Moral de las Indias*, del jesuita Acosta, editada por primera vez en Sevilla en 1590. Tercero, la redacción definitiva a la vista de los papeles del jesuita Valera, que va desde 1600 hasta 1605. Es decir, que se planea en Montilla, pero se realiza en Córdoba." Carmelo Sáenz de Santa María, edición y estudio preliminar a *Obras completas* del Inca Garcilaso de la Vega, Madrid, BAE, 1963, vol. II, p. VIII.

Se inician los *Comentarios* con un importantísimo "Proemio al lector" donde el autor expone la finalidad de la obra, las fuentes utilizadas y la elaboración del libro. Confiesa que escribe "forzado del amor natural de la patria." El autor se justifica a sí mismo y a su obra: "Como natural de la Ciudad del Cozco, que fue otra Roma en aquel Imperio, tengo más larga y clara noticia que la que hasta ahora los escritores han dado." Es decir, se erige en máxima autoridad en virtud de su origen indígena, de su ascendencia materna y de sus conocimientos directos acerca del pasado histórico. Pero lo que definitivamente le convierte en máximo cronista del Perú —a sus ojos y a los del mundo— son sus conocimientos lingüísticos del quechua.

En dicho proemio insiste en que su intención no es contradecir a los historiadores españoles sino servir de comento y glosa y de intérprete. Con todo ello, en definitiva, quiere servir a la República cristiana.

En sus "Advertencias" Garcilaso se queja de lo mal que los españoles interpretaron la lengua del Cuzco y alegará que es el desconocimiento del runasimi o lengua general del imperio la causa principal de las malas interpretaciones de la historia del incario. En el capítulo 19 del libro I, intitulado "Protestación del autor sobre la historia", afirmará que él posee más información que los cronistas españoles y además habla quechua.

Ya desde el primer capítulo sobre la composición del mundo, aparece la nota autobiográfica: "Yo nací en la tórrida zona [...]" Garcilaso relata la historia de la dinastía inca desde una concepción tripartita, al dividir el tiempo histórico en tres periodos: la primera edad o edad preinca; la inca, y la de la conquista española. El desinterés (zanja el tema en tres líneas) y el desprecio que muestra por la primera edad han sido motivo de duras críticas por parte de los historiadores. Las razones que se han argüido para tal actitud son, esencialmente, dos. Una, el propio desconocimiento del autor ante una época oscura para los mismos historiadores, antropólogos o etnólogos. Otra, razones políticas e intereses personales, pues el autor pretende construir una historia edificante en progresión que incluya a su propia persona. Garcilaso se erige en *quipucamayoc* mayor del reino o en el último *quipucamayoc*.

En el capítulo 9 de libro I se inicia la historia de la primera edad, la de los preincas, de su idolatría, sacrificios crueles y bárbaros. El propósito del autor al describir este retrato bárbaro y desproporcionado queda aclarado: los preincas vivieron como bestias porque no llegó a ellos la doctrina y enseñanza de los reyes incas. A la par que va haciendo la descripción de esta "Sodoma y Gomorra", Garcilaso insistirá en que la historia le fuerza a contar aquello que desearía callar para no faltar al decoro. Otras veces omitirá cosas que puedan hacerla odiosa.

A partir del capítulo 15 del libro I ya entra en la segunda edad, la edad de los incas. Basándose en fuentes disímiles, en sus propios recuerdos e informaciones de sus antepasados, narrará el origen de la dinastía inca y de su civilización a través del relato de distintas fábulas. Al origen del pueblo inca le sigue la fundación del Cuzco y el gobierno de su primer y principal rey, Manco Cápac, fundador, junto a su hermana y esposa Mama Ocllo Huaco, de la dinastía. Manco Cápac adoctrina, por orden del Sol, a las gentes salvajes. Defiende el autor la utilización de fábulas que narran este origen de los incas alegando que también los clásicos, "la gentilidad del mundo viejo", inventaron fábulas como la de Pirra y Deucalión. La sombra de Atahualpa, "un bastardo echadizo", al que el Inca Garcilaso considera como el rey que destruyó la dinastía, se proyectará desde este instante y a lo largo de toda la crónica como una sombra funesta.

El Inca Garcilaso narra las sucesivas conquistas de cada uno de los reyes del Tahuantinsuyu mediante una visión idealizante de tales reyes que imponen una lengua como vínculo de unión e integridad de estos pueblos —el quechua—, una religión monoteísta con su culto a Viracocha, creador, y a la divinidad solar, Inti, y un estado monárquico. El autor ofrece una visión de un incario absolutamente paternalista.

Para la relación del linaje inca, Garcilaso arranca de los orígenes míticos. Según la tradición oral, los primeros incas son una hija y un hijo del Sol (Coya Mama Ocllo Huaco e Inca Manco Cápac) enviados para emprender la tarea civilizadora de los hombres bárbaros. El matrimonio del inca con la hermana mayor será una práctica tardía que Garcilaso, no obstante, inserta ya desde los orígenes. Nuestro autor omite ciertos hechos que siente envilecedores, como que las esposas de los primeros incas eran elegidas por intereses políticos y solían ser hijas de caciques vecinos.

Los historiadores actuales consideran legendarios los primeros ocho reyes incas (Manco Cápac, Sinchi Roca, Lloque Yupanqui, Mayta Cápac, Cápac Yupanqui, Inca Roca, Yáhuar Huácac, Viracocha Inca), en tanto que del resto dan constancia histórica (Pachacútec o Pachacuti, Túpac Inca Yupanqui, Huayna Cápac, Huáscar, Atahualpa). Garcilaso incluye una significativa divergencia en cuanto a los reyes que forman la dinastía, pues añade entre Pachacútec (noveno rey) y Túpac Inca Yupanqui un rey, Inca Yupanqui, del que nadie más —ni los cronistas españoles o mestizos ni los historiadores actuales— da noticia. Ésta es una de las deformaciones o invenciones que ha restado validez a la obra como documento histórico. Desde este punto de vista, es obvio que el autor manipula la historia, ofreciendo una visión sesgada basada más en lo que hubiera deseado que fuera que en lo que fue. Como recuerda Roberto Levillier,[50] los *Quipucamayos* de Vaca de Castro (fechados en 1540, cuando los orejones que conocieron a Inca Yupanqui tendrían setenta años; es decir, a tan corta distancia temporal es difícil la confusión) afir-

---

[50] *Los incas*, Sevilla, CSIC, 1956, pp. 165 y ss.

man que Inca Yupanqui no era más que otro nombre de
Pachacútec. La causa que da Levillier para la adscripción,
por parte de Garcilaso, de este rey no es otra que el intento de disminuir las conquistas otorgadas a los reyes Pachacútec y Túpac Inca Yupanqui. Riva Agüero ha sido prácticamente el único historiador que ha defendido la versión
de Garcilaso.[51]

La sucesión dinástica viene acompañada por la descripción de la religión (dioses, ritos, sacrificios, ceremonias
iniciáticas, confesiones, enterramientos), la arquitectura
(templos, fortalezas), la ingeniería (puentes, canalizaciones), las instituciones, las leyes, las ciencias (astronomía,
medicina, astrología), la filosofía y la poesía, las comuni-
caciones (postas, *chasquis*), el folclore (cantos, bailes,
danzas, fiestas) o la lengua del Perú. Como toda crónica
historiográfica, el autor dedicará una gran parte a la fau-
na, la flora y los frutos indígenas (también a los animales
y las plantas que importaron los conquistadores). Garcilaso también ofrece una de las mejores descripciones ha-
bidas acerca de los *quipus*, el sistema de registro mnemotécnico y numérico que permitió a los incas organizar el
imperio más grande de la América precolombina y gozar
de un nivel organizativo asombroso, a pesar de carecer de
escritura.[52]

---

[51] Riva Agüero justifica a Garcilaso identificando a Inca Yupanqui
con otro hijo de Pachacútec, Amaru, que en ningún caso llegó a ser rey ni
realizó ninguna de las conquistas que le atribuye Garcilaso.

[52] Los *quipus* vendrían a ser un tipo de escritura preliteral. Existen muchos indicios, explican Carlos Villanes e Isabel Córdova (*Literaturas de la
América Precolombina*, Madrid, Istmo, 1990, p. 310), "que permiten afirmar que los incas desarrollaron un tipo de escritura y que por el momento
está todavía en proceso de desciframiento. Algunos estudiosos como Victoria de la Jara y Thomas Bartel han llegado a identificar centenares de ide-
ogramas encerrados en los signos tokapu, grabados minuciosamente en los
adornos de vasos ceremoniales, mates burilados, ribetes y adornos de los
vestidos y fajas y tejidos, que, aún muchos años después de la llegada de los
españoles, continuaron grabando los descendientes de los incas."

Los *Comentarios* finalizan con las guerras fratricidas entre Atahualpa y Huáscar y la matanza por parte de aquél de los parientes del último rey. La obra, en tono elegíaco, evocará un tiempo y una historia, una edad de oro ya perdida y añorada. "Trocósenos el reinar en vasallaje" (I, 15) es el lamento de los que se salvaron de la matanza y vieron destruido todo un imperio. El sentimiento trágico domina toda la parte final confirmándose los presagios sembrados a lo largo de la historia.

Garcilaso como intérprete ideal

1. La lengua

El humanismo entiende que es la razón, y su instrumento, la palabra, lo que eleva al hombre por encima de las bestias. Es más, la razón y la palabra confluyen en las letras y éstas serán, por tanto, la prueba definitiva de que se es realmente hombre. Así que aquellos a quienes falta la escritura son hombres incompletos. En la escritura reside nada menos que la dignidad humana. Francisco Rico[53] señala que estas ideas pueden observarse en los *Oratiuncula* de Juan Maldonado (Burgos, 1545). Éste divide el tiempo histórico en dos edades, la oscuridad de la edad preliteraria frente a la luz de la edad de las letras y las artes. Para ilustrarlas utiliza precisamente el ejemplo americano. La primera es descrita en su *Oratiuncula* exactamente igual que Garcilaso describirá la edad preincaica: una edad caracterizada por la barbarie, el canibalismo y la ausencia de ley y religión: "ferino ritu nudi, sine lege." Arremetiendo, indirectamente, contra el controvertido mito del

---

[53] "Laudes litterarum: humanismo y dignidad del hombre en la España del Renacimiento", en *Homenaje a Julio Caro Baroja*, Madrid, Centro de Investigaciones Sociológicas, 1978.

"buen salvaje",[54] Maldonado alega que fue la conquista española, al introducir letras y disciplinas, la que despojó de su esencia animal y bárbara a los pueblos sometidos. Garcilaso añade una edad puente entre la primera y la segunda, la de los incas que, haciendo las veces de los españoles, civilizan a los pueblos bárbaros, preparando el terreno venidero.

Pero, ya anteriormente, Antonio de Nebrija utilizó el mismo argumento para combatir a los escolásticos:

> Porque, si nos quitan los libros hebreos, o nos prohíben manejarlos; si dicen que tampoco hacen falta los griegos, en los cuales se echaron los cimientos de la naciente Iglesia, volveremos a aquel antiguo caos, en que no habían aparecido aún las letras.[55]

Porras Barrenechea apunta que la concepción del Inca Garcilaso de las tres edades[56] pudo haberla tomado o bien

---

[54] El mito del buen salvaje y el de las islas felices son de origen clásico. En Colón aparecen ambos mitos unidos a la tradición bíblica del redescubrimiento del paraíso terrenal y a las lecturas de Plinio, los viajes de Marco Polo, las leyendas y fantasías bíblicas, clásicas o medievales. La utopía cristiana del Nuevo Mundo parte del mito del buen salvaje: los indios son más aptos que los europeos para vivir en una república cristiana. Este mito cobra vigor en el Renacimiento como modelo humano incorrupto por los males y vicios de la sociedad occidental. Los europeos renacentistas se plantearon si no era el indio más feliz que el hombre europeo, pues vivía en un estado natural y no estaba sometido a las leyes de la civilización. El ideal utópico de Tomás Moro se radicará en el Nuevo Mundo y se extenderá a gran parte de la literatura europea, sobre todo francesa e inglesa. Así, el mito del buen salvaje aparece, por ejemplo, en los *Essais* de Montaigne, en *The Tempest* de Shakespeare, en Rousseau, en *Robinson Crusoe* de Daniel Defoe, o en *Vendredi ou les limbes du Pacifique* de Michel Tournier.

[55] Antonio de Nebrija, *Apología* (1504-1506).

[56] El mito de las edades es originario del área cultural indo-mesopotámica. Está presente en diversos pueblos de la zona. En Grecia tiene su aparición más antigua en Hesíodo (*Trabajos y Días*, 106-201), que distingue cinco edades: oro, plata, bronce, héroes y hierro. Las variantes son múltiples pero todas tienen en común la concepción de un estadio de

de la idea agustiniana de "una construcción gradual de la ciudad de Dios"[57] o bien del historiador Jean Bodin, que, en su *Methodus ad facilem historiarum cognitionem* (1566), refuta que hubiera una edad de oro previa a la organización del estado. Bodin, como Maldonado, arremete contra el mito del buen salvaje describiendo una época de violencia y barbarie —"tópico de la barbarie"— en la que impera la ley de la selva hasta que llega la sujeción a las leyes. Garcilaso sigue una corriente humanista que se apoya en la idea de progreso y cuyos orígenes se remontan a los primeros escritores del cristianismo que facilitaron una visión de la historia en marcha. La división tripartita de la historia, en concreto, es, explica J. A. Maravall, una invención humanista que establece una visión dinámica del acontecer: tiempos luminosos —los de la Antigüedad—, tiempos oscuros —los de los bárbaros— y una última época, la humanista, que pretende huir de lo viejo y aprender de lo antiguo.[58] Para nuestro autor, la civilización —felicidad pero leyes— comienza, tras los tiempos oscuros y bárbaros, con el incario y se completa con la llegada del cristianismo y las letras.

Garcilaso sitúa a los incas en la historia y quiere que su pueblo (o al menos la élite) sea admitido sin asomo de du-

---

felicidad originaria que se degrada progresivamente hasta llegar a la infelicidad de nuestro días. Podemos encontrar este mito en la Biblia (Daniel 2, 32), en Ovidio (*Metamorfosis*, I, 89-150), en Babrio (*Fábulas*) y en la literatura hindú (*Panchatantra*). El mito de las edades lo retoman los humanistas, pero hay una corriente que lo usa para invertirlo y cree, en lugar de en una edad de oro original que se degrada, en una edad primera salvaje, primitiva, carente de leyes, de religión y de letras a partir de la cual se progresa hacia la civilización. El cristianismo concibe la idea de progreso en una escala vertical hacia la mítica edad de oro que, desde su perspectiva, se consigue tras la muerte.

[57] Según Porras Barrenechea (*ob. cit.,* p. 268), la concepción de las tres edades en la que se basan los *Comentarios* recuerda el plan de la historiografía eclesiástica con la sucesión de las tres leyes: ley de natura, ley mosaica, ley de gracia.

[58] Véase *Antiguos y modernos*, Madrid, Alianza Editorial, 1986, p. 292.

da entre los hombres. Como señala Jakfalvi-Leiva, sólo la escritura podía salvar para el mundo el legado cultural incaico, es decir, para Garcilaso la cultura inca, despojada y alienada, sólo podía recuperar su espacio, su identidad, con una contraconquista: apoderarse de la "escritura de los extranjeros y desespañolizar su visión del Incario."[59]

El objetivo de los humanistas era revitalizar su mundo presente con las obras del mundo antiguo. El Renacimiento pretende acudir directamente a las fuentes en aras de una lectura fiel de los textos que habían llegado de modo fragmentario o parcial. Se preocupan por el contenido, la forma y la transmisión de sus obras. Como señala Francisco Rico, el punto de partida de la enseñanza humanista (emprendido por Lorenzo Valla y seguido por Antonio de Nebrija) es el rechazo del corrompido latín medieval para acudir al latín primitivo, el de los clásicos, el verdadero. La fidelidad se convierte en un concepto esencial. El Inca Garcilaso aplica este mismo procedimiento cuando acusa a los cronistas españoles de ignorar la lengua original, el quechua en este caso, y de este modo se atribuye el papel de máxima autoridad en la historia inca, pues, además de presentarse como descendiente de la nobleza indígena, se ofrece como depositario directo de fuentes de primera mano. Los españoles "corrompen [...] casi todos los vocablos que toman del lenguaje de los indios", y la corrupción se extiende a todos los órdenes; por tanto, interpretan mal toda la cultura inca. La incomprensión es la causa de la destrucción de todo un pueblo.

Desde el inicio de la obra el Inca Garcilaso se presenta al lector como el intérprete ideal y el mejor historiador de la vida de sus antepasados incas, en concreto de los reyes del Perú. En el "Proemio al lector" se erige en la persona que "más clara noticia" tiene de lo que va a relatar. Esta autoridad viene conferida por el conocimiento que posee

---

[59] Susana Jakfalvi-Leiva, *ob. cit.*, p. 58.

de la lengua quechua.[60] En "Protestación del autor sobre la historia" insiste en que él sabe más que los españoles, tiene más información y sabe quechua. Los equívocos en la traducción por parte de los historiadores son los que han deformado —según su parecer— la historia de su pueblo. Así, en el capítulo II, 2, el autor va más allá en sus aseveraciones declarando que es por haber traducido mal los españoles el nombre de Pachacámac —creen que es el demonio— por lo que han malinterpretado la cultura inca:

> Y por esto en sus historias dan otro nombre a Dios, que es Tici Viracocha, que yo no sé qué signifique ni ellos tampoco. Éste es el nombre Pachacámac que los historiadores españoles tanto abominan por no entender la significación del vocablo.

De esta manera, los españoles aplican muchos más dioses a los incas por no saber dividir los tiempos y las idolatrías de aquella primera edad y la segunda, y por no saber la lengua. Igual ocurre con los significados —por ejemplo— de la palabra *huaca*, que los españoles tradujeron por ídolos (II, 4).

El Inca Garcilaso lleva a cabo un proceso de exégesis y traducción caro a los humanistas. Su trayectoria literaria es de una coherencia sorprendente: una traducción de otra lengua (*Diálogos de Amor*), una relación que salve del olvido la historia de la conquista de *La Florida* y una crónica real de un imperio perdido que de algún modo también es

---

[60] Explican Carlos Villanes e Isabel Córdova (*ob. cit.,* p. 309) la importancia del *runasimi* como medio unificador e integrador de los pueblos: "Los incas fueron muy conscientes del poder de integración que poseía una lengua común aplicada a sus dominios y a los pueblos sometidos. En relativamente pocos años conquistaron un territorio muy extenso que los convirtió en el imperio más grande de la América precolombina. Para consolidar su poder impusieron, con habilidad y diplomacia, o compulsivamente si era necesario, su lengua nacional llamada *runasimi*, que significa 'el hablar de la gente'."

una traducción (*Comentarios reales*). En todas estas obras
hay una labor de rescate y en todas ellas Garcilaso adopta
el papel de intérprete o de traductor de toda una cultura
en el sentido de que vuelve a su esencia aquello que, por
mal traducido, se ha deformado. En los *Comentarios* propone el necesario puente de la lengua para conciliar dos
culturas que se ignoran. En el humanismo es el lenguaje el
principal elemento mediador entre la percepción y la realidad, lo que da lugar a una concepción de la historia como
interpretación y acción. Zamora explica cómo "todas las
obras históricas de Garcilaso tratan explícita o implícita-
mente de la conquista de América, cómo fue, pero, lo que
es más importante, cómo debería haber sido o debería
ser."[61]

Frente a la habitual marginación de la cultura indígena
en las crónicas europeas de América, Garcilaso utiliza la
lengua para tratar de armonizar ambas culturas siguiendo
el ideal renacentista de concordia y de conciliación de los
opuestos. La lengua, además de favorecer la comprensión
y la aceptación de la cultura inca injertándola en la cristiana, actúa como "parte de una estrategia retórica para revi-
sar lo que Garcilaso considera falsas versiones de la historia inca escrita por españoles."[62]

2. La oralidad

La autoridad del Inca Garcilaso viene respaldada, asimismo, por ser el que mejor puede recrear el pasado lejano y el de su infancia y primera juventud, pues a los recuerdos propios se suma el conocimiento que le llega por
medio de la tradición oral. El Inca Garcilaso explica en
"Protestación del autor sobre la historia" sus fuentes:

[61] Margarita Zamora, *ob. cit.,* p. 14.
[62] *Ibidem,* p. 3.

En este tiempo tuve noticia de todo lo que vamos escribiendo, porque en mis niñeces me contaban sus historias como se cuentan las fábulas a los niños (I, 19).

Los cuentos fueron el género mejor cultivado por los quechuas[63] e incas, pues toda su cultura obedece a un proceso
de oralidad —memorización, anominato, difusión a través
de la palabra— y Garcilaso puede transmitirlos, recrearlos,
mejorarlos y justificarlos, pues los ha recibido de buena
fuente: sus parientes que vivieron el final de un imperio.

Este *corpus* literario formado por narraciones o cuentos
prehispánicos había nacido tras plantearse su sociedad
cuestiones fundamentales, de tipo religioso, filosófico y
etiológico. A estas preguntas respondía la fábula inven-
tada, normalmente de carácter mítico o mágico. Estas fábulas tenían una intención moralizante, pedagógica, y
muchas veces se creaban y desarrollaban en función de intereses del estado, como ocurrió con algunas crónicas.

Garcilaso lleva a cabo un proceso de textualización de
estas fábulas y cuentos orales. Para justificar tales fuentes, remite por comparación a los clásicos:

Y desta manera son todas las historias de aquella antigüedad, y no hay que espantarnos de que gente que no tuvo letras con que conservar la memoria de sus antiguallas trate de
aquellos principios tan confusamente, pues los de la gentilidad del Mundo Viejo, con tener letras y ser tan curiosos en
ellas, inventaron fábulas tan dignas de risa y más que estotras, pues una dellas es la de Pirra y Deucalión y otras que pudiéramos traer a cuenta (I, 18).

---

[63] Isabel Córdova y Carlos Villanes explican al respecto (*ob. cit.,* p. 323):
"La narración fue el género literario más cultivado entre los quechuas y su
desarrollo ha pervivido con el paso de los siglos y, aún hoy día, se acrecienta. El hombre andino en la intimidad es muy locuaz, ama los cuentos,
los transmite, recrea e inventa, y en ese recorrido los relatos adquieren variantes que les otorgan mayor fuerza y colorido. Cieza de León afirma que
los incas se regocijaban mucho contándose historias".

El autor no podía sustraerse al poder que las fábulas tenían para conocer los orígenes de su cultura. Por otra parte, debió de suponer que las fábulas y leyendas servían para entender esa civilización. Los *Comentarios* se acercan al concepto de literatura mítica en el sentido de que procuran el conocimiento de su mundo a través del mito, a través de lo fantástico e irracional, perdiéndose los límites entre la realidad y la ficción. Parten de recuerdos y fuentes orales, mezclan lo racional con lo irracional, lo real y lo fantástico y poseen una fuerza ancestral (es la tribu superior, mítica, de la sociedad primitiva, la que se historia). Lo mítico sobrepasa lo histórico y se alía con lo literario porque vive independientemente de la realidad. Va ligado a lo primigenio, lo ancestral, lo visionario y cosmogónico en una desrealización de lo real (pero inserto en nuestra órbita), en una recreación de la historia más antigua. Y el mito —evidentemente— sirve para entender esas civilizaciones, pueblos hoy perdidos.[64] No obstante, es la falta de un tiempo circular y/o simultáneo lo que aleja a la obra de su esencia mítica. Su tiempo debe ser lineal, objetivo y cronológico (a pesar de los cortes narrativos), porque se inserta en el género cronístico —la "dictadura" del tiempo objetivo—,[65] y además su autor parte de una concepción lineal y progresista de la historia —a partir de las tres edades— que le sirve para justificar la conquista española llevada a cabo gracias al estadio que habían alcanzado los incas.

[64] Sobre la concepción del mito puede verse Northrop Frye, *Anatomy of Criticism*, Princeton, 1957 y "Littérature et mythe", en *Poétique*, París, 1971, pp. 2, 489, 503.

[65] Bernard Lavalle explica ("El Inca Garcilaso de la Vega", en *Historia de la literatura hispanoamericana*, Madrid, Cátedra, 1982, p. 138) cómo el historiador en los siglos XVI y XVII tenía que seguir forzosamente toda una serie de pautas: "De manera inevitable, estas argollas técnicas unidas a las estructuras mentales de la época han tenido fuertes incidencias en la historiografía, incidencias que hoy se consideran a veces como distorsiones de la verdad o equivocaciones."

El Inca Garcilaso en ocasiones se aleja de la fábula como cuando ésta contradice la historia oficial, cuando la
considera del todo inverosímil o cuando puede parecer
irreverente:

> Yo no me entremeto en cosas tan hondas; digo llanamente
> las fábulas historiales que en mis niñeces oí a los míos; tóme-
> las cada uno como quisiere y déles el alegoría que más le cua-
> drare (I, 18).

Garcilaso y la historiografía americana

Existe en la historiografía americana un claro proceso
de intertextualidad. Las crónicas parten de otras crónicas
para parodiarlas, refutarlas, imitarlas, comentarlas o bien
completarlas. Se fundan en alteraciones, interpolaciones
de otros textos y versiones diferentes. Todas se apropian
de todo, si bien algunas documentan la procedencia de los
textos en los que se apoyan. La crónica como género es un
contratexto que ha necesitado de un texto previo para exis-
tir. Es un texto híbrido, funciona como un palimpsesto en
el que hay superposiciones textuales y distintos planos de
la realidad.

Las crónicas, asimismo, mezclan fuentes disímiles,
son historia y épica, realidad y ficción, rigor e imaginación, naturaleza y civilización. Ello es motivo de que en
todas las crónicas hallemos presupuestos, conceptos,
procesos de elaboración y fuentes similares. En cada
crónica historiográfica percibimos el eco de todas las
crónicas.

El título *Comentarios* tiene su precedente en los *Com-
mentarii* de Julio César, autor que Garcilaso tuvo presente. Margarita Zamora discute tal procedencia alegando que el comentario se constituyó en un subgénero en el
Renacimiento como instrumento del método filológico

de la época. Igualmente, puede suponerse que el Inca Garcilaso sigue las normas retóricas y en este caso el título no respondería más que a la utilización de la *captatio benevolentiae*. Así, modestamente, indica que no pretende otra cosa que servir de comento y glosa y completar la información que los cronistas españoles han dado sobre el Perú, sin ánimo de refutarlos ni de contradecirlos.

No sólo es el conocimiento del quechua y de las tradiciones y fábulas cosmogónicas y etiológicas que le han contado sus antepasados sobre su cultura, sino el haber sido testigo de vista, lo que le hará erigirse en el historiador idóneo. Así, insistirá a lo largo de toda su obra en que "él vio" todo aquello que cuenta. En "Protestación del autor sobre la historia" señalará:

> Yo nací ocho años después que los españoles ganaron mi tierra y, como lo he dicho, me crié en ella hasta los veinte años, y así vi muchas cosas de las que hacían los indios en aquella gentilidad, las cuales contaré diciendo que las vi (I, 19).

Garcilaso se erige en testigo de vista frente a su obra anterior, *La Florida*, en que era testigo de oídas. Entronca su crónica con ello con las crónicas americanas, que se caracterizan por la nueva importancia que adquieren los testigos oculares, siguiendo la línea trazada por Heródoto, Tucídides y Polibio. Estas autoridades clásicas griegas fueron recuperadas, precisamente, por Lorenzo Valla (tradujo al latín a Heródoto en 1452-1456 y a Tucídides en 1452) y por Nicolo Perotti (tradujo al latín a Polibio en 1473). Como indica Victor Frankl,

> Tucídides y Polibio [...] limitan la historiografía legítima a lo "visto y vivido" por el mismo historiador o averiguado por él mediante un fidedigno testigo ocular de los acontecimientos respectivos. [...] Y Polibio invoca expresamente la

profunda sentencia de Heráclito de que los "ojos son testigos más exactos que los oídos."[66]

La tendencia historiográfica erudita, libresca, va a ser
cuestionada por aquellos cronistas que valoran la experiencia y vivencia de aquello que relatan sobre la erudición. De ello resultan las acusaciones de Oviedo[67] a Pedro
Mártir de que, aunque era muy erudito, no vivió lo que escribió; las de Bernal Díaz del Castillo a Francisco López de
Gómara, que, al decir de aquél, falseó la realidad al hacer
a Hernán Cortés el héroe de todas las batallas ganadas y al
olvidar al soldado. Bernal Díaz del Castillo se confiesa ile-
trado y, por tanto, no se apoyará en los tratados eruditos o
historiográficos de la retórica ni en el recuerdo de los clásicos para su *Historia verdadera de la conquista de la Nueva España,* sino en la propia experiencia y en la literatura
popular: el refranero, el romancero, los libros de caballerías
o Berceo. Garcilaso, al hacer hincapié en que él vio aquello que narra, se incorpora a aquellos cronistas que insisten en que su *historia es verdadera* porque los hechos rela-
tados han sido vividos y, por tanto, no aparecen ni
distorsionados ni falseados.

La crónica garcilasiana —y en general todas las crónicas— va a seguir el principio de autoridad y de imitación
de los modelos clásicos, si bien de una forma no tan rigurosa como en el pasado más inmediato. Los cronistas se

[66] Victor Frankl, *El "Antijovio" de Gonzalo Jiménez de Quesada y las
concepciones de realidad y verdad en la época de la contrarreforma y del
manierismo,* Madrid, Ediciones de Cultura Hispánica, 1963, pp. 82-83.
[67] Declara Fernández de Oviedo al dirigirse al emperador: "Pero será
a lo menos lo que yo escribiere historia verdadera e desviada de todas las
fábulas que en este caso otros escriptores, sin verlo, desde España a pie
enxuto, han presumido escrebir con elegantes e no comunes letras latinas
e vulgares, por informaciones de muchos de diferentes juycios, formando
historias más allegadas a buen estilo que a la verdad de la cosa que cuentan; porque ni el ciego sabe determinar colores, ni el ausente assí testificar
estas materias, como quien las mira" (edición de 1851, vol. I, p. 4).

apoyan en los clásicos como medio de comparación para enaltecer las propias gestas. En todos los cronistas aparece el recuerdo fiel de la Antigüedad. Comparan aquello que están viendo, el Nuevo Mundo, con lo que escribieron Aristóteles o Plinio, o bien se remiten a Hércules o Alejandro Magno. Es lo que Antonio Maravall denomina "una transposición de los esquemas mentales con que se pensaban las cosas europeas a las del nuevo mundo."[68] Sin embargo, parece que en las crónicas comienza a perfilarse la idea de superación del propio mito. Garcilaso en el "Proemio al lector" subraya que la ciudad del Cuzco "fue otra Roma en aquel Imperio" y compara las fábulas del pueblo inca con las de los clásicos. Sin embargo, ya desde el principio de sus *Comentarios* aparece cierto sentimiento de superioridad al refutar a los clásicos en cuestiones como la esfericidad de la tierra, la inexistencia de antípodas, la inhabitabilidad de los trópicos, etc.

En otros cronistas de la época aparece la misma actitud. Fernández de Oviedo lleva todos los mitos antiguos a América, pues pretende continuar la *Historia Natural* de Plinio. Cortés en sus *Cartas de relación*[69] se compara con los héroes de la mitología clásica para engrandecer su propia figura. Agustín de Zárate hace referencia al mito de la Atlántida buscando insertar los hechos en una aureola clásica y superarla.[70] Fray Toribio Motolinía llama a México la Roma del Nuevo Continente y compara el poder que ejerce la lengua de sus habitantes con respecto a las restantes comarcas con el poder del latín en relación con las lenguas románicas.[71] Cervantes de Salazar

---

[68] José Antonio Maravall, *ob. cit.*, p. 439.

[69] Véase la edición de Ángel Delgado Gómez, Madrid, Castalia, 1993.

[70] Agustín de Zárate, *Historia del descubrimiento y conquista de la provincia del Perú*, Amberes, 1555.

[71] Véase la edición de Georges Baudot a Fray Toribio Motolinía, *Historia de los indios de Nueva España*, Madrid, Clásicos Castalia, 1985, vol. 144.

también compara la lengua mexicana con la latina.[72] Y
Bernal Díaz del Castillo afirmará la superioridad de los
modernos sobre los antiguos, preguntándose qué hombres sino los españoles han sido capaces de dominar un
imperio tan grande y extenso.[73] Los cronistas, también
Garcilaso de la Vega, siguen las actitudes que caracteri-
zaron al humanista ante la Antigüedad: remedar, repro-
duciendo lo hecho por los antiguos; imitar, siguiendo su
ejemplo, asimilar y superarlos "cuando la posesión de todos sus medios y de una mayor experiencia dé lugar a que
siendo tanto como los antiguos se logre ser más que cualquiera de ellos."[74] Díaz del Castillo o Hernán Cortés estiman que el Imperio conquistado es más que todos los imperios de la tradición clásica. Ellos han alcanzado lo que
nunca los romanos y han dado al traste con las fantasías
del pensamiento antiguo. Los españoles, como indica A.
Maravall, en el orden del imperio político, en el del saber
que ha traído el descubrimiento del mundo y en el del dominio de mares y tierras, "asumen el papel de griegos y
romanos y los superan en sus circunstancias."[75]

La historicidad del texto, en la concepción historiografía americana, se basaba, como explica Marcel Bataillon,
en lo probable y podía integrar elementos de fabulación.
La prosa historiográfica de los siglos XVI y XVII son libros
que han de explicarse, como analiza Pupo-Walker, "como
resultados del contexto polémico y de fabulación que ges-
tó el Descubrimiento y la Conquista."[76] Tal visión es continuación de la línea historiográfica medieval. No quedan
lejos las crónicas alfonsíes, que bebieron en numerosísi-

[72] Cervantes de Salazar, *Crónica de Nueva España*, Madrid, 1914.
[73] Bernal Díaz del Castillo, *Historia verdadera de la conquista de la
Nueva España*, Alianza Editorial, Madrid, 1989.
[74] José Antonio Maravall, *ob. cit.*, p. 297.
[75] *Ibidem*, pág. 452.
[76] Enrique Pupo-Walker, *La vocación literaria del pensamiento histórico en América*, Madrid, Gredos, 1982, p. 69.

mas fuentes que van desde la mitología, los viajeros y geó-
grafos de la Antigüedad clásica, Pompeyo, Tolomeo, a los
historiadores latinos, Ovidio, Lucano o los cantares de
gesta (fusión de lo histórico y lo épico). Se junta la Biblia
con las *Metamorfosis* de Ovidio, se combina la historia pa-
gana y la sagrada.

Las crónicas americanas se elaboran a través de leyendas, cuentos, mitos y creencias de la Antigüedad. Ya Edmundo O'Gorman señalaba, en un estudio de importancia
capital de restitución de la historia americana, que América fue una prefiguración de la cultura europea, "una
invención del pensamiento occidental y no un descubrimiento meramente físico, realizado, además, por casuali-
dad."[77] Se había profetizado el descubrimiento de América siglos antes del hecho. Platón lo hacía al hablar de la
Atlántida,[78] Séneca en *Medea*[79] y en la Edad Media se ha-

---

[77] Edmundo O'Gorman, prólogo a *La invención de América*, México,
FCE, 1976.
[78] Señala Francisco López de Gómara en su *Historia general de las Indias* (México, BAE, 1852, p. 182): "Platón cuenta en los diálogos *Timeo* y
Cricia que hubo antiquísimamente en el mar Atlántico y Océano grandes
tierras, y una isla dicha Atlántide, mayor que África y Asia, afirmando ser
aquellas tierras de allí verdaderamente firmes y grandes, y que los reyes de
aquella isla señorearon mucha parte de África y de Europa. Empero que
con un gran terremoto y lluvia se hundió la isla, sorbiendo los hombres; y
quedó tanto cieno que no se pudo navegar más aquel mar Atlántico. Algunos tienen esto por fábula y muchos por historia verdadera; y Próculo, según Marsilio dice, alega ciertas historias de los de Etiopía, que hizo un
Marcelo, donde se confirma. Pero no hay para qué disputar ni dudar de la
isla Atlántide, pues el descubrimiento y conquistas de las Indias aclara llanamente lo que Platón escribió de aquellas tierras, y en México llaman a la
agua Atl, vocablo que parece, ya que no sea, al de la isla. Así que podemos
decir cómo las Indias son la isla y tierra firme de Platón, y no las Hespérides, ni Ofir y Tarsis como muchos modernos dicen; ca las Hespérides son
las islas de Cabo Verde y las Gargonas, que de allí trujo Hanon monas [...]"
[79] El padre José de Acosta (*Historia natural y moral de las Indias*, México, FCE, pp. 27 y 28) transcribe las estrofas de Lucio Anneo Séneca:
"Tras luengos años verná / un siglo nuevo y dichoso / que al Océano an-
churoso / sus límites pasará. / Descubrirán gran tierra / verán otro Nuevo
Mundo / navegando el gran profundo / que agora el paso nos cierra/."

blaba de las Islas Afortunadas o de Tule. América se colonizó no tan sólo físicamente sino intelectual y culturalmente, se la interpretó con parámetros europeos. Las crónicas confirman tal visión. Además el escritor clásico que más influyó en los cronistas fue Plinio, historiador absolutamente fabuloso. En la obra de López de Gómara, por ejemplo, aparecen relaciones cosmográficas fabulosas que llegan hasta la ubicación del diablo en una isla caribeña.[80] Fernández de Oviedo describe en *Sumario de la natural historia de las Indias* (1526) peces voladores siguiendo la tradición de los bestiarios. Allí, en el *orbe novo*, se encontraban El Dorado,[81] las amazonas, las sirenas, el elixir de la larga vida —quizá el mito más antiguo de todos los tiempos—, e incluso los apóstoles.[82]

La influencia de los libros de caballerías se reflejaba en los cronistas, pero no los citaban porque los moralistas y humanistas protestaban. Caso excepcional es Bernal Díaz del Castillo, que en su "crónica democratizadora" alude al *Amadís de Gaula*. Las crónicas se pueblan de libros medievales devotos y del material hagiográfico que había configurado gran parte de la literatura medieval en unos siglos de extraordinaria devoción mariana. Así no es extraña la aparición de la Virgen o de los santos que, como en la épica, ayudan en la empresa de la cristianización.

[80] Véase Luis Weckman, "The Middle ages in the conquest of America", en *Speculum*, 1951, XXVI; L. Olschki, "Ponce de Leon's fountain of houth: History of a geographical myth", en *Hispanic american historical review*, 1941, XXI. El estudio mencionado de Enrique Pupo-Walker, *La vocación literaria...*, es muy completo al respecto.

[81] Véase el estudio de Antonio Antelo, "El mito de la Edad de Oro en las letras hispanoamericanas del siglo XVI", en *Thesaurus*, 1973, XXVII.

[82] Enrique Pupo-Walker (*La vocación literaria...*, p. 53) comenta cómo se ha pensado que esas leyendas fueron divulgadas por los jesuitas: "Lo cierto es que los relatos sobre las peregrinaciones de Santo Tomás se inician a mediados del siglo XVI. El jesuita Navarro Martín de Azpilcueta, desde San Salvador de Bahía (1549), dice que allí se recordaban las predicaciones de Santo Tomás."

La mezcla de lo maravilloso pagano y lo maravilloso cristiano puede verse, igualmente, en textos épicos como la *Araucana*. Sin embargo, los *Comentarios* son parcos en el empleo de tal material fabuloso. Pupo-Walker estudia el proceso de ficcionalización que se lleva a cabo en la obra garcilasiana, "en que la materia informativa quedó transmutada en invención verbal."[83]

Hay en los *Comentarios reales* una voluntad creativa y estilística propia del escritor renacentista que buscaba en el libro algo más que contenidos, es decir, calidad literaria. Sin embargo, comparado con otras crónicas, el texto resalta por la prudencia o recelo a utilizar elementos fantásticos o fabulosos. Incluso el autor, cuando recuerda y, por tanto, anota fábulas incas de carácter etiológico y cosmogónico que le contaron sus parientes, en algunos casos se distancia al narrarlas y deja al lector la elección para creer o no en ellas.[84]

Garcilaso documenta la asimilación que la imaginación hispánica hizo de los mitos incas con las peregrinaciones de los apóstoles, pero sin exponer su opinión al respecto:

> La estatua semejaba a las imágenes de nuestros bienaventurados apóstoles, y más propriamente a la del señor Bartolomé, porque le pintan con el demonio atado a sus pies, como estaba la figura del Inca Viracocha con su animal no conocido. Los españoles, habiendo visto este templo y la estatua de la forma que se ha dicho, han querido decir que pudo ser que

---

[83] *Ibidem*, p. 120.

[84] Como señala Eugenio Asensio (art. cit., pp. 590-591) refiriéndose a Garcilaso: "Cree como Bodin que la mitología no es un tejido de vanas fábulas, aunque rechaza la desaforada asimilación de mitos peruanos con creencias cristianas, practicadas por ciertos españoles. Admite que se alegoricen las historias, pero "tómelas cada uno como quisiere y deles el alegoría que más le cuadrare." Él se contenta con apuntar que las fábulas romanas y las del Perú "en muchos pedaços se remedan", y que "otros passos quieren semejar a los de la Sancta Historia."

el apóstol San Bartolomé llegase hasta el Perú a predicar a aquellos gentiles, y que en memoria suya hubiesen hecho los indios la estatua y el templo (V, 22).

Es decir, que todas las características de materia fabulosa propias de las crónicas americanas, relatos hagiográficos, mitos fabulosos, novelas de caballerías y leyendas de naufragios —estas últimas se vuelven en las crónicas un tópico cuyo origen se encuentra en la versión senequista de la tragedia *Medea*—,[85] en los *Comentarios* aparecen de forma moderada y como un recurso narrativo que sirve para otorgar calidad literaria al texto, como el caso del naufragio de Pedro Serrano.[86] La obra destaca no tanto por la materia fabulosa como por la buena utilización de los recursos narrativos que trazan un puente entre *La Araucana* y *El Quijote*.

En los *Comentarios* se imponen, sobre la herencia de la historiografía medieval, el pensamiento neoplatónico y renacentista y los preceptos humanistas de la época.[87] En Garcilaso parece haber cierta preocupación por la verosimilitud del texto que hace que la materia narrada se equilibre. Curiosamente, el humanismo erasmista que clamaba contra las novelas de caballerías por su falta de verosimilitud se aficionó a la novela bizantina de aventuras *Historia etiópica de Teágenes y Cariclea*,[88] novela que,

---

[85] Véase José Antonio Maravall, *ob. cit.*, pp. 432 y ss.

[86] La mezcla de lo maravilloso cristiano con lo maravilloso pagano, las apariciones de la Virgen y las intervenciones del apóstol Santiago se encuentran primordialmente en la *Historia General del Perú*.

[87] Sobre historia y literatura véase el estudio de José Durand, "Concepción histórica y concepción literaria", en *El Inca Garcilaso clásico de América*, pp. 79 y 80.

[88] Marcel Bataillon explica las razones de esta afición por la *Historia etiópica*: "Esta novela les agrada por mil cualidades que faltan demasiado en la literatura caballeresca: verosimilitud, verdad psicológica, ingeniosidad de la composición, sustancia filosófica, respeto de la moral." Marcel Bataillon, *Erasmo y España*, México, FCE, 1966, p. 621.

por cierto, tenía Garcilaso en su biblioteca, según señala Miró y Quesada.[89]

Garcilaso parte del precepto de la verosimilitud, del enseñar deleitando y de la "estirpe clásica con firmes raíces en la antigüedad grecorromana" para la elaboración de su crónica. Siguiendo las teorías de la *Filosofía antigua poética* del Pinciano,[90] se concibe la idea de lo maravilloso dentro de los límites que permite la verosimilitud, el dogma de lo maravilloso verosímil. En *Comentarios* el componente fantástico viene mitigado por la verosimilitud, puesto que su crónica debe ser noble, respetable, aceptada por los españoles y amada por los americanos.

Garcilaso, en su segunda carta a don Maximiliano de Austria, fechada en Montilla, 12 de marzo de 1587, recalcaba la diferencia entre historia y poesía. Refiriéndose a las obras históricas escribe: "Que es mejor hacerlas mal hechas que dejarlas de hacer; pues son historias y no poesía; la cual no sufre medianía alguna." Por otro lado, se lamentará de que *La Araucana*, obra histórica a su entender, esté escrita en verso —forma de la ficción— y no en prosa, forma que ya el medioevo entendía que debía utilizarse en obras científicas e históricas. Garcilaso critica las novelas de caballerías desde una postura humanista. En *La Florida*, II, 27 de la primera parte, refiriéndose a la literatura de imaginación, señala que, sacada la buena poesía, es "enemigo de ficciones, como son Libros de Caballerías, y otras semejantes." Sin embargo, como señala Miró Quesada, las conocía bien, tal como puede verse en *La Florida*.[91]

Todas las crónicas parten de un concepto de la historia como historia moral (siguiendo con una edad medieval

[89] *El Inca Garcilaso...*, p. 337.
[90] López Pinciano, *Philosophia antigua poética*, Madrid, CSIC, 1953, vol. II, Epístola V.
[91] Miró Quesada, *El Inca Garcilaso...*, p. 338.

que entiende que la realidad es alegórica y toda ella es expresión de una realidad moral). Las crónicas se escriben
por muchos motivos no siempre elevados (vanidad, intereses personales, rencillas, necesidad de protagonismo),
pero en todos aparece el objetivo de recordar los hechos
notables y la búsqueda de la perpetuación de la fama. En el
Renacimiento cobran importancia, junto con Horacio, autores que no habían sido valorados en la Edad Media como Cicerón y en él se apoyan los cronistas. Para éste, la
historia es el recuerdo de hechos grandes para perpetuación del pasado y de la fama. Hay una responsabilidad moral en el historiador que concibe que la historia es maestra
de la vida. Como afirma Baltasar de Castiglione en el *Cortesano*, el fin más elevado que se pueden proponer las letras es el de conservar el recuerdo de los héroes del pasado
y transmitirlo. Esta concepción de la historia se encuentra, por ejemplo, en el cronista Fernández de Oviedo, o en
Francisco López de Gómara, cuyo fin al escribir la *Conquista de México* no es otro que narrar la biografía de un gran
hombre para rescatar del olvido la memoria de sus hazañas.
Para Gómara, como señala Ramón Iglesia, la historia es la
"biografía de los grandes hombres."[92] Se aúna la historia y la
épica en un medio ya de por sí heroico. Garcilaso, en los *Comentarios*, alude a la historia como instrumento para rescatar los hechos pasados dignos de recuerdo:

> Yo, incitado del deseo de la conservación de las antiguallas
> de mi patria, esas pocas que han quedado, porque no se pier-
> dan del todo, me dispuse al trabajo tan excesivo como hasta
> aquí me ha sido y delante me ha de ser, al escribir su antigua
> república hasta acabarla (VII, 8).

Garcilaso sigue fielmente el modelo heroico y no es extraño que tuviera presente *La Araucana* de Alonso de Ercilla

---

[92] Ramón Iglesia, *Cronistas e historiadores de la conquista de México*, México, El Colegio de México, 1942.

—poesía heroica que sigue la *imitatio* homérica—, puesto que ésta sirvió de información a muchos historiadores chilenos. Alonso de Ercilla, a su vez, se apoyó en los cronistas de Indias para realizar su obra. Ya comentamos cómo Garcilaso se lamentaba de que la obra ercillana no estuviera escrita en prosa. Además, la *Araucana* destaca por su contenido verista o histórico frente al contenido fantástico o novelesco —es austera en la inserción de lo maravilloso— y, a pesar de estar escrita en verso, se leyó como documento durante más de tres siglos. Su autor pretendió que los araucanos entraran a formar parte del imperio universal hispánico precediendo la tragedia de los incas en los *Comentarios*. En ambas crónicas los indígenas resultan engrandecidos al ser asimilados a los héroes clásicos. Como *La Araucana*, los *Comentarios reales* se fundamentan en una concepción heroica de la historia, a modo de epopeya: los héroes son los reyes incas sobre los que se cernirá la tragedia.[93]

Garcilaso nos da un imperio depurado, omite traiciones, injusticias, matrimonios por intereses políticos, odios o crueldades. Los llamados "silencios del inca"[94] arraigan en la tradición de la escuela de los *quipucamayos*, que creían que no debía guardarse memoria de los hechos infames. Estos silencios vienen motivados por pura conciencia ética. Así, cuando Garcilaso describe la edad bárbara, dice que la explicará porque la historia le fuerza, pero pide excusas por la falta de decoro (I, 13,16 y 20). Juan Luis Vives decía que la historia no debe perpetuar las infamias.

---

[93] Señala al respecto Bernard Lavalle: "No cabe duda de que tanto la primera parte de los *Comentarios* como la *Historia general del Perú* están construidos a partir de una concepción heroica de la historia, lo cual no puede extrañar en una época en que Plutarco y sus *Vidas paralelas*, por una parte, y la epopeya, por otra, seguían siendo parangones imprescindibles para el género histórico", *ob. cit.,* p. 138.
[94] José Durand, "Los silencios del Inca Garcilaso", en *Mundo Nuevo*, 1966, 5, pp. 66-72.

Según Riva Agüero, la visión garcilasista ha pasado por tres deformaciones: la de los *quipucamayos* del imperio, que omitieron todos los hechos dañosos al recoger su historia cortesana; la de los parientes de Garcilaso después de la conquista que suavizaron la realidad, y la deformación natural de su carácter.

Ya en san Agustín aparece la visión de la interpretación providencialista de la historia que va a ser esencial de los *Comentarios*: Dios rige el mundo y todo ha sido ordenado por él; interviene en el quehacer histórico del hombre y, de forma directa, en la historia española. La letra es condición sagrada y el libro es representación de Dios en el mundo. De la Edad Media al Renacimiento se extiende la idea de que el hombre había estado perdido en las tinieblas y que sólo podía ser salvado por la luz del conocimiento expresado en los libros. Los libros son mensajeros de salvación (Nebrija, Gracián).

La visión providencialista se incorpora a la historiografía americana. Fernández de Oviedo, primer cronista en ofrecer una perspectiva de conjunto de América, no duda en dar una imagen de grandeza de la naturaleza americana que responde a una manera de alabar a Dios y así inscribir el descubrimiento de América en el orden providencial. Bartolomé de las Casas asevera que Colón fue el descubridor, el instrumento elegido por la providencia.

En *La Florida* del Inca Garcilaso, como indica Avalle Arce,[95] aparece el providencialismo mesiánico, idea que persiste en el XVI.[96] En *Comentarios* no sólo sustenta su

---

[95] Introducción a *El Inca Garcilaso en sus Comentarios*, Madrid, Gredos, 1964.

[96] Véanse, al respecto, Rafael Martí-Abellí, "Garcilaso Inca de la Vega, un hombre del Renacimiento", en *Revista Hispánica Moderna*, 1951, 16, 1-4, pp. 99-112; Pierre Duviols, "El Inca Garcilaso de la Vega, intérprete humanista de la religión incaica", en *Diógenes*, Buenos Aires, 1964, 47, pp. 31-43; José Durand, "El Inca, hombre en prisma", en *Studi di Letteratura Ispano-Americana*, Milán, Instituto Editoriale Cisalpino, 1968, pp. 41-57.

autor la noción del providencialismo, sino que articula la idea de que los incas fueron los que prepararon el camino para el advenimiento de los españoles y, con ellos, del cristianismo. Toda la crónica se apoya en el monoteísmo y la prefiguración del cristianismo en los incas. Garcilaso establece una simetría entre la labor de los españoles con los incas, y la de éstos con los preincas. La idea de la prefiguración del cristianismo es, también, antigua. Así, la Edad Media volvió la mirada a los antiguos y los cristianizó para tomarlos como modelos. San Jerónimo ya decía que los cristianos necesitan de los clásicos para sostener sus argumentos religiosos. Homero, Sócrates, Platón prefiguran el cristianismo antes de que éste fuera instaurado entre los hombres. Los filósofos antiguos, asevera san Agustín en *De vera religione* (IV, 7), con sólo cambiarles unas pocas palabras se vuelven cristianos. Los primeros Padres de la Iglesia llegan a creer que los paganos tienen la verdadera fe revelada. En las crónicas de Alfonso X el Sabio se utilizan como fuentes la Biblia y las *Metamorfosis*, la historia sagrada y la profana. Júpiter aparece como una prefiguración del propio rey. *Setenario*, de Alfonso X el Sabio, supone la cristianización de manifestaciones idolátricas.[97] Los clásicos aparecen como modelos de virtud: Hércules prefigura la fuerza y la sabiduría; Demóstenes, Eneas o Alejandro acatan y reverencian el cristianismo antes de que éste exista; Sócrates —como Platón u Ovidio— adquiere un grado de santidad por obra del Espíritu Santo. Se descubren barruntos de cristianismo en ciertas creen-

---

[97] Maravall detalla (*Estudios de historia del pensamiento español*, Madrid, Ediciones de Cultura Hispánica, 1973, p. 299): "Las más extravagantes manifestaciones idolátricas les parecen a los autores de esa curiosísima obra un anuncio de ciertos aspectos correlativos del culto cristiano, aunque los paganos no lo adviertan, porque 'el sesso non les cumplió a ello.' De este modo, en los que adoraron el agua se adelantaba la verdad del bautismo; en la adoración del fuego, la del Espíritu Santo; en la del aire, la de la limpia vida de Jesús; en la de la tierra, la de la Virgen."

cias mitológicas: los héroes son anticipaciones del amor de Dios. Maravall explica la importancia de este proceso:

> El cristianismo primitivo, la Edad Media, el humanismo, coinciden en un mismo proceso histórico de incorporación de la Antigüedad al mundo cristiano, proceso importante porque a través de él el legado de los antiguos pudo desenvolver el papel que ha tenido efectivamente en la historia de Europa.[98]

Octavio Paz ha puesto de manifiesto cómo el sincretismo que buscaba en el paganismo prefiguraciones y signos del cristianismo fue obra, en el siglo XVII, de teólogos e historiadores de la Compañía de Jesús y de intelectuales cercanos a ella. Los jesuitas buscaron "establecer una vía de comunicación, más sobrenatural que natural, entre el mundo indígena y el cristianismo"[99] y sostuvieron "que en las creencias antiguas de los indios ya había vislumbres de la fe verdadera, sea por gracia natural o porque el Evangelio había sido predicado en América antes de la llegada de los españoles, y los indios aún conservaban memorias confusas de la doctrina." Lo que Octavio Paz explica refiriéndose a Nueva España igual puede extenderse al caso que nos ocupa:

> Los jesuitas no sólo fueron los maestros de los criollos; fueron sus voceros y su conciencia. La conjunción entre las aspiraciones criollas y la gran tentativa jesuita de unificación mundial produjo obras insólitas y extraordinarias, lo mismo en la esfera de las creencias religiosas que en las del arte y la historia. El sincretismo jesuita, unido al naciente patriotismo criollo, no sólo modificó la actitud tradicional frente a la civilización india sino que provocó una suerte de resurrección de

---

[98] *Ibidem*, pp. 297-298.
[99] Octavio Paz, *Sor Juana Inés de la Cruz o Las trampas de la fe*, Barcelona, Seix Barral, 1990, p. 55.

ese pasado. En esa resurrección la influencia del humanismo clásico también fue capital: por una operación de analogía histórica, la erudición y la imaginación del siglo XVII romanizaron a México-Tenochtitlán. La resurrección del mundo azteca fue su transfiguración en el espejo imperial del humanismo. México-Tenochtitlán fue una Roma americana; como la latina, primero sede de un imperio pagano y después de uno cristiano.[100]

Octavio Paz halla la fuente inmedita del sincretismo jesuítico en el hermetismo renacentista, si bien admite que hubiera podido tener un antecedente en la actitud de algunos Padres de la Iglesia ante los filósofos paganos.

El Inca Garcilaso, que vivió rodeado de jesuitas y era amigo de jesuitas que se hallaban en contacto con las misiones del Perú, aúna en sí mismo y proyecta en su obra el humanismo cristiano y las aspiraciones de una revalorización de lo criollo en esas conexiones que establece entre el mundo precolombino y el cristianismo.[101] Como indica Pierre Duviols, Garcilaso encuentra en el humanismo europeo la fuerza y recursos necesarios

para generalizar, sublimándolos, sus agravios personales y hacerse el intérprete, el embajador literario de sus desdichados correligionarios, con la esperanza de contribuir quizá con su obra a mejorar su situación legal y su suerte.[102]

José Durand, igualmente, pone de manifiesto el espíritu sincretista de Garcilaso y recalca cómo dicho espíritu conciliatorio se encuentra en todo el Renacimiento, en "toda la filosofía judeoespañola y arabigoespañola", en

---

[100] *Ibidem*, p. 58.
[101] Pierre Duviols señala que Garcilaso sigue muy de cerca a Luis de Granada y, en general, a cierta teología humanista de la época, "un humanismo cristiano de inspiración platónica y estoica" (*ob. cit.*, p. 35).
[102] *Ibidem*, p. 34.

"los averroístas de Padua", en "León Hebreo" y también
en "Luis Vives, que Garcilaso leyó."[103]

A nuestro autor la idea de la prefiguración —columna
vertebral de toda la obra— le sirve para explicar la historia
de los incas, para dar razón de su existencia e insertarlos
en el mundo cristiano, para, en definitiva, incluirlos en la
historia de Occidente. Las ideas, creencias y obras incas
tendrán su continuación entre los cristianos merced a la
divina Revelación.

En los *Comentarios,* la fábula mítica inca que explica el
origen de sus reyes tiene visos cristianos. La pareja que inicia la estirpe es representación bíblica del papel apostólico
otorgado por el Sol, representación cristiana física de Dios:

> Decían que el haber echado el Sol en aquella isla sus pri-
> meros rayos para alumbrar el mundo había sido señal y pro-
> mesa de que en el mismo lugar pondría sus dos primeros
> hijos para que enseñasen y alumbrasen aquellas gentes, sa-
> cándolas de las bestialidades en que vivían, como lo habían
> hecho después aquellos Reyes (III, 25).

Asimismo, ciertas manifestaciones paganas van a ser
anuncio o se vincularán al culto cristiano. Viracocha, el
mensajero fantasma que se aparece al futuro rey y que es
un mito local inca, se nos muestra como un ser sobrenatural con ciertos barruntos de cristianismo muy cercanos a
la figura del ángel que "anuncia la verdad venidera" y pro-
mete protección:

> Llámome Viracocha Inca; vengo de parte del Sol, Nuestro
> Padre, a darte aviso para que se lo des al Inca, mi hermano,
> cómo toda la mayor parte de las provincias de Chinchasuyu
> sujetas a su imperio, y otras de las no sujetas, están rebeladas

---

[103] José Durand, *El Inca Garcilaso clásico de América*, p. 44.

y juntan mucha gente para venir con poderoso ejército a derribarle de su trono y destruir nuestra imperial ciudad del Cozco. Por tanto vé al Inca, mi hermano, y dile de mi parte que se aperciba y prevenga y mire por lo que le conviene acerca deste caso. Y en particular te digo a ti que en cualquiera adversidad que te suceda no temas que yo te falte, que en todas ellas te socorreré como a mi carne y sangre (IV, 21).

El Inca Garcilaso insinúa que los incas creían en la resurrección de los cuerpos y en múltiples ocasiones niega que los incas tuvieran más dioses que Pachacámac —creador del universo y fuerza pasiva— y el Sol, y alega que el politeísmo que se achaca a los incas es por culpa de las malas traducciones que los cronistas españoles han hecho del quechua. Es decir, que las equivocaciones lingüísticas de los españoles han sido las causantes directas de una deformada concepción del culto inca.

Los reyes incas aparecen como expresión de las virtudes cristianas y cortesanas. Como Alejandro Magno, Huayna Cápac vislumbra a Dios y adquiere un toque de santidad claramente cristiano. Huayna Cápac es el primer inca que intuye la existencia de un dios —el cristiano— más poderoso que el Sol:

El Rey dijo entonces: "Pues yo te digo que este Nuestro Padre el Sol debe de tener otro mayor señor y más poderoso que no él. El cual le manda hacer este camino que cada día hace sin parar, porque si él fuera el supremo señor, una vez que otra dejara de caminar, y descansara por su gusto, aunque no tuviera necesidad alguna." Por este dicho y otros semejantes que los españoles oyeron contar a los indios deste Príncipe decían que si alcanzara a oír la doctrina cristiana, recibiera con mucha facilidad la fe católica, por su buen entendimiento y delicado ingenio (IX, 10).

La muerte de Huayna Cápac viene precedida de sus últimas palabras que no sólo pronostican la llegada de los españoles y la destrucción del imperio inca, sino que expresan un mandamiento divino que deberá cumplirse:

> Certifícoos que pocos años después que yo me haya ido de vosotros, vendrá aquella gente nueva y cumplirá lo que Nuestro Padre el Sol nos ha dicho y ganará nuestro Imperio y serán señores dél. Yo os mando que les obedezcáis y sirváis como a hombres que en todo os harán ventaja; que su ley será mejor que la nuestra y sus armas poderosas e invencibles más que las vuestras (IX, 15).

Es decir, que la llegada del cristianismo se había predicho y se esperaba como una profecía por el pueblo inca: "[...] cumplirá lo que Nuestro Padre el Sol nos ha dicho." Por tanto, los españoles, según Garcilaso, se encontraron con un pueblo que, gracias a la labor de los incas, estaba preparado para recibir el cristianismo. En el lector de estos *Comentarios*, irremisiblemente, flota una pregunta: ¿Qué hubiera ocurrido, en otro estado de cosas, de haberse tenido los españoles que pelear con los bárbaros pueblos preincas? La conquista del Perú se inscribía —por designio divino y gracias a los incas— en el libro de historia del mundo cristiano, libro que, desde hacía muchos siglos, estaba ya escrito.

Técnicas y recursos narrativos

El Inca Garcilaso se arroga en los *Comentarios reales* los papeles de autor, narrador y testigo de los hechos. El yo del escritor se entromete en la narración como último testigo de los sucesos que describe y documenta. La actitud de control absoluto sobre aquello que cuenta en la obra se manifiesta en las sistemáticas intromisiones del escritor. Este dominio de la materia se consigue a través de la utilización de técnicas y comentarios del autor que persiguen deleitar al lector, no cansarle con la prolijidad de la materia, provocar su interés o frustrar sus expectativas. En otros casos, Garcilaso justificará, en el propio texto, las transiciones narrativas en los momentos en que abandona el hilo de lo que está relatando para seguir otro.

Los ejemplos son numerosos. Así, la inserción del cuento de Pedro Serrano la justifica de una forma sencilla:

> Será bien, antes que pasemos adelante, digamos aquí el suceso de Pedro Serrano, que atrás propusimos, por que no esté lejos de su lugar y también por que este capítulo no sea tan corto (I, 8).

En otras ocasiones, siguiendo el procedimiento de la retórica clásica o la épica culta, resume lo expuesto anteriormente:

> De Manco Cápac hemos dicho ya quién fue y de dónde vino, cómo dio principio a su Imperio y la reducción que hizo de aquellos indios, sus primeros vasallos; cómo les enseñó a sembrar y criar [...]. Asimismo dijimos [...] (II, 1).

Garcilaso discrimina claramente entre los lectores de ambas culturas, la incaica y la española:

> Nombrar las provincias tan en particular es para los del Perú, que para los de otros reinos fuera impertinencia: perdóneseme, que deseo servir a todos (II, 16).

En calidad de narrador omnisciente, interrumpe el relato con audaces cortes narrativos similares a los de *La Araucana* o el *Quijote* y lo reanuda (a menudo mediante el "volviendo a nuestra historia") para volver al hilo suspendido de la narración. El autor —buen conocedor de los preceptos clásicos— explica, en ocasiones, el corte narrativo por la búsqueda de la amenidad:

Y por que la historia no canse tanto hablando siempre de una misma cosa, será bien entretejer entre las vidas de los Reyes Incas algunas de sus costumbres, que serán más agradables de oír que no las guerras y conquistas, hechas casi todas de una misma suerte (II, 20).

Otras veces, en un intento de sostener el interés, introducirá el corte narrativo en el punto más álgido del relato, dejando al lector en suspenso. Así, el Inca Garcilaso efectúa un corte narrativo justo cuando el Inca Yáhuar Huácac desampara la ciudad y el príncipe Viracocha la socorre y pone fin al capítulo y al libro en medio de esta primera rebelión:

Y porque el Inca Yáhuar Huácac, cuya vida escribimos, no reinó más de hasta aquí, como adelante veremos, me pareció cortar el hilo desta historia para dividir sus hechos de los de sus hijo, Inca Viracocha, y entremeter otras cosas del gobierno de aquel Imperio y variar los cuentos, por que no sean todos de un propósito. Hecho esto, volveremos a las hazañas del príncipe Viracocha, que fueron muy grandes (IV, 24).

Al igual que Alonso de Ercilla en *La Araucana,* nuestro autor —en una amplificación retórica— inserta la batalla de los araucanos, refiriendo lo que "de la batalla y muerte del gobernador Pedro de Valdivia escribieron y dijeron entonces en el Perú los mismos de Chili" (VII, 24). Esta inserción, que resta unidad, a la obra la defiende de la siguiente manera:

Tomen lo que más les agradare, y hela antepuesto de su tiempo y lugar, y por haber sido un caso de los más notables que en todas las Indias han acaecido; y también lo hice porque no sé si se ofrecerá ocasión de volver a hablar más en Chili, y también porque temo no poder llegar al fin de carrera tan larga como sería contar la conquista que los españoles hicieron de aquel reino (VII, 24).

El Inca Garcilaso, teniendo posiblemente como modelo técnico narrativo a *La Araucana*, toma una actitud de dominio absoluto sobre la obra distribuyéndola a su modo. A todas estas técnicas narrativas y comentarios sobre el proceso de elaboración textual se unen sus irrupciones personales como testigo de aquello que cuenta. Como explica Pupo-Walker, el carácter personalizado y excepcional de sus experiencias sirve para dar credibilidad a los hechos, para testificar el conocimiento profundo que tiene de su cultura, para alzarse por sobre de los comunes por su acceso privilegiado y defenderse de su condición de hijo ilegítimo.[104]

Pero, posiblemente, son los relatos intercalados la técnica narrativa más lograda de los *Comentarios*. Garcilaso cuenta con una larga tradición de materia interpolada que no sólo se encuentra en la historiografía americana de los siglos XVI y XVII, sino en la literatura universal. Los textos sánscritos y árabes (*Panchatantra*), sus traducciones y amplificaciones en la época española medieval alfonsí (*Calila e Dimna*), los cuentos medievales españoles y, antes de todos ellos, la Biblia recogen todo este procedimiento antiguo de cuentos que utilizan el esquema de narración marco, el sistema organizativo de ensartado o cajas chinas. El Inca Garcilaso trabaja con el cuento intercalado por cuestiones histórico-sociales (conocer una cultura es también conocer sus leyendas y mitos y éstos precisan de la escritura para no acabar en el olvido) y por cuestiones de orden estético.

Pupo-Walker divide toda esta materia interpolada en tres tipos: la fabulación prehispánica, la cuentística popular europea y española y las versiones primarias de la narrativa americana.[105]

---

[104] Pupo-Walker, *Historia, creación y profecía en los textos del Inca Garcilaso de la Vega*, México, Porrúa Turanzas, 1982, pp. 98 y ss.
[105] *Ibidem,* pp. 149 y ss.

Entre la fabulación prehispánica destacan los cuentos cuyo contenido y valor es cosmogónico, etiológico o mítico. En este tipo se integra toda la tradición oral incaica, así como las fuentes bíblicas y la mitología clásica. El Inca Garcilaso se ampara en la tradición grecorromana y en su mitología para contar relatos, fábulas historiales, cuentos o antigüedades, en un intento de exhibirse como máxima autoridad por el profundo conocimiento que tiene de esa cultura, pero también con los propósitos de documentar la historia y deleitar y embellecer la obra.

En otras ocasiones, parte de la cuentística popular europea y española. De esta última provienen los relatos hagiográficos e intervenciones milagrosas de los apóstoles, tan fundamentales en la época medieval española de gran tradición mariana. No obstante, este tipo de cuentística procedente de los ejemplarios medievales tiene, lógicamente, mayor repercusión en la *Historia General del Perú* —que se inicia con la llegada de los españoles y en la que los conquistadores aparecen como héroes— que en los *Comentarios reales,* donde los reyes incas son presentados como figuras admirables y cuyo fundamento es el conocimiento de la sociedad inca.

En España, durante los siglos XVI y XVII, la cultura oral se proyecta con gran vitalidad sobre la literatura. El rico acervo oral, compuesto de romances, chascarrillos, cuentos folclóricos, facecias, canciones o refranes, es aprovechado por las obras literarias, favorecido por la espléndida tradición hispana, pero también porque el dominio de la elocuencia aguda e ingeniosa se consideraba un elemento de ornato imprescindible en el modelo de cortesano propio del humanismo. Esta tendencia es patente en Garcilaso cuando incorpora el cuento de Pedro Serrano (I, 8) o el del español pobre (VIII, 15). Pupo-Walker detalla que, en la historia de Pedro Serrano, los tópicos del naufragio, los infortunios y los tropiezos son elementos característicos de la *novella* de aventuras que tanto admiró la sensibilidad renacentista.[106]

Algunos relatos de la narrativa americana, que tuvieron extraordinaria difusión en España, pertenecen al folclore universal, como el del famoso templo de Titicaca y sus fábulas alegóricas. Como explica José Miguel Oviedo, muchas expresiones culturales de la América precolombina tienen asombrosas semejanzas con otras que aparecieron entre los pueblos de Asia, Medio Oriente y del Mediterráneo.[107] Un ejemplo claro es el mito del diluvio, que se encuentra en las más disímiles culturas primitivas y que Garcilaso inscribe también en los *Comentarios*, en el capítulo "Fábulas historiales del origen de los incas" (I, 18).

Fuentes e influencias

Las distintas vertientes de la formación de Garcilaso (la cruz, la espada y la pluma) se observan nítidamente en el contenido de su biblioteca[108] que, temáticamente, podemos dividir en obras religiosas e históricas (donde el arte de la guerra desempeña un papel crucial) y humanísticas.

Entre las obras religiosas, contaba con biblias, breviarios, vidas de santos, el *Inquiridor de Salmos*, las *Meditaciones de la vida del Salvador*, las *Exposiciones morales* de San Gregorio, el *Valerio de las historias de la Sagrada Escritura*, la *Imitación de Cristo*, además de un par de catálogos de libros prohibidos y de la *Reprobación de las hechicerías* de Pedro Ciruelo.

---

[106] *Ibidem*, p. 190.
[107] José Miguel Oviedo, *Historia de la literatura hispanoamericana*, Madrid, Alianza Editorial, 1995, p. 33.
[108] Véase José Durand, "La biblioteca del Inca", en *Nueva Revista de Filología Hispánica*, México, 1948, II, 3, pp. 239-264; Aurelio Miró Quesada, *El Inca Garcilaso...*, pp. 242-247.

La lista de autores grecolatinos comprende a Ovidio, Aristóteles, las *Vidas paralelas* de Plutarco, la *Historia de la guerra del Peloponeso* de Tucídides, la *Eneida* de Virgilio, los *Comentarios* de Julio César, las *Tragedias* de Séneca, la *Farsalia* de Lucano, los *Epigramas* de Terencio, las *Sentencias* de Cicerón, las *Vidas de los doce emperadores* de Suetonio, la *Historia de Roma* de Polibio y obras históricas de Salustio y Flavio Josefo.

En cuanto a autores italianos disponía de obras de Dante, Petrarca y Boccaccio, *El Cortesano* de Castiglione, los *Razonamientos* de Aretino, el *Orlando furioso* de Ariosto, el *Orlando enamorado* de Boiardo, los *Diálogos de amor* de León Hebreo, las traducciones de Platón de Marsilio Ficino, la *Antigüedad de Roma* de Andrea Fulvio, las *Historias del reino de Nápoles* de Collenuccio, la *Historia de Italia* de Guicciardini, y obras de Bembo, Savonarola y Tasso.

Las obras de autores españoles eran de distinto signo. Así, encontramos la *Historia de los godos* de san Isidoro de Sevilla, una compilación de Juan de Mena, *Los claros varones de Castilla* de Hernando del Pulgar, la *Celestina* de Rojas, *Epístolas familiares* de Guevara, *De ars dicendi* de Luis Vives, *Súmulas* de Soto, *Examen de ingenios* de Huarte de San Juan, *De la naturaleza del caballo* de Fernández de Andrada, obras de fray Luis de Granada,[109] *De rege et regis institutione* de Mariana, la primera parte del *Guzmán de Alfarache* de Alemán, obras de Bernardo de Aldrete, *Silva de varia lección* y *De los césares* de Pedro Mexía, *Retórica* de Francisco de Castro o *Crónica de las tres Órdenes militares* de Rades Andrada. Por otro lado, destacan diversas obras históricas sobre las Indias: *Diario*

[109] José Durand anota al respecto ("Un rasgo humanístico del Inca Garcilaso", en *El Inca Garcilaso clásico de América*, p. 124): "Y no olvidemos que el Inca leyó copiosamente a fray Luis de Granada, de cuyo amor a la naturaleza participa, prodigando admiración a las últimas criaturas."

de navegación de Cristóbal Colón, *Historia general y natural de las Indias* de Gonzalo Fernández de Oviedo, *Crónica del Perú* de Cieza de León, *Historia general de las Indias* de López de Gómara, *Historia del Perú* de Diego Fernández, el Palentino, *Historia natural y moral de las Indias* del padre Acosta o *Elegías de varones ilustres de Indias* de Juan de Castellanos.

Las muy distintas fuentes de los *Comentarios reales* pueden establecerse en tres grandes grupos: las fuentes escritas, las fuentes orales y la experiencia propia. Garcilaso no tuvo ningún interés en ocultarlas sino que, al contrario, pretendía utilizarlas para comentar, glosar o refutar cuando fuera preciso. Asimismo, recurría a la autoridad como una forma de prestigiar su propia obra.

Los libros impresos sobre historia americana que cita con mayor frecuencia[110] son la *Historia general de las Indias* (1552), primera y segunda parte, de Francisco López de Gómara, refutadas con frecuencia por Garcilaso; la primera parte de la *Crónica del Perú* (1553) de Pedro de Cieza de León, donde ofrece una descripción geográfica de la región y de las costumbres; la *Historia del descubrimiento y conquista del Perú* (1555) de Agustín de Zárate, que, acusado de traición, fue encarcelado por su actuación en favor de Gonzalo Pizarro; la primera y segunda parte de la

---

[110]   Los libros impresos sobre el Perú existentes en tiempos del Inca Garcilaso son los siguientes: Francisco López de Jerez, *Verdadera relación de la conquista del Perú*, 1534; Gonzalo Fernández de Oviedo y Valdés, *Historia General y Natural de las Indias, Islas y Tierra-Firme del Mar Océano*, 1535; Nicolás de Albenino, *Verdadera relación de lo sussedido en los Reynos e Provinçias del Perú*, 1549; Pedro de Cieza de León, *La crónica del Perú*, 1553; Francisco López de Gómara, *Hispania victrix. Primera y segunda parte de la Historia General de las Indias*, 1552; Agustín de Zárate, *Historia del descubrimiento y conquista de la provincia del Perú*, 1555; Diego Fernández, el Palentino, *Primera y Segunda Parte de la Historia del Perú*, 1571; José de Acosta, *Historia natural y moral de las Indias*, 1590; Antonio de Herrera, *Historia General de los hechos de los castellanos en las Islas y Tierra-Firme del Mar Océano*, 1601-1615.

Historia del Perú (1571) de Diego Fernández, el Palentino, soldado e historiador que luchó contra Hernández Girón, y la *Historia natural y moral de las Indias* (1590) del
jesuita José de Acosta, conocido por su larga estancia y labor catequizadora en el Perú. De entre todas ellas destaca
la *Historia de los Incas*, del jesuita y mestizo Blas Valera,
por ser la fuente principal.

El Inca Garcilaso utiliza la *Crónica del Perú* de Pedro
Cieza de León para precisar lugares y tribus, para infor-
marse del camino de Cuzco a Quito, de los gigantes de
Santa Elena, del pronóstico de la llegada de los españoles,
de la venganza de Atahualpa en los cañarís. A la *Historia
natural y moral de las Indias* de José de Acosta recurre para comentar la religión y la forma de gobierno, los oficios,
el gigantismo de los edificios y las plantas, animales y mi-
nerales propios del Perú y los que llegaron de España. Este autor reúne lo que Garcilaso considera dos ventajas: haber vivido en el Perú y ser jesuita. De la *Historia general de
las Indias* de Francisco López de Gómara se sirve para
mostrar algunas costumbres, y a él debe la historia del piloto que avisó a Colón y la anécdota de las monas que tiraban piedras entre Nombre de Dios y Panamá. Garcilaso,
sin embargo, critica a este autor por escribir de oídas y por
manipular la información que recibió. La *Historia del descubrimiento y conquista del Perú* de Agustín de Zárate es
empleada para apoyar la descripción de los tesoros incas o
anticipar la prisión y muerte de Atahualpa. Zárate estuvo
en el Perú, si bien suele limitarse a decir lo mismo que Gómara.

El resto de cronistas mencionados lo son para cuestiones muy precisas: la *Historia del Perú* del palentino Diego
Fernández para el nombre del Perú; la segunda parte de
las *Repúblicas del mundo del Perú* de Jerónimo Román y
Zamora para el nombre del Perú, el dios Pachacámac y la
batalla de los chancas; la *Araucana* de Alonso de Ercilla
para corregir el significado de *palla* y para mencionarla

en el capítulo dedicado al Arauco. Sin embargo, una fuente primordial es el manuscrito de Blas Valera que el padre
Maldonado —peruano y mestizo como Garcilaso— le entregó incompleto como consecuencia del saqueo inglés
de Cádiz en 1596. Garcilaso elogia repetidamente a Blas
Valera y a menudo lo cita literalmente, tanto que fue acusado de plagiar sus textos. Acude a él para tratar sobre
las leyes y costumbres incaicas y sólo discrepa cuando en-
salza a Atahualpa, pues Valera siguió informaciones reci-
bidas en Quito, mientras que Garcilaso se crió en el Cuzco y su familia fue represaliada por este rey inca. A través
de este manuscrito, es posible que conociera las relaciones de Pedro Mártir de Anghiera (Décadas *De Orbe Novo*), Bartolomé de Las Casas (Informaciones de los indios
de México y los nueve *Tratados*), Polo de Ondegardo (*Relaciones*) y el virrey Francisco de Toledo (Informaciones
y Ordenanzas).

Entre sus fuentes escritas habría que considerar, además, las Cartas Annuas que le proporcionaron los jesuitas
(cita literalmente una de estas cartas anuales de 1604 para
el episodio del Arauco) y las informaciones que le enviaron sus condiscípulos del Cuzco:

> Porque luego que propuse escrebir esta historia, escrebí a
> los condiscípulos de escuela y gramática, encargándoles que
> cada uno me ayudase con la relación que pudiese haber de las
> particulares conquistas que los Incas hizieron de las provin-
> cias de sus madres [...]. Los condiscípulos, tomando de veras
> lo que les pedí, cada cual dellos dio cuenta de mi intención a
> su madre y parientes, los cuales, sabiendo que un indio, hijo
> de su tierra, quería escrebir los sucesos della, sacaron de sus
> archivos las relaciones que tenían de sus historias y me las en-
> viaron (I, 19).

Entre estos condiscípulos y amigos se contaban Diego
de Alcobaza, Rodrigo Pantoja, Gonzalo Silvestre, Garcí
Sánchez de Figueroa (quien le narró la historia de Pedro

Serrano), Garcí Vásquez, Martín de Contreras y Hernán Bravo de Laguna.

Múltiples crónicas de Indias anteriores y contemporáneas al Inca Garcilaso permanecieron inéditas hasta el siglo XIX o XX.[111] La publicación de estas obras (algunas anteriores en muchos años a los *Comentarios reales* y, por tanto, más cercanas a las fuentes orales indígenas) supuso el primer golpe a la indiscutida autoridad que hasta entonces había ejercido Garcilaso.

Eugenio Asensio[112] cree que en los *Comentarios reales* también influyó la literatura anticuaria en cuanto a orientaciones y métodos. Eran obras sobre antigüedades hebreas, romanas o itálicas que Garcilaso parece haber usado como ejemplo para las antigüedades incaicas. Nuestro autor tuvo contacto con los anticuarios andaluces (Bernardo de Aldrete) y tal vez deba a *Las antigüedades de las ciudades de España* de Ambrosio de Morales la atención a aspectos económicos, institucionales, topográficos y lingüísticos poco corrientes en el resto de crónicas.

Las fuentes orales de Garcilaso son tanto indígenas como españolas. La oralidad indígena le llega a través de una doble vía: la institucional, la historia oficial inca sostenida

---

[111] Pedro Cieza de León, *Segunda parte de la crónica del Perú* (1542), Madrid, 1877; Fernando de Santillán, *Relación del origen, descendencia, política y gobierno de los Incas*, Madrid, 1879; Juan de Santacruz Pachacuti, *Relación de antigüedades deste Reyno del Piru* (1576), Madrid, 1879; Juan de Betanzos, *Suma y narración de los Incas* (1551), Madrid, 1880; Fernando Montesinos, *Memorias antiguas, historiales y políticas del Perú*, Madrid, 1882; Bernabé Cobo, *Historia del Nuevo Mundo*, Sevilla, 1890-1893; Pedro Sarmiento de Gamboa, *Segunda parte de la Historia General llamada Indica* (1572), Berlín, 1906; Reginaldo de Lizárraga, *Descripción breve de toda la tierra del Perú, Tucumán, Río de la Plata y Chile*, Madrid, 1909; Polo de Ondegardo, *Informaciones acerca de la religión y gobierno de los Incas*, Lima, 1916; Miguel Cabello de Balboa, *Miscelánea Austral, Historia del Perú* (1576), Lima, 1920; Quipocamayos de Vaca de Castro, *Discurso sobre la descendencia y gobierno de los Incas* (1542), Lima, 1920.

[112] Eugenio Asensio, art. cit.

por los *quipucamayocs* (las fábulas cosmogónicas, el linaje real, las conquistas imperiales), y la afectiva, los hechos
que sus familiares presenciaron (las costumbres, la guerra
entre Huáscar y Atahualpa). Además de las conversaciones que tuvo con su madre, su tío Hualpa Túpac le habló
de la grandeza del imperio perdido, de sus leyes y mitos,
de las conquistas de los reyes incas. Cusi Hualpa le infor-
mó del testamento de Huayna Cápac y del mito del origen
del Cuzco y de los incas. De Juan Pechuta y Chauca Rimachi, antiguos capitanes de Huayna Cápac, recogió referencias sobre los últimos límites del imperio. El mismo Inca
Garcilaso documenta sus fuentes:

> Después de haber dado muchas trazas y tomado muchos
> caminos para entrar a dar cuenta del origen y principio de los
> Incas Reyes naturales que fueron del Perú, me pareció que la
> mejor traza y el camino más fácil y llano era contar lo que en
> mis niñeces oí muchas veces a mi madre y a sus hermanos y
> tíos y a otros sus mayores acerca deste origen y principio,
> porque todo lo que por otras vías se dice dél viene a reducir-
> se en lo mismo que nosotros diremos, y será mejor que se se-
> pa por las proprias palabras que los Incas lo cuentan que no
> por las de otros autores extraños (I, 15).

La oralidad española la transmite en diversos cuentos
que relata. A Garcí Sánchez de Figueroa le debe la historia
de Pedro Serrano, a Rodrigo Pantoja el cuento sobre el poder de la coca; Hernán Bravo le explicó su guerra con las
ratas; Garcí Vásquez le refirió las abundantes cosechas de
trigo en el valle del Huarcu o de Cañete; Martín Contreras
le dio noticias de los rábanos crecidos en Cuzapa y de los
melones de Ica.

A todo ello ha de añadirse el testimonio autobiográfico,
"lo visto y oído" por el propio Garcilaso y que juega un papel determinante (junto con su conocimiento del quechua
y su linaje inca y noble) en su legitimación como historiador autorizado. El testimonio directo, sensorial, fue una

aportación que realizaron los cronistas de Indias a la historiografía y que Garcilaso incorporó como uno de los elementos fundamentales en su obra. El "yo conocí", "yo lo vi", "yo lo oí" se imponen constantemente sobre las interpretaciones —que juzga erradas— de los cronistas anteriores. La autobiografía, el conflicto personal, se entrelaza con la historia y se proyecta en ella. Éste es el factor que le diferencia claramente del resto de cronistas anteriores porque, además, el testimonio personal del autor impregna al texto de emoción, de modo que en la obra se percibe la nostalgia, la ternura, la indignación de un hombre consciente de ser la última voz de un linaje agónico.

Valoración de la obra

Garcilaso brilló a solas como el máximo historiador de los orígenes del Perú durante más de doscientos años. Otros indígenas escribieron sobre el Perú, como Blas Valera, Huaman Poma, Salcamayhua, pero sus obras permanecieron inéditas en aquel tiempo. La de Blas Valera se perdió cuando las tropas inglesas al mando del conde de Essex asaltaron Cádiz en 1596, y, según parece, sólo partes del manuscrito llegaron a manos de Garcilaso. La de Huaman Poma fue enviada a Felipe II, pero se extravió en la Corte y no se sabe cómo llegó a la Biblioteca Real de Copenhague, donde fue descubierta a finales del XIX. La de Salcamayhua ha sido publicada actualmente.

En 1777 se publicó la obra del historiador William Robertson, *History of America*, donde criticaba los *Comentarios reales* por la ficcionalización que hacía su autor de la historia, mezclando realidad y fantasía.

Hacia la mitad del siglo XIX se acentuó el cuestionamiento acerca de la validez histórica de los *Comentarios* por la publicación de crónicas inéditas y se acusó a su autor de apropiarse el manuscrito de Blas Valera. William E. Prescott, en su *History of the Conquest of Peru* (1847), continuó la crítica iniciada el siglo anterior por Robertson.

Marcelino Menéndez y Pelayo en *Orígenes de la novela* y en su *Historia de la poesía hispanoamericana* califica la obra de historia novelada por la gran mezcla de ficción que contiene. En su opinión no es texto histórico sino novela utópica, en la misma línea que Tomás Moro, *La Ciudad del Sol* de Campanella o la *Océana* de Harrington. Menéndez y Pelayo acusó al autor de los *Comentarios* de haber incluido leyendas inverosímiles, de creer en fábulas y de haber engañado a la posteridad. Además, consideraba increíbles ciertas cronologías dinásticas y pueriles las genealogías que se remontaban a animales.

Ricardo Rojas, en el prólogo a la edición de los *Comentarios reales,* de Ángel Rosenblat, contestó a tales acusaciones:

> Si Garcilaso contó las leyendas del Sol en Titicaca o de los hermanos Ayar en Pacaritampu, otros contaron las de la serpiente en el Paraíso, según su propia fe. La religión de un pueblo es parte integrante de su historia, y el Inca habría sido mal historiador si por ser católico hubiera omitido las tradiciones religiosas de los indios.

Actualmente la validez histórica de la crónica ha seguido cuestionándose con los trabajos de la etno-historiadora María Rostworowski y de José Durand. Aunque todavía Riva Agüero defendió a principios del siglo XX la objetividad de la crónica garcilasiana, Porras Barrenechea, Aurelio Miró Quesada y José Durand reconocen su parcialidad, pero defienden la honestidad de su autor.[113]

---

[113] Porras Barrenechea afirma al respecto: "Hoy queda establecido que Garcilaso no inventó ni mintió, sino que recogió con exactitud y cariño filiales la tradición cuzqueña imperial, naturalmente ponderativa de las hazañas de los Incas y defensora de sus actos y costumbres." Raúl Porras Barrenechea, *Los cronistas del Perú (1528-1650)*, Perú, Sanmartí, 1962, p. 313.

Ciertamente, todas las crónicas americanas trabajaban sobre testimonios orales, en todas hay, por tanto, tradiciones confusas o divergentes, hechos mitológicos y cronologías milenarias y ninguna de ellas pudo sustraerse a la mezcla de fantasía y realidad.

Más allá de su rigurosidad científica, el valor histórico de los *Comentarios reales* no debe soslayarse, puesto que al tiempo que ayudó a difundir y prestigiar una cultura que por su tradición exclusivamente oral y la inexistencia de códices podría haberse perdido para la historia, fue símbolo de los principales movimientos de liberación del virreinato del Perú.

Garcilaso recogió en los *Comentarios* la tradición historiográfica medieval y las ideas humanistas y renacentistas, combinó historia y ficción (procedimiento ineludible en todo texto que trabaje sobre los orígenes del mundo, de la creación y de las civilizaciones), y siguió el método filológico de la época y los criterios retóricos, técnicos y narrativos que hicieron de ella una obra singular.

Ediciones y prohibiciones

Los *Comentarios reales* se publicaron en 1609, y la *Historia General del Perú,* en 1617. Fueron traducidas a varias lenguas: al inglés en 1625, al francés en 1633 y más tarde al alemán, italiano, ruso, rumano, chino o flamenco.

En el último tercio del siglo XVIII se debilita el sistema colonial en la América hispana por la rivalidad de Inglaterra, el ejemplo emancipador de Estados Unidos, los trabajos de zapa de los jesuitas y la entrada del espíritu ilustrado y el enciclopedismo. Pero fue la rebelión de Túpac Amaru, ocurrida en 1780-1781, lo que alarmó a la metrópoli. Túpac Amaru —cuyo nombre original era José Gabriel Condorcanqui— debió de leer, junto con otros hijos de caciques y descendientes del linaje incaico, la edición del siglo XVIII preparada por Gabriel de Cárdenas, con el seudónimo de Andrés González de Barcia.[114] Condorcanqui se educó en uno de los colegios de jesuitas para nobles indígenas. En 1780 asumió el nombre de Túpac Amaru II y fue el líder de una gran rebelión nativa tomando el ejemplo de sus antecesores.

La Corona española entendió que el libro despertaba la conciencia histórica de los pueblos autóctonos, por lo que la prohibición de los *Comentarios* se dictó siglo y medio después de que Garcilaso hubiera muerto, en un intento de borrar la memoria de los incas. Censuraron un libro escrito por un inca orgulloso de su linaje y de su raza.

El 21 de abril de 1782 se dictó la Real Cédula por la que los virreyes de Lima y Buenos Aires debían recoger todos los ejemplares del libro. En 1814 quedaban muy pocos ejemplares.[115]

La reedición fue patrocinada a comienzos del siglo XIX por el general San Martín, pero se frustró. El libro había circulado sin tropiezos durante el siglo XVII y dos tercios del siglo XVIII, a la par de otras historias de Indias de cronistas oficiales de la corona como la *Historia general y natural de las Indias*, de Gonzalo Fernández de Oviedo (Sevilla, 1535), *Las Décadas,* de Antoni de Herrera (Valladolid, 1601), así como las obras de Zárate, Xerez, Cieza de León o López de Gómara.

MERCEDES SERNA

---

[114] La obra se publicó, concretamente, el 4 de agosto de 1723 con el título *Primera parte de los Comentarios reales que tratan de los incas, reyes, que fueron del Perú, de su idolatría, leyes y gobierno, en paz, y en guerra; de sus vidas y conquistas, y de todo lo que fue aquí imperio y su República, antes que los españoles pasaron a él. Escritos por el Inca Garcilaso de la Vega, natural del Cozco y Capitán de su Majestad. Dirigidos a el rey nuestro Señor.*

[115] Prólogo de Ricardo Rojas a *Comentarios reales*, edición de Ángel Rosenblat, p. XI.

NOTICIA BIBLIOGRÁFICA

EDICIONES

Primera parte de los Comentarios reales, Lisboa, Pedro Cras-
    beeck, 1609.
Primera parte de los Comentarios reales, segunda edición debida
    a don Andrés González de Barcia, segunda impresión en-
    mendada por Nicolás Rodríguez Franco, prólogo de Gabriel
    de Cárdenas, Madrid, 1722-1723, 2 vols.
Comentarios reales de los Incas, edición de Ángel Rosenblat,
    prólogo de Ricardo Rojas, glosario de voces indígenas, Buenos
    Aires, Emecé Editores, 1943, 2 vols.
Primera parte de los Comentarios reales, anotaciones y concor-
    dancias con las Crónicas de Indias, por H. H. Urteaga, Elogio
    del Inca Garcilaso por José de la Riva Agüero (Lima, 1918),
    Lima, 1943-1944, 4 vols.
Comentarios reales de los Incas, edición facsimilar, prólogo de
    Aurelio Miró Quesada, Lima, Librería Internacional del Perú,
    1959, 3 vols.
Obras completas, edición y estudio del padre Carmelo Sáenz de
    Santa María, Madrid, Atlas (BAE, 132-134), 1960-1963, 4 vols.
Comentarios reales: el origen de los incas, edición, estudio preli-
    minar, notas y bibliografía de Montserrat Martí Brugueras,
    Barcelona, Bruguera, 1968.
Comentarios reales de los Incas, edición, prólogo y cronología de
    Aurelio Miró Quesada, Caracas, Biblioteca Ayacucho, 1976, 2
    vols.

Comentarios reales de los Incas, edición de César Pacheco Vélez, prólogo de Aurelio Miró Quesada, bibliografía de Alberto Tauro, Lima, Banco de Crédito (Biblioteca Clásicos del Perú), 1985.

Comentarios reales de los Incas, edición, índice analítico y glosario de Carlos Araníbar, México, FCE, 1991, 2 vols.

ANTOLOGÍAS Y SELECCIONES

Antología de los Comentarios reales, introducción crítica por José de la Riva Agüero, Madrid, 1929.

Pinas de los Comentarios reales, selección, prólogo y notas de J. Noé, Buenos Aires, 1939.

Comentarios reales, selección y prólogo de Augusto Cortina, Madrid, Espasa-Calpe, 1980.

Comentarios reales, introducción, selección y notas de Giuseppe Bellini, Milán, 1955.

El Inca Garcilaso en sus "Comentarios" (Antología vivida), introducción y selección de Juan Bautista Avalle-Arce, Madrid, Gredos, 1970.

Comentarios reales (selección), I, Ginebra, Éditions Ferni, 1974.

Comentarios reales, Barcelona, Vosgos, 1979.

Comentemos al Inca Garcilaso, prólogo, selección, comentarios y bibliografía de Ricardo González Vigil, Lima, Banco Central de Reserva del Perú, s.d. (1990).

Los mejores Comentarios reales, selección y prólogo de Domingo Miliani, Biblioteca Ayacucho.

Comentarios reales (selección), edición de Enrique Pupo-Walker, Madrid, Cátedra, 1996.

BIBLIOGRAFÍA SELECTA

Actas del symposium sobre el inca Garcilaso de la Vega, Lima, 17-28 de junio de 1955 (Lima, Banco de Crédito, 1955).

Actas de la IV academia literaria renacentista, Salamanca, Universidad de Salamanca, 2-4 de marzo de 1983 (Salamanca, ed. Víctor García de la Concha, 1986).

Aguilar y Priego, Rafael, "El hijo del Inca Garcilaso. Nuevos documentos sobre Diego de Vargas", en *Boletín de la Real Academia de Córdoba*, 21 (1950), pp. 45-48.

Amador, Raysa, *Aproximación histórica a los "Comentarios reales"*, Madrid, Pliegos, 1984.

Arce Blanco, M., *Garcilaso de la Vega*, Madrid, 1931.

Arocena, Luis, *El Inca Garcilaso y el humanismo renacentista*, Buenos Aires, Centro de Profesores Diplomados de Enseñanza Secundaria, 1949.

Arrom, José Juan, "Hombre y mundo en dos cuentos del Inca Garcilaso*", Certidumbre de América*, Madrid, Gredos, 1971, pp. 267-235.

Asensio, Eugenio, "Dos cartas desconocidas del Inca Garcilaso", *Nueva Revista de Filología Hispánica*, 3-4 (México, 1953), pp. 583-593.

Avalle-Arce, Juan Bautista, "Perfil ideológico del Inca Garcilaso", *Actas del Primer Congreso Internacional de Hispanistas*, Oxford, 1964, pp. 191-198.

——, "La familia del Inca Garcilaso, nuevos documentos", *Caravelle*, 8 (1967), pp. 137-145 y en *Dintorno de una época dorada,* Madrid, Porrúa Turanzas, 1978, pp. 221-253.

Avonto, Luigi, "Un Robinson Crusoe genovés del Cinquecento in Fernández de Oviedo y Garcilaso", en *Annali d'Italianista*, X (1992), pp. 96-114.

Barra, Felipe de la, "San Martín, los Comentarios reales y el indio peruano", *Revista Militar*, Lima, XLV, 11-12 (1948), pp. 43-53.

——, "Factor psicológico concurrente a la fácil conquista del Tahuantinsuyo a la luz de los Comentarios Reales", *Nuevos estudios sobre el Inca Garcilaso de la Vega. Actas del Symposium realizado en Lima del 17 al 28 de junio de 1955*, Lima, 1955, pp. 165-188.

——, *Homenaje de Roma al Inca Garcilaso de la Vega*, Lima, 1967.

Bellini, Giuseppe, "Garcilaso de la Vega, el Inca", *Due classici Ispano-Americani,* Milán, La Goliardica, 1962, pp. 4-52.

Bermejo, Vladimiro, "Algunos estudios crítico-literarios sobre la obra del Inca Garcilaso", *Nuevos estudios sobre el Inca Garcilaso de la Vega. Actas del Symposium...,* Lima, 1955, pp. 247-270.

Bermúdez Gallegos, Marta, "Diálogos de traición y muerte: "El rescate de Atahualpa y los Comentarios reales del Inca", *Romance Language Annual II* (1990), pp. 336-341.

Bernal, Alfredo Alejandro, "La Araucana de Alonso de Ercilla y Comentarios reales de los Incas del Inca Garcilaso de la Vega", *Revista Iberoamericana* (Pittsburgh), XLVIII, 120-121 (1982), pp. 549-562.

Beysterveldt, A. A., van, "Nueva interpretación de los Comentarios reales, de Garcilaso el Inca", *Cuadernos Hispanoamericanos*, 77 (1969), pp. 353-390.

Callan, Richard J., "An Instance of the Hero Myth in the Comentarios reales*", *Revista de Estudios Hispánicos*, VIII, 2 (1974), pp. 261-270.

Concha, Jaime, "La literatura colonial hispanoamericana. Problemas e hipótesis", *Neohelicón*, 4 (I-II), pp. 35-50.

Castanien, Donald G., *El Inca Garcilaso de la Vega*, Nueva York, Twayne Publishers (TWAS, 61), 1969.

Chang-Rodríguez, Raquel, "Comentarios reales", *Diccionario enciclopédico de las letras de América Latina*, Caracas, Biblioteca Ayacucho, 1995.

Cornejo-Polar, Antonio, "El indigenismo y las literaturas heterogéneas: su doble estatuto socio-cultural", *Revista de Crítica Literaria Latinoamericana*, 7-8 (1978), pp. 7-22.

Cox, Carlos Manuel, "Interpretación económica de los Comentarios del Inca Garcilaso, *Cuadernos Americanos* (México, 1953), LXX, pp. 205-220.

——, *Utopía y realidad en el Inca Garcilaso. Pensamiento económico, interpretación histórica,* Lima, Universidad Nacional Mayor de San Marcos, Lima, 1965.

Crowley, Francis G., *Garcilaso de la Vega, el Inca, and His Sources in the "Comentarios reales de los Incas",* La Haya, Mouton, 1971.

Durán Luzio, Juan, "Hacia los orígenes de una literatura colonial", *Revista Iberoamericana* (Pittsburgh), XL (1974), pp. 651-658.

——, "Sobre Tomás Moro en el Inca Garcilaso", *Revista Iberoamericana* (Pittsburgh), XLII, 96-97 (1976), pp. 349-361.

——, "Garcilaso de la Vega: particular historiador del Nuevo Mundo", *Creación y utopía, Letras de Hispanoamérica,* San José de Costa Rica, EUNA, 1979, pp. 71-85.

Durand, José, "La biblioteca del Inca", *Nueva Revista de Filología Hispánica* (México), II, 3 (1948), pp. 239-264.

—— y varios autores, "Sobre la biblioteca del Inca", adiciones de Bruno Migliorini y Giulio Césare Olchski, *Nueva Revista de Filología Hispánica* (México), III, 2 (1949), pp. 166-170.

——, "Historia y poesía del Inca Garcilaso", *Humanismo,* 6 (México), 1952.

——, "Garcilaso y su formación literaria e histórica", *Nuevos estudios sobre el Inca Garcilaso. Actas del Symposium...,* Lima, 1955, pp. 63-85.

——, "Garcilaso entre el mundo incaico y las ideas renacentistas", *Diógenes,* X, 43 (Buenos Aires, 1963), pp. 17-23.

——, "Los silencios del Inca Garcilaso", *Mundo Nuevo,* 5 (1966), pp. 66-72.

——, *El Inca Garcilaso, clásico de América*, México, Secretaría de Educación Pública (SepSetentas, 259), 1976.

——, *El Inca Garcilaso de América* [México, 1976], Lima, Biblioteca Nacional del Perú, 1988.

——, "Presencia de Túpac Amaru", *Cuadernos Americanos* (México), III, 18 (1989), pp. 172-177.

Duviols, Pierre, "El inca Garcilaso de la Vega, intérprete humanista de la religión incaica", *Diógenes,* 47 (Buenos Aires, 1964), pp. 31-43.

Escobar, Alberto, "Lenguaje e historia en los Comentarios Reales", *Patio de Letras* (Lima, 1955), Caracas, Monte Ávila, 1971, pp. 7-44.

Fitzmaurice-Kelly, Julia, *El Inca Garcilaso de la Vega,* Oxford, Oxford University Press, 1921.

Florit, Eugenio, "Garcilaso de la Vega, el Inca", *Retratos de Hispanoamérica,* Nueva York, Rinehart and Winston, 1962.

González de la Rosa, Manuel, "El padre Valera, primer historiador peruano. Sus plagiarios y el hallazgo de sus tres obras", *Revista Histórica* (Lima), II (1907), pp. 180-199.

——, "El testamento, codicilos, etc., del Inca Garcilaso de la Vega", *Revista Histórica* (Lima), III (1908), pp. 261-295.

——, "Las obras del padre Valera y Garcilaso", *Revista Histórica* (Lima), IV, (1912), pp. 301-311.

González Echeverría, Roberto, "Imperio y estilo en el Inca Garcilaso", *Discurso Literario,* 3, I (1985), pp. 75-80.

——, "Humanism and Rhetoric in Comentarios reales and El carnero", *Memory of Willis Knapp Jones,* edición de E. Rogers y T. Rogers, Nueva York, Spanish Literary Publications Co., 1987, pp. 33-44.

Ilgen, William, "La configuración mítica de la historia en los Comentarios reales del Inca Garcilaso de la Vega", en Andrew P. Debicki y Enrique Pupo-Walker (eds.), *Estudios de literatura hispanoamericana en honor a José J. Arrom,* Chapel Hill, North Carolina Studies in the Romance Languages and Literatures, 1974, pp. 37-46.

Jakfalvi-Leiva, Susana, *Traducción, escritura y violencia colonizadora: un estudio de la obra del Inca Garcilaso de la Vega,* Syracuse, Maxwell School of Citizenship and Public Affairs, University of Syracuse, 1984.

Leonard, Irving A., "The Inca Garcilaso de la Vega, First Classic Writer of America", *Filología y Crítica Hispánica. Homenaje al profesor F. Sánchez Escribano,* Madrid, 1969, pp. 51-62.

Levillier, Roberto, *Don Francisco de Toledo, supremo organizador del Perú,* I, Madrid, 1935; II, Buenos Aires, 1940; III, Buenos Aires, 1942.

Macrì, Oreste, "Studi sull'Inca Garcilaso de la Vega", *Rivista di Letterature Moderne,* V, 1-2 (Florencia, 1954), pp. 99-102.

Mariátegui Oliva, R., *El padre Blas Valera y sus papeles sobre la historia del Perú a través de la obra Comentarios Reales de Garcilaso,* Lima, 1940.

Marichal, Juan, "The New World from Within: The Inca Garcilaso", en Fredi Chiapelli *et alii* (eds.), *First Images of America: The Impact of the New World on the Old,* Berkeley, University of California Press, 1976, t. 1, pp. 57-61.

Martí-Abellí Rafael, "Garcilaso Inca de la Vega, un hombre del Renacimiento", *Revista Hispánica Moderna,* XVI, 1-4, (1951), pp. 99-112.

Menéndez Pelayo, Marcelino, *Orígenes de la novela,* Buenos Aires, Emecé, 1945.

——, *Historia de la poesía hispanoamericana (Obras completas,* 28), Santander, Aldus, 1948, tomo II, pp. 73-77.

Menéndez Pidal, Ramón, "La moral en la conquista del Perú y el Inca Garcilaso de la Vega", *Seis temas peruanos,* Buenos Aires, Espasa-Calpe (Colección Austral, 1.297), 1960.

Mignolo, Walter, "El metatexto historiográfico y la historiografía indiana", *Modern Language Notes,* vol. 96 (1981), pp. 358-402.

Miró Quesada, Aurelio, *El Inca Garcilaso,* Lima, Ed. EEAA, 1945 (segunda edición Madrid, Instituto de Cultura Hispánica, 1948).

——, *El Inca Garcilaso y otros estudios garcilasistas,* Madrid, Instituto de Cultura Hispánica, 1971.

Moreno Báez, Enrique, "El providencialismo del Inca Garcilaso", *Estudios Americanos,* 35-36 (1954), pp. 143-154.

Ortega, Julio, "El Inca Garcilaso y el discurso de la Cultura", *Revista Iberoamericana,* 104-105 (1978), pp. 507-514.

Polo, José Toribio, "El Inca Garcilaso", *Revista Histórica,* 1 (Lima, 1906), pp. 232-254.

Porras Barrenechea, Raúl, *El Inca Garcilaso de la Vega (1539-1616),* Lima, Ediciones del Instituto de Historia, 1946.

——, "Una joya bibliográfica peruana. La Historia de las Indias de Gómara con anotaciones marginales manuscritas del Inca Garcilaso de la Vega", *El Comercio* (Lima, 1948).

——, *Fuentes históricas peruanas,* Lima, 1954.

——, "Nuevos fondos documentales sobre el Inca Garcilaso", en *Estudios sobre el Inca Garcilaso. Actas del Symposium,* Lima, 1955, pp. 17-61.

——, *El Inca Garcilaso en Montilla (1561-1614. Nuevos documentos hallados y publicados por...)*, Lima, Edición del Instituto de Historia, 1955.

——, *Cronistas del Perú, 1528-1650*, Lima, Sanmartí, 1962.

Pupo-Walker, Enrique, "Sobre la configuración narrativa de los Comentarios Reales", *Revista Hispánica Moderna,* 39 (1976-1977), pp. 123-135.

——, "Los Comentarios reales y la historicidad de lo imaginario", *Revista Iberoamericana* (Pittsburgh), 104-105 (1978), pp. 385-407.

——, "Las amplificaciones imaginativas en la crónica y un texto del Inca Garcilaso", *La vocación literaria del pensamiento histórico en América. Desarrollo de la prosa de ficción: siglos XVI, XVIII y XIX,* Madrid, Gredos, 1982, pp. 96-122.

——, *Historia, creación y profecía en los textos del Inca Garcilaso de la Vega,* Madrid, J. Porrúa Turanzas, 1982.

Ratto, Luis Alberto, *Garcilaso de la Vega,* Lima, Editorial Universitaria, 1964.

Riva-Agüero, José de la, "Examen de los Comentarios reales", *Revista Histórica* (Lima), 1 (1906), pp. 515-561, y 2 (1907), pp. 129-162.

——, "Garcilaso y el padre Valera", *Revista Histórica,* 3 (1908).

——, *La Historia en el Perú*, Lima, 1910.

——, "Elogio del Inca Garcilaso", *Revista Universitaria,* IX, 1 (Lima, 1916), pp. 335-412.

——, *La civilización peruana. Época prehispánica,* Lima, Editorial Lumen, 1937.

Rosenblat, Ángel, "Tres episodios del Inca Garcilaso", *La primera visión de América y otros estudios,* Caracas, Ministerio de Educación, 1965, pp. 219-245.

Sánchez, Luis Alberto, *Garcilaso Inca de la Vega, primer criollo*, Santiago de Chile, Ercilla, 1939.

——, "El Inca Garcilaso de la Vega", *Escritores representativos de América,* Madrid, Gredos, 1957, tomo I, pp. 23-40.

Torre y del Cerro, José de la, *El Inca Garcilaso de la Vega (Nueva documentación). Estudio y documentos,* Imprenta J. Murillo, Madrid, 1935.

Valcárcel, Carlos Daniel, "Concepto de la historia en los *Comentarios reales* y en la *Historia general del Perú*", en VV.AA.,

Nuevos estudios sobre el Inca Garcilaso de la Vega. Actas del Symposium, Lima, 1955, pp. 123-136.

Varner, John Grier, *El Inca, The Life and Times of Garcilaso de la Vega,* Austin y Londres, University of Texas Press, 1968.

Zamora, Margarita, "Filología humanista e historia indígena en los *Comentarios reales*", *Revista Iberoamericana,* LIII (1987), pp. 547-558.

——, *Language, Authority and Indigenous History in the "Comentarios reales de los Incas",* Cambridge, Cambridge University Press, 1988.

NOTA PREVIA

L O S criterios de la presente selección responden, principalmente, a intereses literarios. Debido a que las crónicas
historiográficas, en su mayoría, recogen la realidad cir-
cundante de América y buscan documentar aspectos rela-
cionados con la historia natural, la economía, la agricultura, las leyes, etc., he escogido de los *Comentarios reales*
aquellos capítulos que destacan por su interés histórico-li-
terario y he respetado con rigurosidad la línea dinástica inca. Es decir, que se conserva íntegramente el árbol genealógico de los reyes del Perú.

Para esta edición de la obra original del Inca Garcilaso
de la Vega *Comentarios reales* me he basado en la edición
príncipe, publicada en Lisboa en 1609, en la oficina de Pedro Crasbeeck. He corregido las muchas erratas que tiene
el texto de 1609, si bien no las he señalado al pie de página
porque hubiera hecho farragosa la lectura de la presente
edición. Algunas de las erratas de la edición príncipe se
deben a la tipografía portuguesa, otras a la dificultad de
transcribir nombres propios y geográficos indígenas. El
mismo autor fluctúa entre el uso del término indígena o el
español y escribe, indistintamente, "Cuntisuyu" y "Contisuyu", "Utusulla" y "Utumsulla", "Chili" y "Chile", "Atahuallpa" y "Atahualpa", etc. Garcilaso, asimismo, refleja

en la lengua la inseguridad ortográfica y escribe tanto "mesmo" como "mismo", "sinifica" como "significa", "propriedad" como "propiedad", etc. He mantenido todas estas alternancias ortográficas y morfológicas del original y sólo he corregido cuando me ha parecido que se trataba de erratas evidentes de imprenta. He conservado, igualmente, algunas mayúsculas ("los Incas", "el Sol", "el Emperador", etc.) por fidelidad al texto original y porque para el Inca dichas palabras tienen una jerarquía especial.

He modernizado la acentuación y la puntuación para hacer más comprensible el texto. Modernizo, asimismo, la ortografía aunque mantengo las metátesis ("sojuzgalda", "perlado", "catredal", "grabanzo" etc.), las formas arcaicas ("priesa", "ternía", etc.), los cambios vocálicos ("escrebir", "mesmo") y las formas latinizantes o grupos cultos ("proprio", "respecto", "sancto", "auctor, "escriptura", etc.), si bien en el texto se usan de manera irregular.

En el aparato de notas he procurado aclarar significados y dar noticia histórica y geográfica de acontecimientos o lugares que pueden resultar alejados del conocimiento del lector actual.

Agradezco a la dirección de la Biblioteca Tayloriana de Oxford y a la Biblioteca de la Universidad de Barcelona las facilidades dadas para la consulta de material. A José Díaz Gutiérrez, su ayuda en la búsqueda de documentación bibliográfica, sus correcciones y, en general, su valiosa colaboración. A Esther Artigas y Rosa Navarro, la detallada lectura y sus utilísimas indicaciones. A Núria Perpinyà, todos sus paseos a la búsqueda de material bibliográfico.

M. S.

COMENTARIOS REALES

PROEMIO AL LECTOR

A U N Q U E ha habido españoles curiosos que han escrito las repúblicas del Nuevo Mundo, como la de México y la del Perú y las de otros reinos de aquella gentilidad,[1] no ha sido con la relación entera que de ellos se pudiera dar, que lo he notado particularmente en las cosas que del Perú[2] he visto escritas, de las cuales, como natural de la ciudad del Cozco,[3] que fue otra Roma en aquel Imperio,[4] tengo más

---

[1] Se refiere a las crónicas escritas por Fernández de Oviedo, Pedro Cieza de León, Francisco López de Gómara, Agustín de Zárate, Diego Fernández, el Palentino, José de Acosta o Blas Valera. Éstas fueron las crónicas de las que se valió Garcilaso para la redacción de su obra.

[2] Señala Aurelio Miró Quesada en sus notas a los *Comentarios reales* (Venezuela, Ayacucho, 1985, p. 5) que mientras en la traducción de los *Dialoghi d'amore* de León Hebreo, Garcilaso escribía "Pirú" e "Inga", como era común en los cronistas de Indias a fines del siglo XVI, en los *Comentarios* opta por las formas "Perú" e "Inca" para transcribir con la mayor fidelidad los nombres quechuas.

[3] *Cozco:* Cuzco.

[4] Garcilaso continuamente va a comparar el pasado incaico con la Antigüedad clásica y, en concreto, el Cuzco con la Roma imperial. El extraordinario desarrollo que alcanzó el imperio inca se atribuye a que supo absorber las culturas andinas que le precedieron (Chavín, Paracas, Nazca, Tiahuanaco, Huari, Chimor). Por otra parte, la veneración con que se recibía todo lo que provenía de la Antigüedad clásica le sirve a Garcilaso para revalorizar el imperio inca y para defender las fabulaciones y leyendas sobre su génesis. La mayoría de cronistas españoles utilizaron los mitos clásicos para interpretar una cultura americana que les era absolutamente ajena.

97

larga y clara noticia que la que hasta ahora los escritores
han dado. Verdad es que tocan muchas cosas de las muy
grandes que aquella república tuvo, pero escríbenlas tan
cortamente que aun las muy notorias para mí (de la manera que las dicen) las entiendo mal. Por lo cual, forzado
del amor natural de la patria, me ofrecí al trabajo de escrebir estos *Comentarios,* donde clara y distintamente se verán las cosas que en aquella república había antes de los
españoles, así en los ritos de su vana religión como en el
gobierno que en paz y en guerra sus Reyes tuvieron, y todo
lo demás que de aquellos indios se puede decir, desde lo
más ínfimo del ejercicio de los vasallos hasta lo más alto
de la corona real. Escribimos solamente del Imperio de los
Incas, sin entrar en otras monarquías, porque no tengo la
noticia de ellas que de ésta. En el discurso de la historia
protestamos la verdad de ella, y que no diremos cosa grande que no sea autorizándola con los mismos historiadores
españoles que la tocaron en parte o en todo; que mi intención no es contradecirles, sino servirles de comento y glosa[5] y de intérprete en muchos vocablos indios, que, como
extranjeros en aquella lengua, interpretaron fuera de la
propriedad de ella, según que largamente se verá en el discurso de la historia, la cual ofrezco a la piedad del que la
leyere, no con pretensión de otro interés más que de servir
a la república cristiana, para que se den gracias a Nuestro
Señor Jesucristo y a la Virgen María su madre, por cuyos
méritos e intercesión se dignó la Eterna Majestad de sacar

---

[5] *servirles de comento y glosa:* tal expresión trae a la memoria los *Comentarii* de Julio César, obra que Garcilaso tenía en su biblioteca y que le
causó gran admiración. Como explica Raquel Chang-Rodríguez (*Dicio-
nario enciclopédico de las letras de América Latina*, Caracas, Ayacucho,
1995, p. 1.147), al mismo tiempo "remite a la labor de traducción y exégesis tan cara a humanistas coevos. De esta asociación se desprende que
los *Comentarios reales* del Inca Garcilaso son tan imprescindibles para
comprender el pasado del imperio incaico como los de Julio César para ac-
ceder al romano."

del abismo de la idolatría tantas y tan grandes naciones y reducirlas al gremio de su Iglesia Católica Romana, madre y señora nuestra. Espero que se recibirá con la misma intención que yo la ofrezco, porque es la correspondencia que mi voluntad merece, aunque la obra no la merezca.

Otros dos libros se quedan escribiendo[6] de los sucesos que entre los españoles, en aquella mi tierra, pasaron hasta el año 1560 que yo salí de ella. Deseamos verlos ya acabados para hacer de ellos la misma ofrenda que de éstos. Nuestro Señor, etc.

---

[6] Se refiere a libros que incluyó posteriormente en la segunda parte de *Comentarios reales*, llamada también *Historia General del Perú*, que sufrió un proceso de sucesivas amplificaciones.

ADVERTENCIAS ACERCA DE LA LENGUA
GENERAL DE LOS INDIOS DEL PERÚ[7]

Para que se entienda mejor lo que con el favor divino hubiéremos de escribir en esta historia, porque en ella hemos de decir muchos nombres de la lengua general de los indios del Perú, será bien dar algunas advertencias acerca de ella.

La primera sea que tiene tres maneras diversas para pronunciar algunas sílabas, muy diferentes de como las pronuncia la lengua española, en las cuales pronunciaciones

---

[7] Acerca de la importancia que concede Garcilaso a su labor de traductor, señala Miró Quesada: "Junto a la relación de los sucesos y a las informaciones sobre datos concretos, preocupaba al Inca Garcilaso la interpretación cabal y exacta de las voces indígenas, y con ellas de las ideas, los usos y las costumbres del Imperio perdido. Es una anticipación verdaderamente extraordinaria del Inca Garcilaso, que supera sin duda en este punto a todos los demás cronistas de las Indias" (*El Inca Garcilaso y otros estudios garcilasistas*, Madrid, Ediciones Cultura Hispánica, 1971, p. 200). Es decir, la interpretación cabal de una palabra supone la interpretación cabal del mundo. Margarita Zamora compara el método filológico de Garcilaso al que emplea Erasmo con la Biblia. "Garcilaso —indica Zamora— pretende, con ello, hacer una reinterpretación de la historia inca basada en la traducción y exégesis del lenguaje original consultando con las autoridades apropiadas" (*Language, authority, and indigenous history in the Comentarios reales de los incas*, Cambridge, Cambridge University Press, 1988, p. 67; la traducción es mía).

consisten las diferentes significaciones de un mesmo vocablo: que unas sílabas se pronuncian en los labios, otras en el paladar, otras en lo interior de la garganta, como adelante daremos los ejemplos donde se ofrecieren. Para acentuar las dicciones se advierta que tienen sus acentos casi siempre en la sílaba penúltima y pocas veces en la antepenúltima y nunca jamás en la última; esto es, no contradiciendo a los que dicen que las dicciones bárbaras se han de acentuar en la última, que lo dicen por no saber el lenguaje.

También es de advertir que en aquella lengua general del Cozco (de quien es mi intención hablar, y no de las particulares de cada provincia, que son innumerables) faltan las letras siguientes: *b, d, f, g, j jota; l* sencilla no la hay, sino *ll* duplicada, y al contrario no hay pronunciación de *rr* duplicada en principio de parte ni en medio de la dicción, sino que siempre se ha de pronunciar sencilla. Tampoco hay *x*, de manera que del todo faltan seis letras del a.b.c. español o castellano y podremos decir que faltan ocho con la *l* sencilla y con la *rr* duplicada. Los españoles añaden estas letras en perjuicio y corrupción del lenguaje, y, como los indios no las tienen, comúnmente pronuncian mal las dicciones españolas que las tienen. Para atajar esta corrupción me sea lícito, pues soy indio, que en esta historia yo escriba como indio con las mismas letras que aquellas tales dicciones se deben escrebir. Y no se les haga de mal a los que las leyeren ver la novidad presente en contra del mal uso introducido, que antes debe dar gusto leer aquellos nombres en su propiedad y pureza. Y porque me conviene alegar muchas cosas de las que dicen los historiadores españoles para comprobar las que yo fuere diciendo, y porque las he de sacar a la letra con su corrupción, como ellos las escriben, quiero advertir que no parezca que me contradigo escribiendo las letras (que he dicho) que no tiene aquel lenguaje, que no lo hago sino por sacar fielmente lo que el español escribe.

También se debe advertir que no hay número plural en este general lenguaje, aunque hay partículas que significan pluralidad; sírvense del singular en ambos números. Si algún nombre indio pusiere yo en plural, será por la corrupción española o por el buen adjetivar las dicciones, que sonaría mal si escribiésemos las dicciones indias en singular y los adjetivos o relativos castellanos en plural. Otras muchas cosas tiene aquella lengua diferentísimas de la castellana, italiana y latina; las cuales notarán los mestizos y criollos curiosos, pues son de su lenguaje, que yo harto hago en señalarles con el dedo desde España los principios de su lengua para que la sustenten en su pureza, que cierto es lástima que se pierda o corrompa, siendo una lengua tan galana, en la cual han trabajado mucho los Padres de la santa Compañía de Jesús (como las demás religiones) para saberla bien hablar, y con su buen ejemplo (que es lo que más importa) han aprovechado mucho en la doctrina de los indios.

También se advierta que este nombre *vecino* se entendía en el Perú por los españoles que tenían repartimiento de indios, y en ese sentido lo pondremos siempre que se ofrezca. Asimismo es de advertir que en mis tiempos, que fueron hasta el año de mil y quinientos y sesenta, ni veinte años después, no hubo en mi tierra moneda labrada. En lugar de ella se entendían los españoles en el comprar y vender pesando la plata y el oro por marcos y onzas, y como en España dicen ducados decían en el Perú pesos o castellanos. Cada peso de plata o de oro, reducido a buena ley, valía cuatrocientos y cincuenta maravedís; de manera que reducidos los pesos a ducados de Castilla, cada cinco pesos son seis ducados. Decimos esto porque no cause confusión el contar en esta historia por pesos y ducados. De la cantidad del peso de la plata al peso del oro había mucha diferencia, como en España la hay, mas el valor todo era uno. Al trocar del oro por plata daban su interés de tanto por ciento. También había interés al trocar de la plata ensayada por la plata que llaman corriente, que era la por ensayar.

Este nombre *galpón* no es de la lengua general del Perú; debe de ser de las islas de Barlovento; los españoles lo han introducido en su lenguaje con otros muchos que se notarán en la historia. Quiere decir sala grande; los Reyes Incas las tuvieron tan grandes que servían de plaza para hacer sus fiestas en ellas cuando el tiempo era llovioso y no daba lugar a que se hiciesen en las plazas. Y baste esto de advertencias.

LIBRO PRIMERO

CAPÍTULO I

SI HAY MUCHOS MUNDOS.
TRATA DE LAS CINCO ZONAS

Habiendo de tratar del Nuevo Mundo o de la mejor y más principal parte suya, que son los reinos y provincias del Imperio llamado Perú, de cuyas antiguallas y origen de sus Reyes pretendemos escribir, parece que fuera justo, conforme a la común costumbre de los escriptores, tratar aquí al principio si el mundo es uno solo o si hay muchos mundos; si es llano o redondo, y si también lo es el cielo redondo o llano; si es habitable toda la tierra o no más de las zonas templadas; si hay paso de una templada a la otra; si hay antípodas y cuáles son de cuáles, y otras cosas semejantes que los antiguos filósofos muy larga y curiosamente trataron y los modernos no dejan de platicar y escribir, siguiendo cada cual opinión que más le agrada.

Mas porque no es aqueste mi principal intento ni las fuerzas de un indio pueden presumir tanto, y también porque la experiencia, después que se descubrió lo que llaman Nuevo Mundo, nos ha desengañado de la mayor parte de estas dudas, pasaremos brevemente por ellas, por ir a otra parte, a cuyos términos finales temo no llegar. Mas confiado en la infinita misericordia, digo que a lo primero se podrá afirmar que no hay más que un

mundo,[8] y aunque llamamos Mundo Viejo y Mundo
Nuevo, es por haberse descubierto aquél nuevamente
para nosotros,[9] y no porque sean dos, sino todo uno. Y a
los que todavía imaginaren que hay muchos mundos, no
hay para qué responderles, sino que se estén en sus heréticas imaginaciones hasta que en el infierno se desen-
gañen de ellas. Y a los que dudan, si hay alguno que lo
dude, si es llano o redondo,[10] se podrá satisfacer con el
testimonio de los que han dado vuelta a todo él o a la
mayor parte, como los de la nao Victoria y otros que después acá le han rodeado. Y a lo del cielo, si también es
llano o redondo, se podrá responder con las palabras del

[8] Aquí aparece la idea cristiana de que los naturales de las nuevas tierras participaban en la misma naturaleza que la de los europeos, asiáticos
y africanos, y que también descendían de Adán y podían beneficiarse del
sacrificio de Cristo. Así las civilizaciones indígenas quedan integradas en
el curso de la historia universal y sujetas al juicio que les corresponda en
la cultura cristiana. La denominación de Nuevo Mundo la explica Edmundo O'Gorman (*La invención de América*, México, FCE, 1976, p. 152)
con las siguientes palabras: "Si en su acepción tradicional "mundo" quiere decir la porción del orbe terrestre providencialmente asignada para ha-
bitación del hombre, América resultó ser, literalmente, un mundo nuevo
en el sentido de una ampliación imprevisible de la vieja casa o, si se pre-
fiere, de la inclusión en ella de una parcela de la realidad universal, considerada hasta entonces como del dominio exclusivo de Dios." Garcilaso
entiende la designación de Nuevo Mundo no como dos mundos distintos
e irreductibles, sino como dos modalidades de un único mundo. Lógicamente, rechazaba la idea admitida por los paganos del descubrimiento de
tierras antípodas u *orbis alterius*, en cuanto que podía implicar una ina-
ceptable y herética pluralidad de mundos.
[9] Según Margarita Zamora, Garcilaso en este pasaje no plantea una
cuestión cosmográfica sino histórica e ideológica. El problema es histórico puesto que se denomina "Nuevo Mundo" no porque lo sea inherente a
sí mismo sino, desde la perspectiva de los europeos, por haberlo descubierto recientemente. Por tanto, depende del punto de vista. De ser así,
Garcilaso plantearía el fundamental relativismo del pensamiento europeo
en las relaciones entre Europa y América (*ob. cit.*, p. 166).
[10] Ya en tiempos de Colón se guiaban por el sistema geocéntrico, pues
para entonces se había abandonado definitivamente la noción patrística
de la Tierra como superficie plana.

Real Profeta: *Extendens caelum sicut pellem,*[11] en las cuales nos quiso mostrar la forma y hechura de la obra, dando la una por ejemplo de la otra, diciendo: que extendiste el cielo así como la piel, esto es, cubriendo con el cielo este gran cuerpo de los cuatro elementos en redondo, así como cubriste con la piel en redondo el cuerpo del animal, no solamente lo principal de él, mas también todas sus partes, por pequeñas que sean.

A los que afirman que de las cinco partes del mundo que llaman zonas no son habitables más de las dos templadas,[12] y que la del medio por su excesivo calor y las dos de los cabos por el demasiado frío son inhabitables, y que de la una zona habitable no se puede pasar a la otra habitable por el calor demasiado que hay en medio, puedo afirmar, demás de lo que todos saben, que yo nací en la tórrida zona, que es en el Cozco, y me crié en ella hasta los veinte años, y he estado en la otra zona templada de la otra parte del Trópico de Capricornu,[13] a la parte del sur, en los últi-

[11] El "Real Profeta" es el rey David, salmo 103, versículo 2.

[12] La teoría de Aristóteles, debido a su enorme autoridad, fue la que prevaleció en la Antigüedad. Se trataba de la famosa división del globo terrestre de acuerdo con las cinco zonas del cielo: las dos polares, las dos templadas y la intermedia, llamada la zona tropical, tórrida o quemada. Suponían que únicamente eran habitables las zonas templadas, las comprendidas entre los círculos árticos y los círculos de los trópicos. Como indica Edmundo O'Gorman (*ob. cit.*), el cristianismo rechazó el absolutismo de la antigua doctrina de la inhabitabilidad de ciertas zonas de la Tierra introduciendo la noción fundamental del hombre como responsable de su propia vida y de su destino. En la época de Garcilaso, sin embargo, la discusión sobre la pluralidad de mundos ya no tenía sentido, pues hacía mucho que los Padres de la Iglesia habían desechado las teorías de Platón, Aristóteles y Ovidio sobre el tema, tachándolas de heréticas. Según Margarita Zamora, "Tristemente, todos somos las antípodas desde el punto de vista de otro" (*ob. cit.*, p. 168; la traducción es mía). Es decir, lo que cuestiona Garcilaso al preguntarse irónicamente cuáles provincias son antípodas de cuáles es el eurocentrismo. Por otra parte, la discusión sobre las antípodas y sobre el sitio de las Indias eran tópicos comunes de la historiografía indiana (véase, por ejemplo, la introducción de Francisco López de Gómara a su *Historia General de las Indias*).

[13] *Trópico de Capricornu:* Trópico de Capricornio.

mos términos de los Charcas, que son los Chichas, y, para
venir a esta otra templada de la parte del norte, donde escribo esto, pasé por la tórrida zona y la atravesé toda y
estuve tres días naturales debajo de la línea equinoccial,
donde dicen que pasa perpendicularmente, que es en el
cabo de Pasau,[14] por todo lo cual digo que es habitable la
tórrida también como las templadas. De las zonas frías
quisiera poder decir por vista de ojos como de las otras
tres. Remítome a los que saben de ellas más que yo. A los
que dicen que por su mucha frialdad son inhabitables, osa-
ré decir, con los que tienen lo contrario, que también son
habitables como las demás, porque en buena consideración no es de imaginar, cuanto más de creer, que partes
tan grandes del mundo las hiciese Dios inútiles, habiéndolo criado todo para que lo habitasen los hombres, y que se
engañan los antiguos en lo que dicen de las zonas frías,
también como se engañaron en lo que dijeron de la tórrida, que era inhabitable por su mucho calor. Antes se debe
creer que el Señor, como padre sabio y poderoso, y la naturaleza, como madre universal y piadosa, hubiesen remediado los inconvenientes de la frialdad con templanza de
calor, como remediaron el demasiado calor de la tórrida
zona con tantas nieves, fuentes, ríos y lagos como en el Perú se hallan, que la hacen templada de tanta variedad de
temples, unas que declinan a calor y a más calor, hasta llegar a regiones tan bajas, y por ende tan calientes, que, por
su mucho calor, son casi inhabitables, como dijeron los
antiguos de ella. Otras regiones, que declinan a frío y más
frío, hasta subir a partes tan altas que también llegan a ser
inhabitables por la mucha frialdad de la nieve perpetua
que sobre sí tienen, en contra de lo que de esta tórrida zona los filósofos dijeron, que no imaginaron jamás que en
ella pudiese haber nieve, habiéndola perpetua debajo de la

---

[14] *cabo de Pasau:* Cabo Pasado, situado inmediatamente al sur de la línea equinoccial.

misma línea equinoccial, sin menguar jamás ni mucho ni poco, a lo menos en la cordillera grande, si no es en las faldas o puertos de ella.

Y es de saber que en la tórrida zona, en lo que de ella alcanza el Perú, no consiste el calor ni el frío en distancia de regiones, ni en estar más lejos ni más cerca de la equinoccial, sino en estar más alto o más bajo de una misma región y en muy poca distancia de tierra, como adelante se dirá más largo. Digo, pues, que a esta semejanza se puede creer que también las zonas frías estén templadas y sean habitables, como lo tienen muchos graves autores, aunque no por vista y experiencia; pero basta haberlo dado a entender así el mismo Dios, cuando crió al hombre y le dijo: "creced y multiplicad y hinchid la tierra y sojuzgalda." Por donde se ve que es habitable, porque si no lo fuera ni se podía sojuzgar ni llenar de habitaciones. Yo espero en su omnipotencia que a su tiempo descubriera estos secretos (como descubrió el Nuevo Mundo) para mayor confusión y afrenta de los atrevidos, que con sus filosofías naturales y entendimientos humanos quieren tasar la potencia y la sabiduría de Dios, que no pueda hacer sus obras más de como ellos las imaginan, habiendo tanta disparidad del un saber al otro cuanta hay de lo finito a lo infinito.[15] Etc.

---

[15] La idea de Garcilaso es, lógicamente, la idea cristiana de que el mundo no era del hombre y para el hombre, sino de Dios y para Dios, de manera que el hombre era un siervo o inquilino del mundo que habitaba una parcela que le había sido concedida por gracia divina.

CAPÍTULO III

CÓMO SE DESCUBRIÓ EL NUEVO MUNDO

Cerca del año de mil y cuatrocientos y ochenta y cuatro, uno más o menos, un piloto natural de la villa de Huelva, en el Condado de Niebla, llamado Alonso Sánchez de Huelva,[16]

[16] *Alonso Sánchez de Huelva:* Bernardo de Aldrete, en su libro *Varias antigüedades de España, África y otras provincias* (1614), escribe: "Siendo cierto que el primero que dio noticia a Christoval Colon del nuevo mundo fue Alonso Sanchez de Huelva, que con gran tormento passo el Oceano. Hizo memoria desto el Padre Joseph de Acosta, aunque no puso su nombre, el qual lo dize el Inca Lasso de la Vega. Fue esto mas notorio i sabido en toda la Andaluzia, que deviera aver se dexado de escrivir por nuestros historiadores" (Miró Quesada, *El Inca Garcilaso y otros estudios garcilasistas*, Madrid, Instituto de Cultura Hispánica, 1971, p. 233). La idea parte de un rumor popular que se ha denominado la "leyenda del piloto anónimo." El padre Bartolomé de las Casas dice que los primitivos colonos de la Isla Española, entre quienes había algunos que acompañaron a Colón en su primer viaje, creían que el motivo del viaje de Colón fue su deseo de demostrar la existencia de unas tierras desconocidas de las que tenía noticia por el aviso que un piloto náufrago le dio. Fernández de Oviedo, en su *Historia General y Natural de las Indias*, duda de la veracidad del relato del piloto anónimo y atribuye a Colón la conciencia de ser un descubridor, aunque de algo olvidado o perdido: las Hespérides. Gómara, en su *Historia General de las Indias*, considera que el relato del piloto anónimo es verdadero y, por tanto, como explica Edmundo O'Gorman, Colón sería un segundo descubridor, porque al piloto anónimo "se debe el conocimiento de las Indias que hasta entonces habían permanecido totalmente ignoradas." Fernando Colón en *Vida del Almirante* señala que nadie antes de Colón supo de la existencia de las tierras halladas en 1492. Sobre todo lo referente a la historia del piloto anónimo, véase el estudio de Edmundo O'Gorman *La invención de América*, México, FCE, 1976, pp. 18 y ss.

tenía un navío pequeño, con el cual contrataba por la mar, y llevaba de España a las Canarias algunas mercaderías que allí se le vendían bien, y de las Canarias cargaba de los frutos de aquellas islas y las llevaba a la isla de la Madera,[17] y de allí se volvía a España cargado de azúcar y conservas. Andando en esta su triangular contratación, atravesando de las Canarias a la isla de la Madera, le dio un temporal tan recio y tempestuoso que no pudiendo resistirle, se dejó llevar de la tormenta y corrió veinte y ocho o veinte y nueve días sin saber por dónde ni adónde, porque en todo este tiempo no pudo tomar el altura por el sol ni por el Norte.

Padecieron los del navío grandísimo trabajo en la tormenta, porque ni les dejaba comer ni dormir. Al cabo de este largo tiempo se aplacó el viento y se hallaron cerca de una isla; no se sabe de cierto cuál fue, mas de que se sospecha que fue la que ahora llaman Santo Domingo; y es de mucha consideración que el viento que con tanta violencia y tormenta llevó aquel navío no pudo ser otro sino el solano, que llaman leste, porque la isla de Santo Domingo está al poniente de las Canarias, el cual viento, en aquel viaje, antes aplaca las tormentas que las levanta. Mas el Señor Todopoderoso, cuando quiere hacer misericordias, saca las más misteriosas y necesarias de causas contrarias, como sacó el agua del pedernal y la vista del ciego del lodo que le puso en los ojos, para que notoriamente se muestren ser obras de la miseración y bondad divina, que también usó de esta su piedad para enviar su Evangelio y luz verdadera a todo el Nuevo Mundo, que tanta necesidad tenía de ella, pues vivían, o, por mejor decir, perecían en las tinieblas de la gentilidad e idolatría tan bárbara y bestial como en el discurso de la historia veremos.

El piloto saltó en tierra, tomó el altura y escribió por menudo todo lo que vio y lo que le sucedió por la mar a ida y a vuelta, y, habiendo tomado agua y leña, se volvió a

---

[17] *Isla de la Madera:* isla de Madeira.

tiento, sin saber el viaje tampoco a la venida como a la ida, por lo cual gastó más tiempo del que le convenía. Y por la dilación del camino les faltó el agua y el bastimento, de cuya causa, y por el mucho trabajo que a ida y venida habían padecido, empezaron a enfermar y morir de tal manera que de diez y siete hombres que salieron de España no llegaron a la Tercera[18] más de cinco, y entre ellos el piloto Alonso Sánchez de Huelva. Fueron a parar a casa del famoso Cristóbal Colón, ginovés, porque supieron que era gran piloto y cosmógrafo y que hacía cartas de marear, el cual los recibió con mucho amor y les hizo todo regalo por saber cosas acaecidas en tan extraño y largo naufragio como el que decían haber padecido. Y como llegaron tan descaecidos del trabajo pasado, por mucho que Cristóbal Colón les regaló no pudieron volver en sí y murieron todos en su casa, dejándole en herencia los trabajos que les causaron la muerte, los cuales aceptó el gran Colón con tanto ánimo y esfuerzo que, habiendo sufrido otros tan grandes y aun mayores (pues duraron más tiempo), salió con la empresa de dar el Nuevo Mundo y sus riquezas a España, como lo puso por blasón en sus armas diciendo: "A Castilla y a León, Nuevo Mundo dio Colón."

Quien quisiere ver las grandes hazañas de este varón, vea la *Historia general de las Indias* que Francisco López de Gómara[19] escribió, que allí las hallará, aunque abreviadas, pero lo que más loa y engrandece a este famoso sobre los famosos es la misma obra de esta conquista y descubrimiento. Yo quise añadir esto poco que faltó de la relación de aquel antiguo historiador, que, como escribió lejos de

---

[18] *Tercera:* isla de Terceira, en las Azores.

[19] *Francisco López de Gómara:* (1511-1564), cronista autor de la *Historia General de las Indias y conquista de México* (Zaragoza, 1552). El suyo es el típico caso del "cronista de oídas", pues compuso su obra sin haber estado en América. Para escribirla partió de los testimonios de Hernán Cortés y de algunos hombres que lucharon junto a él en la campaña de México. Sus informaciones a menudo son refutadas por Garcilaso.

donde acaecieron estas cosas y la relación se la daban yentes y vinientes, le dijeron muchas cosas de las que pasaron, pero imperfectas, y yo las oí en mi tierra a mi padre y a sus contemporáneos, que en aquellos tiempos la mayor y más ordinaria conversación que tenían era repetir las cosas más hazañosas y notables que en sus conquistas habían acaecido, donde contaban la que hemos dicho y otras que adelante diremos, que, como alcanzaron a muchos de los primeros descubridores y conquistadores del Nuevo Mundo, hubieron de ellos la entera relación de semejantes cosas, y yo, como digo, las oí a mis mayores, aunque (como muchacho) con poca atención, que si entonces la tuviera pudiera ahora escrebir otras muchas cosas de grande admiración, necesaria en esta historia. Diré las que hubiere guardado la memoria, con dolor de las que ha perdido.

El muy reverendo Padre Joseph de Acosta[20] toca también esta historia del descubrimiento del Nuevo Mundo con pena de no poderla dar entera, que también faltó a Su Paternidad parte de la relación en este paso, como en otros más modernos, porque se habían acabado ya los conquistadores antiguos cuando Su Paternidad pasó a aquellas partes, sobre lo cual dice estas palabras, Libro primero, capítulo diez y nueve: "Habiendo mostrado que no lleva camino pensar que los primeros moradores de Indias hayan venido a ellas con navegación hecha para ese fin, bien se sigue que si vinieron por mar haya sido acaso y por fuerza de tormentas el haber llegado a Indias, lo cual, por inmenso que sea el Mar Océano, no es cosa increíble. Porque

---

[20] *Padre Joseph de Acosta:* José de Acosta (1540-1600), jesuita que mantuvo una larga residencia y labor catequizadora en el Perú. Su obra más importante es la *Historia natural y moral de las Indias* (crónica de 1589, editada por primera vez en Sevilla en 1590), que se ocupa del Perú incaico en los libros V y VI. Como toda crónica que intenta describir la exótica realidad americana, trata del mundo natural americano, si bien en este caso, como la crónica de Fernández de Oviedo, destaca por su exhaustividad.

pues así sucedió en el descubrimiento de nuestros tiempos cuando aquel marinero (cuyo nombre aún no sabemos, para que negocio tan grande no se atribuya a otro autor sino a Dios), habiendo por un terrible e importuno temporal reconocido el Nuevo Mundo, dejó por paga del buen hospedaje a Cristóbal Colón la noticia de cosa tan grande. Así puso ser", etc. Hasta aquí es del Padre Maestro Acosta, sacado a la letra, donde muestra haber hallado Su Paternidad en el Perú parte de nuestra relación, y aunque no toda, pero lo más esencial de ella.

Éste fue el primer principio y origen del descubrimiento del Nuevo Mundo, de la cual grandeza podía loarse la pequeña villa de Huelva, que tal hijo crió, de cuya relación, certificado Cristóbal Colón, insistió tanto en su demanda, prometiendo cosas nunca vistas ni oídas, guardando como hombre prudente el secreto de ellas, aunque debajo de confianza dio cuenta de ellas a algunas personas de mucha autoridad cerca de los Reyes Católicos, que le ayudaron a salir con su empresa, que si no fuera por esta noticia que Alonso Sánchez de Huelva le dio, no pudiera de sola su imaginación de cosmografía prometer tanto y tan certificado como prometió ni salir tan presto con la empresa del descubrimiento, pues, según aquel autor, no tardó Colón más de sesenta y ocho días en el viaje hasta la isla Guanatianico, con detenerse algunos días en la Gomera a tomar refresco que, si no supiera por la relación de Alonso Sánchez qué rumbos había de tomar en un mar tan grande, era casi milagro haber ido allá en tan breve tiempo.

PRIME·RA PARTE DE LOS

COMMENTARIOS
REALES, *abigote clabriones*

QVE TRATAN DEL ORI-
GEN DE LOS YNCAS, REYES QVE FVE-
RON DEL PERV, DE SV IDOLATRIA, LEYES, Y
gouierno en paz y en guerra: de sus vidas y conquistas, y de todo lo que fue aquel Imperio y
su Republica, antes que los Españoles passaran a el.

*Escritos por el Ynca Garcilasso de la Vega, natural del Cozco,
y Capitan de su Magestad.*

DIRIGIDOS A LA SERENISSIMA PRIN-
cesa Doña Catalina de Portugal, Duqueza
de Bargança, &c.

Con licencia de la Sancta Inquisicion, Ordinario, y Paço.

EN LISBOA:
En la officina de Pedro Crasbeeck.
Año de M. DCIX.

Portada de la primera edición
(Lisboa, 1609)

Grabado de la primera edición
(Lisboa, 1609)

CAPÍTULO IV

LA DEDUCCIÓN DEL NOMBRE PERÚ

Pues hemos de tratar del Perú, será bien digamos aquí cómo se dedujo este nombre, no lo teniendo los indios en su lenguaje; para lo cual es de saber que, habiendo descu͞ bierto la Mar del Sur Vasco Núñez de Balboa,[21] caballero natural de Jerez de Badajoz, año de mil y quinientos y trece, que fue el primer español que la descubrió y vio, y habiéndole dado los Reyes Católicos título de Adelantado de aquella mar con la conquista y gobierno de los reinos que por ella descubriese, en los pocos años que después de esta merced vivió (hasta que su propio suegro, el gobernador Pedro Arias de Ávila,[22] en lugar de muchas mercedes que había merecido y se le debían por sus hazañas, le cortó la cabeza), tuvo este caballero cuidado de descubrir y

---

[21] *Vasco Núñez de Balboa:* ascendió a los picos del Darién y descubrió el Mar del Sur, es decir, el océano Pacífico.

[22] *Pedro Arias de Ávila:* Pedrarias Dávila (1440?-1531), conquistador que organizó la primera expedición colonizadora de la corona española; le acompañaban en tal empresa Diego de Almagro, Bernal Díaz del Castillo y Fernández de Oviedo entre otros. Emprendió muchas otras expediciones con diversa fortuna y en una de ellas fundó la ciudad de Panamá. Fue gobernador de Tierra Firme desde 1513 hasta 1526, fecha en que le sustituyó Pedro de los Ríos. Sin embargo, en 1527 el rey le nombró gobernador de la nueva provincia de Nicaragua que se había encargado de ocupar tras haberla descubierto González Dávila.

saber qué tierra era y cómo se llamaba la que corre de Panamá adelante hacia el sur. Para este efecto hizo tres o cuatro navíos, los cuales, mientras él aderezaba las cosas necesarias para su descubrimiento y conquista, enviaba cada
uno de por sí en diversos tiempos del año a descubrir aquella costa. Los navíos, habiendo hecho las diligencias que
podían, volvían con la relación de muchas tierras que hay
por aquella ribera.

Un navío de éstos subió más que los otros y pasó la línea
equinoccial a la parte del sur, y cerca de ella, navegando
costa a costa, como se navegaba entonces por aquel viaje,
vio un indio que a la boca de un río, de muchos que por toda aquella tierra entran en la mar, estaba pescando. Los
españoles del navío, con todo el recato posible, echaron en
tierra, lejos de donde el indio estaba, cuatro españoles,
grandes corredores y nadadores, para que no se les fuese
por tierra ni por agua. Hecha esta diligencia, pasaron con
el navío por delante del indio, para que pusiese ojos en él y
se descuidase de la celada que le dejaban armada. El indio,
viendo en la mar una cosa tan extraña, nunca jamás vista
en aquella costa, como era navegar un navío a todas velas,
se admiró grandemente y quedó pasmado y abobado, imaginando qué pudiese ser aquello que en la mar veía delante de sí. Y tanto se embebeció y enajenó en este pensamiento, que primero lo tuvieron abrazado los que le iban a
prender que él los sintiese llegar, y así lo llevaron al navío
con mucha fiesta y regocijo de todos ellos.

Los españoles, habiéndole acariciado porque perdiese
el miedo que de verlos con barbas y en diferente traje que el
suyo había cobrado, le preguntaron por señas y por palabras qué tierra era aquélla y cómo se llamaba. El indio,
por los ademanes y meneos que con manos y rostro le hacían (como a un mudo), entendía que le preguntaban mas
no entendía lo que le preguntaban y a lo que entendió qué
era el preguntarle, respondió a priesa (antes que le hiciesen algún mal) y nombró su proprio nombre, diciendo Be-

rú, y añidió otro y dijo Pelú. Quiso decir: "Si me preguntáis cómo me llamo, yo me digo Berú, y si me preguntáis dónde estaba, digo que estaba en el río." Porque es de saber que el nombre Pelú en el lenguaje de aquella provincia es nombre apelativo y significa río en común, como luego veremos en un autor grave. A otra semejante pregunta respondió el indio de nuestra historia de *La Florida*[23] con el nombre de su amo, diciendo Brezos y Bredos (Libro sexto, capítulo quince), donde yo había puesto este paso a propósito del otro; de allí lo quité por ponerlo ahora en su lugar.

Los cristianos entendieron conforme a su deseo, imaginando que el indio les había entendido y respondido a propósito, como si él y ellos hubieran hablado en castellano, y desde aquel tiempo, que fue el año de mil y quinientos y quince o diez y seis, llamaron Perú aquel riquísimo y grande Imperio, corrompiendo ambos nombres, como corrompen los españoles casi todos los vocablos que toman del lenguaje de los indios de aquella tierra, por que si tomaron el nombre del indio, *Berú,* trocaron la *b* por la *p,* y si el nombre *Pelú,* que significa río, trocaron la *l* por la *r,* y de la una manera o de la otra dijeron Perú. Otros, que presumen de más repulidos y son los más modernos, corrompen dos letras y en sus historias dicen Pirú. Los historiadores más antiguos, como son Pedro de Cieza de León[24] y

---

[23] *La Florida*: obra de Garcilaso publicada en Lisboa en marzo de 1605. Está compuesta de seis libros que relatan la trágica expedición a la Florida emprendida por Hernando de Soto.

[24] *Pedro Cieza de León:* (1519-1569), escribió la primera crónica completa del Perú. Fue testigo del período más agitado de guerras civiles entre los españoles del Perú y presenció la ejecución de los rebeldes Gonzalo Pizarro y Francisco de Carvajal. Como indica José Miguel Oviedo (*Historia de la literatura hispanoamericana*, vol. I, Madrid, Alianza editorial, 1995, pp. 142-143), "Su *Crónica del Perú,* cuya primera parte apareció en Sevilla en 1553 [...], lo muestra como un conocedor profundo de la geografía peruana, de sus aspectos etnográficos, su historia antigua y los sucesos de la conquista. [...] [P]or primera vez, la crónica peruana incorpora el testimonio de la historia oral incaica, recogida de labios de los *quipucamayocs* y *orejones* indígenas que lo informaron de valiosos detalles sobre las instituciones de su imperio."

el contador Agustín de Zárate[25] y Francisco López de Gómara y Diego Fernández,[26] natural de Palencia, y aun el muy reverendo Padre Fray Jerónimo Román,[27] con ser de los modernos, todos le llaman Perú y no Pirú. Y como aquel paraje donde esto sucedió acertase a ser término de la tierra que los Reyes Incas tenían por aquella parte conquistada y subjeta a su Imperio, llamaron después Perú a todo lo que hay desde allí, que es el paraje de Quitu[28] hasta los Charcas, que fue lo más principal que ellos señorearon, y son más de setecientas leguas de largo, aunque su Imperio pasaba hasta Chile, que son otras quinientas leguas más adelante y es otro muy rico y fertilísimo reino.

[25] *Agustín de Zárate:* (1514-1560?), funcionario real acusado de traición y encarcelado por su actuación en favor de Gonzalo Pizarro. A pesar de ello, o precisamente por ello, fue el autor de la *Historia del descubrimiento y conquista del Perú* (Amberes, 1555), la obra que describe con mayor fidelidad y detalle los hechos de las guerras civiles entre los conquistadores en Perú.

[26] *Diego Fernández:* apodado "El Palentino", soldado que luchó contra Hernández Girón e historiador que escribió la *Primera y segunda parte de la Historia del Perú* (1571), obra que Garcilaso contradice en múltiples ocasiones.

[27] *Fray Jerónimo Román y Zamora:* (1575-1595), agustino, autor de la *República de las Indias Occidentales*, segunda parte de las *Repúblicas del mundo divididas en XXVII libros*. A través de él Garcilaso tuvo noticias de la obra del padre Cristóbal de Molina.

[28] *Quitu:* Quito

CAPÍTULO VIII

LA DESCRIPCIÓN DEL PERÚ

Los cuatro términos que el Imperio de los Incas tenía cuando los españoles entraron en él son los siguientes. Al norte llegaba hasta el río Ancasmayu, que corre entre los confines de Quitu y Pastu;[29] quiere decir, en la lengua general del Perú, río azul; está debajo de la línea equinoccial, casi perpendicularmente. Al mediodía tenía por término al río llamado Mauli, que corre leste hueste[30] pasado el reino de Chili, antes de llegar a los Araucos, el cual está más de cuarenta grados de la equinoccial al sur. Entre estos dos ríos ponen poco menos de mil y trescientas leguas de largo por tierra. Lo que llaman Perú tiene setecientas y cincuenta leguas de largo por tierra desde el río Ancasmayu hasta los Chichas, que es la última provincia de los Charcas, norte sur; y lo que llaman reino de Chile[31] contiene cerca de quinientas y cincuenta leguas, también norte sur, contando desde lo último de la provincia de los Chichas hasta el río Maulli.[32]

---

[29] *Pastu:* Pasto.
[30] *leste hueste:* del este al oeste.
[31] Garcilaso utiliza indistintamente el nombre indígena Chili y el español Chile.
[32] Garcilaso alterna la voz Maulli y Mauli.

Al levante tiene por término aquella nunca jamás pisada de hombres ni de animales ni de aves, inaccesible cordillera de nieves que corre desde Santa Marta hasta el Estrecho de Magallanes, que los indios llaman Ritisuyu, que es banda de nieves.[33] Al poniente confina con la Mar del Sur, que corre por toda su costa de largo a largo; empieza el término del Imperio por la costa desde el cabo de Pasau, por do pasa la línea equinoccial, hasta el dicho río Maulli, que también entra en la Mar del Sur. Del levante al poniente es angosto todo aquel reino. Por lo más ancho, que es atravesando desde la provincia de Muyupampa[34] por los Chachapuyas[35] hasta la ciudad de Trujillo, que está a la costa de la mar, tiene ciento y veinte leguas de ancho, y por lo más angosto, que es desde el puerto de Arica a la provincia llamada Llaricasa, tiene setenta leguas de ancho. Éstos son los cuatro términos de lo que señorearon los Reyes Incas, cuya historia pretendemos escrebir mediante el favor divino.

Será bien, antes que pasemos adelante, digamos aquí el suceso de Pedro Serrano[36] que atrás propusimos, porque no

---

[33] *banda de nieves:* en los capítulos 7 y 14 del libro III Garcilaso vuelve a hablar de la cordillera como "la gran cordillera y sierra nevada de los Antis." En II, 11, al hablar del Antisuyu como una de las cuatro regiones del imperio de los incas, dice: "Por lo cual llaman también Anti a toda aquella gran cordillera de sierra nevada que pasa al oriente del Perú, por dar a entender que está al oriente." Ésta, señala Miró Quesada, es la explicación para el nombre de Andes (notas a los *Comentarios Reales*, Caracas, Ayacucho,1985 p. 23). La cordillera de los Andes, la más alta del planeta después del Himalaya, aisló y determinó una geografía hostil, limitada también por el mar, en la que se distinguen hasta ocho regiones climáticas (una marítima, seis distribuidas según una altitud que llega hasta los cuatro mil metros, y otra selvática) de bruscas transiciones entre sí y distribuidas en zonas dispersas por todo el territorio.

[34] *Muyupampa:* Moyobamba.

[35] *Chachapuyas:* Chachapoyas.

[36] Pupo-Walker estudia exhaustivamente el cuento de Pedro Serrano como ejemplo de texto que de una narración ocasional gestada por el Descubrimiento se ha transmutado en una de las mejores creaciones literarias. En su obra *La vocación literaria del pensamiento histórico en América* (Madrid, Gredos, 1982, p. 56) indica al respecto que "Garcilaso

esté lejos de su lugar y también porque este capítulo no sea tan corto. Pedro Serrano salió a nado a aquella isla desierta que antes de él no tenía nombre, la cual, como él decía, tenía dos leguas en contorno; casi lo mismo dice la carta de marear, porque pinta tres islas muy pequeñas, con muchos bajíos a la redonda, y la misma figura le da a la que llaman Serranilla, que son cinco isletas pequeñas con muchos más bajíos que la Serrana, y en todo aquel paraje los hay, por lo cual huyen los navíos de ellos, por no caer en peligro.

A Pedro Serrano le cupo en suerte perderse en ellos y llegar nadando a la isla, donde se halló desconsoladísimo, porque no halló en ella agua ni leña ni aun yerba que poder pacer, ni otra cosa alguna con que entretener la vida mientras pasase algún navío que de allí lo sacase, para que no pereciese de hambre y de sed, que le parecían muerte más cruel que haber muerto ahogado, porque es más breve. Así pasó la primera noche llorando su desventura, tan afligido como se puede imaginar que estaría un hombre puesto en tal extremo. Luego que amaneció, volvió a pasear la isla; halló algún marisco que salía de la mar, como son cangrejos, camarones y otras sabandijas, de las cuales cogió las que pudo y se las comió crudas porque no había candela donde asarlas o cocerlas. Así se entretuvo hasta que vio salir tortugas; viéndolas lejos de la mar, arremetió con una de ellas y la volvió de espaldas; lo mismo hizo de todas las que pudo, que para volverse a enderezar son torpes, y sacando un cuchillo que de ordinario solía traer en la cinta, que fue el medio para escapar de la muerte, la degolló y bebió la sangre en lugar de agua; lo mismo hizo de las demás; la carne puso al sol para comerla hecha tasajos y para desembarazar las conchas, para coger agua en ellas de la llovediza, porque toda aquella región, como es notorio, es

consiguió una representación imaginaria de los hechos que remite directamente a los modelos literarios codificados en las novelas de rescates y naufragios; género, por cierto, tan estimado en el siglo XVI."

muy lloviosa. De esta manera se sustentó los primeros días con matar todas las tortugas que podía, y algunas había tan grandes y mayores que las mayores adargas, y otras como rodelas y como broqueles, de manera que las había de todos tamaños. Con las muy grandes no se podía valer para volverlas de espaldas porque le vencían de fuerzas, y aunque subía sobre ellas para cansarlas y sujetarlas, no le aprovechaba nada, porque con él a cuestas se iban a la mar, de manera que la experiencia le decía a cuáles tortugas había de acometer y a cuáles se había de rendir. En las conchas recogió mucha agua, porque algunas había que cabían a dos arrobas y de allí abajo.

Viéndose Pedro Serrano con bastante recaudo para comer y beber, le pareció que si pudiese sacar fuego para siquiera asar la comida, y para hacer ahumadas cuando viese pasar algún navío, que no le faltaría nada. Con esta imaginación, como hombre que había andado por la mar, que cierto los tales en cualquier trabajo hacen mucha ventaja a los demás, dio en buscar un par de guijarros que le sirviesen de pedernal, porque del cuchillo pensaba hacer eslabón, para lo cual, no hallándolos en la isla, porque toda ella estaba cubierta de arena muerta, entraba en la mar nadando y se zambullía y en el suelo, con gran diligencia, buscaba ya en unas partes, ya en otras lo que pretendía, y tanto porfió en su trabajo que halló guijarros y sacó los que pudo, y de ellos escogió los mejores, y quebrando los unos con los otros, para que tuviesen esquinas donde dar con el cuchillo, tentó su artificio y, viendo que sacaba fuego, hizo hilas de un pedazo de la camisa, muy desmenuzadas, que parecían algodón carmenado, que le sirvieron de yesca, y, con su industria y buena maña, habiéndolo porfiado muchas veces, sacó fuego. Cuando se vio con él, se dio por bienandante, y, para sustentarlo, recogió las horruras que la mar echaba en tierra, y por horas las recogía, donde hallaba mucha yerba que llaman ovas marinas y madera de navíos que por la mar se perdían y conchas y huesos de pescados y otras cosas con que alimentaba el fuego. Y para que los aguaceros no se lo apagasen, hizo una choza de las mayores conchas que tenía de las tortugas que había muerto, y con grandísima vigilancia cebaba el fuego por que no se le fuese de las manos.

Dentro de dos meses, y aun antes, se vio como nació, porque con las muchas aguas, calor y humidad de la región, se le pudrió la poca ropa que tenía. El sol, con su gran calor, le fatigaba mucho, porque ni tenía ropa con que defenderse ni había sombra a que ponerse; cuando se veía muy fatigado se entraba en el agua para cubrirse con ella. Con este trabajo y cuidado vivió tres años, y en este tiempo vio pasar algunos navíos, mas aunque él hacía su ahumada, que en la mar es señal de gente perdida, no echaban de ver en ella, o por el temor de los bajíos no osaban llegar donde él estaba y se pasaban de largo, de lo cual Pedro Serrano quedaba tan desconsolado que tomara por partido el morirse y acabar ya. Con las inclemencias del cielo le creció el vello de todo el cuerpo tan excesivamente que parecía pellejo de animal, y no cualquiera, sino el de un jabalí; el cabello y la barba le pasaba de la cinta.

Al cabo de los tres años, una tarde, sin pensarlo, vio Pedro Serrano un hombre en su isla, que la noche antes se había perdido en los bajíos de ella y se había sustentado en una tabla del navío y, como luego que amaneció viese el humo del fuego de Pedro Serrano, sospechando lo que fue, se había ido a él, ayudado de la tabla y de su buen nadar. Cuando se vieron ambos, no se puede certificar cuál quedó más asombrado de cuál. Serrano imaginó que era el demonio que venía en figura de hombre para tentarle en alguna desesperación. El huésped entendió que Serrano era el demonio en su propria figura, según lo vio cubierto de cabellos, barbas y pelaje. Cada uno huyó del otro, y Pedro Serrano fue diciendo: "¡Jesús, Jesús, líbrame, Señor, del demonio!" Oyendo esto se aseguró el otro, y volviendo a él, le dijo: "No huyáis, hermano, de mí, que soy cristiano como vos", y para que se certificase, porque todavía huía, dijo a voces el Credo, lo cual oído por Pedro Serrano, volvió a él, y se abrazaron con grandísima ternura y muchas lágrimas y gemidos, viéndose ambos en una misma desventura, sin esperanza de salir de ella.

Cada uno de ellos brevemente contó al otro su vida pasada. Pedro Serrano, sospechando la necesidad del huésped, le dio de comer y de beber de lo que tenía, con que quedó algún tanto consolado, y hablaron de nuevo en su desventura. Acomodaron su vida como mejor supieron, repartiendo las horas del día y de la noche en sus menesteres de buscar marisco para comer y ovas y leña y huesos de pescado y cualquiera otra cosa que la mar echase para sustentar el fuego, y sobre todo la perpetua vigilia que sobre él habían de tener, velando por horas, por que no se les apagase. Así vivieron algunos días, mas no pasaron muchos que no riñeron, y de manera que apartaron rancho, que no faltó sino llegar a las manos (por que se vea cuán grande es la miseria de nuestras pasiones). La causa de la pendencia fue decir el uno al otro que no cuidaba como convenía de lo que era menester; y este enojo y las palabras que con él se dijeron los descompusieron y apartaron. Mas ellos mismos, cayendo en su disparate, se pidieron perdón y se hicieron amigos y volvieron a su compañía, y en ella vivieron otros cuatro años. En este tiempo vieron pasar algunos navíos y hacían sus ahumadas, mas no les aprovechaba, de que ellos quedaban tan desconsolados que no les faltaba sino morir.

Al cabo de este largo tiempo, acertó a pasar un navío tan cerca de ellos que vio la ahumada y les echó el batel para recogerlos. Pedro Serrano y su compañero, que se había puesto de su mismo pelaje, viendo el batel cerca, porque los marineros que iban por ellos no entendiesen que eran demonios y huyesen de ellos, dieron en decir el Credo y llamar el nombre de Nuestro Redentor a voces, y valióles el aviso, que de otra manera sin duda huyeran los marineros, porque no tenían figura de hombres humanos. Así los llevaron al navío, donde admiraron a cuantos los vieron y oyeron sus trabajos pasados. El compañero murió en la mar viniendo a España. Pedro Serrano llegó acá y pasó a Alemania, donde el Emperador estaba entonces. Llevó su pelaje como lo traía, para que fuese prueba de su naufragio y de lo que en él había pasado. Por todos los pueblos que pasaba a la ida (si quisiera mostrarse) ganaba muchos dineros. Algunos señores y caballeros principales, que gustaron de ver su figura, le dieron ayudas de costa para el camino, y la Majestad Imperial, habiéndolo visto y oído, le hizo merced de cuatro mil pesos de renta, que son cuatro mil y ochocientos ducados en el Perú. Yendo a gozarlos, murió en Panamá, que no llegó a verlos.

Todo este cuento, como se ha dicho, contaba un caballero que se decía Garci Sánchez de Figueroa,[37] a quien yo se lo oí, que conoció a Pedro Serrano y certificaba que se lo había oído a él mismo, y que después de haber visto al Emperador se había quitado el cabello y la barba y dejádola poco más corta que hasta la cinta, y para dormir de noche se la entrenzaba, porque, no entrenzándola, se tendía por toda la cama y le estorbaba el sueño.

---

[37] *Garci Sánchez de Figueroa:* primo de Garcilaso, hijo de Isabel Suárez de Figueroa, casada con Juan de Silva, y nieto, por lo tanto, de Gómez Suárez de Figueroa, *el Ronco.*

CAPÍTULO IX

LA IDOLATRÍA Y LOS DIOSES QUE ADORABAN ANTES DE LOS INCAS

Para que se entienda mejor la idolatría, vida y costumbre de los indios del Perú, será necesario dividamos aquellos siglos en dos edades: diremos cómo vivían antes de los Incas y luego diremos cómo gobernaron aquellos Reyes, para que no se confunda lo uno con lo otro, ni se atribuyan las costumbres ni los dioses de los unos a los otros. Para lo cual es de saber que en aquella primera edad y antigua gentilidad unos indios había pocos mejores que bestias mansas y otros muchos peores que fieras bravas. Y principiando de sus dioses, decimos que los tuvieron conforme a las demás simplicidades y torpezas que usaron, así en la muchedumbre de ellos como en la vileza y bajeza de las cosas que adoraban, porque es así que cada provincia, cada nación, cada pueblo, cada barrio, cada linaje y cada casa tenía dioses diferentes unos de otros, porque les parecía que el dios ajeno, ocupado con otro, no podía ayudarles, sino el suyo proprio. Y así vinieron a tener tanta variedad de dioses y tantos que fueron sin número, y porque no supieron, como los gentiles romanos, hacer dioses imaginados como la Esperanza, la Victoria, la Paz y otros semejantes, porque no levantaron los pensamientos a cosas invisibles, adoraban lo que veían, unos a diferencia de otros, sin consideración de las cosas que adoraban, si merecían ser adoradas, ni respeto de sí proprios, para no adorar cosas inferiores a ellos: sólo atendían a diferenciarse éstos de aquéllos y cada uno de todos. Y así adoraban yerbas, plantas, flores, árboles de todas suertes, cerros altos, grandes peñas y los resquicios de ellas, cuevas hondas, guijarros y piedrecitas, las que en los ríos y arroyos hallaban, de diversas colores, como el jaspe. Adoraban la piedra esmeralda, particularmente en una provincia que hoy llaman Puerto Viejo; no adoraban diamantes ni rubíes porque no los hubo en aquella tierra. En lugar de ellos adoraron diversos animales, a unos por su fiereza, como el tigre, león y oso, y, por esta causa, teniéndolos por dioses, si acaso los topaban, no huían de ellos, sino que se echaban en el suelo a adorarles y se dejaban matar y comer sin huir ni hacer defensa alguna. También adoraban a otros animales por su astucia, como a la zorra y a las monas. Adoraban al perro por su lealtad y nobleza, y al gato cerval por su ligereza. Al ave que ellos llaman cúntur[38] por su grandeza, y a las águilas adoraban ciertas naciones, porque se precian descendir de ellas y también del cúntur. Otras naciones adoraban los halcones, por su ligereza y buena industria de haber por sus manos lo que han de comer; adoraban al búho por la hermosura de sus ojos y cabeza, y al murciélago por la sutileza de su vista, que les causaba mucha admiración que viese de noche. Y otras muchas aves adoraban como se les antojaba. A las culebras grandes por su monstruosidad y fiereza, que las hay en los Antis de a veinticinco y de a treinta pies y más, y menos de largo, y gruesas muchas más que el muslo. También tenían por dioses a otras culebras menores, donde no las había tan grandes como en los Antis; a las lagartijas, sapos y escuerzos adoraban.

---

[38] *cúntur*: cóndor.

En fin, no había animal tan vil ni sucio que no lo tuviesen por dios, sólo por diferenciarse unos de otros en sus dioses, sin acatar en ellos deidad alguna ni provecho que de ellos pudiesen esperar. Éstos fueron simplicísimos en toda cosa, a semejanza de ovejas sin pastor.[39] Mas no hay que admirarnos que gente tan sin letras ni enseñanza alguna cayesen en tan grandes simplezas, pues es notorio que los griegos y los romanos, que tanto presumían de sus ciencias, tuvieron, cuando más florecían en su Imperio, treinta mil dioses.

[39] Claramente bíblicas, estas palabras descubren la finalidad primordial del autor de los *Comentarios*: integrar el Incario en la cultura cristiana y occidental. En su concepción, antes del reinado de los incas, las gentes vivían como brutos, como animales, sin vestir, en sodomía, como ovejas sin pastor, sin religión. Los incas anunciarán —prefigurarán— el cristianismo porque llevarán a los pueblos bárbaros la civilización, el monoteísmo, el cultivo del espíritu. Garcilaso está convencido de que los incas siguen el esquema divino y, por tanto, han preparado el terreno para la llegada del cristianismo.

A LA SERENISSIMA PRIN
CESA DOÑA CATALINA DE

Portugal, Duqueza de Bragança. &c.

A comun coſtumbre de los antiguos y modernos eſcriptores, que ſiempre ſe esfuerçán
a dedicar ſus obras, premicias de ſus ingenios,
a generoſos Monarcas, y poderoſos Reyes y
Principes, para que con el amparo y protección dellos,
viuan mas fauorecidos de los virtuoſos, y mas libres de las
calumnias de los maldizientes, medio animo ſereniſsima
Princeſa, a que yo imitando el exemplo dellos me atre-
uieſſe a dedicar eſtos Commentarios a V.A. por ſer quien
es en ſi, y por quien es para todos los que de ſu Real pro-
teccion ſe amparan. Quien ſea V.A. en ſi por el ſer natural, ſaben lo todos, no ſolo en Europa, ſino aun en las mas
remotas partes del Oriente, Poniente, Septentrion, y Medio dia, donde los glorioſos principes progenitores de V.
A. han fixado el eſtandarte de nueſtra ſalud, y el de ſu gloria tan a coſta de ſu ſangre y vidas como es notorio. Quan
alta ſea la generoſidad de V.A. conſta a todos, pues es hija
y deſcendiente de los eſclarecidos Reyes, y Principes de
Portugal, que aunque no es eſto de lo que V. A. haze mucho caſo, quando ſobre el oro de tanta alteza cae el eſmal
te de tan heroycas virtudes, ſe deue eſtimar mucho. Pues
ya ſi miramos el ſer de la gracia con que Dios nueſtro Señor ha enriquecido el alma de V.A. hallaremos ſer mejor
que el de la naturaleza (aunque V.A. mas ſe encubra) de cu
ya ſanctidad y virtud todo el mundo habla con admiraci-
on, y yo dixera algo de lo mucho que ay ſin nota de liſon
gero, ſi V.A. no aborreſciera tanto ſus alabanças, como ape
tece el ſilencio dellas. Quien aya ſido y ſea V.A. para todos los que de eſſe Reyno, y de los eſtraños ſe quieren fa-
uorecer

†3

Dedicatoria del Inca Garcilaso de la Vega a
Doña Catalina de Portugal, duquesa de Braganza,
en la primera edición de los Comentarios reales
(termina en la página siguiente).

uorecer de su Real amparo, tantas lenguas lo publican,
que ni ay numero en ellas, ni en los fauorecidos de V.real
mano: de cuya esperiencia asigurado lo espero recebir ma
yor en estos mis libros, tanto mas necessitados de amparo
y fauor, quanto ellos por si, y yo por mi menos merecemos.
Confiesso que mi atreuimiento es grande, y el seruicio en
todo muy pequeño, si no es en la voluntad: la qual juntamente ofrezco, promtissima para seruir, si merecielse ser.
uir a V. A. cuya real persona y casa nuestro Señor guarde
y aumente Amen, Amen.

El Inca Garcilasso
de la Vega.

CAPÍTULO XI

MANERAS DE SACRIFICIOS QUE HACÍAN

Conforme a la vileza y bajeza de sus dioses eran también la crueldad y barbariedad de los sacrificios de aquella antigua idolatría, pues sin las demás cosas comunes, como animales y mieses, sacrificaban hombres y mujeres de todas edades, de los que cautivaban en las guerras que unos a otros se hacían. Y en algunas naciones fue tan inhumana esta crueldad, que excedió a la de las fieras, porque llegó a no contentarse con sacrificar los enemigos cautivos, sino sus proprios hijos en tales o tales necesidades. La manera de este sacrificio de hombres y mujeres, muchachos y niños, era que vivos les abrían por los pechos y sacaban el corazón con los pulmones, y con la sangre de ellos, antes que se enfriase, rociaban el ídolo que tal sacrificio mandaba hacer, y luego, en los mismos pulmones y corazón, miraban sus agüeros para ver si el sacrificio había sido acepto o no, y, que lo hubiese sido o no, quemaban, en ofrenda para el ídolo, el corazón y los pulmones hasta consumirlos, y comían al indio sacrificado con grandísimo gusto y sabor y no menos fiesta y regocijo, aunque fuese su proprio hijo.

El Padre Blas Valera,[40] según que en muchas partes de

---

[40] *Blas Valera:* jesuita chachapoyano. Su obra *Historia de los Incas*, escrita en latín, constituye una de las fuentes principales de Garcilaso, si

sus papeles rotos parece, llevaba la misma intención que
nosotros en muchas cosas de las que escribía, que era dividir los tiempos, las edades y las provincias para que se entendieran mejor las costumbres que cada nación tenía, y
así, en uno de sus cuadernos destrozados dice lo que se sigue, y habla de presente, porque entre aquellas gentes se
usa hoy aquella inhumanidad: "Los que viven en los Antis comen carne humana, son más fieros que tigres, no tienen dios ni ley, ni saben qué cosa es virtud; tampoco tienen
ídolos ni semejanza de ellos; adoran al demonio cuando se
les representa en figura de algún animal o de alguna ser-
piente y les habla. Si cautivan alguno en la guerra o de
cualquiera otra suerte, sabiendo que es hombre plebeyo y
bajo, lo hacen cuartos y se los dan a sus amigos y criados
para que se los coman o los vendan en la carnecería. Pero
si es hombre noble, se juntan los más principales con sus
mujeres y hijos, y como ministros del diablo le desnudan,
y vivo le atan a un palo, y con cuchillos y navajas de pedernal le cortan a pedazos, no desmembrándole, sino quitándole la carne de las partes donde hay más cantidad de ella,
de las pantorrillas, muslos y asentaderas y molledos de los
brazos, y con la sangre se rocían los varones y las mujeres
y hijos, y entre todos comen la carne muy apriesa sin dejarla bien cocer ni asar ni aun mascar; trágansela a bocados, de manera que el pobre paciente se vee vivo comido de
otros y enterrado en sus vientres. Las mujeres (más crueles que los varones) untan los pezones de sus pechos con
la sangre del desdichado para que sus hijuelos la mamen y
beban en la leche. Todo esto hacen en lugar de sacrificio
con gran regocijo y alegría, hasta que el hombre acaba de

---

bien éste no pudo contar con ella antes de 1596, fecha del asedio de Cádiz
por parte de los ingleses. El manuscrito de Blas Valera, parcialmente destruido, fue entregado a Garcilaso por el ignaciano Pedro Maldonado de
Saavedra. De Blas Valera se tienen noticias gracias al aprovechamiento
que hizo Garcilaso del manuscrito para la redacción de sus *Comentarios*.

morir. Entonces acaban de comer sus carnes con todo lo de dentro, ya no por vía de fiesta ni deleite, como hasta allí, sino por cosa de grandísima deidad, porque de allí adelante las tienen en suma veneración, y así las comen por cosa sagrada. Si al tiempo que atormentaban al triste hizo alguna señal de sentimiento con el rostro o con el cuerpo o dio algún gemido o suspiro, hacen pedazos sus huesos después de haberle comido las carnes, asadura y tripas, y con mucho menosprecio los echan en el campo o en el río. Pero si en los tormentos se mostró fuerte, constante y feroz, habiéndole comido las carnes con todo lo interior, secan los huesos con sus niervos al Sol y los ponen en lo alto de los cerros y los tienen y adoran por dioses y les ofrecen sacrificios. Éstos son los ídolos de aquellas fieras, porque no llegó el Imperio de los Incas a ellos ni hasta ahora ha llegado el de los españoles, y así están hoy día. Esta generación de hombres tan terribles y crueles salió de la región mexicana y pobló la de Panamá y la del Darién y todas aquellas grandes montañas que van hasta el Nuevo Reino de Granada, y por la otra parte hasta Santa Marta." Todo esto es del Padre Blas Valera, el cual, contando diabluras y con mayor encarecimiento, nos ayuda a decir lo que entonces había en aquella primera edad y al presente hay.

Otros indios hubo no tan crueles en sus sacrificios, que aunque en ellos mezclaban sangre humana no era con muerte de alguno, sino sacada por sangría de brazos o piernas, según la solenidad del sacrificio, y para los más solenes la sacaban del nacimiento de las narices a la junta de las cejas, y esta sangría fue ordinaria entre los indios del Perú, aun después de los Incas, así para sus sacrificios (particularmente uno, como adelante diremos) como para sus enfermedades cuando eran con mucho dolor de cabeza. Otros sacrificios tuvieron los indios todos en común, que los que arriba hemos dicho se usaban en unas provincias y naciones y en otras no, mas los que usaron en general fueron de animales, como carneros, ovejas, corderos, conejos, perdices y otras aves, sebo y la yerba que tanto estiman llamada *cuca*,[41] el maíz y otras semillas y legumbres y madera olorosa y cosas semejantes, según las tenían de cosecha y según que cada nación entendía que sería sacrificio más agradable a sus dioses conforme a la naturaleza de ellos, principalmente si sus dioses eran aves o animales, carniceros o no, que a cada uno de ellos ofrecían lo que les veían comer más ordinario y lo que parecía les era más sabroso al gusto. Y esto baste para lo que en materia de sacrificios se puede decir de aquella antigua gentilidad.

[41] *cuca:* coca.

CAPÍTULO XV

EL ORIGEN DE LOS INCAS REYES DEL PERÚ

Viviendo o muriendo aquellas gentes de la manera que hemos visto, permitió Dios Nuestro Señor que de ellos mismos saliese un lucero del alba que en aquellas escurísimas tinieblas les diese alguna noticia de la ley natural y de la urbanidad y respetos que los hombres debían tenerse unos a otros, y que los descendientes de aquél, procediendo de bien en mejor, cultivasen aquellas fieras y las convirtiesen en hombres, haciéndoles capaces de razón y de cualquiera buena dotrina, para que cuando ese mismo Dios, sol de justicia, tuviese por bien de enviar la luz de sus divinos rayos a aquellos idólatras, los hallase, no tan salvajes, sino más dóciles para recebir la fe católica y la enseñanza y doctrina de nuestra Santa Madre Iglesia Romana, como después acá lo han recebido, según se verá lo uno y lo otro en el discurso de esta historia; que por experiencia muy clara se ha notado cuánto más promptos y ágiles estaban para recebir el Evangelio los indios que los Reyes Incas sujetaron, gobernaron y enseñaron, que no las demás naciones comarcanas donde aún no había llegado la enseñanza de los Incas, muchas de las cuales se están hoy tan bárbaras y brutas como antes se estaban, con haber setenta y un años que los españoles entraron en el Perú.[42] Y pues esta-

---

[42] Margarita Zamora señala que el papel mesiánico que Garcilaso atribuye a Manco Cápac (llamado por Garcilaso "lucero del alba") y a sus

mos a la puerta de este gran labirinto, será bien pasemos adelante a dar noticia de lo que en él había.

Después de haber dado muchas trazas y tomado muchos caminos para entrar a dar cuenta del origen y principio de los Incas Reyes naturales que fueron del Perú, me pareció que la mejor traza y el camino más fácil y llano era contar lo que en mis niñeces oí muchas veces a mi madre y a sus hermanos y tíos y a otros sus mayores acerca de este origen y principio, porque todo lo que por otras vías se dice de él viene a reducirse en lo mismo que nosotros diremos, y será mejor que se sepa por las proprias palabras que los Incas lo cuentan que no por las de otros autores extraños. Es así que, residiendo mi madre[43] en el Cozco, su patria, venían a visitarla casi cada semana los pocos parientes y parientas que de las crueldades y tiranías de Atauhualpa[44] (como en su vida contaremos) escaparon,

---

descendientes confirma las contenciones de Sepúlveda en torno a la barbarie de los indios, pero con una importante enmienda: sólo los que no fueron tocados por el imperio inca pueden considerarse bárbaros. Esta interpretación providencialista colocaba al Tahuantinsuyu en el papel otorgado por la divinidad de *preparatio evangelica* (*ob. cit.*, p. 114).

[43]   En su opúsculo *Genealogía de Garci-Pérez de Vargas*, Garcilaso escribe: "Húbome en una india llamada doña Isabel Chimpu Ocllo; son dos nombres, el cristiano y el gentil, porque los indios y las indias en común, principalmente los de sangre real, han hecho costumbre de tomar por sobrenombre, después del bautismo, el nombre propio o apelativo que antes de él tenían [...] Doña Isabel Chimpu Ocllo fue hija de Huallpa Túpac Inca, hijo legítimo del Inca Yupanqui y de la colla Mama Ocllo, su legítima mujer, y hermana de Huayna Cápac Inca, último rey que fue de aquel Imperio llamado Perú."

[44]   *Atahuallpa:* el favorito pero ilegítimo hijo de Huayna Cápac, cuya madre fue una princesa de Quito sin derecho a una posición legítima entre las concubinas reales. Comenta, al respecto, John Grier Varner: "A este joven ambicioso el emperador había legado, en contra de la tradición, las zonas norteñas del reino, con el resultado de que Huáscar, el heredero más débil pero legítimo, accedió solamente a una porción de sus derechos como descendente directo del primer inca y del Sol. Atahualpa no tardó en hacerse con todo el reino y en los ignominiosos días sucesivos emprendió una campaña para erradicar a todos los incas que por su pureza de

en las cuales visitas siempre sus más ordinarias pláticas eran tratar del origen de sus Reyes, de la majestad de ellos, de la grandeza de su Imperio, de sus conquistas y hazañas, del gobierno que en paz y en guerra tenían, de las leyes que tan en provecho y favor de sus vasallos ordenaban. En suma, no dejaban cosa de las prósperas que entre ellos hubiese acaecido que no la trujesen a cuenta.

De las grandezas y prosperidades pasadas venían a las cosas presentes, lloraban sus Reyes muertos, enajenado su Imperio y acabada su república, etc. Estas y otras semejantes pláticas tenían los Incas y Pallas en sus visitas,[45] y con la memoria del bien perdido siempre acababan su conversación en lágrimas y llanto, diciendo: "Trocósenos el reinar en vasallaje",[46] etc. En estas pláticas yo, como muchacho, entraba y salía muchas veces donde ellos estaban, y me holgaba de las oír, como huelgan los tales de oír fábulas. Pasando pues días, meses y años, siendo ya yo de diez y seis o diez y siete años, acaeció que, estando mis parientes un día en esta su conversación hablando de sus Reyes y antiguallas, al más anciano de ellos, que era el que daba cuenta de ellas, le dije:

---

sangre representaban una amenaza a su trono" (*El Inca. The life and times of Garcilaso de la Vega*, Austin, University of Texas Press, 1968, p. 11; la traducción es mía). La masacre de Atahualpa acabó en 1532.

[45] En casa de Garcilaso, siendo éste niño, se congregaban nobles incas como su tío materno Fernando o Francisco Hualpa Túpac Inca Yupanqui, el Inca Paullu (bautizado con el nombre de Cristóbal, hijo de Huayna Cápac, padre de Carlos Inca y abuelo de Melchor Carlos) y el hermano de Paullu, Titu Auqui (que tomó luego el nombre cristiano de Felipe cuando fue llevado a la pila bautismal, al parecer, por Garcilaso). Véase Miró Quesada, *El Inca Garcilaso...*, p. 63.

[46] Garcilaso es testigo presencial de los sucesos narrados, de las pláticas que en su casa tenían los incas y pallas, de sus conversaciones y lágrimas por haber perdido el reino. A Garcilaso le quedaría grabado para siempre el dolor de sus parientes por el bien perdido. El tono general de los *Comentarios reales*, frente al carácter reivindicativo de la *Historia general del Perú*, es nostálgico.

—Inca, tío, pues no hay escritura entre vosotros,[47] que es la que guarda la memoria de las cosas pasadas, ¿qué noticia tenéis del origen y principio de nuestros Reyes? Porque allá los españoles y las otras naciones, sus comarcanas, como tienen historias divinas y humanas, saben por ellas cuándo empezaron a reinar sus Reyes, y los ajenos, y al trocarse unos imperios en otros, hasta saber cuántos mil años ha que Dios crió el cielo y la tierra, que todo esto y mucho más saben por sus libros. Empero vosotros, que carecéis de ellos, ¿qué memoria tenéis de vuestras antiguallas?, ¿quién fue el primero de nuestros Incas?, ¿cómo se llamó?, ¿qué origen tuvo su linaje?, ¿de qué manera empezó a reinar?, ¿con qué gente y armas conquistó este grande Imperio?, ¿qué origen tuvieron nuestras hazañas?

El Inca, como que holgándose de haber oído las preguntas, por el gusto que recebía de dar cuenta de ellas, se volvió a mí (que ya otras muchas veces le había oído, mas ninguna con la atención que entonces) y me dijo:

—Sobrino, yo te las diré de muy buena gana; a ti te conviene oírlas y guardarlas en el corazón[48] —es frasis de ellos por decir en la memoria—. Sabrás que en los siglos antiguos toda esta región de tierra que vees eran unos grandes montes y breñales, y las gentes en aquellos tiempos vivían como fieras y animales brutos, sin religión ni policía, sin pueblo ni casa, sin cultivar ni sembrar la tierra, sin vestir ni cubrir sus carnes, porque no sabían labrar algodón ni lana para hacer de vestir; vivían de dos en dos y de tres en tres,

---

[47] El propósito fundamental del autor es ofrecer la primera historia escrita completa (en el sentido de que el Inca Garcilaso era el escritor más idóneo) del Perú. Como indica Pupo-Walker, "el propósito fundamental de aquel libro era dignificar la historia de sus antepasados incaicos al conferirle a ese legado histórico y cultural los beneficios de la palabra escrita" (*Comentarios reales*, Madrid, Cátedra, 1996, p. 32).
[48] Una vez más se pone de relieve la importancia de la memoria frente a la carencia de escritura en la tradición incaica, tal como sucede en todas las culturas ágrafas.

como acertaban a juntarse en las cuevas y resquicios de peñas y cavernas de la tierra. Comían, como bestias, yerbas del campo y raíces de árboles y la fruta inculta que ellos daban de suyo y carne humana. Cubrían sus carnes con hojas y cortezas de árboles y picles de animales; otros andaban en cueros. En suma, vivían como venados y salvajinas, y aun en las mujeres se habían como los brutos, porque no supieron tenerlas propias y conocidas.

Adviértase, porque no enfade el repetir tantas veces estas palabras: "Nuestro Padre el Sol", que era lenguaje de los Incas y manera de veneración y acatamiento, decirlas siempre que nombraban al Sol, porque se preciaban descendir de él, y al que no era Inca no le era lícito tomarlas en la boca, que fuera blasfemia y lo apedrearan. Dijo el Inca:

—Nuestro Padre el Sol, viendo los hombres tales como te he dicho, se apiadó y hubo lástima de ellos y envió del cielo a la tierra un hijo y una hija de los suyos para que los doctrinasen en el conocimiento de Nuestro Padre el Sol, para que lo adorasen y tuviesen por su Dios y para que les diesen preceptos y leyes en que viviesen como hombres en razón y urbanidad, para que habitasen en casas y pueblos poblados, supiesen labrar las tierras, cultivar las plantas y mieses, criar los ganados y gozar de ellos y de los frutos de la tierra como hombres racionales y no como bestias. Con esta orden y mandato puso Nuestro Padre el Sol estos dos hijos suyos en la laguna Titicaca, que está ochenta leguas de aquí, y les dijo que fuesen por do quisiesen y, doquiera que parasen a comer o a dormir, procurasen hincar en el suelo una barrilla de oro de media vara en largo y dos dedos en grueso que les dio para señal y muestra, que, donde aquella barra se les hundiese con solo un golpe que con ella diesen en tierra, allí quería el Sol Nuestro Padre que parasen e hiciesen su asiento y corte. A lo último les dijo: "Cuando hayáis reducido esas gentes a nuestro servicio, los mantendréis en razón y justicia, con piedad, clemencia y mansedumbre, haciendo en todo oficio de padre piadoso

para con sus hijos tiernos y amados, a imitación y semejanza mía, que a todo el mundo hago bien, que les doy mi
luz y claridad para que vean y hagan sus haciendas y les ca-
liento cuando han frío y crío sus pastos y sementeras, hago
frutificar sus árboles y multiplico sus ganados, lluevo y se-
reno a sus tiempos y tengo cuidado de dar una vuelta cada
día al mundo por ver las necesidades que en la tierra se
ofrecen, para las proveer y socorrer como sustentador y
bienhechor de las gentes. Quiero que vosotros imitéis este
ejemplo como hijos míos, enviados a la tierra sólo para la
doctrina y beneficio de esos hombres, que viven como bestias. Y desde luego os constituyo y nombro por Reyes y señores de todas las gentes que así dotrináredes con vuestras
buenas razones, obras y gobiernos." Habiendo declarado
su voluntad Nuestro Padre el Sol a sus dos hijos, los despidió de sí. Ellos salieron de Titicaca y caminaron al sententrión,[49] y por todo el camino, doquiera que paraban, tenta-
ban hincar la barra de oro y nunca se les hundió. Así
entraron en una venta o dormitorio pequeño, que está siete u ocho leguas al mediodía de esta ciudad, que hoy llaman Pacárec Tampu, que quiere decir venta o dormida
que amanece. Púsole este nombre el Inca porque salió de
aquella dormida al tiempo que amanecía. Es uno de los
pueblos que este príncipe mandó poblar después, y sus
moradores se jatan hoy grandemente del nombre, porque
lo impuso nuestro Inca. De allí llegaron él y su mujer,
nuestra Reina, a este valle del Cozco, que entonces todo él
estaba hecho montaña brava.

[49] *sententrión:* Septentrión.

CAPÍTULO XVI

LA FUNDACIÓN DEL COZCO, CIUDAD IMPERIAL

La primera parada que en este valle hicieron —dijo el Inca— fue en el cerro llamado Huanacauri, al mediodía de esta ciudad. Allí procuró hincar en tierra la barra de oro, la cual con mucha facilidad se les hundió al primer golpe que dieron con ella, que no la vieron más. Entonces dijo nuestro Inca a su hermana y mujer:

—En este valle manda Nuestro Padre el Sol que paremos y hagamos nuestro asiento y morada para cumplir su voluntad. Por tanto, Reina y hermana, conviene que cada uno por su parte vamos a convocar y atraer esta gente, para los dotrinar y hacer el bien que Nuestro Padre el Sol nos manda.

»Del cerro Huanacauri salieron nuestros primeros Reyes, cada uno por su parte, a convocar las gentes, y por ser aquel lugar el primero de que tenemos noticia que hubiesen hollado con sus pies por haber salido de allí a bien hacer a los hombres, teníamos hecho en él, como es notorio, un templo para adorar a Nuestro Padre el Sol, en memoria de esta merced y beneficio que hizo al mundo. El príncipe fue al setentrión y la princesa al mediodía. A todos los hombres y mujeres que hallaban por aquellos breñales les hablaban y decían cómo su padre el Sol los había enviado del cielo para que fuesen maestros y bienhechores de los moradores de toda aquella tierra, sacándoles de la vida ferina que tenían y mostrándoles a vivir como hombres, y que en cumplimiento de

141

lo que el Sol, su padre, les había mandado, iban a los convocar y sacar de aquellos montes y malezas y reducirlos a mo-
rar en pueblos poblados y a darles para comer manjares de
hombres y no de bestias. Estas cosas y otras semejantes dijeron nuestros Reyes a los primeros salvajes que por estas tierras y montes hallaron, los cuales, viendo aquellas dos personas vestidas y adornadas con los ornamentos que Nuestro
Padre el Sol les había dado (hábito muy diferente del que
ellos traían) y las orejas horadadas y tan abiertas como sus
descendientes las traemos, y que en sus palabras y rostro
mostraban ser hijos del Sol y que venían a los hombres para
darles pueblos en que viviesen y mantenimientos que comiesen, maravillados por una parte de lo que veían y por otra aficionados de las promesas que les hacían, les dieron entero
crédito a todo lo que les dijeron y los adoraron y reverencia-
ron como a hijos del Sol y obedecieron como a Reyes. Y con-
vocándose los mismos salvajes unos a otros y refiriendo las
maravillas que habían visto y oído, se juntaron en gran número hombres y mujeres y salieron con nuestros Reyes para
los seguir donde ellos quisiesen llevarlos.

»Nuestros príncipes, viendo la mucha gente que se les
allegaba, dieron orden que unos se ocupasen en proveer de
su comida campestre para todos, porque la hambre no los
volviese a derramar por los montes; mandó que otros traba-
jasen en hacer chozas y casas, dando el Inca la traza cómo
las habían de hacer. De esta manera se principió a poblar esta nuestra imperial ciudad, dividida en dos medios que llamaron Hanan Cozco, que, como sabes, quiere decir Cozco
el alto, y Hurin Cozco, que es Cozco el bajo.[50] Los que atrajo el Rey quiso que poblasen a Hanan Cozco, y por esto le
llaman el alto, y los que convocó la Reina que poblasen a
Hurin Cozco, y por eso le llamaron el bajo. Esta división de
ciudad no fue para que los de la una mitad se aventajasen
de la otra mitad en exenciones y preminencias, sino que to-

[50] La descripción más completa del Cuzco aparece en el libro VII, capítulos 8 a 11.

dos fuesen iguales como hermanos, hijos de un padre y de una madre. Sólo quiso el Inca que hubiese esta división de pueblo y diferencia de nombres alto y bajo para que quedase perpetua memoria de que a los unos había convocado el Rey y a los otros la Reina. Y mandó que entre ellos hubiese sola una diferencia y reconocimiento de superioridad: que los de Cozco alto fuesen respetados y tenidos como primogénitos, hermanos mayores, y los del bajo fuesen como hijos segundos; y en suma, fuesen como el brazo derecho y el izquierdo en cualquiera preminencia de lugar y oficio, por haber sido los del alto atraídos por el varón y los del bajo por la hembra. A semejanza de esto hubo después esta misma división en todos los pueblos grandes o chicos de nuestro Imperio, que los dividieron por barrios o por linajes, diciendo Hanan aillu y Hurin aillu, que es el linaje alto y el bajo; Hanan suyu y Hurin suyu, que es el distrito alto y el bajo.

»Juntamente, poblando la ciudad, enseñaba nuestro Inca a los indios varones los oficios pertenecientes a varón, como romper y cultivar la tierra y sembrar las mieses, semillas y legumbres que les mostró que eran de comer y provechosas, para lo cual les enseñó a hacer arados y los demás instrumentos necesarios y les dio orden y manera como sacasen acequias de los arroyos que corren por este valle del Cozco, hasta enseñarles a hacer el calzado que traemos. Por otra parte la Reina industriaba a las indias en los oficios mujeriles, a hilar y tejer algodón y lana y hacer de vestir para sí y para sus maridos y hijos: decíales cómo habían de hacer los demás oficios del servicio de casa. En suma, ninguna cosa de las que pertenecen a la vida humana dejaron nuestros príncipes de enseñar a sus primeros vasallos, haciéndose el Inca Rey maestro de los varones y la Coya[51] Reina maestra de las mujeres.

[51] *Coya:* la emperatriz o la consorte legítima del inca reinante. Sus hijas podían utilizar el título, pero sólo como apéndice para demostrar su relación con la madre. Excepto en casos especiales de dispensa, la Coya siempre era la hermana del Inca.

CAPÍTULO XVII

LO QUE REDUJO EL PRIMER INCA MANCO CÁPAC

—Los mismos indios nuevamente así reducidos, viéndose ya otros y reconociendo los beneficios que habían recebido, con gran contento y regocijo entraban por las sierras, montes y breñales a buscar los indios y les daban nuevas de aquellos hijos del Sol y les decían que para bien de todos ellos se habían aparecido en su tierra, y les contaban los muchos beneficios que les habían hecho. Y para ser creídos les mostraban los nuevos vestidos y las nuevas comidas que comían y vestían, y que vivían en casas y pueblos. Las cuales cosas oídas por los hombres silvestres, acudían en gran número a ver las maravillas que de nuestros primeros padres, Reyes y señores, se decían y publicaban. Y habiéndose certificado de ellas por vista de ojos, se quedaban a los servir y obedecer. Y de esta manera, llamándose unos a otros y pasando la palabra de éstos a aquéllos, se juntó en pocos años mucha gente, tanta que, pasados los primeros seis o siete años, el Inca tenía gente de guerra armada e industriada para se defender de quien quisiese ofenderle, y aun para traer por fuerza los que no quisiesen venir de grado. Enseñóles hacer armas ofensivas, como arcos y flechas, lanzas y porras y otras que se usan agora.

»Y para abreviar las hazañas de nuestro primer Inca, te digo que hacia el levante redujo hasta el río llamado Paucartampu y al poniente conquistó ocho leguas hasta el gran río

144

llamado Apurímac y al mediodía atrajo nueve leguas hasta
Quequesana. En este distrito mandó poblar nuestro Inca
más de cien pueblos, los mayores de a cien casas y otros de a
menos, según la capacidad de los sitios. Éstos fueron los primeros principios que esta nuestra ciudad tuvo para haberse
fundado y poblado como la vees. Estos mismos fueron los
que tuvo este nuestro grande, rico y famoso Imperio que tu
padre y sus compañeros nos quitaron.[52] Éstos fueron nuestros primeros Incas y Reyes, que vinieron en los primeros siglos del mundo, de los cuales descienden los demás Reyes
que hemos tenido, y de estos mesmos descendemos todos
nosotros. Cuántos años ha que el Sol Nuestro Padre envió
estos sus primeros hijos, no te lo sabré decir precisamente,
que son tantos que no los ha podido guardar la memoria, tenemos que son más de cuatrocientos. Nuestro Inca se llamó
Manco Cápac[53] y nuestra Coya Mama Ocllo Huaco.[54] Fueron, como te he dicho, hermanos, hijos del Sol y de la Luna,
nuestros padres. Creo que te he dado larga cuenta de lo que
me la pediste y respondido a tus preguntas, y por no hacerte

[52] El capitán extremeño Garcilaso de la Vega debió de pasar a América entre 1530 y 1531. Participó en la frustrada expedición a la provincia
de la Buenaventura y luchó en las guerras civiles del Perú. En 1554 fue
nombrado por decreto Justicia Mayor y Corregidor del Cuzco. Murió el 18
de mayo de 1559.

[53] *Manco Cápac:* primer Inca legendario. Los historiadores coinciden
en fechar su reinado a principios del siglo XIII. Tradicionalmente se le ha
considerado el conquistador del territorio inmediato al Cuzco y el fundador de la ciudad y de la monarquía incaica. También se le atribuye la construcción del Inticancha o palacio del Sol, templo y residencia primera de
los reyes Incas. El nombre Cápac significa rico, no de bienes, sino de excelencias y grandezas de ánimo; también significa rico y poderoso en armas. Por las hazañas que logró este Inca con sus primeros vasallos le dieron el nombre Cápac, que quiere decir rico de excelencias; de allí quedó la
aplicación de este nombre solamente a cosas reales.

[54] *Mama Ocllo Huaco: Mama* quiere decir madre. También es un título de respeto que llevan las casadas de la casta imperial inca. Ocllo es un
apellido sagrado entre ellos. Como explica Garcilaso, había mujeres de la
sangre real que en sus casas vivían en recogimiento y honestidad, con voto
de virginidad, que no de clausura, a las que llamaban Ocllo por excelencia
y deidad. Mama Ocllo Huaco es la hermana y mujer de Manco Cápac.

llorar no he recitado esta historia con lágrimas de sangre, de-
rramadas por los ojos, como las derramo en el corazón, del
dolor que siento de ver nuestros Incas acabados y nuestro
Imperio perdido.

Esta larga relación del origen de sus Reyes[55] me dio
aquel Inca, tío de mi madre, a quien yo se la pedí, la cual yo
he procurado traducir fielmente de mi lengua materna,
que es la del Inca, en la ajena, que es la castellana, aunque
no la he escrito con la majestad de palabras que el Inca habló ni con toda la significación que las de aquel lenguaje
tienen, que, por ser tan significativo, pudiera haberse extendido mucho más de lo que se ha hecho. Antes la he
acortado, quitando algunas cosas que pudieran hacerla
odiosa.[56] Empero, bastará haber sacado el verdadero sentido de ellas, que es lo que conviene a nuestra historia.
Otras cosas semejantes, aunque pocas, me dijo este Inca
en las visitas y pláticas que en casa de mi madre se hacían,
las cuales pondré adelante en sus lugares, citando el autor,
y pésame de no haberle preguntado otras muchas para tener ahora la noticia de ellas, sacadas de tan buen archivo,
para escrebirlas aquí.

[55] El origen mítico de los Incas presenta múltiples variantes. De cualquier modo, como señala Concepción Bravo al respecto, "en todas ellas se
advierte el recuerdo común de un fundador mítico, verdadero héroe civi-
lizador, generador de una estirpe conquistadora que, procedente de un lugar no muy lejano, siempre situado en las tierras altas del sur y en compe-
tencia con otros grupos étnicos, que también apetecían las fértiles tierras
de los valles de los Andes centrales, consigue hacerse reconocer entre todos ellos como líder y dirigente, aglutinador del esfuerzo común y permanente por dominar una geografía difícil, pero capaz de brindar los recursos necesarios para la creación y consolidación de un verdadero Estado"
(*El tiempo de los incas*, Madrid, Alhambra, 1986, p. 25).
[56] Garcilaso, siguiendo a Cicerón y a su propia cultura incaica, concibe la historia como modelo ejemplar y, por tanto, omitirá todo aquello
que considere que no sirve a tal fin. El aspecto moralizante y didáctico es
notorio en toda su obra, como ocurre en general con las crónicas historiográficas de la época. También callará todos aquellos hechos que puedan
dañar su honra u orgullo. Véase al respecto José Durand, "Los silencios
del Inca Garcilaso", en *Mundo Nuevo* V (1966), pp. 57-72.

CAPÍTULO XVIII

DE FÁBULAS HISTORIALES DEL ORIGEN DE LOS INCAS

Otra fábula cuenta la gente común del Perú del origen de sus Reyes Incas, y son los indios que caen al mediodía del Cozco, que llaman Collasuyu, y loas del poniente, que llaman Cuntisuyu. Dicen que pasado el diluvio, del cual no saben dar más razón de decir que lo hubo, ni se entiende si fue el general del tiempo de Noé,[57] o alguno otro particular, por lo cual dejaremos de decir lo que cuentan de él y de otras cosas semejantes que de la manera que las dicen más parecen sueños o fábulas mal ordenadas que sucesos historiales; dicen, pues, que cesadas las aguas se apareció un hombre en Tiahuanacu, que está al mediodía del Cozco, que fue tan poderoso que repartió el mundo en cuatro partes y las dio a cuatro hombres que llamó Reyes: el primero se llamó Manco Cápac y el segundo Colla y el tercero Tócay y el cuarto Pinahua. Dicen que a Manco Cápac dio la parte setentrional y al Colla la parte meridional (de cuyo nombre se llamó después Colla aquella gran provincia); al tercero, llamado Tócay, dio la parte del levante, y al cuarto, que llaman Pinahua, la del poniente; y que les mandó fuese cada uno a su distrito y conquistase y gobernase

---

[57] Es obvio aquí el intento de acercar los orígenes incas a la historia y cultura cristianas.

la gente que hallase. Y no advierten a decir si el diluvio los
había ahogado o si los indios habían resucitado para ser
conquistados y doctrinados, y así es todo cuanto dicen de
aquellos tiempos.

Dicen que de este repartimiento del mundo nació después el que hicieron los Incas de su reino, llamado Tahuantinsuyu.[58] Dicen que el Manco Cápac fue hacia el norte y
llegó al valle del Cozco y fundó aquella ciudad y sujetó los
circunvecinos y los doctrinó. Y con estos principios dicen
de Manco Cápac casi lo mismo que hemos dicho de él, y
que los Reyes Incas descienden de él, y de los otros tres
Reyes no saben decir qué fueron de ellos. Y de esta manera son todas las historias de aquella antigüedad, y no hay
que espantarnos de que gente que no tuvo letras con que
conservar la memoria de sus antiguallas trate de aquellos
principios tan confusamente, pues los de la gentilidad del
Mundo Viejo, con tener letras y ser tan curiosos en ellas,
inventaron fábulas tan dignas de risa y más que estotras,
pues una de ellas es la de Pirra y Deucalión[59] y otras que
pudiéramos traer a cuenta. Y también se pueden cotejar
las de la una gentilidad con las de la otra, que en muchos

---

[58]   *Tahuantinsuyu:* Tahuantinsuyo es el nombre con que se denomina
a las cuatro partes del imperio inca. El centro, el ombligo del imperio, es
el Cuzco, y las regiones al norte, este, sur y oeste se llaman, respectiva-
mente, Chinchasuyu, Antisuyu, Collasuyu y Cuntisuyu. Los cuatro reinos
del Tahuantinsuyu surgieron de la proyección de la estructura cuatriparti-
ta del Cuzco, ciudad que sirvió de patrón para las poblaciones incas. Esa
división ya existía antes de que los incas se apoderaran de la ciudad y le
dieran el nuevo nombre de Cuzco, que según Garcilaso significa "ombligo
del mundo", pero que Sarmiento de Gamboa traduce como "mojón de
piedra", significación más ajustada a su papel como modelo de referencia
del imperio inca.
[59]   Como forma de realzar lo propio, Garcilaso coteja las fábulas de los
incas con las sagradas escrituras y, en este caso, con la mitología clásica.
Las fábulas funcionan como resonancias de la realidad y deben aceptarse
como elementos constitutivos de ese mundo, pues su exclusión supondría
la imposibilidad de ofrecer una visión completa de la civilización que describe.

pedazos se remedan. Y asimismo tienen algo semejante a la historia de Noé, como algunos españoles han querido decir, según veremos luego. Lo que yo siento de este origen de los Incas diré al fin.

Otra manera del origen de los Incas cuentan semejante a la pasada, y éstos son los indios que viven al levante y al norte de la ciudad del Cozco. Dicen que al principio del mundo salieron por unas ventanas de unas peñas que están cerca de la ciudad, en un puesto que llaman Paucartampu, cuatro hombres y cuatro mujeres, todos hermanos, y que salieron por la ventana de en medio, que ellas son tres, la cual llamaron ventana real. Por esta fábula aforraron aquella ventana por todas partes con grandes planchas de oro, y muchas piedras preciosas. Las ventanas de los lados guarnecieron solamente con oro, mas no con pedrería. Al primer hermano llaman Manco Cápac y a su mujer Mama Ocllo. Dicen que éste fundó la ciudad y que la llamó Cozco, que en la lengua particular de los Incas quiere decir ombligo, y que sujetó aquellas naciones y les enseñó a ser hombres, y que de éste descienden todos los Incas. Al segundo hermano llaman Ayar Cachi y al tercero Ayar Uchu y al cuarto Ayar Sauca.[60] La dictión *Ayar* no tiene significación en la lengua general del Perú; en la particular de los Incas la debía de tener. Las otras dictiones son de la lengua general: *cachi* quiere decir sal, la que comemos, y *uchu* es el condimento que echan en sus guisados, que los españoles llaman pimiento; no tuvieron los indios del Perú otras especias. La otra dictión, *sauca,* quiere decir regocijo, contento y alegría. Apretando a los indios sobre qué se hicieron aquellos tres hermanos y hermanas de sus primeros Reyes, dicen mil disparates, y no hallando mejor salida, alegorizan la fábula, diciendo que por la sal, que es

---

[60] *Ayar Sauca:* esta versión acerca del origen de los Incas era la que seguía la tradición oficializada y aparece en los más antiguos y fehacientes cronistas españoles, sobre todo en Cieza de León y en Sarmiento de Gamboa.

uno de los nombres, entienden la enseñanza que el Inca les hizo de la vida natural, y por el pimiento, el gusto que de ella recibieron; y por el nombre regocijo entienden el contento y alegría con que después vivieron. Y aun esto lo dicen por tantos rodeos, tan sin orden y concierto, que más se saca por conjeturas de lo que querrán decir que por el discurso y orden de sus palabras. Sólo se afirman en que Manco Cápac fue el primer Rey y que de él descienden los demás Reyes.

De manera que por todas tres vías hacen principio y origen de los Incas a Manco Cápac, y de los otros tres hermanos no hacen mención, antes por la vía alegórica los deshacen y se quedan con sólo Manco Cápac, y parece ser así porque nunca después Rey alguno ni hombre de su linaje se llamó de aquellos nombres, ni ha habido nación que se preciase descendir de ellos. Algunos españoles curiosos quieren decir, oyendo estos cuentos, que aquellos indios tuvieron noticia de la historia de Noé, de sus tres hijos, mujer y nueras, que fueron cuatro hombres y cuatro mujeres que Dios reservó del diluvio, que son los que dicen en la fábula, y que por la ventana del Arca de Noé dijeron los indios la de Paucartampu, y que el hombre poderoso que la primera fábula dice que se apareció en Tiahuanacu, que dicen repartió el mundo en aquellos cuatro hombres, quieren los curiosos que sea Dios, que mandó a Noé y a sus tres hijos que poblasen el mundo. Otros pasos de la una fábula y de la otra quieren semejar a los de la Sancta Historia, que les parece que se semejan. Yo no me entremeto en cosas tan hondas; digo llanamente las fábulas historiales que en mis niñeces oí a los míos; tómalas cada uno como quisiere y déles el alegoría que más le cuadrare.[61]

[61] Nuestro autor, al mismo tiempo que se distancia de algunas fábulas por considerarlas inverosímiles, no ignora que son necesarias para comprender el mundo que está describiendo, por lo que deja constancia escrita de ellas. Como él mismo defiende, el cristianismo y el paganismo se apoyaron, asimismo, en la escritura alegórica.

A semejanza de las fábulas que hemos dicho de los Incas, inventan las demás naciones del Perú otra infinidad de ellas, del origen y principio de sus primeros padres, diferenciándose unos de otros, como las veremos en el discurso de la historia. Que no se tiene por honrado el indio que no desciende de fuente, río o lago, aunque sea de la mar o de animales fieros, como el oso, león o tigre, o de águila o del ave que llaman cúntur, o de otras aves de rapiña, o de sierras, montes, riscos o cavernas, cada uno como se le antoja, para su mayor loa y blasón. Y para fábulas baste lo que se ha dicho.

CAPÍTULO XIX

PROTESTACIÓN DEL AUTOR SOBRE LA HISTORIA

Ya que hemos puesto la primera piedra de nuestro edificio (aunque fabulosa) en el origen de los Incas Reyes del Perú, será razón pasemos adelante en la conquista y reducción de los indios, extendiendo algo más la relación sumaria que me dio aquel Inca con la relación de otros muchos Incas e indios naturales de los pueblos que este primer Inca Manco Cápac mandó poblar y redujo a su Imperio, con los cuales me crié y comuniqué hasta los veinte años. En este tiempo tuve noticia de todo lo que vamos escribiendo, porque en mis niñeces me contaban sus historias como se cuentan las fábulas a los niños.[62] Después, en edad más crecida, me dieron larga noticia de sus leyes y gobierno, cotejando el nuevo gobierno de los españoles con el de los Incas, dividiendo en particular los delitos y las penas y el rigor de ellas. Decíanme cómo procedían sus Reyes en paz

---

[62] A las fuentes escritas (procedentes en su mayoría de las crónicas de Indias así como de la literatura anticuaria) hay que añadir las fuentes orales, es decir, la información que Garcilaso recogió en su niñez de los diálogos con los parientes maternos. A través de estas conversaciones familiares se instruyó y documentó, asimismo, acerca de la historia del Incario, de sus tradiciones y de su destrucción. En la transmisión oral entran en juego la memoria y la creatividad, y éstas resultan esenciales en la génesis de la obra garcilasiana.

y en guerra, de qué manera trataban a sus vasallos y cómo eran servidos de ellos. Demás de esto me contaban, como a proprio hijo, toda su idolatría, sus ritos, cerimonias y sacrificios, sus fiestas principales y no principales, y cómo las celebraban. Decíanme sus abusos y supersticiones, sus agüeros malos y buenos, así los que miraban en sus sacrificios como fuera de ellos. En suma, digo que me dieron noticia de todo lo que tuvieran en su república, que, si entonces lo escribiera, fuera más copiosa esta historia.

Demás de habérmelo dicho los indios, alcancé y vi por mis ojos mucha parte de aquella idolatría, sus fiestas y supersticiones, que aun en mis tiempos, hasta los doce o trece años de mi edad, no se habían acabado del todo. Yo nací ocho años después que los españoles ganaron mi tierra[63] y, como lo he dicho, me crié en ella hasta los veinte años, y así vi muchas cosas de las que hacían los indios en aquella su gentilidad, las cuales contaré diciendo que las vi.[64] Sin la relación que mis parientes me dieron de las cosas dichas y sin lo que yo vi, he habido otras muchas relaciones de las conquistas y hechos de aquellos Reyes. Porque luego que propuse escrebir esta historia, escrebí a los condiscípulos de escuela y gramática,[65] encargándoles que cada uno me ayudase con la relación que pudiese haber de las particula-

---

[63]   Una de las características más importantes de los *Comentarios* es su carácter autobiográfico. La crónica adquiere, de esta manera, un incalculable valor testimonial que la aleja de cualquier otra crónica historiográfica. El detalle menudo, la "intrahistoria", hacen más deleitable y vívido el texto.

[64]   A lo largo de la obra, su autor insistirá en que vio "con sus ojos" buena parte de lo que está contando. De esta manera, frente a las otras crónicas historiográficas, la suya aparece como la más creíble. Garcilaso, además, en sus alusiones a otros cronistas diferenciaba entre quienes componían la obra de lejos, basándose en informaciones ajenas, y los que habían sido partícipes directos de lo narrado. De ahí que la obra inédita y parcialmente destruida de Blas Valera fuera fundamental para la elaboración de los *Comentarios reales*.

[65]   Entre el rico venero de las informaciones manuscritas a las que Garcilaso tuvo acceso se hallan las cartas que solicitó a sus antiguos compañeros de estudios en el Perú.

res conquistas que los Incas hicieron de las provincias de
sus madres, porque cada provincia tiene sus cuentas y nudos con sus historias anales y la tradición de ellas, y por esto retiene mejor lo que en ella pasó que lo que pasó en la
ajena. Los condiscípulos, tomando de veras lo que les pedí,
cada cual de ellos dio cuenta de mi intención a su madre y
parientes, los cuales, sabiendo que un indio, hijo de su tierra, quería escrebir los sucesos de ella, sacaron de sus ar-
chivos las relaciones que tenían de sus historias y me las
enviaron, y así tuve la noticia de los hechos y conquistas de
cada Inca, que es la misma que los historiadores españoles
tuvieron, sino que ésta será más larga, como lo advertire-
mos en muchas partes de ellas.

Y porque todos los hechos de este primer Inca son principios y fundamento de la historia que hemos de escrebir,
nos valdrá mucho decirlos aquí, a lo menos los más importantes, porque no los repitamos adelante en las vidas y
hechos de cada uno de los Incas, sus descendientes, porque todos ellos generalmente, así los Reyes como los no
Reyes, se preciaron de imitar en todo y por todo la condición, obras y costumbres de este primer príncipe Manco
Cápac. Y dichas sus cosas habremos dicho las de todos
ellos. Iremos con atención de decir las hazañas más historiales, dejando otras muchas por impertinentes y prolijas,
y aunque algunas cosas de las dichas y otras que se dirán
parezcan fabulosas, me pareció no dejar de escrebirlas por
no quitar los fundamentos sobre que los indios se fundan
para las cosas mayores y mejores que de su Imperio cuentan. Porque, en fin, de estos principios fabulosos proce-
dieron las grandezas que en realidad de verdad posee hoy
España, por lo cual se me permitirá decir lo que conviniere para la mejor noticia que se pueda dar de los principios,
medios y fines de aquella monarquía, que yo protesto decir llanamente la relación que mamé en la leche y la que
después acá he habido, pedida a los proprios míos, y pro-
meto que la afición de ellos no sea parte para dejar de de-

cir la verdad del hecho,[66] sin quitar de lo malo ni añadir a lo bueno que tuvieron, que bien sé que la gentilidad es un mar de errores, y no escribiré novedades que no se hayan oído, sino las mismas cosas que los historiadores españoles han escrito de aquella tierra y de los Reyes de ella y alegaré las mismas palabras de ellos donde conviniere, para que se vea que no finjo fictiones en favor de mis parientes, sino que digo lo mismo que los españoles dijeron. Sólo serviré de comento para declarar y ampliar muchas cosas que ellos asomaron a decir y las dejaron imperfectas por haberles faltado relación entera. Otras muchas se añadirán que faltan de sus historias y pasaron en hecho de verdad, y algunas se quitarán que sobran, por falsa relación que tuvieron, por no saberla pedir el español con distinctión de tiempos y edades y división de provincias y naciones, o por no entender al indio que se la daba o por no entenderse el uno al otro, por la dificultad del lenguaje. Que el español que piensa que sabe más de él, ignora de diez partes las nueve por las muchas cosas que un mismo vocablo significa y por las diferentes pronunciaciones que una misma dictión tiene para muy diferentes significaciones, como se verá adelante en algunos vocablos, que será forzoso traerlos a cuenta.[67]

Demás de esto, en todo lo que de esta república, antes destruida que conocida, dijere, será contando llanamente lo que en su antigüedad tuvo de su idolatría, ritos, sacrificios y ceremonias, y en su gobierno, leyes y costumbres, en paz y en guerra, sin comparar cosa alguna de éstas a otras semejantes que en las historias divinas y humanas se ha-

---

[66] Garcilaso deja claro que la fidelidad de los hechos estará por encima de su sospechoso linaje.
[67] Nuestro autor añadirá, en distintas ocasiones, que el desconocimiento de la lengua general del imperio o *runasimi* —que significa literalmente "la boca de la gente"— es una de las causas principales de las interpretaciones erróneas del pasado incaico, en concreto de la teología inca y de sus prácticas de culto.

llan, ni al gobierno de nuestros tiempos, porque toda comparación es odiosa. El que las leyere podrá cotejarlas a su gusto, que muchas hallará semejantes a las antiguas, así de la Sancta Escritura como de las profanas y fábulas de la gentilidad antigua.[68] Muchas leyes y costumbres verá que parecen a las de nuestro siglo, otras muchas oirá en todo contrarias. De mi parte he hecho lo que he podido, no habiendo podido lo que he deseado. Al discreto lector suplico reciba mi ánimo,[69] que es de darle gusto y contento, aunque las fuerzas ni el habilidad de un indio nacido entre los indios y criado entre armas y caballos no puedan llegar allá.

[68]   Para Garcilaso, como hombre de su época, la primera autoridad es la Biblia, a la que siguen los gentiles y los filósofos antiguos.

[69]   Como indica Margarita Zamora, los *Comentarios reales* es una obra diseñada retóricamente para convencer y que procura no ofender al lector (*ob. cit.,* p. 108).

CAPÍTULO XXI

LA ENSEÑANZA QUE EL INCA HACÍA A SUS VASALLOS

El Inca Manco Cápac, yendo poblando sus pueblos juntamente con enseñar a cultivar la tierra a sus vasallos y labrar las casas y sacar acequias y hacer las demás cosas necesarias para la vida humana, les iba instruyendo en la urbanidad, compañía y hermandad que unos a otros se habían de hacer, conforme a lo que la razón y ley natural les enseñaba, persuadiéndoles con mucha eficacia que, para que entre ellos hubiese perpetua paz y concordia y no naciesen enojos y pasiones, hiciesen con todos lo que quisieran que todos hicieran con ellos, porque no se permitía querer una ley para sí y otra para los otros. Particularmente les mandó que se respectasen unos a otros en las mujeres y hijas, porque esto de las mujeres andaba entre ellos más bárbaro que otro vicio alguno. Puso pena de muerte a los adúlteros y a los homicidas y ladrones. Mandóles que no tuviesen más de una mujer y que se casasen dentro en su parentela porque no se confundiesen los linajes, y que se casasen de veinte años arriba, porque pudiesen gobernar sus casas y trabajar en sus haciendas. Mandó recoger el ganado manso que andaba por el campo sin dueño, de cuya lana los vistió a todos mediante la industria y enseñanza que la Reina Mama Ocllo Huaco había dado a las indias en hilar y tejer. Enseñóles a hacer el calzado que hoy traen, llamado *usuta*. Para cada pueblo o nación de las que redujo eligió un *curaca,* que es lo mismo que *cacique* en la lengua de Cuba y Sancto Domingo, que quiere decir señor de vasallos. Eligiólos por sus méritos, los que habían trabajado más en la reducción de los indios, mostrándose más afables, mansos y piadosos, más amigos del bien común, a los cuales constituyó por señores de los demás, para que los doctrinasen como padres a hijos. A los indios mandó que los obedeciesen como hijos a padre.[70]

Mandó que los frutos que en cada pueblo se cogían se guardasen en junto para dar a cada uno lo que hubiese menester, hasta que hubiese dispusición de dar tierras a cada indio en particular. Juntamente con estos preceptos y ordenanzas, les enseñaba el culto divino de su idolatría. Señaló sitio para hacer templo al Sol, donde le sacrificasen, persuadiéndoles que lo tuviesen por principal Dios, a quien adorasen y rindiesen las gracias de los beneficios naturales que les hacía con su luz y calor, pues veían que les producía sus campos y multiplicaba sus ganados, con las demás mercedes que cada día recibían. Y que particularmente debían adoración y servicio al Sol y a la Luna, por haberles enviado dos hijos suyos, que, sacándolos de la vida ferina que hasta entonces habían tenido, los hubiesen

---

[70] A lo largo de toda la historia, Garcilaso describirá a los reyes incas como seres impolutos que encarnan todas las cualidades humanas. Con ello intenta, como explica Raquel Chang, por un lado, integrarlos dentro del esquema providencialista y, por otro, "le sirve a Garcilaso para contrastar estos métodos pacíficos con los violentos procedimientos empleados en la conquista española del Tahuantinsuyu" (*ob. cit.,* p. 1.147). Por otra parte, el padre Valera, en su *Historia de los incas,* también había descrito el pacífico modo de conquista de los Incas: "Y para que los soldados vencedores y vencidos se reconciliasen y tuviesen perpetua paz y amistad, y se perdiese y olvidase cualquier enojo y rencor que durante la guerra hubiese nacido, mandaba que entre ellos celebrasen grandes banquetes, abundantes de todo regalo y que se hallasen a ellos los ciegos, cojos y mudos, y los demás pobres impedidos, para que gozasen del real."

reducido a la humana que al presente tenían. Mandó que hiciesen casa de mujeres para el Sol, cuando hubiese bastante número de mujeres de la sangre real para poblar la casa. Todo lo cual les mandó que guardasen y cumpliesen como gente agradecida a los beneficios que habían recebido, pues no los podían negar. Y que de parte de su padre el Sol les prometía otros muchos bienes si así lo hiciesen y que tuviesen por muy cierto que no decía él aquellas cosas de suyo, sino que el Sol se las revelaba y mandaba que de su parte las dijese a los indios, el cual, como padre, le guiaba y adestraba en todos sus hechos y dichos. Los indios, con la simplicidad que entonces y siempre tuvieron hasta nuestros tiempos, creyeron todo lo que el Inca les dijo, principalmente el decirles que era hijo del Sol, porque también entre ellos hay naciones que se jatan descendir de semejantes fábulas, como adelante diremos, aunque no supieron escoger tan bien como el Inca porque se precian de animales y cosas bajas y terrestres. Cotejando los indios entonces y después sus descendencias con la del Inca, y viendo que los beneficios que les había hecho lo testificaban, creyeron firmísimamente que era hijo del Sol, y le prometieron guardar y cumplir lo que les mandaba, y en suma le adoraron por hijo del Sol, confesando que ningún hombre humano pudiera haber hecho con ellos lo que él, y que así creían que era hombre divino, venido del cielo.

CAPÍTULO XXV

TESTAMENTO Y MUERTE DEL INCA MANCO CÁPAC

Manco Cápac reinó muchos años, mas no saben decir de cierto cuántos; dicen que más de treinta, y otros que más de cuarenta, ocupado siempre en las cosas que hemos dicho, y cuando se vio cercano a la muerte llamó a sus hijos, que eran muchos, así de su mujer, la Reina Mama Ocllo Huaco, como de las concubinas que había tomado diciendo que era bien que hubiese muchos hijos del Sol. Llamó asimismo los más principales de sus vasallos, y por vía de testamento les hizo una larga plática, encomendando al príncipe heredero y a los demás sus hijos el amor y beneficio de los vasallos, y a los vasallos la fidelidad y servicio de su Rey y la guarda de las leyes que les dejaba, afirmando que todas las había ordenado su padre el Sol. Con esto despidió los vasallos, y a los hijos hizo en secreto otra plática, que fue la última, en que les mandó siempre tuviesen en la memoria que eran hijos del Sol, para le respetar y adorar como a Dios y como a padre. Díjoles que a imitación suya hiciesen guardar sus leyes y mandamientos y que ellos fuesen los primeros en guardarles, para dar ejemplo a los vasallos, y que fuesen mansos y piadosos, que redujesen los indios por amor, atrayéndolos con beneficios y no por fuerza, que los forzados nunca les serían buenos vasallos, que los mantuviesen en justicia sin consentir agravio

160

entre ellos. Y, en suma, les dijo que en sus virtudes mostrasen que eran hijos del Sol, confirmando con las obras lo que certificaban con las palabras para que los indios les creyesen; donde no, que harían burla de ellos si les viesen decir uno y hacer otro. Mandóles que todo lo que les dejaba encomendado lo encomendasen ellos a sus hijos y descendientes de generación en generación para que cumpliesen y guardasen lo que su padre el Sol mandaba, afirmando que todas eran palabras suyas, y que así las dejaba por vía de testamento y última voluntad. Díjoles que le llamaba el Sol y que se iba a descansar con él; que se quedasen en paz, que desde el cielo ternía cuidado de ellos y les favorecería y socorrería en todas sus necesidades. Diciendo estas cosas y otras semejantes, murió el Inca Manco Cápac. Dejó por príncipe heredero a Sinchi Roca, su hijo primogénito y de la Coya Mama Ocllo Huaco, su mujer y hermana. Demás del príncipe dejaron estos Reyes otros hijos y hijas, los cuales casaron entre sí unos con otros, por guardar limpia la sangre que fabulosamente decían descendir del Sol, porque es verdad que tenían en suma veneración la que descendía limpia de estos Reyes, sin mezcla de otra sangre, porque la tuvieron por divina y toda la demás por humana, aunque fuese de grandes señores de vasallos, que llaman *curacas.*

El Inca Sinchi Roca[71] casó con Mama Ocllo o Mama Cora[72] (como otros quieren), su hermana mayor, por imitar el ejemplo del padre y el de los abuelos Sol y Luna, porque en su gentilidad tenían que la Luna era hermana y mujer del Sol. Hicieron este casamiento por conservar la sangre limpia y porque al hijo heredero le perteneciese el reino

[71] *Sinchi Roca:* hijo de Manco Cápac que parece haber ampliado discretamente el reino a unas treinta leguas alrededor del Cuzco pactando con los jefes guerreros vecinos o "Sinchis"; éste fue el título que recibió el segundo rey inca.

[72] *Mama Cora: cora* significa hierba.

tanto por su madre como por su padre, y por otras razones
que adelante diremos más largo. Los demás hermanos legítimos y no legítimos también casaron unos con otros,
por conservar y aumentar la sucesión de los Incas. Dijeron
que el casar de estos hermanos unos con otros lo había ordenado el Sol y que el Inca Manco Cápac lo había mandado porque no tenían sus hijos con quién casar, para que la
sangre se conservase limpia, pero que después no pudiese
nadie casar con la hermana, sino sólo el Inca heredero, lo
cual guardaron ellos, como lo veremos en el proceso de la
historia.[73]

Al Inca Manco Cápac lloraron sus vasallos con mucho
sentimiento. Duró el llanto y las obsequias muchos meses;
embalsamaron su cuerpo para tenerlo consigo y no perder-
lo de vista; adoráronle por Dios, hijo del Sol; ofreciéronle
muchos sacrificios de carneros, corderos y ovejas y conejos
caseros, de aves, de mieses y legumbres, confesándole por
señor de todas aquellas cosas que les había dejado.

Lo que yo, conforme a lo que vi de la condición y naturaleza de aquellas gentes, puedo conjeturar del origen de
este príncipe Manco Inca, que sus vasallos, por sus grandezas, llamaron Manco Cápac, es que debió de ser algún
indio de buen entendimiento, prudencia y consejo, y que
alcanzó bien la mucha simplicidad de aquellas naciones y
vio la necesidad que tenían de doctrina y enseñanza para
la vida natural, y con astucia y sagacidad, para ser estimado, fingió aquella fábula, diciendo que él y su mujer eran
hijos del Sol, que venían del cielo y que su padre los enviaba para que doctrinasen y hiciesen bien a aquellas gentes.
Y para hacerse creer debió de ponerse en la figura y hábito que trujo, particularmente las orejas tan grandes como

---

[73] Garcilaso coincide con Cieza de León en que Mama Cora era la hermana mayor de Sinchi Roca; en cambio otros cronistas, como Sarmiento
de Gamboa, comentan que Mama Cora era hija de un cacique vecino del
pueblo de Saño. Esta última hipótesis es la más probable, pues intereses
políticos llevaban a favorecer dichas alianzas en todos los imperios.

los Incas las traían, que cierto eran increíbles a quien no las hubiera visto como yo, y al que las viera ahora (si las usan) se le hará extraño imaginar cómo pudieron agrandarlas tanto. Y como con los beneficios y honras que a sus vasallos hizo confirmase la fábula de su genealogía, creyeron firmemente los indios que era hijo del Sol venido del cielo, y lo adoraron por tal, como hicieron los gentiles antiguos, con ser menos brutos, a otros que les hicieron semejantes beneficios. Porque es así que aquella gente a ninguna cosa atiende tanto como a mirar si lo que hacen los maestros conforma con lo que les dicen, y, hallando conformidad en la vida y en la doctrina, no han menester argumentos para convencerlos a lo que quisieren hacer de ellos. He dicho esto porque ni los Incas de la sangre real ni la gente común no dan otro origen a sus Reyes sino el que se ha visto en sus fábulas historiales, las cuales se semejan unas a otras, y todas concuerdan en hacer a Manco Cápac primer Inca.

CAPÍTULO XXVI

LOS NOMBRES REALES Y LA SIGNIFICACIÓN DE ELLOS

Será bien digamos brevemente la significación de los nombres reales apelativos, así de los varones como de las mujeres y a quién y cómo se los daban y cómo usaban de ellos, para que se vea la curiosidad que los Incas tuvieron en poner sus nombres y renombres, que en su tanto no deja de ser cosa notable. Y principiando del nombre *Inca,* es de saber que en la persona real significa Rey o Emperador, y en los de su linaje quiere decir hombre de la sangre real, que el nombre Inca pertenecía a todos ellos con la diferencia dicha, pero habían de ser descendientes por la línea masculina y no por la feminina. Llamaban a sus Reyes *Zapa Inca,* que es Solo Rey o Solo Emperador o Solo Señor, porque *zapa* quiere decir solo, y este nombre no lo daban a otro alguno de la parentela, ni aun al príncipe heredero hasta que había heredero, porque siendo el Rey solo, no podían dar su apellido a otro, que fuera ya hacer muchos Reyes. Asimesmo les llamaban *Huacchacúyac,* que es amador y bienhechor de pobres, y este renombre tampoco lo daban a otro alguno, sino al Rey, por el particular cuidado que todos ellos, desde el primero hasta el último, tuvieron de hacer bien a sus vasallos. Ya atrás queda dicho la significación del renombre *Cápac,* que es rico de magnanimidades y de realezas para con los suyos: dábansela al

164

Rey solo, y no a otro, porque era el principal bienhechor de ellos. También le llamaban *Intip churin,* que es hijo del Sol, y este apellido se lo daban a todos los varones de la sangre real, porque, según su fábula, descendían del Sol, y no se lo daban a las hembras. A los hijos del Rey y a todos los de su parentela por línea de varón llamaban *Auqui,* que es infante, como en España a los hijos segundos de los Reyes. Retenían este apellido hasta que se casaban, y en casándose les llamaban Inca. Éstos eran los nombres y renombres que daban al Rey y a los varones de su sangre real, sin otros que adelante se verán, que, siendo nombres proprios, se hicieron apellidos en los descendientes.

Viniendo a los nombres y apellidos de las mujeres de la sangre real, es así que a la Reina, mujer legítima del Rey, llaman *Coya:* quiere decir Reina o Emperatriz. También le daban este apellido *Mamánchic,* que quiere decir Nuestra Madre, porque, a imitación de su marido, hacía oficio de madre con todos sus parientes y vasallos. A sus hijas llamaban Coya por participación de la madre, y no por apellido natural, porque este nombre Coya pertenecía solamente a la Reina. A las concubinas del Rey que eran de su parentela, y a todas las demás mujeres de la sangre real, llamaban *Palla:*[74] quiere decir mujer de la sangre real. A las demás concubinas del Rey que eran de las extranjeras y no de su sangre llamaban *Mamacuna,* que bastaría decir matrona, mas en toda su significación quiere decir mujer que tiene obligación de hacer oficio de madre. A las infantas hijas del Rey y a todas las demás hijas de la parentela y sangre real llamaban *Ñusta:* quiere decir doncella de sangre real, pero era con esta diferencia, que a las ligítimas en la sangre real decían llanamente *Ñusta,* dando a entender

---

[74] *Palla:* significa "mujer de sangre real." Garcilaso, a pesar de que podía haber llamado a su madre *ñusta* ("a las infantas hijas del Rey y a todas las demás hijas de la parentela y sangre real llamaban ñusta: quiere decir doncella de sangre real"), siempre la llamó *palla.*

que eran las ligítimas en sangre; a las no ligítimas en sangre llamaban con el nombre de la provincia de donde era natural su madre, como decir Colla Ñusta, Huanca Ñusta, Yunca Ñusta, Quitu Ñusta, y así de las demás provincias, y este nombre *Ñusta* lo retenían hasta que se casaban, y, casadas, se llamaban *Palla*.

Estos nombres y renombres daban a la descendencia de la sangre real por línea de varón, y, en faltando esta línea, aunque la madre fuese parienta del Rey, que muchas veces daban los Reyes parientas suyas de las bastardas por mujeres a grandes señores, mas sus hijos y hijas no tomaban de los apellidos de la sangre real ni se llamaba Incas ni Pallas, sino del apellido de sus padres, porque de la descendencia feminina no hacían caso los Incas, por no bajar su sangre real de la alteza en que se tenía, que aun la descendencia masculina perdía mucho de su ser real por mezclarse con sangre de mujer extranjera y no del mismo linaje, cuanto más la feminina.[75] Cotejando ahora los unos nombres con los otros, veremos que el nombre Coya, que es Reina, corresponde al nombre Zapa Inca, que es Solo Señor. Y el nombre Mamánchic, que es madre nuestra, responde al nombre Huacchacúyac, que es amador y bienhechor de pobres, y el nombre Ñusta, que es Infanta, responde al nombre Auqui, y el nombre Palla, que es mujer de la sangre real, responde al nombre Inca. Éstos eran los nombres reales, los cuales yo alcancé y vi llamarse por

---

[75] A pesar de lo que dice Garcilaso, la historiografía da fe de que hubo enlaces matrimoniales de los Incas reyes con mujeres extranjeras por motivos políticos. Una vez más se evidencia la concepción ejemplarizante que Garcilaso tiene de la historia de sus antepasados y que le lleva a omitir todo aquello que pudiera desprestigiarla. Sobre el silencio edificante explicaba el cronista Pedro Cieza de León en *El Señorío de los Incas*, cap. XI: "[...] y si entre los reyes alguno salía remiso, cobarde, dado a vicios y amigo de holgar sin acrecentar el señorío de su imperio, mandaban que de estos tales hubiese poca memoria o casi ninguna; y tanto miraban esto que, si alguna se hallaba, era por no olvidar el nombre suyo y la sucesión; pero en lo demás se callaba."

ellos a los Incas y a las Pallas, porque mi mayor conversación en mis niñeces fue con ellos. No podían los curacas, por grandes señores que fuesen, ni sus mujeres ni hijos, tomar estos nombres, porque solamente pertenecían a los de la sangre real, descendientes de varón en varón. Aunque Don Alonso de Ercilla y Zúñiga,[76] en la declaración que hace de los vocablos indianos que en sus galanos versos escribe, declarando el nombre Palla dice que significa señora de muchos vasallos y hacienda, dícelo porque cuando este caballero pasó allá, ya estos nombres Inca y Palla en muchas personas andaban impuestos impropiamente. Porque los apellidos ilustres y heroicos son apetecidos de todas las gentes, por bárbaras y bajas que sean, y así, no habiendo quien lo estorbe, luego usurpan los mejores apellidos, como ha acaecido en mi tierra.

FIN DEL LIBRO PRIMERO

[76] *Alonso de Ercilla y Zúñiga:* se refiere a *La Araucana* de Alonso de Ercilla, alabada por Garcilaso en el presente capítulo y también en VII, 24, VIII, 13 y VIII, 19. También hay referencias a la obra de Ercilla en la *Historia General del Perú*. Garcilaso insinúa que *La Araucana* debería haberse escrito en prosa y no en verso, "porque fuera historia, y no poesía, y se le diera más crédito" (VIII, 13). Con Alfonso X el castellano se convirtió en lengua de cultura y se abrieron a la prosa medieval española nuevos campos: la ciencia, el derecho, la historia o el pensamiento. En el Renacimiento se consideraba que la prosa era vehículo científico y expresión de la verdad histórica, en tanto la poesía quedaba relegada para la ficción y la expresión de afectos.

LIBRO SEGUNDO

CAPÍTULO I

LA IDOLATRÍA DE LA SEGUNDA EDAD Y SU ORIGEN

La que llamamos segunda edad,[77] y la idolatría que en ella se usó, tuvo principio de Manco Cápac Inca. Fue el primero que levantó la monarquía de los Incas Reyes del Perú, que reinaron por espacio de más de cuatrocientos años, aunque el Padre Blas Valera dice que fueron más de quinientos y cerca de seiscientos.[78] De Manco Cápac[79] he-

---

[77] La primera edad, para nuestro autor, es la de la barbarie o edad preincaica, y la segunda es la de la monarquía de los Incas reyes. Según Porras Barrenechea, la concepción de las tres edades (preincaica, incaica y cristiana) evoca la idea agustiniana de una construcción gradual de la ciudad de Dios; recuerda el plan de la historiografía eclesiástica con la sucesión de las tres leyes y, también, ciertas ideas de Jean Bodin que combina el gradualismo difundido por los glorificadores medievales del Sacro Imperio Romano con la negación de una Edad de Oro anterior al Estado. Garcilaso —prosigue Porras—, "frente al pesimismo de los humanistas italianos que concebían los imperios como organismos que nacían, florecían y fatalmente decaían, aceptó la idea cristiana del progreso" (*El Inca en Montilla*, Lima, Editorial San Marcos, 1955, p. 268).

[78] Los orígenes de la monarquía inca son legendarios. No hay constatación histórica de los primeros ocho soberanos (Manco Cápac, Sinchi Roca, Lloque Yupanqui, Mayta Cápac, Cápac Yupanqui, Inca Roca, Yáhuar Huácar y Viracocha) y los historiadores coinciden en adjudicarlos a la leyenda. No obstante, la breve duración del periodo incaico no fue un secreto ni siquiera para los cronistas españoles de la época de las conquistas.

[79] *Manco Cápac:* Miguel Cabello de Balboa, en su *Miscelánea Antártica* (1586), establece la subida al trono de Manco Cápac, primer rey, en

mos dicho ya quién fue y de dónde vino, cómo dio principio a su imperio y la reducción que hizo de aquellos indios
sus primeros vasallos; cómo les enseñó a sembrar y criar y
hacer sus casas y pueblos, y las demás cosas necesarias para el sustento de la vida natural y cómo su hermana y mujer, la Reina Mama Ocllo Huaco, enseñó a las indias a hilar y tejer y criar sus hijos y a servir sus maridos con amor
y regalo, y todo lo demás que una buena mujer debe hacer
en su casa. Asimismo dijimos que les enseñaron la ley natural y les dieron leyes y preceptos para la vida moral en
provecho común de todos ellos, para que no se ofendiesen
en sus honras y haciendas, y que juntamente les enseñaron
su idolatría, y mandaron que tuviesen y adorasen por principal dios al Sol, persuadiéndoles a ello con su hermosura
y resplandor. Decíales que no en balde el Pachacámac
(que es el sustentador del mundo)[80] le había aventajado
tanto sobre todas las estrellas del cielo, dándoselas por
criadas, sino para que lo adorasen y tuviesen por su dios.
Representábales los muchos beneficios que cada día les
hacía y el que últimamente les había hecho en haberles enviado sus hijos, para que, sacándolos de ser brutos, los hiciesen hombres, como lo habían visto por experiencia, y
adelante verían mucho más andando el tiempo. Por otra
parte los desengañaba de la bajeza y vileza de sus muchos
dioses, diciéndoles qué esperanza podían tener de cosas
tan viles para ser socorridos en sus necesidades o qué mercedes habían recebido de aquellos animales como los recebían cada día de su padre el Sol.[81] Mirasen, pues la vista

---

el año 945 d.C. Como hemos indicado, las últimas investigaciones datan
el reinado de Manco Cápac en el siglo XIII.

[80] *Pachacámac:* el propio Garcilaso lo define como "el que hace con el
universo lo que el ánima con el cuerpo." Es el supremo dios de los incas,
el que dio vida al universo.

[81] Margarita Zamora señala cómo la interpretación del Inca Garcilaso
acerca del culto al Sol y a Pachacámac parte de la misma tradición que la
del padre Las Casas, quien, a su vez, coincide con el simbolismo tradicio-

los desengañaba, que las yerbas y plantas y árboles y las demás cosas que adoraban las criaba el Sol para servicio de los hombres y sustento de las bestias. Advirtiesen la diferencia que había del resplandor y hermosura del Sol a la suciedad y fealdad del sapo, lagartija y escuerzo y las demás sabandijas que tenían por dioses. Sin esto mandaba que las cazasen y se las trujesen delante, decíales que aquellas sabandijas más eran para haberles asco y horror que para estimarlas y hacer caso de ellas. Con estas razones y otras tan rústicas persuadió el Inca Manco Cápac a sus primeros vasallos a que adorasen al Sol y lo tuviesen por su Dios.

Los indios, convencidos con las razones del Inca, y mucho más con los beneficios que les había hecho, y desengañados con su propria vista, recibieron al Sol por su Dios, solo, sin compañía de padre ni hermano. A sus Reyes tuvieron por hijos del Sol, porque creyeron simplicísimamente que aquel hombre y aquella mujer, que tanto habían hecho por ellos, eran hijos suyos venidos del cielo. Y así entonces los adoraron por divinos, y después a todos sus descendientes, con mucha mayor veneración interior y exterior que los gentiles antiguos, griegos y romanos, adoraron a Júpiter, Venus y Marte, etc. Digo que hoy los adoran como entonces, que para nombrar alguno de sus Reyes Incas hacen primero grandes ostentaciones de adoración, y si les reprehenden que por qué lo hacen, pues saben que fueron hombres como ellos y no dioses, dicen que ya están desengañados de su idolatría, pero que los adoran por los muchos y grandes beneficios que de ellos recibieron, que se hubieron con sus vasallos como Incas hijos del Sol, y no menos, que les muestren ahora otros hombres semejantes, que también los adorarán por divinos.

---

nal cristiano que frecuentemente representa al Sol como una manifestación física de Dios, definitiva fuente de calor y luz (*ob. cit.*, p. 101).

Ésta fue la principal idolatría de los Incas y la que enseñaron a sus vasallos, y aunque tuvieron muchos sacrificios, como adelante diremos, y muchas supersticiones, como creer en sueños, mirar en agüeros y otras cosas de tanta burlería como otras muchas que ellos vedaron, en fin no tuvieron más dioses que al Sol, al cual adoraron por sus excelencias y beneficios naturales, como gente más considerada y más política que sus antecesores, los de la primera edad, y le hicieron templos de increíble riqueza, y aunque tuvieron a la Luna por hermana y mujer del Sol y madre de los Incas, no la adoraron por diosa ni le ofrecieron sacrificios ni le edificaron templos: tuviéronla en gran veneración por madre universal, mas no pasaron adelante en su idolatría.[82] Al relámpago, trueno y rayo tuvieron por criados del Sol, como adelante veremos en el aposento que les tenían hecho en la casa del Sol en el Cozco, mas no los tuvieron por dioses, como quiere alguno de los españoles historiadores, antes abominaron y abominan la casa o cualquier otro lugar del campo donde acierta a caer algún rayo: la puerta de la casa cerraban a piedra y lodo para que jamás entrase nadie en ella, y el lugar del campo señalaban con mojones para que ninguno lo hollase; tenían aquellos lugares por malhadados, desdichados y malditos; decían que el Sol los había señalado por tales con su criado el rayo.

Todo lo cual vi yo en Cozco, que en la casa real que fue del Inca Huayna Cápac,[83] en la parte que de ella cupo a

[82] Garcilaso defenderá, por razones obvias, la idea de que la segunda edad fue, esencialmente, monoteísta, a pesar de lo que digan otros cronistas e historiadores españoles.

[83] *Huayna Cápac:* Huayna Cápac, según Garcilaso, significa mozo rico, rico de hazañas magnánimas. A su muerte, se dividió el imperio del Tahuantinsuyu, o de las Cuatro Regiones, y se inició la lucha fratricida entre Huáscar y Atahualpa. Como podemos observar, Garcilaso, al escribir sus *Comentarios*, no sigue un orden estrictamente lineal. En muchas ocasiones adelanta acontecimientos y utiliza como *leitmotiv* algunos de ellos, especialmente "la fantasma de Atahualpa", que aparece desde los inicios del texto como una sombra funesta que anticipa la tragedia final.

Antonio Altamirano[84] cuando repartieron aquella ciudad entre los conquistadores, en un cuarto de ella había caído un rayo en tiempo de Huayna Cápac. Los indios le cerraron las puertas a piedra y lodo, tomáronlo por mal agüero para su Rey, dijeron que se había de perder parte de su Imperio o acaecerle otra desgracia semejante, pues su padre el Sol señalaba su casa por lugar desdichado. Yo alcancé el cuarto cerrado; después lo reedificaron los españoles, y dentro en tres años cayó otro rayo y dio en el mismo cuarto y lo quemó todo. Los indios, entre otras cosas, decían que ya que el Sol había señalado aquel lugar por maldito, que para qué volvían los españoles a edificarlo, sino dejarlo desamparado como se estaba sin hacer caso de él. Pues si como dice aquel historiador los tuvieran por dioses, claro está que adoraran aquellos sitios por sagrados y en ellos hicieran sus más famosos templos, diciendo que sus dioses, el rayo, trueno y relámpago, querían habitar en aquellos lugares, pues los señalaban y consagraban ellos proprios. A todos tres juntos llaman *Illapa,* y por la semejanza tan propria dieron este nombre al arcabuz. Los demás nombres que atribuyen al trueno y al Sol en Trinidad son nuevamente compuestos por los españoles, y en este particular y en otros semejantes no tuvieron cierta relación para lo que dicen, porque no hubo tales nombres en el general lenguaje de los indios del Perú, y aun en la nueva compostura (como nombres no tan bien compuestos) no tienen significación alguna de lo que quieren o querrían que significasen.

---

[84] *Antonio Altamirano:* fue alférez mayor de Gonzalo Pizarro y compañero de conquista y amigo del padre de Garcilaso. Fue dueño de las primeras vacas del Cuzco, como señala Garcilaso en XI, 17.

CAPÍTULO II

RASTREARON LOS INCAS AL VERDADERO DIOS NUESTRO SEÑOR

Demás de adorar al Sol por Dios visible, a quien ofrecieron sacrificios y hicieron grandes fiestas (como en otro lugar diremos), los Reyes Incas y sus amautas,[85] que eran los filósofos, rastrearon con lumbre natural al verdadero sumo Dios y Señor Nuestro, que crió el cielo y la tierra, como adelante veremos en los argumentos y sentencias que algunos de ellos dijeron de la Divina Majestad, al cual llamaron Pachacámac: es nombre compuesto de *Pacha,* que es mundo universo, y de *Cámac,* participio de presente del verbo *cama,* que es animar, el cual verbo se deduce del nombre *cama,* que es ánima. Pachacámac quiere decir el que da ánima al mundo universo, y en toda su propria y entera significación quiere decir el que hace con el universo lo que el ánima con el cuerpo. Pedro de Cieza, capítulo setenta y dos, dice así: "El nombre de este demonio quería decir hacedor del mundo, porque Cama quiere decir hacedor y Pacha, mundo", etc. Por ser español no sabía la lengua tan bien como yo, que soy indio Inca. Tenían este nombre en tan gran veneración que no le osaban tomar en la boca, y, cuando les era forzoso tomarlo, era haciendo afectos y muestras de mucho acatamiento, encogiendo los

---

[85] *amauta:* filósofo, sabio, poeta y profesor entre los incas.

hombros, inclinando la cabeza y todo el cuerpo, alzando los ojos al cielo y bajándolos al suelo, levantando las manos abiertas cn derecho de los hombros, dando besos al aire, que cntre los Incas y sus vasallos eran ostentaciones de suma adoración y reverencia, con las cuales demostraciones nombraban al Pachacámac y adoraban al Sol y reverenciaban al Rey, y no más. Pero esto también era por sus grados más y menos: a los de la sangre real acataban con parte de estas cerimonias, y a los otros superiores, como eran los caciques, con otras muy diferentes e inferiores.

Tuvieron al Pachacámac en mayor veneración interior que al Sol, que, como he dicho, no osaban tomar su nombre en la boca, y al Sol le nombran a cada paso. Preguntado quién era el Pachacámac, decían que era el que daba vida al universo y le sustentaba, pero que no le conocían porque no le habían visto, y que por esto no le hacían templos ni le ofrecían sacrificios, mas que lo adoraban en su corazón (esto es mentalmente) y le tenían por Dios no conocido. Agustín de Zárate, libro segundo, capítulo quinto, escribiendo lo que el Padre Fray Vicente de Valverde[86] dijo al Rey Atahualpa, que Cristo Nuestro Señor había criado el mundo, dice que respondió el Inca que él no sabía nada de aquello, ni que nadie criase nada sino el Sol, a quien ellos tenían por Dios y a la tierra por madre y a sus huacas;[87] y que Pachacámac lo había criado todo lo que

---

[86] *Fray Vicente de Valverde:* obispo que erigió la iglesia del Cuzco en catedral en 1538. A través de la mediación de Blas Valera, Garcilaso toma la idea de Valverde que atribuye la derrota de los indios ante los españoles "al engaño y torpeza de Felipillo, a la superioridad bélica de armas y caballos, al debilitamiento del Imperio por la guerra civil y fratricida entre Huáscar y Atahualpa, y, sobre todo, a la ayuda de Dios" (Miró Quesada, *El Inca Garcilaso...*, p. 255).
[87] *huaca:* entre sus múltiples significados está el de ídolo, templo sagrado, ofrendas al sol, sepulcro, toda cosa que sale de su curso natural. *Huaca* ha pasado al español de la antigua región incaica con la significación de "sepulcro de los antiguos indios en que había riquezas y objetos sagrados", "riquezas encontradas en los sepulcros."

allí había, etc. De donde consta claro que aquellos indios
le tenían por hacedor de todas las cosas.

Esta verdad que voy diciendo, que los indios rastrearon
con este nombre y se lo dieron al verdadero Dios nuestro,
la testificó el demonio, mal que le pesó, aunque en su favor como padre de mentiras, diciendo verdad disfrezada
con mentira o mentira disfrezada con verdad. Que luego
que vio predicar nuestro Sancto Evangelio y vio que se bau-
tizaban los indios, dijo a algunos familiares suyos, en el valle que hoy llaman Pachacámac (por el famoso templo que
allí edificaron a este Dios no conocido), que el Dios que
los españoles predicaban y él era todo uno, como lo escribe Pedro de Cieza de León en la *Demarcación del Perú,*
capítulo setenta y dos. Y el reverendo Padre Fray Jerónimo
Román, en la *República de las Indias Occidentales,* libro
primero, capítulo quinto, dice lo mismo, hablando ambos
de este mismo Pachacámac, aunque por no saber la propria significación del vocablo se lo atribuyeron al demonio. El cual, en decir que el Dios de los cristianos y el Pachacámac era todo uno, dijo verdad, porque la intención
de aquellos indios fue dar este nombre al sumo Dios, que
da vida y ser al universo, como lo significa el mismo nombre. Y en decir que él era el Pachacámac mintió, porque la
intención de los indios nunca fue dar este nombre al demonio, que no le llamaron sino Zúpay, que quiere decir
diablo, y para nombrarle escupían primero en señal de
maldición y abominación, y al Pachacámac nombraban
con la adoración y demostraciones que hemos dicho. Empero, como este enemigo tenía tanto poder entre aquellos
infieles, hacíase Dios, entrándose en todo aquello que los
indios veneraban y acataban por cosa sagrada. Hablaba en
sus oráculos y templos y en los rincones de sus casas y en
otras partes, diciéndoles que era el Pachacámac y que era
todas las demás cosas a que los indios atribuían deidad, y
por este engaño adoraban aquellas cosas en que el demonio les hablaba, pensando que era la deidad que ellos ima-

ginaban, que si entendieran que era el demonio las que-
maran entonces como ahora lo hacen por la misericordia
del Señor, que quiso comunicárseles.

Los indios no saben de suyo o no osan dar la relación de
estas cosas con la propria significación y declaración de
los vocablos, viendo que los cristianos españoles las abominan todas por cosas del demonio, y los españoles tampoco advierten en pedir la noticia de ellas con llaneza, antes las confirman por cosas diabólicas como las imaginan.
Y también lo causa el no saber de fundamento la lengua
general de los Incas para ver y entender la deducción y
composición y propria significación de las semejantes dicciones. Y por esto en sus historias dan otro nombre a Dios,
que es Tici Viracocha,[88] que yo no sé qué signifique ni ellos
tampoco. Éste es el nombre Pachacámac que los historiadores españoles tanto abominan por no entender la
significación del vocablo.[89] Y por otra parte tienen razón

---

[88] *Tici Viracocha:* los Viracocha eran seres sobrenaturales relaciona-
dos con los mitos locales de los incas. Eran mensajeros fantasmas enviados por la deidad del Sol al príncipe inca que adoptaba el nombre. Tici Viracocha es el nombre del miembro más importante de esta clase. Los
indios llamaron a los españoles Viracochas por creer que eran mensajeros
de este tipo y, por tanto, hijos del Sol.

[89] Según Garcilaso, los incas no adoraron más que a dos dioses, uno
visible, el Sol, y otro invisible, Pachacámac, el creador del Universo. A este último, por ser invisible, no le ofrecieron sacrificios ni le hicieron templos. Garcilaso se queja de que los españoles aplican a los Incas otros muchos dioses porque no han sabido dividir los tiempos y las idolatrías de las
edades preincaica e incaica, y porque no conocían con propiedad la lengua ni las muchas significaciones que tiene la palabra *huaca.* Como indica Zamora (*ob. cit.,* p. 78) refiriéndose al término Pachacámac, Garcilaso
condena el uso de neologismos y terminología adulterada por los españoles y restaura el término original quechua, desprestigiando, de esta manera, las interpretaciones españolas y justificando su propia visión de un
Tahuantinsuyu esencialmente monoteísta.

La mayoría de historiadores actuales coinciden en señalar que es Viracocha, deidad abstracta e individual, el dios supremo y principal creador,
adorado ya en tiempos preincaicos. De él se dice que creó la tierra, el cielo y una generación de hombres que vivían en la oscuridad y a los que dio

porque el demonio hablaba en aquel riquísimo templo haciéndose Dios debajo de este nombre, tomándolo para sí. Pero si a mí, que soy indio cristiano católico, por la infinita misericordia, me preguntasen ahora "¿cómo se llama Dios en tu lengua?", diría "Pachacámac", porque en aquel general lenguaje del Perú no hay otro nombre para nombrar a Dios sino éste, y todos los demás que los historiadores dicen son generalmente improprios, porque o no son de general lenguaje o son corruptos con el lenguaje de algunas provincias particulares o nuevamente compuestos por los españoles, y aunque algunos de los nuevamente compuestos pueden pasar conforme a la significación española, como el Pachayachácher, que quieren que diga hacedor del cielo, significando enseñador del mundo —que para decir hacedor había de decir Pacharúrac, porque *rura* quiere decir hacer—, aquel general lenguaje los admite mal porque no son suyos naturales, sino advenedizos, y también porque en realidad de verdad en parte bajan a Dios de la alteza y majestad donde le sube y encumbra este nombre Pachacámac, que es el suyo proprio, y para que se entienda lo que vamos diciendo es de saber que el verbo *yacha* significa aprender, y añadiéndole esta sílaba *chi* significa enseñar; y el verbo *rura* significa hacer y con la *chi* quiere decir hacer que hagan o mandar que hagan, y lo mismo es de todos los demás verbos que quieran imaginar. Y así como aquellos indios no tuvieron atención a cosas especulativas, sino a cosas materiales, así estos sus verbos no significan enseñar cosas espirituales ni hacer obras grandiosas y divinas, como hacer el mundo, etc., sino que significan hacer y enseñar artes y oficios bajos y

---

el ser. Después de Viracocha, el más importante es el dios Inti, el Sol. Algunos estudiosos consideran a Pachacámac como una de tantas divinidades más que tuvieron los incas. Otros identifican a Pachacámac con Viracocha. Pachacámac, por otra parte, sería el nombre que los habitantes de la costa daban a Viracocha.

mecánicos, obras que pertenecen a los hombres y no a la divinidad. De toda la cual materialidad está muy ajena la significación del nombre Pachacámac, que, como se ha dicho, quiere decir el que hace con el mundo universo lo que el alma con el cuerpo, que es darle ser, vida, aumento y sustento, etc. Por lo cual consta claro la impropiedad de los nombres nuevamente compuestos para dárselos a Dios (si han de hablar en la propria significación de aquel lenguaje) por la bajeza de sus significaciones; pero puédese esperar que con el uso se vayan cultivando y recibiéndose mejor. Y adviertan los componedores a no trocar la significación del nombre o verbo en la composición, que importa mucho para que los indios los admitan bien y no hagan burla de ellos, principalmente en la enseñanza de la doctrina cristiana, para la cual se deben componer, pero con mucha atención.[90]

---

[90] Margarita Zamora indica que este capítulo es esencial para constatar cómo Garcilaso utiliza sus comentarios filológicos con el fin de ofrecer una nueva interpretación de la historia y cultura incas (*ob. cit.,* p. 77).

CAPÍTULO VII

ALCANZARON LA INMORTALIDAD DEL ÁNIMA Y LA RESURRECTIÓN UNIVERSAL

Tuvieron los Incas amautas que el hombre era compuesto de cuerpo y ánima, y que el ánima era espíritu inmortal y que el cuerpo era hecho de tierra, porque le veían convertirse en ella, y así le llamaban Allpacamasca, que quiere decir tierra animada. Y para diferenciarle de los brutos le llaman *runa,* que es hombre de entendimiento y razón, y a los brutos en común dicen *llama,* que quiere decir bestia. Diéronles lo que llaman ánima vegetativa y sensitiva, porque les veían crecer y sentir, pero no la racional. Creían que había otra vida después de ésta, con pena para los malos y descanso para los buenos. Dividían el universo en tres mundos: llaman al cielo Hanan Pacha, que quiere decir mundo alto, donde decían que iban los buenos a ser premiados de sus virtudes; llamaban Hurin Pacha a este mundo de la generación y corrupción, que quiere decir mundo bajo; llamaban Ucu Pacha al centro de la tierra, que quiere decir mundo inferior de allá abajo, donde decían que iban a parar los malos, y para declararlo más le daban otro nombre, que es Zupaipa Huacin, que quiere decir Casa del Demonio. No entendían que la otra vida era espiritual, sino corporal, como esta misma. Decían que el descanso del mundo alto era vivir una vida quieta, libre de

182

los trabajos y pesadumbres que en ésta se pasan. Y por el contrario tenían que la vida del mundo inferior, que llamamos infierno, era llena de todas las enfermedades y dolores, pesadumbres y trabajos que acá se padecen sin descanso ni contento alguno. De manera que esta misma vida presente dividían en dos partes: daban todo el regalo, descanso y contento de ella a los que habían sido buenos, y las penas y trabajos a los que habían sido malos. No nombraban los deleites carnales ni otros vicios entre los gozos de la otra vida, sino la quietud del ánimo sin cuidados y el descanso del cuerpo sin los trabajos corporales.

Tuvieron asimismo los Incas la resurrección universal, no para gloria ni pena, sino para la misma vida temporal, que no levantaron el entendimiento a más que esta vida presente. Tenían grandísimo cuidado de poner en cobro los cabellos y uñas que se cortaban y tresquilaban o arrancaban en el peine: poníanlos en los agujeros o resquicios de las paredes, y si por tiempo se caían, cualquiera otro indio que los veía los alzaba y ponía a recaudo. Muchas veces (por ver lo que decían) pregunté a diversos indios y en diversos tiempos para qué hacían aquello, y todos me respondían unas mismas palabras, diciendo: "Sábete que todos los que hemos nacido hemos de volver a vivir en el mundo (no tuvieron verbo para decir resucitar) y las ánimas se han de levantar de las sepulturas con todo lo que fue de sus cuerpos. Y porque las nuestras no se detengan buscando sus cabellos y uñas (que ha de haber aquel día gran bullicio y mucha priesa), se las ponemos aquí juntas para que se levanten más aína, y aun si fuera posible habíamos de escupir siempre en un lugar". Francisco López de Gómara, capítulo ciento y veinte y cinco, hablando de los entierros que a los Reyes y a los grandes señores hacían en el Perú, dice estas palabras, que son sacadas a la letra: "Cuando españoles abrían estas sepulturas y desparcían los huesos, les rogaban los indios que no lo hiciesen, porque juntos estuviesen al resucitar, ca bien creen la resu-

rrección de los cuerpos y la inmortalidad de las almas",
etc. Pruébase claro lo que vamos diciendo, pues este autor, con escrebir en España, sin haber ido a Indias, alcanzó la misma relación. El contador Agustín de Zárate, Libro primero, capítulo doce, dice en esto casi las mismas
palabras de Gómara; y Pedro de Cieza, capítulo sesenta y
dos, dice que aquellos indios tuvieron la inmortalidad del
ánima y la resurrección de los cuerpos.

Estas autoridades y la de Gómara hallé leyendo estos
autores después de haber escrito yo lo que en este particular tuvieron mis parientes en su gentilidad. Holgué muy
mucho con ellas, porque cosa tan ajena de gentiles como
la resurrección parecía invención mía, no habiéndola escrito algún español. Y certifico que las hallé después de
haberlo yo escrito por que se crea que en ninguna cosa de
éstas sigo a los españoles, sino que, cuando los hallo, huelgo de alegarlos en confirmación de lo que oí a los míos de
su antigua tradición. Lo mismo me acaeció en la ley que
había contra los sacrílegos y adúlteros con las mujeres del
Inca o del Sol (que adelante veremos), que, después de haberla yo escrito, la hallé acaso leyendo la historia del contador general Agustín de Zárate, con que recebí mucho
contento, por alegar un caso tan grave un historiador español. Cómo o por cuál tradición tuviesen los Incas la resurrección de los cuerpos,[91] siendo artículo de fe no lo sé,
ni es de un soldado como yo inquirirlo, ni creo que se pueda aviriguar con certidumbre, hasta que el Sumo Dios sea
servido manifestarlo. Sólo puedo afirmar con verdad que
lo tenían. Todo este cuento escrebí en nuestra historia de
La Florida, sacándola de su lugar por obedecer a los venera-
bles padres maestros de la Sancta Compañía de Jesús, Miguel Vásquez de Padilla,[92] natural de Sevilla, y Jerónimo

[91] Garcilaso vuelve a insinuar la idea de la prefiguración del cristianismo en los incas.
[92] *Miguel Vásquez de Padilla:* jesuita que ayudó a Garcilaso en la elaboración de sus obras.

de Prado,[93] natural de Úbeda, que me lo mandaron así, y de allí lo quité, aunque tarde, por ciertas causas tiránicas; ahora lo vuelvo a poner en su puesto por que no falte del edificio piedra tan principal. Y así iremos poniendo otras como se fueren ofreciendo, que no es posible contar de una vez las niñerías o burlerías que aquellos indios tuvieron, que una de ellas fue tener que el alma salía del cuerpo mientras él dormía,[94] porque decían que ella no podía dormir, y que lo que veía por el mundo eran las cosas que decimos haber soñado. Por esta vana creencia miraban tanto en los sueños y los interpretaban diciendo que eran agüeros y pronósticos para, conforme a ellos, temer mucho mal o esperar mucho bien.

[93] *Jerónimo de Prado:* hebraísta jesuita, natural de Úbeda, que leía Escritura en Córdoba. Fue uno de los estudiosos que asesoró a Garcilaso en su traducción de los *Dialoghi d'amore* de León Hebreo.
[94] Muchas culturas antiguas creían que el alma, por ser de naturaleza distinta al cuerpo, podía separarse de su envoltura carnal. La peregrinación del alma durante el sueño corporal está presente en el chamanismo, el platonismo, los griegos homéricos o en los sueños de anábasis (el sueño de Escipión en *De Republica* de Cicerón, o el *Iter exstaticum* del padre Atanasio Kircher).

CAPÍTULO VIII

LAS COSAS QUE SACRIFICABAN AL SOL

Los sacrificios que los Incas ofrecieron al Sol fueron de muchas y diversas cosas, como animales domésticos grandes y chicos. El sacrificio principal y el más estimado era el de los corderos, y luego el de los carneros, luego el de las ovejas machorras. Sacrificaban conejos caseros y todas las aves que eran de comer y sebo a solas, y todas las mieses y legumbres, hasta la yerba cuca, y ropa de vestir de la muy fina, todo lo cual quemaban en lugar de encienso y lo ofrecían en hacimiento de gracias de que lo hubiese criado el Sol para sustento de los hombres. También ofrecían en sacrificio mucho brebaje de lo que bebían, hecho de agua y maíz, y en las comidas ordinarias, cuando les traían de beber, después que habían comido (que mientras comían nunca bebían), a los primeros vasos mojaban la punta del dedo de en medio, y, mirando al cielo con acatamiento, despedían del dedo (como quien da papirotes) la gota del brebaje que en él se les había pegado, ofreciéndola al Sol en hacimiento de gracias porque les daba de beber, y con la boca daban dos o tres besos al aire, que, como hemos dicho, era entre aquellos indios señal de adoración. Hecha esta ofrenda en los primeros vasos bebían lo que se les antojaba sin más ceremonias.

Esta última ceremonia o idolatría yo la vi hacer a los indios no bautizados, que en mi tiempo aún había muchos viejos por bautizar, y a necesidad yo bauticé algunos. De manera que en los sacrificios fueron los Incas casi o del todo semejantes a los indios de la primera edad. Sólo se diferenciaron en que no sacrificaron carne ni sangre humana[95] con muerte, antes lo abominaron y prohibieron como el comerla, y si algunos historiadores lo han escrito, fue porque los relatores los engañaron, por no dividir las edades y las provincias, dónde y cuándo se hacían los semejantes sacrificios de hombres, mujeres y niños. Y así un historiador dice, hablando de los Incas, que sacrificaban hombres, y nombra dos provincias donde dice que se hacían los sacrificios: la una está pocas menos de cien leguas del Cozco (que aquella ciudad era donde los Incas hacían sus sacrificios) y la otra es una de dos provincias de un mismo nombre, la una de las cuales está doscientas leguas al sur del Cozco y la otra más de cuatrocientas al norte, de donde consta claro que por no dividir los tiempos y los lugares atribuyen muchas veces a los Incas muchas cosas de las que ellos prohibieron a los que sujetaron a su Imperio, que las usaban en aquella primera edad, antes de los Reyes Incas.

Yo soy testigo de haber oído vez y veces a mi padre y sus contemporáneos, cotejando las dos repúblicas, México y Perú, hablando en este particular de los sacrificios de hombres y del comer carne humana, que loaban tanto a los Incas del Perú porque no los tuvieron ni consintieron, cuanto abominaban a los de México, porque lo uno y lo otro se hizo dentro y fuera de aquella ciudad tan diabólicamente como lo cuenta la historia de su conquista, la cual es fama cierta aunque secreta que la escribió el mismo que la conquistó y ganó dos veces, lo cual yo creo para mí, porque en mi tierra y en España lo he oído a caballeros fidedignos que lo han hablado con mucha certificación. Y la misma obra lo

[95] Al mismo tiempo que defiende el monoteísmo, Garcilaso subrayará reiteradamente que los incas no eran ni sodomitas ni antropófagos. En su opinión, si los historiadores españoles hablan de sacrificios humanos es porque confunden las edades y las provincias.

muestra a quien la mira con atención, y fue lástima que no se publicase en su nombre para que la obra tuviera más autoridad y el autor imitara en todo al gran Julio César.[96]

Volviendo a los sacrificios, decimos que los Incas no los tuvieron ni los consintieron hacer de hombres o niños, aunque fuese de enfermedades de sus Reyes (como lo dice otro historiador) porque no las tenían por enfermedades como las de la gente común, teníanlas por mensajeros, como ellos decían, de su padre el Sol, que venían a llamar a su hijo para que fuese a descansar con él al cielo, y así eran palabras ordinarias que las decían aquellos Reyes Incas cuando se querían morir: "Mi padre me llama que me vaya a descansar con él." Y por esta vanidad que predicaban, porque los indios no dudasen de ella y de las demás cosas que a esta semejanza decían del Sol, haciéndose hijos suyos, no consentían contradecir su voluntad con sacrificios por su salud, pues ellos mismos confesaban que los llamaba para que descansasen con él. Y esto baste para que se crea que no sacrificaban hombres, niños ni mujeres, y adelante contaremos más largamente los sacrificios comunes y particulares que ofrecían y las fiestas solemnes que hacían al Sol.

Al entrar de los templos o estando ya dentro, el más principal de los que entraban echaba mano de sus cejas, como arrancando los pelos de ellas, y, que los arrancase o no, los soplaba hacia el ídolo en señal de adoración y ofrenda. Y esta adoración no la hacían al Rey, sino a los ídolos o árboles o otras cosas donde entraba el demonio a hablarles. También hacían lo mismo los sacerdotes y las hechiceras cuando entraban en los rincones y lugares secretos a hablar con el diablo, como obligando aquella deidad que ellos imaginaban a que los oyese y respondiese, pues en aquella demostración le ofrecían sus personas. Digo que también les vi yo hacer esta idolatría.

---

[96] *Julio César:* Garcilaso guardaba en su biblioteca los *Comentarii* de Julio César. A ellos se refiere en *La Florida* y ya en su *Relación de Garcí Pérez* de 1595 se declaraba aficionado suyo.

CAPÍTULO XIII

DE ALGUNAS LEYES QUE LOS INCAS TUVIERON EN SU GOBIERNO

Nunca tuvieron pena pecuniaria ni confiscación de bienes, porque dicían que castigar en la hacienda y dejar vivos los delincuentes no era desear quitar los malos de la república, sino la hacienda a los malhechores y dejarlos con más libertad para que hiciesen mayores malos. Si algún curaca[97] se rebelaba (que era lo que más rigurosamente castigaban los Incas) o hacía otro delicto que mereciese pena de muerte, aunque se la diesen, no quitaban el estado al sucesor, sino que se lo daban representándole la culpa y la pena de su padre, para que se guardase de otro tanto. Pedro de Cieza de León dice de los Incas a este propósito lo que se sigue, capítulo veintiuno: "Y tuvieron otro aviso para no ser aborrecidos de los naturales, que nunca quitaron el señorío de ser caciques a los que le venían de herencia y eran naturales. Y si por ventura alguno cometía delicto o se hallaba culpado en tal manera que mereciese ser desprivado del señorío que tenía, daban y encomendaban el cacicazgo a sus hijos o hermanos y mandaban que fuesen obedecidos por todos", etc. Hasta aquí es de Pedro de Cieza. Lo mismo guardaban en la guerra, que nunca descomponían los capi-

---

[97] *curaca:* señor de vasallos. *Curaca* se usa en la zona indígena del Perú, Bolivia y norte argentino. En español se ha generalizado cacique, del arahuaco antillano.

tanes naturales de las provincias de donde era la gente que traían para la guerra: dejábanles con los oficios, aunque fuesen maeses de campo, y dábanles otros de la sangre real por superiores, y los capitanes holgaban mucho de servir como tenientes de los Incas, cuyos miembros decían que eran, siendo ministros y soldados suyos, lo cual tomaban los vasallos por grandísimo favor. No podía el juez arbitrar sobre la pena que la ley mandaba dar, sino que la había de ejecutar por entero, so pena de muerte por quebrantador del mandamiento real. Decían que dando licencia al juez para poder arbitrar, disminuían la majestad de la ley, hecha por el Rey con acuerdo y parecer de hombres tan graves y experimentados como los había en el Consejo, la cual experiencia y gravedad faltaba en los jueces particulares, y que era hacer venales los jueces y abrirles puerta para que, o por cohechos o por ruegos, pudiesen comprarles la justicia, de donde nacería grandísima confusión en la república, porque cada juez haría lo que quisiese y que no era razón que nadie se hiciese legislador sino ejecutor de lo que mandaba la ley, por rigurosa que fuese. Cierto, mirado el rigor que aquellas leyes tenían, que por la mayor parte (por liviano que fuese el delicto, como hemos dicho) era la pena de muerte, se puede decir que eran leyes de bárbaros; empero, considerado bien el provecho que de aquel mismo rigor se le seguía a la república, se podrá decir que eran leyes de gente prudente que deseaba extirpar los males de su república, porque de ejecutarse la pena de la ley con tanta severidad y de amar los hombres naturalmente la vida y aborrecer la muerte, venían a aborrecer el delicto que la causaba, y de aquí nacía que apenas se ofrecía en todo el año delicto que castigar en todo el Imperio del Inca, porque todo él, con ser mil y trescientas leguas de largo, y haber tanta variedad de naciones y lenguas, se gobernaba por unas mismas leyes y ordenanzas, como si no fuera más de sola una casa. Valía también mucho, para que aquellas leyes las guardasen con amor y respeto, que las tenían por divinas, porque, como en su vana creencia tenían a sus reyes por hijos del Sol y al Sol por su Dios, tenían por mandamiento divino cualquiera común mandato del Rey, cuanto más las leyes particulares que hacía para el bien común. Y así decían ellos que el Sol las mandaba hacer y las revelaba a su hijo el Inca, y de aquí nacía tenerse por sacrílego y anatema el quebrantador de la ley, aunque no se supiese su delicto. Y acaeció muchas veces que los tales delincuentes, acusados de su propria conciencia, venían a publicar ante la justicia sus ocultos pecados, porque demás de creer que su ánima se condenaba, creían por muy averiguado que por su causa y por su pecado venían los males a la república, como enfermedades, muertes y malos años y otra cualquiera desgracia común o particular, y decían que querían aplacar a su Dios con su muerte para que por su pecado no enviase más males al mundo. Y de estas confesiones públicas entiendo que ha nacido el querer afirmar los españoles historiadores que confesaban los indios del Perú en secreto, como hacemos los cristianos, y que tenían confesores diputados, lo cual es relación falsa de los indios, que lo dicen por adular los españoles y congraciarse con ellos respondiendo a las preguntas que les hacen conforme al gusto que sienten en el que les pregunta, y no conforme a la verdad. Que cierto no hubo confesiones secretas en los indios (hablo de los del Perú y no me entremeto en otras naciones, reinos o provincias que no conozco) sino las confesiones públicas que hemos dicho, pidiendo castigo ejemplar.[98]

No tuvieron apelaciones de un tribunal para otro en cualquier pleito que hubiese, civil o criminal, porque, no pudiendo arbitrar el juez, se ejecutaba llanamente en la primera sentencia la ley que trataba de aquel caso, y se fenecía el pleito, aunque, según el gobierno de aquellos Reyes y la

---

[98] Lo que se sabe de cierto sobre el particular es que la gente se confesaba sobre todo con vistas a la curación propia o de un familiar, o bien para que sanara el soberano cuando estaba enfermo. Existía una extraña relación mística entre el bien de uno mismo y el bien del divino príncipe.

vivienda de sus vasallos, pocos casos civiles se les ofrecían
sobre qué pleitear. En cada pueblo, había juez para los casos que allí se ofreciesen, el cual era obligado a ejecutar la
ley en oyendo las partes, dentro de cinco días. Si se ofrecía
algún caso de más calidad o atrocidad que los ordinarios,
que requiriese juez superior, iban al pueblo metrópoli de la
tal provincia y allí lo sentenciaban, que en cada cabeza de
provincia había gobernador superior para todo lo que se
ofreciese, porque ningún pleiteante saliese de su pueblo o
de su provincia a pedir justicia. Porque los Reyes Incas entendieron bien que a los pobres, por su pobreza, no les estaba bien seguir su justicia fuera de su tierra ni en muchos
tribunales, por los gastos que se hacen y molestias que se
padecen, que muchas veces monta más esto que lo que van
a pedir, por lo cual dejan perecer su justicia, principalmente si pleitean contra ricos y poderosos, los cuales, con su
pujanza, ahogan la justicia de los pobres. Pues queriendo
aquellos Príncipes remediar estos inconvenientes, no dieron lugar a que los jueces arbitrasen ni hubiese muchos tribunales ni los pleiteantes saliesen de sus provincias. De las
sentencias que los jueces ordinarios daban en los pleitos
hacían relación cada luna a otros jueces superiores y aquéllos a otros más superiores, que los había en la corte de muchos grados, conforme a la calidad y gravedad de los negocios, porque en todos los ministerios de la república había
orden de menores a mayores hasta los supremos, que eran
los presidentes o visorreyes de las cuatro partes del Imperio. La relación era para que viesen si se había administra-
do recta justicia, porque los jueces inferiores no se descuidasen de hacerla, y, no la habiendo hecho, eran castigados
rigurosamente. Esto era como residencia secreta que les tomaban cada mes. La manera de dar estos avisos al Inca y a
los de su Consejo Supremo era por nudos[99] dados en cor-

---

[99] *nudos: quipus,* hilos anudados. Son cuerdas de diferente grosor, tamaño y color y con distintos tipos de nudos. A pesar de las discusiones sobre si los quipus son o no un sistema de registro verbal, la teoría más con

doncillos de diversas colores, que por ellos se entendían como por cifras. Porque los nudos de tales y tales colores decían los delictos que se habían castigado, y ciertos hilillos de diferentes colores que iban asidos a los cordones más gruesos decían la pena que se había dado y la ley que se había ejecutado. Y de esta manera se entendían, porque no tuvieron letras, y adelante haremos capítulo aparte donde se dará más larga relación de la manera del contar que tuvieron por estos nudos, que, cierto, muchas veces ha causado admiración a los españoles ver que los mayores contadores de ellos se yerren en su aritmética y que los indios estén tan ciertos en las suyas de particiones y compañías, que, cuanto más dificultosas, tanto más fáciles se muestran, porque los que las manejan no entienden en otra cosa de día y de noche y así están diestrísimos en ellas.

Si se levantaba alguna disensión entre dos reinos y provincias sobre los términos o sobre los pastos, enviaba el Inca un juez de los de la sangre real, que, habiéndose informado y visto por sus ojos lo que a ambas partes convenía, procurase concertarlas, y el concierto que se hiciese diese por sentencia en nombre del Inca, que quedase por ley inviolable, como pronunciada por el mismo Rey. Cuando el juez no podía concertar las partes, daba relación al Inca de lo que había hecho, con aviso de lo que convenía a cada una de las partes y de lo que ellas dificultaban, con lo cual daba el Inca la sentencia hecha ley, y cuando no le satisfacía la relación del juez, mandaba se suspendiese el pleito hasta la primera visita que hiciese de aquel distrito, para que, habiéndolo visto por sus ojos, lo sentenciase él mismo. Esto tenían los vasallos por grandísima merced y favor del Inca.

---

vincente es que constituían un método mnemotécnico que servía para guardar memoria de sus historias o fábulas (VI, 9) y un sistema de cómputo o contabilidad utilizado como índice de población (VI, 8). La mejor explicación al respecto es la que da el propio Garcilaso en VI, 7, VI, 8 y VI, 9 de los *Comentarios reales*. En este último, el autor especifica que "el nudo dice el número, mas no la palabra."

CAPÍTULO XVI

LA VIDA Y HECHOS DE SINCHI ROCA, SEGUNDO REY DE LOS INCAS

A Manco Cápac Inca sucedió su hijo Sinchi Roca: el nombre proprio fue Roca (con la pronunciación de *r* sencilla); en la lengua general del Perú no tiene significación de cosa alguna; en la particular de los Incas la tendrá, aunque yo no la sé.[100] El Padre Blas Valera dice que Roca significa príncipe prudente y maduro, mas no dice en qué lengua; advierte la pronunciación blanda de la *r*, también como nosotros. Dícelo contando las excelencias de Inca Roca, que adelante veremos, Sinchi es adjetivo: quiere decir valiente, porque dicen que fue de valeroso ánimo y de muchas fuerzas, aunque no las ejercitó en la guerra, que no la tuvo con nadie. Mas en luchar, correr y saltar, tirar una piedra y una lanza, y en cualquiera otro ejercicio de fuerzas, hacía ventaja a todos los de su tiempo.

---

[100] Garcilaso divide en tres las lenguas habladas en el imperio del Tahuantinsuyu: la lengua particular de los Incas de sangre real que desapareció con la conquista; la lengua general del imperio, difundida hasta sus más extremos límites; las diversas lenguas o dialectos provinciales, llamados *ahuasimi* ("lenguaje de afuera"), por oposición a *runasimi* ("boca o lengua del hombre"), que era el idioma general. Como indica Miró Quesada (*El Inca Garcilaso...*, p. 200), Garcilaso distingue además otros vocablos indígenas, pero no del Perú, sino de fuera. No obstante, suele referirse principalmente a la "lengua general", tal como él la denomina.

Este príncipe, habiendo cumplido con la solemnidad de las obsequias de su padre y tomado la corona de su reino, que era la borla colorada,[101] propuso de aumentar su señorío; para lo cual hizo llamamiento de los más principales curacas que su padre le dejó, y a todos juntos les hizo una plática larga y solemne, y entre otras cosas les dijo que en cumplimiento de lo que su padre, cuando se quiso volver al cielo, le dejó mandado, que era la conversión de los indios al conocimiento y adoración del Sol, tenía propuesto de salir a convocar las naciones comarcanas; que les mandaba y encargaba tomasen el mismo cuidado, pues teniendo el nombre Inca como su proprio Rey, tenían la misma obligación de acudir al servicio del Sol, padre común de todos ellos, y al provecho y beneficio de sus comarcanos, que tanta necesidad tenían de que los sacasen de las bestialidades y torpezas en que vivían; y pues en sí proprios podían mostrar las ventajas y mejora que al presente tenían, diferente de la vida pasada, antes de la venida del Inca, su padre, le ayudasen a reducir aquellos bárbaros, para que, viendo los beneficios que en ellos se habían hecho, acudiesen con más facilidad a recebir otros semejantes.

Los curacas respondieron que estaban prestos y apercebidos para obedecer a su Rey hasta entrar en el fuego por su amor y servicio. Con esto acabaron su plática y señalaron el día para salir. Llegado el tiempo, salió el Inca, bien acompañado de los suyos, y fue hacia Collasuyu, que es al mediodía de la ciudad del Cozco. Convocaron a los indios persuadiéndoles con buenas palabras, con el ejemplo, a que se sometiesen al vasallaje y señorío del Inca y a la adoración del Sol. Los indios de las naciones Puchina y Canchi, que confinan por aquellos términos, simplicísimos de su natural condición y facilísimos a creer cualquiera novedad, como lo son todos los indios, viendo el ejemplo de los

---

[101] *borla colorada:* es un tipo de insignia. La borla amarilla correspondía al príncipe heredero, en tanto que la borla colorada la poseía el rey de los incas.

reducidos, que es lo que más les convence en toda cosa, fueron fáciles de obedecer al Inca y someterse a su Imperio. Y en espacio de los años que vivió, poco a poco, de la manera que se ha dicho, sin armas ni otro suceso que sea de contar, ensanchó sus términos por aquella banda hasta el pueblo que llaman Chuncara, que son veinte leguas adelante de lo que su padre dejó ganado, con muchos pueblos que hay a una mano y a otra del camino. En todos ellos hizo lo que su padre en los que redujo, que fue cultivarles las tierras y los ánimos para la vida moral y natural, persuadiéndoles que dejasen sus ídolos y las malas costumbres que tenían, y que adorasen al Sol, guardasen sus leyes y preceptos, que eran los que había revelado y declarado al Inca Manco Cápac. Los indios le obedecieron, y cumplieron todo lo que se les mandó y vinieron muy contentos con el nuevo gobierno del Inca Sinchi Roca, el cual, a imitación de su padre, hizo todo lo que pudo en beneficio de ellos, con mucho regalo y amor.

Algunos indios quieren decir que este Inca no ganó más de hasta Chuncara, y parece que bastaba para la poca posibilidad que entonces los Incas tenían. Empero otros dicen que pasó mucho más adelante, y ganó otros muchos pueblos y naciones que van por el camino de Umasuyu, que son Cancalla, Cacha, Rurucachi, Asillu, Asáncaru, Huancani, hasta el pueblo llamado Pucara de Umasuyu, a diferencia de otro que hay en Orcosuyu. Nombrar las provincias tan en particular es para los del Perú, que para los de otros reinos fuera impertinencia: perdóneseme, que deseo servir a todos. *Pucara* quiere decir fortaleza; dicen que aquélla mandó labrar este príncipe para que quedase por frontera de lo que había ganado, y que a la parte de los Antis ganó hasta el río llamado Callahuaya (donde se cría el oro finísimo que pretende pasar de los veinticuatro quilates de su ley) y que ganó los demás pueblos que hay entre Callahuaya y el camino real de Umasuyu, donde están los pueblos arriba nombrados. Que sea como dicen los prime-

ros[102] o como afirman los segundos hace poco al caso, que
lo ganase el segundo Inca o el tercero, lo cierto es que ellos
los ganaron, y no con pujanza de armas, sino con persuasiones y promesas y demostraciones de lo que prometían.
Y por haberse ganado sin guerra, no se ofrece qué decir de
aquella conquista más de que duró muchos años, aunque
no se sabe precisamente cuántos, ni los que reinó el Inca
Sinchi Roca: quieren decir que fueron treinta años. Gastó-
los a semejanza de un buen hortelano, que habiendo puesto una planta, la cultiva de todas las maneras que le son
necesarias para que lleve el fructo deseado. Así lo hizo este Inca con todo cuidado y diligencia, y vio y gozó en mucha paz y quietud la cosecha de su trabajo, que los vasallos
le salieron muy leales y agradecidos de los beneficios que
con sus leyes y ordenanzas les hizo, las cuales abrazaron
con mucho amor y guardaron con mucha veneración, como mandamientos de su Dios el Sol, que así les hacía entender que lo eran.

Habiendo vivido el Inca Sinchi Roca muchos años en la
quietud y bonanza que se ha dicho, falleció diciendo que
se iba a descansar con su padre el Sol de los trabajos que
había pasado en reducir los hombres a su conocimiento.
Dejó por sucesor a Lloque Yupanqui,[103] su hijo legítimo y
de su legítima mujer y hermana Mama Cora o Mama Ocllo, según otros. Sin el príncipe heredero, dejó otros hijos
en su mujer y en las concubinas de su sangre, sobrinas suyas, cuyos hijos llamaremos legítimos en sangre. Dejó asimismo otro gran número de hijos bastardos en las concubinas alienígenas, de las cuales tuvo muchas, por que
quedasen muchos hijos y hijas para que creciese la generación y casta del Sol, como ellos decían.

---

[102] Según Sarmiento de Gamboa, este rey no salió nunca del Cuzco ni
agregó nada a lo conquistado por su padre.
[103] *Lloque Yupanqui:* tercer rey legendario del Perú. Según los historiadores, se casó con Mama Caua, mujer del poblado de Oma sito a dos leguas de la capital. Garcilaso omitirá la procedencia de Mama Caua.

CAPÍTULO XVII

LLOQUE YUPANQUI, REY TERCERO, Y LA SIGNIFICACIÓN DE SU NOMBRE

El Inca Lloque Yupanqui fue el tercero de los Reyes del Perú; su nombre proprio fue Lloque: quiere decir izquierdo; la falta que sus ayos tuvieron en criarle, por do salió zurdo, le dieron por nombre proprio. El nombre Yupanqui fue nombre impuesto por sus virtudes y hazañas. Y para que se vean algunas maneras de hablar que los indios del Perú en su lengua general tuvieron, es de saber que esta dictión Yupanqui es verbo, y habla de la segunda persona del futuro imperfecto del indicativo modo, número singular, y quiere decir contarás, y e sólo el verbo, dicho así absolutamente, encierran y cifran todo lo que de un príncipe se puede contar en buena parte, como decir contarás sus grandes hazañas, sus excelentes virtudes, su clemencia, piedad y mansedumbre, etc., que es frasis y elegancia de la lengua decirlo así. La cual, como se ha dicho, es muy corta en vocablos, empero muy significativa en ellos mismos, y decir así los indios un nombre o verbo impuesto a sus Reyes era para comprehender todo lo que debajo de tal verbo o nombre se puede decir, como dijimos del nombre Cápac que quiere decir rico, no de hacienda, sino de todas las virtudes que un Rey bueno puede tener. Y no usaban de esta manera de hablar con otros, por grandes señores que fuesen, sino con sus Reyes, por no hacer común lo que aplicaban a sus Incas, que lo tenían por sacrilegio, y parece que semejan estos nombres al nombre Augusto, que los romanos dieron a Otaviano César por sus virtudes, que, díchoselo a otro que no sea Emperador o gran Rey, pierde toda la majestad que en sí tiene.

A quien dijere que también significara contar maldades, pues el verbo contar se puede aplicar a ambas significaciones de bueno y de malo, digo que en aquel lenguaje, hablando en estas sus elegancias, no toman un mismo verbo para significar por él lo bueno y lo malo, sino sola una parte, y para la contraria toman otro verbo, de contraria significación, apropiado a las maldades del príncipe, como (en el propósito que hablamos) decir Huacanqui, que, hablando del mismo modo, tiempo, número y persona, quiere decir llorarás sus crueldades hechas en público y secreto, con veneno y con cuchillo, su insaciable avaricia, su general tiranía, sin distinguir sagrado de profano, y todo lo demás que se puede llorar de un mal príncipe. Y porque dicen que no tuvieron que llorar de sus Incas, usaron del verbo *huacanqui* hablando de los enamorados en el mismo frasis, dando a entender que llorarán las pasiones y tormentos que el amor suele causar en los amantes. Estos dos nombres, Cápac y Yupanqui, en las significaciones que de ellos hemos dicho, se los dieron los indios a otros tres de sus Reyes por merecerlos, como adelante veremos. También los han tomado muchos de la sangre real, haciendo sobrenombre el nombre proprio que a los Incas dieron, como han hecho en España los del apellido Manuel, que, habiendo sido nombre proprio de un infante de Castilla, se ha hecho sobrenombre en sus descendientes.

CAPÍTULO XX

LA GRAN PROVINCIA CHUCUITU SE REDUCE DE PAZ.
HACEN LO MISMO OTRAS MUCHAS PROVINCIAS

El Inca fue recebido en el Cozco con mucha fiesta y regocijo, donde paró algunos años, entendiendo en el gobierno y común beneficio de sus vasallos. Después le pareció visitar todo su reino por el contento que los indios recebían de ver al Inca en sus tierras, y por que los ministros no se descuidasen en sus cargos y oficios por la ausencia del Rey. Acabada la visita, mandó levantar gente para llevar adelante la conquista pasada. Salió con diez mil hombres de guerra; llevó capitanes escogidos; llegó a Hatun Colla y a los confines de Chucuitu, provincia famosa, de mucha gente, que, por ser tan principal, la dieron al Emperador en el repartimiento que los españoles hicieron de aquella tierra, a la cual y a sus pueblos comarcanos envió los requirimientos acostumbrados, que adorasen y tuviesen por Dios al Sol. Los de Chucuitu, aunque eran poderosos y sus pasados habían sujetado algunos pueblos de su comarca, no quisieron resistir al Inca; antes respondieron que le obedecían con todo amor y voluntad, porque era hijo del Sol, de cuya clemencia y mansedumbre estaban aficionados, y querían ser sus vasallos por gozar de sus beneficios.

El Inca los recibió con la afabilidad acostumbrada y les hizo mercedes y regalos con dádivas que entre los indios se estimaban en mucho y, viendo el buen suceso que en su conquista había tenido, envío los mismos requirimientos a los demás pueblos comarcanos, hasta el desaguadero de la gran laguna Titicaca, los cuales todos, con el ejemplo de Hatun Colla y de Chucuitu, obedecieron llanamente al Inca, que los más principales fueron Hillaui, Chulli, Pumata, Cipita, y no contamos en particular lo que hubo en cada pueblo de demandas y respuestas porque todas fueron a semejanza de lo que hasta aquí se ha dicho, y por no repetirlo tantas veces lo decimos en suma. También quieren decir que tardó el Inca muchos años en conquistar y sujetar estos pueblos, mas en la manera del ganarlos no difieren nada, y así va poco o nada hacer caso de lo que no importa.

Habiendo pacificado aquellos pueblos, despidió su ejército, dejando consigo la gente de guarda necesaria para su persona y los ministros para la enseñanza de los indios. Quiso asistir personalmente a todas estas cosas, así por darles calor como por favorecer aquellos pueblos y provincias con su presencia que eran principales y de importancia para lo de adelante. Los curacas y todos sus vasallos se favorecieron de que el Inca quisiese pasar entre ellos un invierno, que para los indios era el mayor favor que se les podía hacer, y el Inca los trató con mucha afabilidad y caricias, inventando cada día nuevos favores y reglas, porque veía por experiencia (sin la doctrina de sus pasados) cuánto importaba la mansedumbre y el beneficio y el hacerse querer para atraer los extraños a su obediencia y servicio.[104] Los indios pregonaban por todas partes las excelencias de su príncipe, diciendo que era verdadero hijo del Sol.

Entre tanto que el Inca estaba en el Collao, mandó apercebir para el verano siguiente diez mil hombres de guerra.

---

[104] Garcilaso, indirectamente, contrasta el carácter pacífico de la conquista inca con los violentos procedimientos de los conquistadores españoles.

Venido el tiempo y recogida la gente, eligió cuatro maeses de campo; y por general envió un hermano suyo, que no saben decir los indios cómo se llamaba, al cual mandó que, con parecer y consejo de aquellos capitanes, procediese en la conquista que le mandaba hacer, y a todos cinco dio orden y expreso mandato que en ninguna manera llegasen a rompimiento de batalla con los indios que no quisiesen reducirse por bien, sino que, a imitación de sus pasados, los atrajesen por caricias y beneficios, mostrándose en todo padres piadosos antes que capitanes belicosos. Mandóles que fuesen al poniente de donde estaban, a la provincia llamada Hurin Pacasa, y redujesen los indios que por allí hallasen. El general y sus capitanes fueron como se les mandó, y, con próspera fortuna, redujeron los naturales que hallaron en espacio de veinte leguas que hay hasta la falda de la cordillera y Sierra Nevada que divide la costa de la sierra. Los indios fueron fáciles de reducir, porque eran behetrías y gente suelta, sin orden, ley ni policía; vivían a semejanza de bestias, gobernaban los que más podían con tiranía y soberbia; y por estas causas fueron fáciles de sujetar, y los más de ellos como gente simple, vinieron de suyo a la fama de las maravillas que se contaban de los Incas, hijos del Sol.

Tardaron en esta reducción casi tres años, porque se gastaba más tiempo en doctrinarlos, según eran brutos, que sujetarlos. Acabada la conquista y dejados los ministros necesarios para el gobierno y los capitanes y gente de guerra para presidio y defensa de lo que se había conquistado, se volvió el general y sus cuatro capitanes a dar cuenta al Inca de lo que dejaban hecho. El cual, entre tanto que duró aquella conquista, se había ocupado en visitar su reino, procurando ilustrarle de todas maneras con aumentar las tierras de labor: mandó sacar nuevas acequias y hacer edificios necesarios para el provecho de los indios, como pósitos, puentes y caminos, para que las provincias se comunicasen unas con otras. Llegado el general y los capita-

nes ante el Inca, fueron muy bien recebidos y gratificados
de sus trabajos, y con ellos se volvió a su corte con propósito de cesar de las conquistas, porque le pareció haber en-
sanchado harto su Imperio, que norte sur ganó más de
cuarenta leguas de tierra y leste hueste más de veinte hasta el pie de la sierra y cordillera nevada que divide los llanos de la sierra: estos dos nombres son impuestos por los
españoles.[105]

En el Cozco fue recebido con grande alegría de toda la
ciudad, que, por su afable condición, mansedumbre y liberalidad, era amado en extremo. Gastó lo que le quedó de la
vida en quietud y reposo, ocupado en el beneficio de sus
vasallos, haciendo justicia. Envió dos veces a visitar el reino al príncipe heredero llamado Maita Cápac, acompañado de hombres viejos y experimentados, para que co-
nociese los vasallos y se ejercitase en el gobierno de ellos.
Cuando se sintió cercano a la muerte, llamó sus hijos, y entre ellos al príncipe heredero, y en lugar de testamento les
encomendó el beneficio de los vasallos, la guarda de las leyes y ordenanzas que sus pasados, por orden de su Dios y
padre el Sol, les había dejado, y que en todo les mandaba
hiciesen como hijos del Sol. A los capitanes Incas y a los
demás curacas, que eran señores de vasallos, encomendó
el cuidado de los pobres, la obediencia de su Rey. A lo último les dijo que se quedasen en paz, que su padre el Sol le
llamaba para que descansase de los trabajos pasados. Dichas estas cosas y otras semejantes, murió el Inca Lloque
Yupanqui. Dejó muchos hijos y hijas de las concubinas,
aunque de su mujer ligítima, que se llamó Mama Caua, no
dejó hijo varón más de al príncipe heredero Maita Cápac[106]

[105]   Lloque Yupanqui, según los historiadores, hubo de atender a las
divisiones internas, por lo que se limitó a conservar el territorio. El único
cronista que le atribuye conquistas es precisamente Garcilaso, que le hace
triunfador de los pueblos del sur y extiende sus dominios hasta las riberas
del lago Titicaca.
[106]   *Maita Cápac:* cuarto rey de la dinastía inca. Los extraordinarios
signos que le adornaron le valieron el título de señor o *Cápac*.

y dos o tres hijas. Fue llorado Lloque Yupanqui en todo su reino con gran dolor y sentimiento, que por sus virtudes era muy amado. Pusiéronle en el número de sus dioses, hijos del Sol, y así le adoraron como a uno de ellos.

Y por que la historia no canse tanto hablando siempre de una misma cosa, será bien entretejer entre las vidas de los Reyes Incas algunas de sus costumbres, que serán más agradables de oír que no las guerras y conquistas, hechas casi todas de una misma suerte. Por tanto digamos algo de las ciencias que los Incas alcanzaron.

La leyenda de El Dorado, según un grabado del siglo XVII: un cacique desnudo es recubierto con oro molido, espolvoreado sobre la piel.

Debajo: poblado y minas (socavones) abiertas en el cerro de Potosí, según un dibujo de Jodocus Hondius, publicado en el *Atlas* de Petrus Bertius (siglo XVII).

Serie sucesiva
de soberanos
desde
"Manco-Capac, I
Emperador
del Perú"
hasta
"Fernando VI
de España,
XXII Emperador
del Perú".
Grabado de 1748.

CAPÍTULO XXIII

TUVIERON CUENTA CON LOS ECLIPSES DEL SOL, Y LO QUE HACÍAN CON LOS DE LA LUNA

Contaron los meses por lunas, de una luna nueva a otra, y así llaman al mes *quilla,* también como a la luna. Dieron su nombre a cada mes; contaron los medios meses por la creciente y menguante de ella; contaron las semanas por los cuartos, aunque no tuvieron nombres para los días de la semana. Tuvieron cuenta con los eclipses del Sol y de la luna, mas no alcanzaron las causas. Decían al eclipse solar que el Sol estaba enojado por algún delicto que habían hecho contra él, pues mostraba su cara turbada como hombre airado, y pronosticaban (a semejanza de los astrólogos) que les había de venir algún grave castigo. Al eclipse de la luna, viéndola ir negreciendo, decían que enfermaba la luna, y que si acababa de escurecerse había de morir y caerse del cielo y cogerlos a todos debajo y matarlos, y que se había de acabar el mundo. Por este miedo, en empezando a eclipsarse la Luna, tocaban trompetas, cornetas, caracoles y atabales y atambores y cuantos instrumentos podían haber que hiciesen ruido; ataban los perros grandes y chicos, dábanles muchos palos para que aullasen y llamasen la luna, que, por cierta fábula que ellos contaban, decían que la luna era aficionada a los perros, por cierto servicio que le habían hecho, y que, oyéndolos llorar, habría

205

lastima de ellos y recordaría del sueño que la enfermedad le causaba.

Para las manchas de la luna decían otra fábula más simple que la de los perros, que aun aquélla se podía añadir a las que la gentilidad antigua inventó y compuso a su Diana, haciéndola cazadora. Mas la que se sigue es bestialísima. Dicen que una zorra se enamoró de la luna viéndola tan hermosa, y que, por hurtarla, subió al cielo, y cuando quiso echar mano de ella, la luna se abrazó con la zorra y la pegó a sí, y que de esto se le hicieron las manchas. Por esta fábula tan simple y tan desordenada se podrá ver la simplicidad de aquella gente. Mandaban a los muchachos y niños que llorasen y diesen grandes voces y gritos llamándola Mama Quilla, que es madre luna, rogándole que no se muriese, por que no pereciesen todos. Los hombres y las mujeres hacían lo mismo. Había un ruido y una confusión tan grande que no se puede encarecer.

Conforme al eclipse grande o pequeño, juzgaban que había sido la enfermedad de la luna. Pero si llegaba a ser total, ya no había que juzgar sino que estaba muerta, y por momentos temían el caer la luna y el perecer de ellos; entonces era más de veras el llorar y plañir, como gente que veía al ojo la muerte de todos y acabarse el mundo. Cuando veían que la luna iba poco a poco volviendo a cobrar su luz, decían que convalecía de su enfermedad, porque el Pachacámac, que era el sustentador del universo, le había dado salud y mandádole que no muriese, porque no pereciese el mundo. Y cuando acababa de estar del todo clara, le daban la norabuena de su salud y muchas gracias porque no se había caído.[107] Todo esto de la luna vi por mis ojos. Al día llamaron *punchau* y a la noche *tuta,* al amanecer *pacari;* tuvieron nombres para significar el alba y las

---

[107] Entre otras causas, algunos achacan el fin del imperio inca y el triunfo de los españoles a la creencia extendida entre los indios de que sólo podían combatir de noche si había luna llena.

demás partes del día y de la noche, como media noche y medio día.

Tuvieron cuenta con el relámpago, trueno y rayo, y a todos tres en junto llamaron *illapa;* no los adoraron por dioses, sino que los honraban y estimaban por criados del Sol; tuvieron que residían en el aire, mas no en el cielo. El mismo acatamiento hicieron al arco del cielo, por la hermosura de sus colores y porque alcanzaron que procedía del Sol, y los Reyes Incas lo pusieron en sus armas y divisa. En la casa del Sol dieron aposento de por sí a cada cosa de éstas, como en su lugar diremos. En la vía que los astrólogos llaman láctea, en unas manchas negras que van por ella a la larga, quisieron imaginar que había una figura de oveja con su cuerpo entero, que estaba amamantando un cordero. A mí me la querían mostrar, diciendo: "Ves allí la cabeza de la oveja, ves acullá la del cordero mamando, ves el cuerpo, brazos y piernas del uno y del otro." Mas yo no veía las figuras, sino las manchas, y debía de ser por no saberlas imaginar.

Empero no hacían caudal de aquellas figuras para su Astrología, más de quererlas pintar imaginándolas, ni echaban juicios ni pronósticos ordinarios por señales del Sol ni de la luna ni de las cometas, sino para cosas muy raras y muy grandes, como muertes de Reyes o destruición de reinos y provincias; adelante en sus lugares diremos de algunas cometas, si llegamos allá. Para las cosas comunes más aína hacían sus pronósticos y juicios de los sueños que soñaban y de los sacrificios que hacían, que no de las estrellas ni señales del aire. Y es cosa espantosa oír lo que decían y pronosticaban por los sueños, que, por no escandalizar al vulgo, no digo lo que en esto pudiéramos contar. Acerca de la estrella Venus, que unas veces la veían al anochecer y otras al amanecer, decían que el Sol, como señor de todas las estrellas, mandaba que aquélla, por ser más hermosa que todas las demás, anduviese cerca de él, unas veces delante y otras atrás.

Cuando el Sol se ponía, viéndole trasponer por la mar (porque todo el Perú a la larga tiene la mar al poniente), decían que entraba en ella, y que con su fuego y calor secaba gran parte de las aguas de la mar, y que, como un gran nadador, daba una zambullida por debajo de la tierra para salir otro día al oriente, dando a entender que la tierra está sobre el agua. Del ponerse la luna ni de las otras estrellas no dijeron nada. Todas estas boberías tuvieron en su Astrología los Incas, de donde se podrá ver cuán poco alcanzaron de ella, y baste esto de la Astrología de ellos.[108] Digamos la medicina que usaban en sus enfermedades.

---

[108] A pesar de la carencia de letras, los incas desarrollaron ciertos conocimientos científicos. Según Salvador Canals Frau, utilizaban los movimientos de los astros y los planetas como base de un calendario que se componía de doce meses lunares (cada mes comenzaba con luna nueva) y de una serie de días complementarios. "Las observaciones astronómicas —añade Canals— se realizaban desde un conjunto de pequeñas torres de mampostería que estaban situadas en el corazón del Cuzco. Estas observaciones servían para ajustar el año solar a los meses lunares y para determinar el momento del comienzo de las labores agrícolas" (*Las civilizaciones prehispánicas de América*, Buenos Aires, Editorial Sudamericana, 1973, p. 378).

CAPÍTULO XXIV

LA MEDICINA QUE ALCANZARON Y LA MANERA DE CURARSE

Es así que atinaron que era cosa provechosa, y aun necesaria, la evacuación por sangría y purga, y, por onde, se sangraban de brazos y piernas, sin saber aplicar las sangrías ni la dispusición de las venas para tal o tal enfermedad, sino que abrían la que estaba más cerca del dolor que padecían. Cuando sentían mucho dolor de cabeza, se sangraban de la junta de las cejas, encima de las narices. La lanceta era una punta de pedernal que ponían en un palillo hendido y lo ataban por que no se cayese, y aquella punta ponían sobre la vena y encima le daban un papirote, y así abrían la vena con menos dolor que con las lancetas comunes. Para aplicar las purgas tampoco supieron conocer los humores por la urina, ni miraban en ella, ni supieron qué cosa era cólera, ni flema, ni melancolía.

Purgábanse de ordinario cuando se sentían apesgados y cargados, y era en salud más que no en enfermedad. Tomaban (sin otras yerbas que tienen para purgarse) unas raíces blancas que son como nabos pequeños. Dicen que de aquellas raíces hay macho y hembra; toman tanto de una como de otra, en cantidad de dos onzas, poco más o menos, y, molida, la dan en agua o en el brebaje que ellos beben, y habiéndola tomado, se echan al sol para que su

209

calor ayude a obrar. Pasada una hora o poco más se sienten
tan descoyuntados que no se pueden tener. Semejan a los
que se marean cuando nuevamente entran en la mar; la cabeza siente grandes váguidos y desvanecimientos; parece
que por los brazos y piernas, venas y nervios y por todas
las coyunturas del cuerpo andan hormigas; la evacuación
casi siempre es por ambas vías de vómitos y cámaras.
Mientras ella dura, está el paciente totalmente descoyun-
tado y mareado, de manera que quien no tuviere experiencia de los efectos de aquella raíz entenderá que se muere el
purgado. No gusta de comer ni de beber, echa de sí cuantos humores tiene; a vueltas salen lombrices y gusanos y
cuantas sabandijas allá dentro se crían. Acabada la obra,
queda con tan buen aliento y tanta gana de comer que se
comerá cuanto le dieren. A mí me purgaron dos veces por
un dolor de estómago que en diversos tiempos tuve, y ex-
perimenté todo lo que he dicho.

Estas purgas y sangrías mandaban hacer los más experimentados en ellas, particularmente viejas (como acá las
parteras) y grandes herbolarios, que los hubo muy famosos en tiempo de los Incas, que conocían la virtud de muchas yerbas y por tradición las enseñaban a sus hijos, y éstos eran tenidos por médicos, no para curar a todos, sino a
los Reyes y a los de su sangre y a los curacas y a sus parientes.[109] La gente común se curaban unos a otros por lo que
habían oído de medicamentos. A los niños de teta, cuando
los sentían con alguna indisposición, particularmente si el
mal era de calentura, los lavaban con orines por las mañanas para envolverlos, y cuando podían haber de los orines

---

[109] La medicina de los incas tenía carácter primitivo y mágico. Creían
que las enfermedades eran debidas bien a un pecado cometido, bien a la
pérdida del alma como consecuencia de un susto o bien al ataque invisible
de un hechicero. Los médicos o *hampicamayoc* debían ser adivinos para
hallar la causa de la enfermedad y adivinos para curarla. Las curas con
hierbas eran lo más frecuente, pero los *hampicamayoc* también realizaban intervenciones quirúrgicas como la trepanación.

del niño, le daban a beber algún trago. Cuando al nacer de los niños les cortaban el ombligo, dejaban la tripilla larga como un dedo, la cual después que se le caía, guardaban con grandísimo cuidado y se la daban a chupar al niño en cualquiera indisposición que le sentían y para certificarse de la indisposición, le miraban la pala de la lengua, y, si la veían desblanquecida, decían que estaba enferma y entonces le daban la tripilla para que la chupase. Había de ser la propria, porque la ajena decían que no le aprovechaba.

Los secretos naturales de estas cosas ni me las dijeron ni yo las pregunté, mas de que las vi hacer. No supieron tomar el pulso y menos mirar la orina; la calentura conocían por el demasiado calor del cuerpo. Sus purgas y sangrías más eran en pie que después de caídos. Cuando se habían rendido a la enfermedad no hacían medicamento alguno; dejaban obrar la naturaleza y guardaban su dieta. No alcanzaron el uso común de la medicina que llaman purgadera, que es cristel, ni supieron aplicar emplastos ni unciones, sino muy pocas y de cosas muy comunes. La gente común y pobre se había en sus enfermedades poco menos que bestias.[110] Al frío de la terciana o cuartana llaman *chucchu,* que es temblar; a la calentura llaman *rupa, r* sencilla, que es quemarse. Temían mucho estas tales enfermedades por los extremos, ya de frío, ya de calor.

[110] La sociedad inca era una sociedad esclavista con una estructura productiva agraria, vertical y colectivista. El pueblo debía cultivar la tierra del Sol, del Inca, de los sacerdotes y de los nobles.

CAPÍTULO XXVI

DE LA GEOMÉTRICA, GEOGRAFÍA, ARITMÉTICA Y MÚSICA QUE ALCANZARON

De la Geométrica[111] supieron mucho porque les fue necesario para medir sus tierras, para las ajustar y partir entre ellos, mas esto fue materialmente, no por altura de grados ni por otra cuenta especulativa, sino por sus cordeles y piedrecitas, por las cuales hacen sus cuentas y particiones, que, por no atreverme a darme a entender, dejaré de decir lo que supe de ellas.

De la Geografía supieron bien para pintar y hacer cada nación el modelo y dibujo de sus pueblos y provincias, que era lo que había visto. No se metían en las ajenas: era extremo lo que en este particular hacían. Yo vi el modelo del Cozco y parte de su comarca con sus cuatro caminos principales, hecho de barro y piedrezuelas y palillos, trazado por su cuenta y medida, con sus plazas chicas y grandes, con todas sus calles anchas y angostas, con sus barrios y casas, hasta las muy olvidadas, con los tres arroyos que por ella corren, que era admiración mirarlo.

Lo mismo era ver el campo con sus cerros altos y bajos, llanos y quebradas, ríos y arroyos, con sus vueltas y revueltas, que el mejor cosmógrafo del mundo no lo pudiera

---

[111] *Geométrica:* se refiere a la Geometría.

poner mejor. Hicieron este modelo para que lo viera un visitador que se llamaba Damián de la Bandera,[112] que traía comisión de la Chancillería de los Reyes para saber cuántos pueblos y cuántos indios había en el distrito del Cozco; otros visitadores fueron a otras partes del reino a lo mismo. El modelo que digo que vi se hizo en Muina, que los españoles llaman Mohína, cinco leguas al sur de la ciudad del Cozco; yo me hallé allí porque en aquella visita se visitaron parte de los pueblos e indios del repartimiento de Garcilaso de la Vega, mi señor.

De la Aritmética supieron mucho y por admirable manera, que por nudos dados en unos hilos de diversas colores daban cuenta de todo lo que en el reino del Inca había de tributos y contribuciones por cargo y descargo. Sumaban, restaban y multiplicaban por aquellos nudos, y, para saber lo que cabía a cada pueblo, hacían las particiones con granos de maíz y piedrezuelas, de manera que les salía cierta su cuenta. Y como para cada cosa de paz o de guerra, de vasallos, de tributos, ganados, leyes, cerimonias y todo lo demás de que se daba cuenta, tuviesen contadores de por sí y éstos estudiasen en sus ministerios y en sus cuentas, las daban con facilidad, porque la cuenta de cada cosa de aquéllas estaba en hilos y madejas de por sí como cuadernos sueltos y aunque un indio tuviese cargo (como contador mayor) de dos o tres o más cosas, las cuentas de cada cosa estaban de por sí. Adelante daremos más larga relación de la manera del contar y cómo se entendían por aquellos hilos y nudos.

---

[112] *Damián de la Bandera o Vandera:* cronista autor de la *Relación general de la disposición y calidad de la provincia de Guamanga, llamada San Joan de la Frontera, y de la vivienda y costumbre de los naturales della* (1557), editada a cargo de Marcos Jiménez de la Espada en *Relaciones Geográficas de Indias* (Madrid, 1881, vol. I, pp. 96-103). El cronista Hernando de Santillán utilizó para sus escritos la crónica de Damián de la Bandera. El plagio era una práctica natural en todos los historiadores. Garcilaso, frente a otros cronistas, no esconde las fuentes de las que parte para la elaboración de su obra.

De Música alcanzaron algunas consonancias, las cuales tañían los indios Collas, o de su distrito, en unos instrumentos hechos de cañutos de caña, cuatro o cinco cañutos atados a la par; cada cañuto tenía un punto más alto que el otro, a manera de órganos. Estos cañutos atados eran cuatro, diferentes unos de otros. Uno de ellos andaba en puntos bajos y otro en más altos y otro en más y más, como las cuatro voces naturales: tiple, tenor, contralto y contrabajo. Cuando un indio tocaba un cañuto, respondía el otro en consonancia de quinta o de otra cualquiera, y luego el otro en otra consonancia y el otro en otra, unas veces subiendo a los puntos altos y otras bajando a los bajos siempre en compás. No supieron echar glosa con puntos disminuidos; todos eran enteros de un compás. Los tañedores eran indios enseñados para dar música al Rey y a los señores de vasallos, que, con ser tan rústica la música, no era común, sino que la aprendían y alcanzaban con su trabajo. Tuvieron flautas de cuatro o cinco puntos, como las de los pastores; no las tenían juntas en consonancia, sino cada una de por sí, porque no las supieron concertar. Por ellas tañían sus cantares, compuestos en verso medido, los cuales por la mayor parte eran de pasiones amorosas, ya de placer, ya de pesar, de favores o disfavores de la dama.

Cada canción tenía su tonada conocida por sí,[113] y no podían decir dos canciones diferentes por una tonada. Y esto era porque el galán enamorado, dando música de noche con su flauta, por la tonada que tenía decía a la dama y a todo el mundo el contento o descontento de su ánimo, conforme al favor o disfavor que se le hacía. Y si se dijeran dos cantares diferentes por una tonada, no se supiera cuál de ellos era el que quería decir el galán. De manera que se puede decir que hablaba por la flauta. Un español topó

---

[113] La oralidad de la comunicación literaria quechua está, lógicamente, asociada a otras manifestaciones y expresiones artísticas como la danza y el canto.

una noche a deshora en el Cozco una india que él conocía, y queriendo volverla a su posada, le dijo la india:

—Señor, déjame ir donde voy; sábete que aquella flauta que oyes en aquel otero me llama con mucha pasión y ternura, de manera que me fuerza a ir allá. Déjame, por tu vida, que no puedo dejar de ir allá, que el amor me lleva arrastrando para que yo sea su mujer y él mi marido.

Las canciones que componían de sus guerras y hazañas no las tañían, porque no se habían de cantar a las damas ni dar cuenta de ellas por sus flautas. Cantábanlas en sus fiestas principales y en sus victorias y triunfos, en memoria de sus hechos hazañosos. Cuando yo salí del Perú, que fue el año de mil y quinientos y sesenta, dejé en el Cozco cinco indios que tañían flautas diestrísimamente por cualquiera libro de canto de órgano que les pusiesen delante: eran de Juan Rodríguez de Villalobos,[114] vecino que fue de aquella ciudad. En estos tiempos, que es ya el año de mil y seiscientos y dos, me dicen que hay tantos indios tan diestros en música para tañer instrumentos que dondequiera se hallan muchos. De las voces no usaban los indios en mis tiempos porque no las tenían tan buenas —debía de ser la causa que, no sabiendo cantar, no las ejercitaban—, y por el contrario había muchos mestizos de muy buenas voces.

---

[114] *Juan Rodríguez de Villalobos:* natural de Cáceres, dueño de los primeros bueyes del Cuzco (IX, 17), con los que roturó la tierra ante el asombro de los indígenas y del propio Garcilaso.

CAPÍTULO XXVII

LA POESÍA DE LOS INCAS AMAUTAS, QUE SON FILÓSOFOS, Y HARAUICUS, QUE SON POETAS

No les faltó habilidad a los amautas, que eran los filósofos, para componer comedias y tragedias,[115] que en días y fiestas solemnes representaban delante de sus Reyes y de los señores que asistían en la corte. Los representantes no eran viles, sino Incas y gente noble, hijos de curacas y los mismos curacas y capitanes, hasta maeses de campo, porque los autos de las tragedias se representasen al proprio, cuyos argumentos siempre eran de hechos militares, de triunfos y victorias, de las hazañas y grandezas de los Reyes pasados y de otros heroicos varones. Los argumentos de las comedias eran de agricultura, de hacienda, de cosas caseras y familiares. Los representantes, luego que se acababa la comedia, se sentaban en sus lugares conforme

---

[115] En la actualidad poco ha quedado que se considere teatro quechua precolombino. En general, como indica José Miguel Oviedo, el antiguo teatro se transformó adaptándose a los moldes del teatro evangelizador que surgió tras la conquista, es decir, cristianizándose. En cuanto a la división que establece Garcilaso, concreta José Miguel Oviedo: "Lo que puede afirmarse, sin correr mayores riesgos, es que ese teatro en realidad existió, pero que sus formas propias y su significación específica no están aún del todo establecidas, y que por lo tanto aplicarle las categorías de "tragedias", "comedias" y otras —como hace, por ejemplo, Garcilaso— no pasa de ser una discutible analogía" (*ob. cit.*, p. 68).

a su calidad y oficios. No hacían entremeses deshonestos, viles y bajos: todo era de cosas graves y honestas, con sentencias y donaires permitidos en tal lugar. A los que se aventajaban en la gracia del representarles daban joyas y favores de mucha estima.

De la poesía alcanzaron otra poca, porque supieron hacer versos cortos y largos, con medida de sílabas: en ellos ponían sus cantares amorosos[116] con tonadas diferentes, como se ha dicho. También componían en verso las hazañas de sus Reyes[117] y de otros famosos Incas y curacas principales, y los enseñaban a sus descendientes por tradición, para que se acordasen de los buenos hechos de sus pasados y los imitasen. Los versos eran pocos, porque la memoria los guardase; empero muy compendiosos, como cifras. No usaron de consonante en los versos; todos eran sueltos. Por la mayor parte semejaban a la natural compostura española que llaman redondillas.[118] Una canción amorosa compuesta en cuatro versos me ofrece la memo-

___

[116] José Miguel Oviedo explica (*ob. cit.,* p. 65) cómo entre las composiciones más puramente líricas abundan las amorosas que pueden clasificarse en distintos tipos: *haraui* (canta los placeres del amor), el *wawaki* (canción campesina, de tono epigramático), el *urpi* (composición que trata temas universales como la ausencia, el olvido, la reconciliación, el despecho, etc., y donde la ingrata amante es una paloma o *urpi*).

[117] Señala José Miguel Oviedo: "El imperio incaico [...] era a la vez un pueblo agrícola y guerrero, lo que se refleja en los dos principales modos de sus manifestaciones literarias: por un lado, las formas asociadas a los ciclos de siembra, cultivo y cosecha, de tono bucólico, terrígena y optimista; por otro, las que celebran con exaltación heroica y orgullosa los triunfos militares incaicos. A ambas las une, sin embargo, el espíritu religioso, omnipresente en las expresiones de su cultura" (*ob. cit.,* p. 61).

[118] José Miguel Oviedo señala al respecto: "Las formas poéticas desarrolladas por esta cultura, no importa cuál sea su temática o intención, favorecían los metros breves (4, 5 o 6 sílabas son los más comunes) y las disposiciones estróficas variables, de acuerdo a las necesidades de la música y el canto; en cambio, no usaron sistemáticamente la rima. Algunos estudiosos y traductores de esta poesía han cometido el error de asimilarla a las reglas de la versificación española, con la cual nada tiene que ver, aunque Garcilaso hable de 'redondillas' " (*ob. cit.,* p. 62).

ria; por ellos se verá el artificio de la compostura y la significación abreviada, compendiosa, de lo que en su rusticidad querían decir. Los versos amorosos hacían cortos,
porque fuesen más fáciles de tañer en la flauta. Holgara
poner también la tonada en puntos de canto de órgano,
para que se viera lo uno y lo otro, mas la impertinencia me
excusa del trabajo.

La canción es la que se sigue y su traducción en castellano:

Caylla llapi		Al cántico
Puñunqui	quiere decir	Dormirás
Chaupituta		Media noche
Samúsac		Yo vendré

Y más propriamente dijera: veniré, sin el pronombre yo,
haciendo tres sílabas del verbo, como las hace el indio,
que no nombra la persona, sino que la incluye en el verbo,
por la medida del verso. Otras muchas maneras de versos
alcanzaron los Incas poetas, a los cuales llamaban *haráuec*,[119] que en propria significación quiere decir inventa-
dor. En los papeles del Padre Blas Valera hallé otros versos que él llama spondaicos: todos son de a cuatro sílabas,
a diferencia de estotros que son de a cuatro y a tres. Escrí-
belos en indio y en latín; son en materia de Astrología. Los
Incas poetas los compusieron filosofando las causas segundas que Dios puso en la región del aire, para los truenos, relámpagos y rayos, y para el granizar, nevar y llover,
todo lo cual dan a entender en los versos, como se verá.

---

[119] *Haráuec:* "Que el estado incaico propiciaba el cultivo de estas actividades como parte de la vida diaria y que habían alcanzado un rango
institucional, lo prueba el hecho de que existieron funcionarios especiali-
zados en tales menesteres. [...] Unos, como hombres de pensamiento (sabios o maestros), conservaban la tradición; los otros, como creadores, la
extendían y renovaban. Los amautas mantenían fuertes los lazos con el
pasado; los haravicus lo transformaban estéticamente en canciones o poemas" (José Miguel Oviedo, *ob. cit.,* p. 62).

Hiciéronlos conforme a una fábula que tuvieron, que es la
que se sigue: Dicen que el Hacedor puso en el cielo una
doncella, hija de un Rey, que tiene un cántaro lleno de
agua, para derramarla cuando la tierra la ha menester, y
que un hermano de ella lo quiebra a sus tiempos, y que del
golpe se causan los truenos, relámpagos y rayos. Dicen
que el hombre los causa, porque son hechos de hombres
feroces y no de mujeres tiernas. Dicen que el granizar, llover y nevar lo hace la doncella, porque son hechos de más
suavidad y blandura y de tanto provecho. Dicen que un Inca poeta y astrólogo hizo y dijo los versos, loando las excelencias y virtudes de la dama, y que Dios se las había dado
para que con ellas hiciese bien a las criaturas de la tierra.
La fábula y los versos, dice el Padre Blas Valera que halló
en los nudos y cuentas de unos anales antiguos, que estaban en hilos de diversas colores, y que la tradición de los
versos y de la fábula se la dijeron los indios contadores,
que tenían cargo de los nudos y cuentas historiales, y que,
admirado de que los amautas hubiesen alcanzado tanto,
escribió los versos y los tomó de memoria para dar cuenta
de ellos.

Yo me acuerdo haber oído esta fábula en mis niñeces
con otras muchas que me contaban mis parientes, pero,
como niño y muchacho, no les pedí la significación, ni
ellos me la dieron. Para los que no entienden indio ni latín
me atreví a traducir los versos en castellano, arrimándome
más a la significación de la lengua que mamé en la leche
que no a la ajena latina, porque lo poco que de ella sé lo
aprendí en el mayor fuego de las guerras de mi tierra, entre
armas y caballos, pólvora y arcabuces, de que supe más
que de letras. El Padre Blas Valera imitó en su latín las
cuatro sílabas del lenguaje indio en cada verso, y está muy
bien imitado; yo salí de ellas porque en castellano no se
pueden guardar, que, habiendo de declarar por entero la
significación de las palabras indias, en unas son menester
más sílabas y en otras menos. *Ñusta* quiere decir doncella

de sangre real, y no se interpreta con menos, que, para decir doncella de las comunes, dicen *tazque; china* llaman a la doncella muchacha de servicio. *Illapántac* es verbo; incluye en su significación la de tres verbos que son tronar, relampaguear y caer rayos, y así los puso en dos versos el Padre Maestro Blas Valera, porque el verso anterior, que es *Cunuñunun,* significa hacer estruendo, y no lo puso aquel autor por declarar las tres significaciones del verbo *illapántac. Unu* es agua, *para* es llover, *chichi* es granizar, *riti,* nevar. *Pacha Cámac* quiere decir el que hace con el universo lo que el alma con el cuerpo. *Viracocha* es nombre de un dios moderno que adoraban, cuya historia veremos adelante muy a la larga.[120] *Chura* quiere decir poner; *cama* es dar alma, vida, ser y sustancia. Conforme a esto diremos lo menos mal que supiéremos, sin salir de la propria significación del lenguaje indio. Los versos son los que se siguen, en las tres lenguas:[121]

Zúmac ñusta	Pulchra Nimpha	*Hermosa doncella,*
Toralláiquim	Frater tuus	*Aquese tu hermano*
Puiñuy quita	Urnam tuam	*El tu cantarillo*
Páquir cayan	Nunc infringit	*Lo está quebrantando,*

[120]   A pesar de que Garcilaso intenta hacer del culto inca una religión monoteísta (II, 6), no puede silenciar el hecho de que adoraban a otros dioses como, en este caso, Viracocha.

[121]   En la traducción de los versos de esta canción se expone la teoría lingüística de Garcilaso. Nuestro autor, siguiendo con su idea de la fidelidad de la traducción, se preocupa más por respetar el contenido que la forma métrica (a diferencia de Blas Valera). Como indica Susana Jakfalvi-Leiva (*Traducción, escritura y violencia colonizadora: un estudio de la obra del Inca Garcilaso de la Vega*, Syracuse, Maxwell School of Citizenship and Public Affairs, University of Syracuse, 1984, p. 25), "todo lo que desvía la evidencia de un sentido dado se considerará como corrupción. La posibilidad de la corrupción, por otra parte, está en la irrupción de lo superfluo y en la ocupación del texto por elementos que extravían el sentido del original." Jakfalvi-Leiva señala, por lo que respecta a la teoría y práctica de la traducción en Garcilaso, dos modos de proceder: la traducción que es fiel al sentido original (que aplica en los *Diálogos de amor*) y la que es fiel al sentimiento original (practicada en los *Comentarios reales*).

Hina mántara	Cuius ictus	*Y de aquesta causa*
Cunuñunun	Tonat fulget	*Truena y relampaguea,*
Illapántac	Fulminatque	*También caen rayos.*
Camri ñusta	Sed tu Nimpha	*Tú, real doncella,*
Unuiquita	Tuam limpham	*Tus muy lindas aguas*
Para munqui	Fundens pluis	*Nos darás lloviendo;*
Mai ñimpiri	Interdumque	*También a las veces*
Chichi munqui	Grandinem, seu	*Granizar nos has,*
Riti munqui	Nivem mittis	*Nevarás asimesmo*
Pacha rúrac	Mundi factor	*El Hacedor del Mundo,*
Pacha cámac	Pacha Camac,	*El Dios que le anima,*
Vira cocha	Viracocha	*El gran Viracocha,*
Cai hinápac	Ad hoc munus	*Para aqueste oficio*
Churasunqui	Te sufficit	*Ya te colocaron*
Camasunqui	Ac praefecit	*Y te dieron alma.*

Esto puse aquí por enriquecer mi pobre historia, porque cierto, sin lisonja alguna, se puede decir que todo lo que el Padre Blas Valera tenía escrito eran perlas y piedras preciosas. No mereció mi tierra verse adornada de ellas.

Dícenme que en estos tiempos se dan mucho los mestizos a componer en indio estos versos, y otros de muchas maneras, así a lo divino como a lo humano. Dios les dé su gracia para que le sirvan en todo.

Tan tasada y tan cortamente como se ha visto sabían los Incas del Perú las ciencias que hemos dicho, aunque si tuvieran letras las pasaran adelante poco a poco, con la herencia de unos a otros, como hicieron los primeros filósofos y astrólogos. Sólo en la Filosofía moral se extremaron así en la enseñanza de ella como en usar las leyes y costumbres que guardaron, no sólo entre los vasallos, cómo se debían tratar unos a otros, conforme a ley natural, mas también cómo debían obedecer, servir y adorar al Rey y a los superiores y cómo debía el Rey gobernar y beneficiar a los curacas y a los demás vasallos y súbditos inferiores. En el ejercicio de esta ciencia se desvelaron tanto que ningún encarecimiento llega a ponerla en su punto, porque la experiencia de ella les hacía pasar adelante, perficionándola de día en día y de bien en mejor, la cual experiencia les faltó en las demás ciencias, porque no podían manejarlas tan materialmente como la moral ni ellos se daban a tanta especulación como aquéllas requieren, porque se contentaban con la vida y ley natural, como gente que de su naturaleza era más inclinada a no hacer mal que a saber bien. Mas con todo eso Pedro de Cieza de León, capítulo treinta y ocho, hablando de los Incas y de su gobierno, dice: "Hicieron tan grandes cosas y tuvieron tan buena gobernación que pocos en el mundo les hicieron ventaja", etc. Y el Padre Maestro Acosta, libro sexto, capítulo primero, dice lo que se sigue en favor de los Incas y de los mexicanos:

"Habiendo tratado lo que toca a la religión que usaban los indios, pretendo en este libro escrebir sus costumbres y policía y gobierno para dos fines. El uno, deshacer la falsa opinión que comúnmente se tiene de ellos como de gente bruta y bestial y sin entendimiento, o tan corto que apenas merece ese nombre; del cual engaño se sigue hacerles muchos y muy notables agravios, sirviéndose de ellos poco menos que de animales y despreciando cualquiera género de respecto que se les tenga, que es tan vulgar y tan pernicioso engaño, como saben los que con algún celo y consideración han andado entre ellos y visto y sabido sus secretos y avisos, y juntamente el poco caso que de todos ellos hacen los que piensan que saben mucho, que son de ordinario los más necios y más confiados de sí. Esta tan perjudicial opinión no veo medio con que pueda mejor deshacerse que con dar a entender el orden y modo de proceder que éstos tenían cuando vivían en su ley, en la cual, aunque tenían muchas cosas de bárbaros y sin fundamento, pero había también otras muchas dignas de admiración, por las cuales se deja bien entender que tienen natural capacidad para ser bien enseñados, y aun en gran parte hacen ventaja a muchas de nuestras repúblicas. Y no es de maravillar que se mezclasen yerros graves, pues en los más estirados de los legisladores y filósofos se hallan, aunque

entren Licurgo y Platón en ellos. Y en las más sabias repúblicas, como fueron la romana y la ateniense, vemos igno-
rancias dignas de risa, que cierto que si las repúblicas de
los mexicanos y de los Incas se refirieran en tiempo de romanos o griegos, fueran sus leyes y gobierno estimados.
Mas como sin saber nada de esto entramos por la espada
sin oírles ni entenderles, no nos parece que merecen reputación las cosas de los indios, sino como de caza habida en
el monte y traída para nuestro servicio y antojo. Los hombres más curiosos y sabios que han penetrado y alcanzado sus secretos, su estilo y gobierno antiguo, muy de otra
suerte lo juzgan, maravillándose que hubiese tanta orden
y razón entre ellos", etc.

Hasta aquí es del Padre Maestro Joseph de Acosta, cuya
autoridad, pues es tan grande, valdrá para todo lo que hasta aquí hemos dicho y adelante diremos de los Incas, de
sus leyes y gobierno y habilidad, que una de ellas fue que
supieron componer en prosa, también como en verso, fábulas breves y compendiosas por vía de poesía, para ence-
rrar en ellas doctrina moral o para guardar alguna tradición de su idolatría o de los hechos famosos de sus Reyes o
de otros grandes varones, muchas de las cuales quieren los
españoles que no sean fábulas, sino historias verdaderas,
porque tienen alguna semejanza de verdad. De otras muchas hacen burla, por parecerles que son mentiras mal
compuestas, porque no entienden la elogoría de ellas.
Otras muchas hubo torpísimas, como algunas que hemos
referido. Quizá en el discurso de la historia se nos ofrece-
rán algunas de las buenas que declaremos.

CAPÍTULO XXVIII

LOS POCOS INSTRUMENTOS QUE LOS INDIOS ALCANZARON PARA SUS OFICIOS

Ya que hemos dicho la habilidad y ciencias que los filósofos y poetas de aquella gentilidad alcanzaron, será bien digamos la inhabilidad que los oficiales mecánicos tuvieron en sus oficios, para que se vea con cuánta miseria y falta de las cosas necesarias vivían aquellas gentes. Y comenzando de los plateros, decimos que, con haber tanto número de ellos y con trabajar perpetuamente en su oficio, no supieron hacer yunque de hierro ni de otro metal: debió de ser porque no supieron sacar el hierro, aunque tuvieron minas de él; en el lenguaje llaman al hierro *quíllay*. Servíanse para yunque de unas piedras durísimas, de color entre verde y amarillo; aplanaban y alisaban unas con otras; teníanlas en gran estima porque eran muy raras. No supieron hacer martillos con cabo de palo; labraban con unos instrumentos que hacen de cobre y latón, mezclado uno con otro; son de forma de dado, las esquinas muertas; unos son grandes, cuanto pueden abarcar con la mano para los golpes mayores; otros hay medianos y otros chicos y otros perlongados, para martillar en cóncavo; si traen aquellos sus martillos en la mano para golpear con ellos como si fueran guijarros. No supieron hacer limas ni buriles; no alcanzaron a hacer fuelles para fundir; fundían

224

a poder de soplos con unos cañutos de cobre, largos de media braza más o menos, como era la fundición grande o chica; los cañutos cerraban por el un cabo; dejábanle un agujero pequeño, por do el aire saliese más recogido y más recio; juntábanse ocho, diez y doce, como eran menester para la fundición. Andaban al derredor del fuego soplando con los cañutos, y hoy se están en lo mismo, que no han querido mudar costumbre. Tampoco supieron hacer tenazas para sacar el metal del fuego: sacábanlo con unas varas de palo o de cobre, y echábanlo en un montoncillo de tierra humedecida que tenían cabe sí, para templar el fuego del metal. Allí lo traían y revolcaban de un cabo a otro hasta que estaba para tomarlo en las manos. Con toda estas inhabilidades hacían obras maravillosas, principalmente en vaciar unas cosas por otras dejándolas huecas, sin otras admirables, como adelante veremos. También alcanzaron, con toda su simplicidad, que el humo de cualquiera metal era dañoso para la salud y así hacían sus fundiciones, grandes o chicas, al descubierto, en sus patios o corrales, y nunca sotechado.

No tuvieron más habilidad los carpinteros; antes parece que anduvieron más cortos, porque de cuantas herramientas usan los de por acá para sus oficios, no alcanzaron los del Perú más de la hacha y azuela, y ésas de cobre. No supieron hacer una sierra ni una barrena ni cepillo ni otro instrumento alguno para oficio de carpintería, y así no supieron hacer arcas ni puertas más de cortar la madera y blanqueala para los edificios. Para las hachas y azuelas y algunas pocas escardillas que hacían, servían los plateros en lugar de herreros, porque todo el herramental que labraban era de cobre y azófar. No usaron de clavazón, que cuanta madera ponían en sus edificios, toda era atada con sogas de esparto y no clavada. Los canteros, por el semejante, no tuvieron más instrumentos para labrar las piedras que unos guijarros negros que llamaban *hihuana,* con que las labran machucando más que no cortando.

Para subir y bajar las piedras no tuvieron ingenio alguno; todo lo hacían a fuerza de brazos. Y con todo eso hicieron obras tan grandes y de tanto artificio y policía que son increíbles, como lo encarecen los historiadores españoles y como se vee por las reliquias que de muchas de ellas han quedado. No supieron hacer unas tijeras ni agujas de metal; de unas espinas largas que allá nacen las hacían, y así era poco lo que cosían, que más era remendar que coser, como adelante diremos. De las mismas espinas hacían peines para peinarse: atábanlas entre dos cañuelas, que eran como el lomo del peine, y las espinas salían al un lado y al otro de las cañuelas en forma de peine. Los espejos en que se miraban las mujeres de la sangre real eran de plata muy bruñida y las comunes en azófar, porque no podían usar de la plata, como se dirá adelante. Los hombres nunca se miraban al espejo, que lo tenían por infamia, por ser cosa mujeril. De esta manera carecieron de otras muchas cosas necesarias para la vida humana. Pasábanse con lo que no podían excusar, porque fueron poco o nada inventivos de suyo, y, por el contrario, son grandes imitadores de lo que veen hacer, como lo prueba la experiencia de lo que han aprendido de los españoles en todos los oficios que les han visto hacer, que en algunos se aventajan.

La misma habilidad muestran para las ciencias, si se las enseñasen, como consta por las comedias que en diversas partes han representado, porque es así que algunos curiosos religiosos, de diversas religiones, principalmente de la Compañía de Jesús, por aficionar a los indios a los misterios de nuestra redención, han compuesto comedias para que las representasen los indios, porque supieron que las representaban en tiempo de sus Reyes Incas y porque vieron que tenían habilidad e ingenio para lo que quisiesen enseñarles, y así un Padre de la Compañía compuso una comedia en loor de Nuestra señora la Virgen María y la escribió en lengua aimara, diferente de la lengua general del Perú. El argumento era sobre aquellas palabras del libro

tercero del Génesis: "Pondré enemistades entre ti y entre
la mujer, etc... y ella misma quebrantará tu cabeza." Re-
presentáronla indios muchachos y mozos en un pueblo llamado Sulli. Y en Potosí se recitó un diálogo de la fe, al cual
se hallaron presentes más de doce mil indios. En el Cozco
se representó otro diálogo del niño Jesús, donde se halló
toda la grandeza de aquella ciudad. Otro se representó en
la ciudad de los Reyes, delante de la Chancillería y de toda
la nobleza de la ciudad y de innumerables indios, cuyo argumento fue del Sanctísimo sacramento, compuesto a pedazos en dos lenguas, en la española y en la general del Perú.[122] Los muchachos indios representaron los diálogos en
todas las cuatro partes con tanta gracia y donaire en el hablar, con tantos meneos y acciones honestas, que provoca-
ban a contento y regocijo, y con tanta suavidad en los cantares que muchos españoles derramaron lágrimas de
placer y alegría viendo la gracia y habilidad y buen ingenio
de los indiezuelos, y trocaron en contra la opinión que hasta entonces tenían de que los indios eran torpes, rudos e
inhábiles.

Los muchachos indios, para tomar de memoria los dichos que han de decir, que se los dan por escrito, se van a
los españoles que saben leer, seglares o sacerdotes, aunque sean de los más principales, y les suplican que les lean
cuatro o cinco veces el primer renglón, hasta que lo toman

---

[122] Este testimonio sobre el arte dramático en el Perú es importantísimo. Se refiere al teatro evangelizador y no es, propiamente, teatro quechua precolombino. Apenas concluida la conquista del Perú, se inició una
intensa actividad teatral en Perú y México. Eran espectáculos que consistían en autos sacramentales, misterios sobre temas bíblicos, temas hagiográficos, villancicos, etc. Los dramaturgos evangelizadores aprovecharon
las formas nativas y las mismas lenguas indígenas con afán evangelizador.
Esto hizo, paradójicamente, que las lenguas y tradiciones indígenas no se
perdieran definitivamente. En el teatro evangelizador se fundían la tradición teatral indígena y la medieval. José Miguel Oviedo especifica que ya
en 1560 "solían convocarse concursos para estimular el teatro principalmente religioso" (*ob. cit.,* p. 112).

de memoria, y porque no se les vaya de ella, aunque son te-
naces, repiten muchas veces cada palabra, señalándola
con una piedrecita o con un grano de una semilla de diversas colores, que allá hay, del tamaño de grabanzos, que
llaman *chuy,* y por aquellas señales se acuerdan de las
palabras, y de esta manera van tomando sus dichos de memoria con facilidad y brevedad, por la mucha diligencia y
cuidado que en ello ponen. Los españoles a quien los indiezuelos piden que les lean no se desdeñan ni se enfadan,
por graves que sean antes les acarician y dan gusto, sabiendo para lo que es. De manera que los indios del Perú,
ya que no fueron ingeniosos para inventar, son muy hábiles para imitar y aprender lo que les enseñan. Lo cual ex-
perimentó largamente el Lecenciado Juan Cuéllar,[123] natural de Medina del Campo, que fue canónigo de la Sancta
Iglesia del Cozco, el cual leyó gramática a los mestizos hijos de hombres nobles y ricos de aquella ciudad. Movióse
a hacerlo de caridad propria y por súplica de los mismos
estudiantes, porque cinco preceptores que en veces antes
habían tenido los habían desamparado a cinco o seis meses de estudio, pareciéndoles que por otras granjerías tendrían más ganancia, aunque es verdad que cada estudiante les daba cada mes diez pesos, que son doce ducados,
mas todo se les hacía poco, porque los estudiantes eran
pocos, que cuando más llegaron a docena y media. Entre
ellos conocí un indio Inca llamado Felipe Inca, y era de un
sacerdote rico y honrado que llamaban el Padre Pedro
Sánchez,[124] el cual, viendo el habilidad que el indio mostraba en leer y escrebir, le dio estudio, donde daba tan buena cuenta de la gramática como el mejor estudiante de los
mestizos. Los cuales, cuando el preceptor los desampara-

---

[123] *Juan Cuéllar:* Juan de Cuéllar, natural de Medina del Campo, ejerció, desde 1552, como noveno canónigo de la catedral del Cuzco. Fue el
último y más duradero preceptor de latinidad de Garcilaso.
[124] *Pedro Sánchez de Herrera:* teólogo, maestro de artes en Sevilla,
ayudó al Inca Garcilaso a perfeccionar su latín.

ba, se volvían al escuela hasta que venía otro, el cual enseñaba por diferentes principios que el pasado, y si algo se
les había quedado de lo pasado, les decían que lo olvidasen porque no valía nada.

De esta manera anduvieron en mis tiempos los estudiantes descarriados de un preceptor en otro, sin aprove-
charles ninguno hasta que el buen canónigo los recogió
debajo de su capa y les leyó latinidad casi dos años entre
armas y caballos, entre sangre y fuego de las guerras que
entonces hubo de los levantamientos de don Sebastián de
Castilla y de Francisco Hernández Girón,[125] que apenas se
había apagado el un fuego cuando se encendió el segun-

---

[125] Levantamientos de Sebastián de Castilla y de Francisco Hernández Girón: desde la victoria de La Gasca sobre Gonzalo Pizarro y Carvajal
en Xaquixahuana, la disconformidad entre las distintas facciones por los
favores recibidos desembocó en una primera rebelión de Hernández Girón (Inca Garcilaso, *Historia General del Perú*, VII) en abril de 1550. El
capitán Garcilaso de la Vega fue mediador en la resolución del conflicto.
La muerte del virrey Antonio de Mendoza, en julio de 1552, y la supresión
del servicio personal de los indios propiciaron nuevos tumultos protago-
nizados por Sebastián de Castilla (*Historia General del Perú*, VI) que finalmente se diluyeron en luchas intestinas entre los propios rebeldes.
Tras un breve periodo de calma, Hernández Girón volvió a alzarse en armas. De hecho se presentó armado y acompañado por otros dos soldados
en el banquete de una boda principal, la de Alonso Loaysa y María de Castilla, presenciada, entre otros, por el corregidor Alonso de Alvarado, por
el capitán Garcilaso de la Vega y su hijo Garcilaso. Como señala Miró
Quesada (*El Inca Garcilaso...*), era una de las últimas disputas por el control del poder entre los conquistadores y el centralismo de la Corona, en
este caso plasmada en la restricción de la encomienda. Sucesivas leyes
habían desplazado la propiedad sobre los indios del ámbito particular al
ámbito de la Corona. Hernández Girón se erigió en caudillo de los enco-
menderos, apresó al corregidor y se adueñó del Cuzco, ciudad de la que
Garcilaso y su padre lograron escapar. Tras un fallido intento por hacerse
con Lima, derrotó en las hoyas de Villacurí al ejército de la Audiencia
dirigido por el maestre de campo Pablo de Meneses y después, en Chuquinga, también derrotó a las tropas del mariscal Alonso de Alvarado. El
ejército de la Audiencia se rehizo y persiguió a Hernández Girón hasta
vencerle en Pucara. Éste huyó (existe un romance que dramatiza el momento en que se despide de su esposa), pero posteriormente fue apresado
en Jauja. Tras su procesamiento, fue ejecutado en diciembre de 1554.

do que fue peor y duró más en apagarse. En aquel tiempo vio el canónigo Cuéllar la mucha habilidad que sus discípulos mostraban en la gramática y la agilidad que tenían para las demás ciencias, de las cuales carecían por la esterilidad de la tierra. Doliéndose de que se perdiesen aquellos buenos ingenios, les decía muchas veces: "¡Oh, hijos, qué lástima tengo no ver una docena de vosotros en aquella universidad de Salamanca!" Todo esto se ha referido por decir la habilidad que los indios tienen para lo que quisieren enseñarles, de la cual también participan los mestizos, como parientes de ellos. El canónigo Juan de Cuéllar tampoco dejó sus discípulos perficionados en latinidad porque no pudo llevar el trabajo que pasaba en leer cuatro lecciones cada día y acudir a las horas de su coro, y así quedaron imperfectos en la lengua latina. Los que ahora son deben dar muchas gracias a Dios porque les envió la Compañía de Jesús,[126] con la cual hay tanta abundancia de todas ciencias y de toda buena enseñanza de ellas, como la que tienen y gozan. Y con esto será bien volvamos a dar cuenta de la sucesión de los Reyes Incas y de sus conquistas.

FIN DEL LIBRO SEGUNDO

---

[126] *Compañía de Jesús:* el Inca Garcilaso se relacionó con los jesuitas durante su estancia en Montilla. Como indica Raúl Porras Barrenechea (*El Inca Garcilaso en Montilla [1561-1614]*, Lima, Editorial San Marcos, 1955, pp. XXVIII), "sus amigos más cercanos y sus maestros en latín y filosofía son los jesuitas de Montilla. Entre los eclesiásticos frecuenta la amistad del capellán, bachiller Francisco de Castro, y del padre Agustín de Herrera, preceptor del joven marqués de Priego, el jesuita Gerónimo de Prado, Pedro Sánchez de Herrera, teólogo natural de Montilla que fue su maestro de artes, el agustino Fernando de Zárate y otros religiosos y personas graves."

LIBRO TERCERO

CAPÍTULO I

MAITA CÁPAC, CUARTO INCA, GANA A TIAHUANACU, Y LOS EDIFICIOS QUE ALLÍ HAY

El Inca Maita Cápac[127] (cuyo nombre no tiene qué interpretar, porque Maita fue el nombre proprio —en la lengua general no significa cosa alguna— y el nombre Cápac está ya declarado),[128] habiendo cumplido con las ceremonias del entierro de su padre y con la solemnidad de la posesión de su reino, volvió a visitarle como Rey absoluto,

---

[127] *Maita Cápac:* cuarto Sapa Inca. Rodeado de una aureola mítica, a este personaje se le atribuyen hechos asombrosos, en especial el de haber nacido a los tres meses de gestación. Todos los cronistas insisten en sus rasgos sobrenaturales y le comparan con héroes caballerescos y fabulosos, incluso le llamaron Hércules porque se dice que nació con la dentadura completa y que a los dos años de edad ya ganaba batallas. El conquistador Juan de Betanzos (*Suma narración de los Incas*, Madrid, Biblioteca de Autores Españoles, 1968, p. 14) dijo de Mayta Cápac que "debió ser otro Merlín según las fábulas que dicen." Como explica el historiador peruano Raúl Porras Barrenechea, "la tradición oral incaica de los cantares y de los *quipus* empieza a verterse en la crónica castellana en la misma forma en que los cantares de gesta medievales se fundieron con las crónicas españolas" (*Mito, tradición e historia del Perú*, Lima, 1951, p. 41).

[128] La extrema preocupación de Garcilaso por la traducción y el método filológico utilizado hace que Margarita Zamora le compare con filólogos y traductores españoles como Antonio de Nebrija o fray Luis de León (*ob. cit.,* p. 26).

que, aunque en vida de su padre lo había visitado dos veces, había sido como pupilo restringido debajo de tutela,
que no podía oír de negocios ni responder a ellos ni hacer
mercedes sin la presencia y consentimiento de los de su
consejo, a los cuales tocaba el ordenar la respuesta y los
decretos de las peticiones, pronunciar las sentencias y tan-
tear y proveer las mercedes que el príncipe hubiese de hacer, aunque fuese heredero, si no tenía edad para gobernar, que era ley del reino. Pues como se viese libre de ayos
y tutores, quiso volver a visitar sus vasallos por sus provincias, porque, como ya lo hemos apuntado, era una de
las cosas que aquellos príncipes hacían de que más se favorecían los súbditos. Por esto y por mostrar su ánimo li-
beral y magnífico, manso y amoroso, hizo la visita, con
grandes mercedes de mucha estima a los curacas y a la demás gente común.

Acabada la visita, volvió el ánimo al principal blasón
que aquellos Incas tuvieron, que fue llamar y traer gente
bárbara a su vana religión, y con el título de su idolatría
encubrían su ambición y cudicia de ensanchar su reino.
Ora sea por lo uno o por lo otro o por ambas cosas, que todo cabe en los poderosos, mandó levantar gente, y, venida
la primavera, salió con doce mil hombres de guerra y cuatro maeses de campo y los demás oficiales y ministros del
ejército, y fue hasta el desaguadero de la gran laguna Titicaca, que, por ser llana toda la tierra del Collao, le parecía más fácil de conquistar que otra alguna, y también porque la gente de aquella región se mostraba más simple y
dócil.

Llegado al desaguadero, mandó hacer grandes balsas,
en que pasó el ejército, y a los primeros pueblos que halló
envió los requerimientos acostumbrados, que no hay para
qué repetirlos tantas veces. Los indios obedecieron fácilmente, por las maravillas que habían oído decir de los Incas, y entre otros pueblos que se redujeron fue uno Tiahuanacu, de cuyos grandes e increíbles edificios será bien que

digamos algo. Es así que entre otras obras que hay en aquel sitio, que son para admirar, una de ellas es un cerro o collado hecho a mano, tan alto (para ser hecho de hombres) que causa admiración, y porque el cerro o la tierra amontonada no se les deslizase y se allanase el cerro, lo fundaron sobre grandes cimientos de piedra, y no se sabe para qué fue hecho aquel edificio. En otra parte, apartado de aquel cerro, estaban dos figuras de gigantes entallados en piedras, con vestiduras largas hasta el suelo y con sus tocados en las cabezas, todo ello bien gastado del tiempo, que muestra su mucha antigüedad. Véese también una muralla grandísima, de piedras tan grandes que la mayor admiración que causa es imaginar qué fuerzas humanas pudieron llevarlas donde están, siendo, como es verdad, que en muy gran distancia de tierra no hay peñas ni canteras de donde se hubiesen sacado aquellas piedras. Véense también en otra parte otros edificios bravos, y lo que más admira son unas grandes portadas de piedra hechas en diferentes lugares, y muchas de ellas son enterizas, labradas de sola una piedra por todas cuatro partes, y aumenta la maravilla de estas portadas que muchas de ellas están asentadas sobre piedras, que, medidas algunas, se hallaron tener treinta pies de largo y quince de ancho y seis de frente. Y estas piedras tan grandes y las portadas son de una pieza, las cuales obras no se alcanza ni se entiende con qué instrumentos o herramientas se pudieran labrar. Y pasando adelante con la consideración de esta grandeza, es de advertir cuánto mayores serían aquellas piedras antes que se labraran.

Los naturales dicen que todos estos edificios y otros que no se escriben son obras antes de los Incas, y que los Incas, a semejanza de éstas, hicieron la fortaleza del Cozco, que adelante diremos, y que no saben quién las hizo, mas de que oyeron decir a sus pasados que en sola una noche remanecieron hechas todas aquellas maravillas. Las cuales obras parece que no se acabaron, sino que fueron principios de lo que pensaban hacer los fundadores. Todo lo dicho es de Pedro de Cieza de León, en la *Demarcación* que escribió del Perú y sus provincias, capítulo ciento y cinco, donde largamente escribe estos y otros edificios que en suma hemos dicho, con los cuales me pareció juntar otros que me escribe un sacerdote, condiscípulo mío, llamado Diego de Alcobaza[129] (que puedo llamarle hermano porque ambos nacimos en una casa y su padre me crió como ayo), el cual, entre otras relaciones que de mi tierra él y otros me han enviado, hablando de estos grandes edificios de Tiahuanacu, dice estas palabras: "En Tiahuanacu, provincia del Collao, entre otras hay una antigualla digna de inmortal memoria. Está pegada a la laguna llamada por los españoles Chucuitu cuyo nombre proprio es Chuquiuitu. Allí están unos edificios grandísimos, entre los cuales está un patio cuadrado de quince brazas a una parte y a otra, con su cerca de más de dos estados de alto. A un lado del patio está una sala de cuarenta y cinco pies de largo y veinte y dos de ancho, cubierta a semejanza de las piezas cubiertas de paja que vuestra merced vio en la casa del Sol en esta ciudad de Cozco. El patio que tengo dicho, con sus paredes y suelo, y la sala y su techumbre y cubierta y las portadas y umbrales de dos puertas que la sala tiene, y otra puerta que tiene el patio todo esto es de una sola pieza, hecha y labrada en un peñasco y las paredes de patio y las de la sala son de tres cuartas de vara de ancho, y el techo de la sala, por de fuera, parece de paja, aunque es de piedra, porque, como los indios cubren sus casas con paja, porque semejase ésta a las otras, peinaron la piedra y la arrayaron para que pareciese cubija de paja. La laguna bate en un

[129] *Diego de Alcobaza:* el propio Garcilaso menciona lo que debe a su amigo el religioso Diego de Alcobaza. Éste le dio pormenores de los edificios de Tiahuanaco, le escribió noticias de los sucesos de Chile y le envió el *Confesionario para los curas de indios*, impreso en Lima por Antonio Ricardo.

lienzo de los del patio. Los naturales dicen que aquella casa y los demás edificios los tenían dedicados al Hacedor
del universo. También hay allí cerca otra gran suma de
piedras labradas en figuras de hombres y mujeres, tan al
natural que parece que están vivos, bebiendo con los vasos en las manos, otros sentados, otros en pie parados,
otros que van pasando un arroyo que por entre aquellos
edificios pasa; otras estatuas están con sus criaturas en las
faldas y regazo; otros las llevan a cuestas y otras de mil maneras. Dicen los indios presentes que por grandes pecados
que hicieron los de aquel tiempo y porque apedrearon un
hombre que pasó por aquella provincia, fueron convertidos en aquellas estatuas." Hasta aquí son palabras de Diego de Alcobaza, el cual en muchas provincias de aquel reino ha sido vicario y predicador de los indios, que sus
perlados lo han mudado de unas partes a otras, porque como mestizo natural del Cozco sabe mejor el lenguaje de
los indios que otros no naturales de aquella tierra, y hace
más fruto.

CAPÍTULO VIII

CON LA FAMA DE LA PUENTE SE REDUCEN MUCHAS
NACIONES DE SU GRADO

Sabiendo el Inca que la puente estaba hecha,[130] sacó su ejército, en que llevaba doce mil hombres de guerra con capitanes experimentados, y caminó hasta la puente, en la cual halló buena guarda de gente para defenderla si los enemigos la quisieran quemar. Mas ellos estaban tan admirados de la nueva obra cuan deseosos de recebir por señor al príncipe que tal máquina mandó hacer, porque los indios del Perú en aquellos tiempos, y aun hasta que fueron los españoles, fueron tan simples[131] que cualquiera cosa nueva que otro inventase, que ellos no hubiesen visto, bastaba para que se rindiesen y reconociesen por divinos hijos del Sol a los que las hacían. Y así ninguna cosa los admiró tanto para que tuviesen a los españoles por dioses y

---

[130] En el capítulo anterior —no incluido en la presente edición— Garcilaso comenta que el Inca rey, tras someter a muchos pueblos —desde Huaichu hasta Callamarca, al mediodía, camino de los Charcas, al valle de Caracuta y hasta las faldas de los Andes—, mandó construir el primer puente de mimbre del Perú para que su ejército pudiese pasar.

[131] Garcilaso concibe la idea del buen salvaje a partir de la edad de los Incas o segunda edad. Según Porras Barrenechea (*El Inca en Montilla*, p. 269), la edad de oro surge con la idea de sujeción al Estado. Ese periodo de felicidad viene marcado por el respeto a la ley y la inocencia y sencillez de costumbres.

se sujetasen a ellos en la primera conquista, como verlos pelear sobre animales tan feroces como al parecer de ellos son los caballos,[132] y verles tirar con arcabuces y matar al enemigo a doscientos y a trescientos pasos. Por estas dos cosas, que fueron las principales, sin otras que en ellos vieron los indios, los tuvieron por hijos del Sol y se rindieron con tan poca resistencia como hicieron, y después acá también han mostrado y muestran la misma admiración y reconocimiento cada vez que los españoles sacan alguna cosa nueva que ellos no han visto, como ver molinos para moler trigo, y arar bueyes, hacer arcos de bóveda de cantería en las puentes que han hecho en los ríos, que les parece que todo aquel gran peso está en el aire; por las cuales cosas y otras que cada día veen, dicen que merecen los españoles que los indios los sirvan. Pues como en tiempo del Inca Maita Cápac era aún mayor esta simplicidad, recibieron aquellos indios tanta admiración de la obra de la puente que sola ella fue parte para que muchas provincias de aquella comarca recibiesen al Inca sin contradicción alguna, y una de ellas fue la que llaman Chumpiuillca, que está en el distrito de Contisuyu, la cual tiene veinte leguas de largo y más de diez de ancho: recibiéronle por señor muy de su grado, así por la fama de hijo del Sol como por la maravilla de la obra nueva que les parecía que semejantes cosas no las podían hacer sino hombres venidos del cielo. Sólo en un pueblo llamado Uillilli halló alguna resistencia, donde los naturales, habiendo hecho fuera del pueblo un fuerte, se metieron dentro. El Inca los mandó cercar por todas partes para que no se fuese indio alguno, y por otra parte les convidó con su acostumbrada clemencia y piedad.

Los del fuerte, habiendo estado pocos días, que no pasaron de doce o trece, se rindieron, y el Inca los perdonó llanamente, y, dejando aquella provincia pacífica, atrave-

---

[132] Sobre los caballos véase el artículo de Miró Quesada "El Inca Garcilaso y los caballos", en *El Inca Garcilaso...*, pp. 477-482.

só el despoblado de Contisuyu, que tiene diez y seis leguas
de travesía; halló una mala ciénega de tres leguas de ancho
que a una mano y a otra corre mucha tierra a la larga, que
impedía el paso al ejército.

El Inca mandó hacer en ella una calzada, la cual se hizo
de piedras grandes y chicas, entre las cuales echaban por
mezcla céspedes de tierra. El mismo Inca trabajaba en la
obra, así en dar la industria como en ayudar a levantar las
piedras grandes que en el edificio se ponían. Con este
ejemplo pusieron tanta diligencia los suyos, que en pocos
días acabaron la calzada, con ser de seis varas en ancho y
dos de alto. Esta calzada han tenido y tienen hoy en gran
veneración los indios de aquella comarca, así porque el
mismo Inca trabajó en la obra como por el provecho que
sienten de pasar por ella, porque ahorran mucho camino y
trabajo que antes tenían para descabezar la ciénega por la
una parte o por la otra. Y por esta causa tienen grandísimo
cuidado de repararla, que apenas se ha caído una piedra
cuando la vuelven a poner. Tienenla repartida por sus dis-
tritos, para que cada nación tenga cuidado de reparar su
parte, y a porfía unos de otros la tienen, como si hoy se
acabara, y en cualquier obra pública había el mismo repartimiento, por linajes si la obra era pequeña o por pueblos si era mayor o por provincias si era muy grande, como
lo son las puentes, pósitos, casas reales y otras obras semejantes. Los céspedes son de mucho provecho en las calzadas porque, entretejiendo las raíces unas con otras por
entre las piedras, las asen y traban y las fortalecen grandemente.

CAPÍTULO IX

GANA EL INCA OTRAS MUCHAS Y GRANDES PROVINCIAS
Y MUERE PACÍFICO

Hecha la calzada, pasó el Inca Maita Cápac, y entró por una provincia llamada Allca, donde salieron muchos indios de guerra de toda la comarca a defenderle el paso de unas asperísimas cuestas y malos pasos que hay en el camino, que son tales que, aun pasar por ellos caminando en toda paz, ponen grima y espanto, cuanto más habiéndolos de pasar con enemigos que lo contradigan. En aquellos pasos se hubo el Inca con tanta prudencia y consejo, y con tan buen arte militar, que, aunque se los defendieron y murió gente de una parte y de otra, siempre fue ganando tierra a los enemigos. Los cuales, viendo que en unos pasos tan fragosos no le podían resistir, antes iban perdiendo de día en día, dijeron que verdaderamente los Incas eran hijos del Sol, pues se mostraban invencibles. Con esta creencia vana (aunque habían resistido más de dos meses), de común consentimiento de toda la provincia lo recibieron por rey y señor, prometiéndole fidelidad de vasallos leales.

El Inca entró en el pueblo principal llamado Allca con gran triunfo. De allí pasó a otras grandes provincias cuyos nombres son: Taurisma, Cotahuaci, Pumatampu, Parihuana Cocha, que quiere decir laguna de pájaros flamencos, porque en un pedazo de despoblado que hay en aquella

241

provincia hay una laguna grande: en la lengua del Inca llaman *cocha* a la mar y a cualquiera laguna o charco de agua, y *parihuana* llaman a los pájaros que en España llaman flamencos, y de estos dos nombres componen uno diciendo Parihuana Cocha, con el cual nombran aquella provincia, que es grande, fértil y hermosa y tiene mucho oro; y los españoles, haciendo síncopa, le llaman Parina Cocha. Pumatampu quiere decir depósito de leones, compuesto de *puma,* que es león, y de *tampu,* que es depósito: debió ser por alguna leonera que en aquella provincia hubiese habido en algún tiempo o porque hay más leones en ella que en otra alguna.

De Parihuana Cocha pasó el Inca adelante, y atravesó el despoblado de Coropuna, donde hay una hermosísima y eminentísima pirámide de nieve que los indios, con mucha consideración, llaman Huaca, que entre otras significaciones que este nombre tiene, aquí quiere decir admirable (que cierto lo es), y en su simplicidad antigua la adoraban sus comarcanos por su eminencia y hermosura, que es admirabilísima. Pasando el despoblado, entró en la provincia llamada Aruni; de allí pasó a otra que dicen Collahua, que llega hasta el valle de Arequepa,[133] que según el Padre Blas Valera quiere decir trompeta sonora.

Todas estas naciones y provincias redujo el Inca Maita Cápac a su Imperio con mucha facilidad de su parte y mucha suavidad de parte de los súbditos. Porque, como hubiesen oído las hazañas que los Incas hicieron en los malos pasos y aspereza de la sierra de Allca, creyendo que eran invencibles y hijos del Sol, holgaron de ser sus vasallos. En cada provincia de aquéllas paró el Inca el tiempo que fue menester para dar asiento y orden en lo que convenía al buen gobierno y quietud de ella. Halló el valle de Arequepa sin habitadores, y, considerando la fertilidad del sitio, la templanza del aire, acordó pasar muchos indios de los

---

[133] *valle de Arequepa:* valle de Arequipa.

que habían conquistado para poblar aquel valle.[134] Y dándoles a entender la comodidad del sitio, el provecho que se les seguiría de habitar y gozar aquella tierra, no solamente a los que la poblasen, sino también a los de su nación, porque en todos ellos redundaría el aprovechamiento de aquel valle, sacó más de tres mil casas y con ellos fundó cuatro o cinco pueblos. A uno de ellos llaman Chimpa y a otro Sucahuaya, y dejando en ellos los gobernadores y los demás ministros necesarios, se volvió al Cozco, habiendo gastado en esta segunda conquista tres años, en los cuales redujo a su Imperio, en el distrito llamado Cuntisuyu, casi

---

[134] Basándose en Garcilaso, el historiador Philip Ainsworth Means defiende una expansión lenta del imperio inca ("Biblioteca Andina", en *Connecticut Academy of Arts and Sciences, Transactions*, vol. XXIX, New Haven, 1928, y *Ancient Civilizations of the Andes*, Nueva York, 1931, VI-VII). Sin embargo, John Howland Rowe cree que esa expansión fue muy rápida y que se debió primordialmente a las conquistas de Pachacútec y Túpac Yupanqui, sobre todo de este último ("Absolute chronology in the Andean Area", en *American Antiquity*, vol. X, Menasha Wisconsin, 1945). Si bien las fuentes principales (Cieza de León, *La crónica del Perú*, 1553, y la posterior *Segunda parte de la crónica del Perú*; Sarmiento de Gamboa, *Segunda parte de la Historia General*, 1572; Cabello de Balboa, *Miscelánea Antártica*, 1586; Bernabé Cobo, *Historia del Nuevo Mundo*, 1653) concluyen que el grueso de las conquistas se inició con Pachacútec y las *Relaciones Geográficas de las Indias* (1582-1586) atribuyen las conquistas más importantes a Túpac Yupanqui —especialmente— y a Huayna Cápac, no hay ninguna prueba más que el testimonio oral de los indios recogido en las crónicas. Åke Wedin sostiene que esta concentración, que se acrecienta cuanto más tardía es la crónica, se debe sólo al olvido de los indios. El propio Cieza, al observar en sus informantes indios la tendencia a concentrar en estos soberanos todas las hazañas, considera la posibilidad de que se deba a que éstos son los más modernos. El historiador Sverker Arnoldsson (*Los momentos históricos de América según la historiografía hispanoamericana del periodo colonial*, Madrid, Instituto Iberoamericano de Gotemburgo, 1956) defiende que esta concentración se debe a la contaminación del concepto historiográfico occidental de la teoría de la importancia del héroe. Las crónicas difieren a la hora de datar los periodos de reinado de los reyes incas. Rowe se basa en Cabello de Balboa cuando da las siguientes fechas: Pachacútec (1438-1463), Pachacútec y Túpac Yupanqui (1463-1471), Túpac Yupanqui (1471-1493), Huayna Cápac (1493-1527), Huáscar (1527-1532).

noventa leguas de largo y diez y doce de ancho por unas partes y quince por otras. Toda esta tierra estaba contigua a la que tenía ganada y sujeta a su Imperio.

En el Cozco fue recebido el Inca con grandísima solemnidad de fiesta y regocijos, bailes y cantares compuestos en loor de sus hazañas. El Inca, habiendo regalado a sus capitanes y soldados con favores y mercedes, despidió su ejército, y, pareciéndole que por entonces bastaba lo que había conquistado, quiso descansar de los trabajos pasados y ocuparse en sus leyes y ordenanzas para el buen gobierno de su reino, con particular cuidado y atención del beneficio de los pobres, viudas y huérfanos, en lo cual gastó lo que de la vida le quedaba, que, como a los pasados, le dan treinta años de reinado, poco más o menos, que de cierto no se sabe los que reinó ni los años que vivió ni yo pude haber más de sus hechos. Falleció lleno de trofeos y hazañas que en paz y en guerra hizo. Fue llorado y lamentado un año, según la costumbre de los Incas; fue muy amado y querido de sus vasallos. Dejó por su universal heredero a Cápac Yupanqui,[135] su hijo primogénito y de su hermana y mujer Mama Cuca. Sin el príncipe, dejó otros hijos y hijas, así de los que llamaban legítimos en sangre como de los no legítimos.

---

[135] *Cápac Yupanqui:* hijo de Mayta Cápac, es el quinto y último soberano de la rama de los Hurin Cuzco, al que sus enemigos "se le venían a la obediencia más por temor que por la voluntad." De él se dice que fue el primero que salió a conquistar fuera de la zona del Cuzco al someter a los pueblos de Cuyumarca y Andamarca.

CAPÍTULO XII

ENVÍA EL INCA A CONQUISTAR LOS QUECHUAS.
ELLOS SE REDUCEN DE SU GRADO

El Inca se ocupó cuatro años en el gobierno y beneficio de sus vasallos; mas pareciéndole que no era bien gastar tanto tiempo en la quietud y regalo de la paz, sin dar parte al ejercicio militar, mandó que con particular cuidado se proveyesen los bastimentos y las armas, y la gente se aprestase para el año venidero. Llegado el tiempo, eligió un hermano suyo llamado Auqui Titu por capitán general, y cuatro Incas, de los parientes más cercanos, hombres experimentados en paz y en guerra, por maeses de campo, que cada uno de ellos llevase a su cargo un tercio de cinco mil hombres de guerra y todos cinco gobernasen el ejército. Mandóles que llevasen adelante la conquista que él había hecho en el distrito de Cuntisuyu, y para dar buen principio a la jornada fue con ellos hasta la puente de Huacachaca, y habiéndoles encomendado el ejemplo de los Incas sus antecesores en la conquista de los indios, se volvió al Cozco.

El Inca general y sus maeses de campo entraron en una provincia llamada Cotapampa; hallaron al señor de ella acompañado de un pariente suyo, señor de otra provincia que se dice Cotanera, ambas de la nación llamada Quechua. Los caciques, sabiendo que el Inca enviaba ejército

a sus tierras, se habían juntado para recebirle muy de su
grado por Rey y señor, porque había muchos días que lo
deseaban, y así salieron acompañados de mucha gente
con bailes y cantares, y recibieron al Inca Auqui Titu, y,
con muestras de mucho contento y alegría, le dijeron:
"Seas bien venido Inca Apu (que es general) a darnos nuevo ser y nueva calidad con hacernos criados y vasallos del
hijo del Sol, por lo cual te adoramos como a hermano suyo, y te hacemos saber por cosa muy cierta que si no vinie-
ras tan presto a reducirnos al servicio del Inca, estábamos
determinados de ir al año venidero al Cozco a entregarnos
al Rey y suplicarle mandara admitirnos debajo de su Imperio, porque la fama de las hazañas y maravillas de estos
hijos del Sol, hechas en paz y en guerra, nos tienen tan aficionados y deseosos de servirles y ser sus vasallos que cada día se nos hacía un año. También lo deseábamos por
vernos libres de las tiranías y crueldades que las naciones
Chanca y Hancohuallu y otras, sus comarcanas, nos hacen
de muchos años atrás, desde el tiempo de nuestros abuelos y antecesores, que a ellos y a nosotros nos han ganado
muchas tierras, y nos hacen grandes sinrazones y nos tra-
en muy oprimidos; por lo cual deseábamos el imperio de
los Incas, por vernos libres de tiranos. El Sol, tu padre, te
guarde y ampare, que así has cumplido nuestros deseos."
Dicho esto, hicieron su acatamiento al Inca y a los maeses
de campo, y les presentaron mucho oro para que lo enviasen al Rey. La provincia Cotapampa, después de la guerra
de Gonzalo Pizarro,[136] fue repartimiento de don Pedro

[136] *Gonzalo Pizarro:* fue uno de los máximos exponentes del bando
pizarrista en la lucha contra Almagro. Tiempo después, ante la inquina
general que causaba el nombrado primer virrey del Perú, Blasco Núñez
Vela, Gonzalo Pizarro decidió rebelarse. El capitán Garcilaso, que se encontraba en sus filas, no quiso tomar parte de tal acción y Gonzalo le persiguió por ello, pero el cumplimiento de sus ambiciones (consiguió la huida del virrey y su propio nombramiento como gobernador a finales de
octubre de 1544) hizo que perdonara a aquellos que le habían abandonado.

Luis de Cabrera,[137] natural de Sevilla, y la provincia Cotanera y otra que luego veremos, llamada Huamanpallpa, fueron de Garcilaso de la Vega, mi señor,[138] y fue el segundo repartimiento que tuvo en el Perú; del primero diremos adelante en su lugar.

El general Auquititu y los capitanes respondieron en nombre del Inca y les dijeron que agradecían sus buenos deseos pasados y los servicios presentes, que de lo uno y de lo otro y de cada palabra de las que habían dicho darían larga cuenta a Su Majestad, para que las mandase gratificar como se gratificaba cuanto en su servicio se hacía. Los curacas quedaron muy contentos de saber que hubiesen de llegar a noticia del Inca sus palabras y servicios; y así

Sin embargo, el capitán fue estrechamente vigilado a partir de entonces, tal como Garcilaso explica en su *Historia General del Perú* (IV, 20). A pesar de todo, el virrey consiguió reunir una tropa en el norte y Gonzalo le enfrentó, en enero de 1546, en la batalla de Iñaquito (cerca de Quito), en la que Núñez Vela cayó derrotado y murió. En octubre de 1547, Gonzalo tuvo que luchar contra las fuerzas de Diego Centeno en Huarina. Gonzalo resultó descabalgado en un lance y Garcilaso le salvó cediéndole su caballo. Con tal fortuna se rehizo el caudillo que resultó vencedor. Este acto del capitán Garcilaso será el que perjudicará después las demandas de su hijo en la corte, el mismo que todavía niño presenció la entrada triunfal de Gonzalo y su padre en Cuzco tras aquella victoria. Ante el avance de La Gasca, representante de la corona, Gonzalo tuvo que salir de Cuzco y enfrentarse a él (abril de 1548). Sin embargo, apenas hubo batalla, pues las tropas de Gonzalo, y entre ellas el capitán Garcilaso, desertaron masivamente y lo apresaron. Gonzalo fue ejecutado el día siguiente a su derrota.

[137] *Pedro Luis de Cabrera:* natural de Sevilla, pariente por parte de padre de Garcilaso (llamaba a este último "sobrino"). En 1562, poco antes de su muerte, fue visitado en Madrid por Garcilaso.

[138] Ante las continuas luchas entre los conquistadores españoles del Perú, el rey otorgó a Cristóbal Vaca de Castro —quien llegó a Panamá en 1541— poderes especiales para reorganizar el ejército y sofocar la rebeldía de Almagro el Mozo (hijo de Diego de Almagro). En septiembre de 1542, Almagro el Mozo fue derrotado y, aunque pudo huir, fue apresado, sometido a juicio y ejecutado. El capitán Garcilaso, que formaba parte de las tropas de los vencedores, fue recompensado por Vaca de Castro con las posesiones de Cotanera y Huamanpallpa —situadas a unas cuarenta leguas del Cuzco— y con indios que le tributaban trigo y lana.

cada día mostraban más amor y hacían con mucho gusto cuanto el general y sus capitanes les mandaban. Los cuales, dejada la buena orden acostumbrada en aquellas dos provincias, pasaron a otra llamada Huamanpallpa; también la redujeron sin guerra ni contradicción alguna. Los Incas pasaron el río Amáncay por dos o tres brazos que lleva corriendo por entre aquellas provincias, los cuales, juntándose poco adelante, hacen el caudaloso río llamado Amáncay.

Uno de aquellos brazos pasa por Chuquiinca, donde fue la batalla de Francisco Hernández Girón con el mariscal don Alonso de Alvarado,[139] y en este mismo río, años antes, fue la de don Diego de Almagro[140] y el dicho mariscal, y en ambas fue vencido don Alonso de Alvarado, como se dirá más largo en su lugar, si Dios nos deja llegar allá. Los Incas anduvieron reduciendo las provincias que hay de una parte y otra del río Amáncay, que son muchas y se contienen debajo de este apellido Quechua. Todos tienen mucho oro y ganado.

---

[139] *Alonso de Alvarado:* entre sus actividades como conquistador destacan su participación en el bando de Pizarro en la lucha contra Almagro y la reanudación de la conquista de los Chachapoyas. Fue nombrado corregidor del Cuzco en 1550. Sebastián de Castilla intentó asesinarle durante el segundo levantamiento de Hernández Girón; Alvarado entonces persiguió con su ejército a Girón, pero éste le derrotó en Chuquinga.

[140] *Diego de Almagro:* conquistador rival de Pizarro, a quien le arrebató la ciudad de Cuzco. Entre las tropas pizarristas que derrotó, se encontraba el capitán Garcilaso de la Vega, quien fue hecho prisionero y como tal entró por primera vez en el Cuzco. Después Almagro fundó en Chincha la ciudad de su nombre. En abril de 1538 fue vencido por las tropas pizarristas en la batalla de Las Salinas. Fue apresado y ejecutado. A pesar de ello, sus partidarios prosiguieron las revueltas. En 1541 asesinaron a Francisco Pizarro e impusieron como nuevo gobernador del Perú al hijo de Almagro, Almagro el Mozo.

CAPÍTULO XVI

DIVERSOS INGENIOS QUE TUVIERON LOS INDIOS PARA PASAR LOS RÍOS Y PARA SUS PESQUERÍAS

Ya que se ha dado cuenta de las dos maneras de puentes que los Incas mandaron hacer para pasar los ríos, la una de mimbre y la otra de juncia y enea, será razón digamos otras maneras y artificios que tenían para los pasar, porque las puentes, por la mucha costa y prolijidad, no se sufría hacerlas sino en los caminos reales. Y como aquella tierra sea tan ancha y larga y la atraviesen tantos ríos, los indios, enseñados de la pura necesidad, hicieron diversos ingenios para pasarlas, conforme a las diversas disposiciones que los ríos tienen y también para navegar por la mar eso poco que por ella navegaban.[141] Para lo cual no supieron o no pudieron hacer piraguas ni canoas como los de la Florida y los de las islas de Barlovento y Tierra Firme, que son a manera de artesas, porque en el Perú no hubo madera gruesa dispuesta para ellas, y aunque es verdad que tienen árboles muy gruesos, es la madera tan pesada como el

---

[141]   Señala José Alcina Franch (*Las claves de la América Precolombina*, Planeta, 1992, p. 107) cómo de las muchas dificultades que debían salvar los caminos del Inca, la más frecuente fue la de los numerosos cursos fluviales, por lo que construyeron innumerables puentes de muy diverso tipo, siendo el más famoso el de San Luis Rey, sobre el Apurimac.

hierro, por lo cual se valen de otra madera, delgada como
el muslo, liviana como la higuera; la mejor, según decían
los indios, se criaba en las provincias de Quitu, de donde
la llevaban por mandado del Inca a todos los ríos. Hacían
de ella balsas grandes y chicas, de cinco o de siete palos
largos, atados unos con otros: el de en medio era más largo que todos los otros: los primeros colaterales eran menos largos, luego los segundos eran más cortos y los terceros más cortos, porque así cortasen mejor el agua, que no
la frente toda pareja y la misma forma tenían a la popa que
a la proa. Atábanles dos cordeles, y por ellos tiraban para
pasarla de una parte a otra. Muchas veces, a falta de los
balseros, los mismos pasajeros tiraban de la soga para pasar del un cabo al otro. Acuérdome haber pasado en algunas balsas que eran del tiempo de los Incas, y los indios las
tenían en veneración.

Sin las balsas, hacen otros barquillos más manuales:
son de un hace rollizo de enea, del grueso de un buey;
átanlo fuertemente, y del medio adelante lo ahúsan y lo
levantan hacia arriba como proa de barco, para que rom-
pa y corte el agua; de los dos tercios atrás lo van ensan-
chando; lo alto del hace es llano, donde echan la carga
que ha de pasar. Un indio solo gobierna cada barco de éstos; pónese al cabo de la popa y échase de pechos sobre el
barco, y los brazos y piernas le sirven de remos, y así lo
lleva al amor del agua. Si el río es raudo, va a salir cien pasos y doscientos más abajo de como entró. Cuando pasan
alguna persona, lo echan de pechos a la larga sobre el barco, la cabeza hacia el barquero; mándanle que se asga a
los cordeles del barco y pegue el rostro con él y no levante ni abra los ojos a mirar cosa alguna. Pasando yo de esta
manera un río caudaloso y de mucha corriente (que en los
semejantes es donde lo mandan, que en los mansos no se
les da nada), por los extremos y demasiado encarecimiento que el indio barquero hacía mandándome que no alza-
se la cabeza ni abriese los ojos, que por ser yo muchacho

me ponía unos miedos y asombros como que se hundiría la tierra o se caerían los cielos, me dio deseo de mirar por ver si veía algunas cosas de encantamento o del otro mundo.[142] Con esta cudicia, cuando sentí que íbamos en medio del río, alcé un poco la cabeza y miré el agua arriba, y verdaderamente me pareció que caíamos del cielo abajo, y esto fue por desvanecérseme la cabeza por la grandísima corriente del río y por la furia con que el barco de enea iba cortando el agua al amor de ella. Forzóme el miedo a cerrar los ojos y a confesar que los barqueros tenían razón en mandar que no los abriesen.

Otras balsas hacen de grandes calabazas enteras enredadas y fuertemente atadas unas con otras en espacio de vara y media en cuadro, más y menos, como es menester. Échanle por delante un pretal como a silla de caballo, donde el indio barquero mete la cabeza y se echa a nado y lleva sobre sí nadando la balsa y la carga hasta pasar el río o la bahía o estero del mar. Y si es necesario lleva detrás un indio o dos ayudantes que van nadando y rempujando la balsa.

En los ríos grandes, que por su mucha corriente y forocidad no consienten que anden sobre ellos con balsas de calabazas ni barcos de enea, y que por los muchos riscos y peñas que a una ribera y a otra tienen no hay playa donde pueden embarcar ni desembarcar, echan por lo alto, de una sierra a otra, una maroma muy gruesa de aquel su cáñamo que llaman *cháhuar:* átanla a gruesos árboles o fuertes peñascos. En la maroma anda una canasta de mimbre con una asa de madera, gruesa como el brazo; es capaz de tres o cuatro personas. Trae dos sogas atadas, una a un cabo y otra a otro, por los cuales tiran de la canasta para pasarla de la una ribera a la otra. Y como la maroma sea tan

---

[142] Una vez más se hace presente el testimonio del propio escritor. Garcilaso, como otros cronistas, mezcla la etnografía con los recuerdos personales.

larga, hace mucha vaga y caída en medio; es menester ir
soltando la canasta poco a poco hasta el medio de la maroma, porque va muy cuesta abajo, y de allí adelante la tiran
a fuerza de brazos. Para esto hay indios que las provincias
comarcanas envían por su rueda, que asistan en aquellos
pasos para los caminantes, sin interés alguno; y los pasajeros dende la canasta ayudaban a tirar de las sogas, y muchos pasaban a solas sin ayuda alguna; metíanse de pies en
la canasta, y con las manos iban dando pasos por la maroma. Acuérdome haber pasado por esta manera de pasaje
dos o tres veces, siendo bien muchacho, que apenas había
salido de la niñez; por los caminos me llevaban los indios a
cuestas. También pasaban su ganado en aquellas canastas,
siendo en poca cantidad, empero con mucho trabajo, porque lo maniatan y echan en la canasta, y así lo pasan con
mucha cansera. Lo mismo hacen con el ganado menor de
España, como son ovejas, cabras y puercos. Pero los animales mayores, como caballos, mulos, asnos y vacas, por
la fortaleza y peso de ellos, no los pasan en las canastas, sino que los llevan a las puentes o a los vados buenos. Esta
manera de pasaje no la hay en los caminos reales, sino en
los particulares que los indios tienen de unos pueblos a
otros; llámanle *uruya*.

Los indios de toda la costa del Perú entran a pescar en la
mar en los barquillos de enea que dijimos: entran cuatro y
cinco y seis leguas la mar adentro y más si es menester,
porque aquel mar es manso y se deja hollar de tan flacos
bajeles. Para llevar o traer cargas mayores usan de las balsas de madera. Los pescadores, para andar por la mar, se
sientan sobre sus piernas, poniéndose de rodillas encima
de su hace de enea, van bogando con una caña gruesa de
una braza en largo, hendida por medio a la larga. Hay cañas en aquella tierra tan gruesas como la pierna y como el
muslo; adelante hablaremos más largo de ellas. Toman la
caña con ambas manos para bogar; la una ponen en el un cabo de la caña y la otra en medio de ella. El hueco de la caña

les sirve de pala para hacer mayor fuerza en el agua. Tan
presto como dan el golpe en el agua al lado izquierdo para
remar, tan presto truecan las manos, corriendo la caña por
ellas para dar el otro golpe al lado derecho, y donde tenían
la mano derecha ponen la izquierda y donde tenían la izquierda ponen la derecha: de esta manera van bogando y
trocando las manos y la caña de un lado a otro, que, entre
otras cosas de admiración que hacen en aquel su navegar y
pescar, es esto lo más admirable. Cuando un barquillo de
éstos va a toda furia, no lo alcanzará una posta por buena
que sea.

Pescan con fisgas peces tan grandes como un hombre.[143]
Esta pesquería de las fisgas (para la pobreza de los indios)
es semejante a la que hacen en Vizcaya de las ballenas. En
la fisga atan un cordel delgado que los marineros llaman
volantín, es de veinte, treinta, cuarenta brazas; el otro cabo atan a la proa del barco. En hiriendo al pece, suelta el
indio las piernas, y con ellas abraza su barco, y con las manos va dando carrete al pece que huye y en acabándose el
cordel se abraza con su barco fuertemente, y así asido lo
lleva el pece si es muy grande, con tanta velocidad que parece ave que va volando por la mar. De esa manera andan
ambos peleando hasta que el pece se cansa y viene a manos del indio. También pescaban con redes y anzuelos mas
todo era pobreza y miseria, que las redes (por pescar cada
uno para sí y no en compañía) eran muy pequeñas y los anzuelos muy desastrados, porque no alcanzaron acero ni
hierro, aunque tuvieron minas de él, mas no supieron sacarlo. Al hierro llaman *quíllay*.

No echan vela en los barquillos de enea, porque no tienen sostén para sufrirla ni creo que camina tanto con ella

---

[143] En este caso Garcilaso se incorpora al relato para dar credibilidad
a su argumentación. Las fábulas fueron la manifestación oral más importante del pueblo inca. La imaginación popular intentó fijar en relatos, fábulas y cuentos las imágenes míticas que les identificaban con su visión
del mundo.

como camina con solo un remo. A las balsas de madera se la echan cuando navegan por la mar. Estos ingenios que los indios del Perú tenían para navegar por la mar y pasar los ríos caudalosos yo los dejé en uso, y lo mismo será ahora porque aquella gente, como tan pobre, no aspiran a cosas mayores de las que tenían.[144] En la historia de *La Florida,* libro sexto, dijimos algo de estos ingenios, hablando de las canoas que en aquella tierra hacen para pasar y navegar los ríos, tantos y tan caudalosos como allí los hay. Y con esto volvamos a la conquista del Inca Cápac Yupanqui.

[144] Los incas, por ser pueblo del interior, no se ocuparon especialmente de la navegación. En el lago de Titicaca son famosas las balsas de totora que sirven para la pesca. Las balsas de madera se construían para el transporte de personas y carga.

CAPÍTULO XIX

SACAN INDIOS DE LA COSTA PARA COLONIAS LA TIERRA ADENTRO. MUERE EL INCA CÁPAC YUPANQUI

De Nanasca sacó el Inca indios Incas[145] de aquella nación para trasplantarlos en el río Apurímac, porque aquel río, desde el camino real que pasa del Cozco a Rímac, pasa por región tan caliente que los indios de la sierra, como son de tierra fría o templada, no pueden vivir en tanta calor, que luego enferman y mueren. Por lo cual, como ya se ha dicho, tenían los Incas dada orden que cuando así se trasplantasen indios de una provincia a otra, que ellos llaman *mítmac,* siempre se cotejasen las regiones, que fuesen de un mismo temple de tierra, por que no se les hiciese de mal la diferencia destemplada, pasándolos de tierra fría a tierra caliente o al contrario, porque luego mueren. Y por esto era prohibido bajar los indios de la sierra a los llanos, porque es muy cierto morir luego dentro de pocos días. El Inca, teniendo atención a este peligro, llevó indios de tierra caliente para poblar en tierra caliente y fueron pocos, porque había poca tierra que poblar a causa de que el río Apurímac, por pasar entre altísimas y asperísimas sierras, tiene a una mano y a

---

[145] En la edición de 1609 y en la de 1943 (Buenos Aires) consta "sacó el Inca indios Incas." Según la edición de Miró Quesada, es "sacó el Inca indios de aquella nación."

otra de su corriente muy poca tierra de provecho, y esa poca no quiso el Inca que se perdiese, sino que se aprovechase en lugar de jardines, siquiera por gozar de la mucha y muy buena fruta que se cría en las riberas de aquel famoso río.

Hecho esto y dejado el orden acostumbrado para el gobierno de las provincias nuevamente ganadas, se volvió el príncipe Inca Roca[146] al Cozco, donde fue muy bien recebido de su padre y de su corte. A los capitanes y soldados mandó despidir, habiéndoles hecho mercedes y favores por los servicios de la guerra. Y por entonces le pareció al Inca Cápac Yupanqui no pasar adelante en sus conquistas porque ya se sentía viejo y deseaba asentar y confirmar en su servicio lo ganado. En esta quietud vivió algunos años, con mucho cuidado del beneficio de sus vasallos, los cuales asimismo acudían con mucho amor y promptitud al servicio del Inca, así en la labor de la casa del Sol como los demás edificios que se hacían, unos por mandado del Inca y otros que los indios inventaban por servir y darle gusto, cada provincia de por sí en su distrito.

En esta quietud y descanso falleció el Inca Cápac Yupanqui; fue valerosísimo príncipe, digno del nombre Cápac que los indios en tanto estimaron. Fue llorado en la corte y en todo su reino con gran sentimiento; fue embalsamado y puesto en el lugar de sus pasados. Dejó por su-

---

[146] *Inca Roca:* hijo de Cápac Yupanqui, será el sexto soberano y el primero de la dinastía de los Hanan Cuzco, la que otorgará al imperio su empuje definitivo. El cambio de nombre dinástico se atribuye a la decisión del Inca Roca —el primero que tomó como título de su autoridad la referencia a su raza— de trasladar a la parte superior de la ciudad su residencia. El clérigo Montesinos cree que pudo tratarse de una crisis sucesoria tras la que el Inca Roca se hizo reconocer como soberano, apoyado por todos los miembros de los linajes que habitaban en esta parte de la ciudad. El investigador de etnohistoria andina R. Tom Zuidema (T*he Ceque System of Cuzco. The Social organization of the capital of the Inca*, Leiden, 1964) plantea la posibilidad de que sus monarcas gobernaran de manera paralela y sincrónica, compartiendo el mando, es decir, como una forma de gobierno diárquico.

cesor a Inca Roca, su hijo primogénito y de la Coya Mama Curííllpay,[147] su mujer y hermana; dejó otros muchos hijos y hijas, ligítimos y bastardos, que, por no saber el número cierto, no se ponen, mas de que se cree que pasaron de ochenta, porque los más de estos Incas dejaron a ciento y a doscientos, y algunos hubo que dejaron más de trescientos hijos y hijas.

[147] *Coya Mama Curííllpay:* según el clérigo Montesinos, Inca Roca sería hijo de una mujer, Hanan Cuzco, quizá concubina de Cápac Yupanqui. Garcilaso, no obstante, silenciará esta crisis sucesoria, puesto que está empeñado en dar a la historia incaica una duración que justifique la legitimidad del gobierno inca. La existencia de las dos dinastías (división de pueblos y diferencias de nombres alto y bajo) se explica en los *Comentarios* como resultado de la voluntad de Manco Cápac y Mama Ocllo de que se guardase memoria sobre el hecho de que unos habían sido convocados por el rey y otros por la reina.

CAPÍTULO XX

LA DESCRIPCIÓN DEL TEMPLO DEL SOL
Y SUS GRANDES RIQUEZAS

Uno de los principales ídolos que los reyes Incas y sus vasallos tuvieron fue la imperial ciudad del Cozco,[148] que la adoraban los indios como a cosa sagrada, por haberla fundado el primer Inca Manco Cápac y por las innumerables victorias que ella tuvo en las conquistas que hizo y porque era casa y corte de los Incas, sus dioses. De tal manera era su adoración que aun en cosas muy menudas la mostraban, que si dos indios de igual condición se topaban en los caminos, el uno que fuese del Cozco y el otro que viniese a él, el que iba era respetado y acatado del que venía como superior de inferior, sólo por haber estado e ir de la ciudad, cuanto más si era vecino de ella y mucho más si era natural. Lo mismo era en las semillas y legumbres o cualquiera otra cosa que llevasen del Cozco a otras partes, que, aunque en la calidad no se aventajase, sólo por ser de aquella ciudad era más estimada que las de otras regiones y provincias. De aquí se sacará lo que habría en cosas mayores. Por tenerla en esta veneración la ennoblecieron aquellos Reyes lo más que pudieron con edificios suntuosos y casas reales que muchos de ellos hicieron para sí, como en la discrepción de ella diremos de algunas de las casas. Entre las cuales, y en la que más se esmeraron, fue la

---

[148] El Cuzco es la ciudad santa de los Incas.

casa y templo del Sol,[149] que la adornaron de increíbles riquezas, aumentándolas cada Inca de por sí y aventajándose del pasado. Fueron tan increíbles las grandezas de aquella casa que no me atreviera yo a escrebirlas si no las hubieran escrito todos los españoles historiadores del Perú. Mas ni lo que ellos dicen ni lo que yo diré alcanza a significar las que fueron. Atribuyen el edificio de aquel templo al Rey Inca Yupanqui, abuelo de Huayna Cápac, no porque él lo fundase, que desde el primer Inca quedó fundado, sino porque lo acabó de adornar y poner en la riqueza y majestad que los españoles lo hallaron.

Viniendo, pues, a la traza del templo, es de saber que el aposento del Sol[150] era lo que ahora es la iglesia del divino S. Domingo, que por no tener la precisa anchura y largura suya no lo pongo aquí; la pieza, en cuanto su tamaño, vive hoy. Es labrada de cantería llana, muy prima y pulida.

El altar mayor (digámoslo así para darnos a entender, aunque aquellos indios no supieron hacer altar) estaba al oriente; la techumbre era de madera muy alta, porque tuviese mucha corriente; la cubija fue de paja, porque no alcanzaron a hacer teja. Todas las cuatro paredes del templo

---

[149] Según Concepción Bravo, "En las crónicas parece advertirse que el culto solar, expresado en un ceremonial oficial y complicado, fue una innovación incaica, de implantación reciente cuando llegaron los españoles; y su desaparición, cuando el culto ya no estuvo asistido oficialmente por el Estado, fue fulminante. Sus templos sólo se encontraban en los centros administrativos creados por el Cuzco que perdieron su efectividad y función al dejar de recibir la atención y servicio que los Incas exigían como tributo." Aunque diversos pueblos andinos sí conocían cultos solares, "fue éste otro aspecto de la tradición cultural panandina que los incas supieron adaptar a sus intereses políticos" (*ob. cit.,* p. 153).

[150] El Inca Garcilaso va a describir la denominada "Casa del Sol." Ésta, históricamente, formaba parte de un conjunto de construcciones de un solo ambiente rodeado por un alto muro y con entrada singular. El templo más sagrado y el que constituía el centro de todos los demás era el Coricancha o "recinto de oro", que los españoles llamaron Templo del Sol, pese a que no estaba constituido por un solo edificio ni la divinidad solar era la única que allí se adoraba. Véase, al respecto, Salvador Canals, *Las civilizaciones prehispánicas de América,* Buenos Aires, Sudamericana, 1973, p. 368.

estaban cubiertas de arriba abajo de planchas y tablones de oro. En el estero que llamamos altar mayor tenían puesta la figura del Sol, hecha de una plancha de oro al doble más gruesa que las otras planchas que cubrían las paredes. La figura estaba hecha con su rostro en redondo y con sus rayos y llamas de fuego todo de una pieza, ni más ni menos que la pintan los pintores. Era tan grande que tomaba todo el estero del templo, de pared a pared. No tuvieron los Incas otros ídolos suyos ni ajenos con la imagen del Sol en aquel templo ni otro alguno, porque no adoraban otros dioses sino al Sol, aunque no falta quien diga lo contrario.

Esta figura del Sol cupo en suerte, cuando los españoles entraron en aquella ciudad, a un hombre noble, conquistador de los primeros, llamado Mancio Serra de Leguizamo,[151] que yo conocí y dejé vivo cuando me vine a España, gran jugador de todos juegos, que con ser tan grande la imagen, la jugó y perdió en una noche. De donde podremos decir, siguiendo al Padre Maestro Acosta, que nació el refrán que dice: "Juega el Sol antes que amanezca." Después, el tiempo adelante, viendo el Cabildo de aquella ciudad cuán perdido andaba este su hijo por el juego, por apartarlo de él lo eligió un año por alcalde ordinario. El cual acudió al servicio de su patria con tanto cuidado y diligencia (porque tenía muy buenas partes de caballero) que todo aquel año no tomó naipe en la mano. La ciudad, viendo esto, le ocupó otro año y otros muchos en oficios públicos. Mancio Serra, con la ocupación ordinaria, olvidó el juego y lo aborreció para siempre, acordándose de los muchos trabajos y necesidades en que cada día le ponía. Donde se vee claro cuánto ayude la ociosidad al vicio y cuán de provecho sea la ocupación a la virtud.

---

[151] *Mancio Serra de Leguizamo:* señala Miró Quesada (*El Inca Garcilaso...*, p. 259) que fue "conquistador de los primeros, nimbado por la leyenda de haber perdido al juego la lámina de oro del Sol del Coricancha." Su hijo, Juan Serra de Leguizamo, fue compañero de Garcilaso en las clases de Juan de Cuéllar.

Volviendo a nuestra historia, decimos que por sola aquella pieza que cupo de parte a un español, se podrá sacar el tesoro que en aquella ciudad y su templo hallaron los españoles. A un lado y a otro de la imagen del Sol estaban los cuerpos de los Reyes muertos,[152] puestos por su antigüedad, como hijos de ese Sol, embalsamados, que (no se sabe cómo) parecían estar vivos. Estaban asentados en sus sillas de oro, puestas sobre los tablones de oro en que solían asentarse. Tenían los rostros hacia el pueblo; sólo Huayna Cápac se aventajaba de los demás,[153] que estaba puesto delante de la figura del Sol, vuelto el rostro hacia él, como hijo más querido y amado, por haberse aventajado de los demás, pues mereció que en vida le adorasen por Dios por las virtudes y ornamentos reales que mostró desde muy mozo. Estos cuerpos escondieron los indios con el demás tesoro, que los más de ellos no han parecido hasta hoy. El año de 1559 el Licenciado Polo[154] descubrió cinco de ellos, tres de Reyes y dos de Reinas.

La puerta principal del templo miraba al norte como hoy está, sin la cual había otras menores para servicio del templo. Todas éstas estaban aforradas con planchas de oro en forma de portada. Por de fuera del templo, por lo alto de las paredes del templo, corría una azanefa de oro de un tablón de más de una vara de ancho, en forma de corona, que abrazaba todo el templo.

---

[152] Véase, al respecto, el capítulo V, 29 y las anotaciones correspondientes.

[153] Garcilaso, con el fin de acercar el cristianismo al pueblo inca, explicará más adelante que es Huayna Cápac el primer Inca que intuyó la existencia de un dios más poderoso que el Sol (IX, 10).

[154] *Licenciado Polo:* Juan Polo de Ondegardo, licenciado natural de Salamanca, nombrado corregidor del Cuzco en diciembre de 1559, mostró a Garcilaso las cinco momias de los Incas recién descubiertas. Fue uno de los historiadores de mayor rigor y que más profundo conocimiento tuvo del pasado indígena. En las *Relaciones* de Polo (*Colección de documentos inéditos del Archivo de Indias*, Madrid, 1872) se menciona al capitán Garcilaso en su visita al "vasto repartimiento" de Tapac-ri con que fue recompensado por su labor en las tropas pizarristas.

CAPÍTULO XXI

DEL CLAUSTRO DEL TEMPLO Y DE LOS APOSENTOS DE LA LUNA Y ESTRELLAS, TRUENO Y RELÁMPAGO Y ARCO DEL CIELO

Pasado el templo, había un claustro de cuatro lienzos; el uno de ellos era el lienzo del templo. Por todo lo alto del claustro había una azanefa de un tablón de oro de más de una vara en ancho, que servía de corona al claustro; en lugar de ella mandaron poner los españoles, en memoria de la pasada, otra azanefa blanca, de yeso, del anchor de la de oro: yo la dejé viva en las paredes que estaban en pie y no se habían derribado. Al derredor del claustro había cinco cuadras o aposentos grandes cuadrados, cada uno de por sí, no trabados con otros, cubiertos en forma de pirámide, de los cuales se hacían los otros tres lienzos del claustro.

La una cuadra de aquéllas estaba dedicada para aposento de la Luna, mujer del Sol, y era la que estaba más cerca de la capilla mayor del templo; toda ella y sus puertas estaban aforradas con tablones de plata, porque por el color blanco viesen que era aposento de la Luna. Teníanle puesta su imagen y retrato como al Sol, hecho y pintado un rostro de mujer en un tablón de plata. Entraban en aquel aposento a visitar la Luna y a encomendarse a ella porque la tenían por hermana y mujer del Sol y madre de los Incas y de toda su generación, y así la llamaban Mama Quilla, que es Madre Luna; no le ofrecían sacrificios como al Sol. A una mano y a otra de la figura de la Luna estaban los cuerpos de las Reinas difuntas, puestas por su orden y antigüedad: Mama Ocllo, madre de Huayna Cápac, estaba delante de la Luna, rostro a rostro con ella y aventajada de las demás, por haber sido madre de tal hijo.

Otro aposento de aquéllos, el más cercano a la Luna, estaba dedicado al lucero Venus y a las siete cabrillas y a todas las demás estrellas en común. A la estrella Venus llamaban Chasca, que quiere decir de cabellos largos y crespos; honrábanla porque decían que era paje del Sol, que andaba más cerca de él, unas veces delante y otras veces en pos. A las siete cabrillas respetaban por la extrañeza de su postura y conformidad de su tamaño. A las estrellas tenían por criadas de la Luna, y así les dieron el aposento cerca del de su señora, porque estuviesen más a mano para el servicio de ella, porque decían que las estrellas andan en el cielo con la Luna, como criadas suyas, y no con el Sol, porque las veen de noche y no de día.

Este aposento estaba entapizado de plata, también como el de la Luna, y la portada era de plata: tenía todo lo alto del techo sembrado de estrellas grandes y chicas, a semejanza del cielo estrellado. El otro aposento, junto al de las estrellas, era dedicado al relámpago, trueno y rayo. Estas tres cosas nombraban y comprehendían debajo de este nombre *Illapa,* y con el verbo que le juntaban distinguían las significaciones del nombre, que diciendo ¿viste la *Illapa?,* entendían por el relámpago; si decían ¿oíste la *Illapa?,* entendían por el trueno; y cuando decían la *Illapa* cayó en tal parte, o hizo tal daño, entendían por el rayo.

No los adoraron por dioses, más de respetarlos por criados del Sol. Lo mismo sintieron de ellos que la gentilidad antigua sintió del rayo, que lo tuvo por instrumento y armas de su dios Júpiter. Por lo cual los Incas dieron aposento al relámpago, trueno y rayo en la casa del Sol, como a criados suyos, y estaba todo él guarnecido de oro. No dieron estatua ni pintura al trueno, relámpago y rayo, porque, no pudiendo retratarlos al natural (que siempre lo procuraban en toda cosa de imágenes), los respetaban con el nombre Illapa,[155] cuya trina significación no han alcanzado hasta ahora los historiadores españoles, que ellos hubieran hecho de él un dios trino y uno dádoselo a los indios, asemejando su idolatría a nuestra sancta religión; que en otras cosas de menos aparencia y color han hecho trinidad componiendo nuevos nombres en el lenguaje, no habiéndolas imaginado los indios.[156] Yo escribo, como otras veces he dicho, lo que mamé en la leche y vi y oí a mis mayores. Y acerca del trueno queda atrás dicho lo que más tuvieron.

Otro aposento (que era el cuarto) dedicaron al arco del cielo, porque alcanzaron que procedía del Sol, y por ende lo tomaron los Reyes Incas por divisa y blasón, porque se jataban descendir del Sol. Este aposento estaba todo guarnecido de oro. En un lienzo de él, sobre las planchas de oro, tenía pintado muy al natural el arco del cielo, tan grande, que tomaba de una pared a otra con todos sus colores al vivo. Llaman al arco *cuichu,* y, con tenerle en esta

---

[155] Salvador Canals explica al respecto: "El Trueno, en quechua Illapa, seguía en importancia al Sol y la Luna, como que era él quien gobernaba la lluvia. Ésta procedía de la Vía Láctea, considerado río sideral, cuyas compuertas abría Illapa cuando quería. Se le representaba como hombre ataviado con reluciente vestido, que en una mano llevaba una porra y en la otra una honda. El relámpago era el fulgor que despedía su vestido al moverse; el trueno, la descarga de su honda; la piedra de rayo, el proyectil." Canals indica que diversas estrellas y constelaciones, como las Pléyades, eran también tenidas por divinidades (*ob. cit.,* p. 367).

[156] Nuevamente, Garcilaso intenta defender la idea de un estado inca monoteísta y achaca al desconocimiento y a las equivocaciones lingüísticas de los españoles la que, a su parecer, es una deformada concepción del culto inca. No obstante, este panteón inca, como hemos comentado anteriormente, incluye una multitud de dioses como Illapa, dios del rayo y la tormenta; Mamaquilla, diosa lunar; Pachacámac, el que da vida al Universo; Pachamama, diosa de la tierra; Mamacocha, diosa del mar, etc.

veneración, cuando le veían en el aire cerraban la boca y ponían la mano delante, porque decían que si le descubrían los dientes los gastaba y empodrecía. Esta simplicidad tenían, entre otras, sin dar razón para ello.

El quinto y último aposento estaba dedicado para el sumo sacerdote y para los demás sacerdotes que asistían al servicio del templo, que todos habían de ser Incas de la sangre real. Éstos tenían aquel aposento no para dormir ni comer en él, sino que era sala de audiencia para ordenar los sacrificios que se habían de hacer y para todo lo demás que conviniese al servicio del templo. Estaba este aposento, también como los demás, guarnecido con oro de alto abajo.

CAPÍTULO XXV

DEL FAMOSO TEMPLO DE TITICACA Y DE SUS FÁBULAS Y ALEGORÍAS

Entre otros templos famosos que en el Perú había dedicados al Sol, que en ornamento y riqueza de oro y plata podían competir con el del Cozco, hubo uno en la isla llamada Titicaca,[157] que quiere decir sierra de plomo: es compuesto de *titi*, que es plomo, y de *caca*, que es sierra; hanse de pronunciar ambas sílabas *caca* en lo interior de la garganta, porque pronunciada como suenan las letras españolas quiere decir tío, hermano de madre. El lago llamado Titicaca, donde está la isla, tomó el mismo nombre de ella, la cual está de tierra firme poco más de dos tiros de arcabuz; tiene de circuito de cinco a seis mil pasos, donde dicen los Incas que el Sol puso aquellos sus dos hijos varón y mujer, cuando los envió a la tierra para que dotrina-

---

[157] Repite la fábula escrita en el capítulo "El origen de los Incas Reyes del Perú" (I, 15), donde además aparece la fábula que se ha intitulado "Un tesoro escondido." Pupo-Walker comenta (*La vocación literaria...*, pp. 52 y 53) cómo los caminos que llevaban al lago Titicaca —donde dormía el Sol— revelaron el esplendor del Cuzco y las riquezas de Potosí. A partir de este descubrimiento, surgieron leyendas nuevas de tesoros escondidos, como la que recoge Garcilaso en este capítulo. Pupo-Walker prosigue indicando cómo estas y otras leyendas dieron origen a relatos geográficos fabulosos sobre la Tierra Rica de los Majos, de los Caracaraes y del Paititi.

sen y enseñasen la vida humana a la gente barbarísima que entonces había en aquella tierra. A esta fábula añaden otra de siglos más antiguos: dicen que después del diluvio vieron los rayos del Sol en aquella isla y en aquel gran lago primero que en otra parte alguna. El cual tiene por partes setenta y ochenta brazas de fondo y ochenta leguas de contorno. De sus propriedades y causas porque no admita barcos que anden encima de sus aguas, escribía el Padre Blas Valera, en lo cual yo no me entremeto, porque dice que tiene mucha piedra imán.

El primer Inca Manco Cápac, favorecido de esta fábula antigua y de su buen ingenio, inventiva y sagacidad, viendo que los indios la creían y tenían el lago y la isla por lugar sagrado, compuso la segunda fábula, diciendo que él y su mujer eran hijos del Sol y que su padre los había puesto en aquella isla para que de allí fuesen por toda la tierra dotrinando aquellas gentes, como al principio de esta historia se dijo largamente. Los Incas amautas, que eran los filósofos y sabios de su república, reducían la primera fábula a la segunda, dándosela por pronóstico o profecía, si así se puede decir. Decían que el haber echado el Sol en aquella isla sus primeros rayos para alumbrar el mundo había sido señal y promesa de que en el mismo lugar pondría sus dos primeros hijos para que enseñasen y alumbrasen aquellas gentes, sacándolas de las bestialidades en que vivían, como lo habían hecho después aquellos Reyes.[158] Con estas invenciones y otras semejantes hechas en su favor, hicieron los Incas creer a los demás indios que eran hijos del Sol, y con sus muchos beneficios lo confirmaron. Por estas dos fábulas tuvieron los Incas y todos los de su Imperio aquella isla por lugar sagrado, y así mandaron hacer en ella un riquísimo templo, todo aforrado con tablo-

---

[158] En esta fábula —en una clara analogía bíblica— aparece el papel "apostólico" de los Incas y el Sol es visto como representación cristiana física de Dios.

nes de oro, dedicado al Sol, donde universalmente todas
las provincias sujetas al Inca ofrecían cada año mucho oro
y plata y piedras preciosas en hacimiento de gracias al Sol
por los dos beneficios que en aquel lugar les había hecho.
Aquel templo tenía el mismo servicio que el templo del
Cozco. De las ofrendas de oro y plata había tanta cantidad
amontonada en la isla, fuera de lo que para el servicio del
templo estaba labrado, que lo que dicen los indios acerca
de esto más es para admirar que para lo creer. El Padre
Blas Valera, hablando de la riqueza de aquel templo y de
lo mucho que fuera de él había sobrado y amontonado, dice que los indios trasplantados (que llaman *mítmac*) que
viven en Copacabana le certificaron que era tanto lo que
había sobrado de oro y plata, que pudieran hacer de ello
otro templo, desde los fundamentos hasta la cumbre, sin
mezcla de otro material. Y que luego que los indios supieron la entrada de los españoles en aquella tierra, y que iban
tomando para sí cuanta riqueza hallaban, la echaron toda
en aquel gran lago.

Otro cuento semejante se me ofrece, y es que en valle
de Orcos, que está seis leguas al sur del Cozco, hay una laguna pequeña que tiene menos de media legua de cercui-
to, empero muy honda y rodeada de cerros altos. Es fama
que los indios echaron en ella mucho tesoro de lo que había en el Cozco, luego que supieron la ida de los españoles,
y que entre otras riquezas echaron la cadena de oro que
Huayna Cápac mandó hacer, de la cual diremos en su lugar. Doce o trece españoles moradores del Cozco, no de
los vecinos que tienen indios, sino de los mercaderes y tra-
tantes, movidos de esta fama, hicieron compañía a pérdida o a ganancia, para desaguar aquella laguna y gozar de
su tesoro. Sondáronla y hallaron que tenía veintitrés o
veinticuatro brazas de agua, sin el cieno, que era mucho.
Acordaron hacer una mina por la parte del oriente de la laguna, por do pasa el río llamado Yúcay, porque por aquella parte está la tierra más baja que el suelo de la laguna,

por do podía correr el agua y quedar en seco la laguna, y
por las otras partes no podían desaguarla, porque está rodeada de sierras. No abrieron el desaguadero a tajo abier-
to desde lo alto (que quizá les fuera mejor) por parecerles
más barato entrar por debajo de tierra con el socavón. Empezaron su obra el año de mil y quinientos y cincuenta y
siete, con grandes esperanzas de haber el tesoro, y, entra-
dos ya más de cincuenta pasos por el cerro adelante, toparon con una peña, y aunque se esforzaron a romperla, hallaron que era de pedernal, y porfiando con ella, vieron
que sacaban más fuego que piedra. Por lo cual, gastados
muchos ducados de su caudal, perdieron sus esperanzas y
dejaron la empresa. Yo entré por la cueva dos o tres veces,
cuando andaban en la obra. Así que hay fama pública, como la tuvieron aquellos españoles, de haber escondido los
indios infinito tesoro en lagos, cuevas y en montañas sin
que haya esperanza de que se pueda cobrar.

Los Reyes Incas, demás del templo y su gran ornato, ennoblecieron mucho aquella isla, por ser la primera tierra
que sus primeros progenitores, viniendo del cielo, habían
pisado, como ellos decían. Allanáronla todo lo que se pudo, quitándole peñas y peñascos; hicieron andenes, los
cuales cubrieron con tierra buena y fértil, traída de lejos,
para que pudiese llevar maíz, porque en toda aquella región, por ser tierra muy fría, no se coge de ninguna manera. En aquellos andenes lo sembraban con otras semillas,
y, con los muchos beneficios que le hacían, cogían algunas
mazorcas en poca cantidad, las cuales llevaban al Rey por
cosa sagrada y él las llevaba al templo del Sol y de ellas enviaba a las vírgines escogidas que estaban en el Cozco y
mandaba que se llevasen a otros conventos y templos que
por el reino había, un año a unos y otro año a otros, para
que todos gozasen de aquel grano que era como traído del
cielo. Sembraban de ello en los jardines de los templos
del Sol y de las casas de las escogidas en las provincias
donde las había, y lo que se cogía se repartía por los pueblos

de las tales provincias. Echaban algunos granos en los graneros del Sol y en los del Rey y en los pósitos de los concejos, para que como cosa divina guardase, aumentase y librase de corruptión el pan que para el sustento común allí estaba recogido. Y el indio que podía haber un grano de aquel maíz o de cualquiera otra semilla para echarlo en sus orones, creía que no le había de faltar pan en toda su vida: tan supersticiosos como esto fueron en cualquiera cosa que tocaba a sus Incas.

FIN DEL LIBRO TERCERO

LIBRO CUARTO

CAPÍTULO I

LA CASA DE LAS VÍRGINES DEDICADAS AL SOL

Tuvieron los Reyes Incas, en su gentilidad y vana religión, cosas grandes, dignas de mucha consideración, y una de ellas fue la profesión de perpetua virginidad que las mujeres guardaban en muchas casas de recogimiento que para ellas en muchas provincias de su Imperio edificaron, y para que se entienda qué mujeres eran éstas y a quién se dedicaban y en qué se ejercitaban, lo diremos como ello era; porque los historiadores españoles que de esto tratan pasan por ello conforme al refrán que dice: "como gato por brasas." Diremos particularmente de la casa que había en el Cozco, a cuya semejanza se hicieron después las que hubo en todo el Perú.

Es así que un barrio de los de aquella ciudad se llamaba Acllahuaci: quiere decir casa de escogidas. El barrio es el que está entre las dos calles que salen de la Plaza Mayor y van al convento de Sancto Domingo, que solía ser casa del Sol. La una de las calles es la que sale del rincón de la plaza, a mano izquierda de la iglesia mayor, y va norte sur. Cuando yo salí de aquella ciudad, el año de mil y quinientos y sesenta, era esta calle la principal de los mercaderes. La otra calle es la que sale del medio de la plaza, donde dejé la cárcel, y va derecha al mismo convento dominico, también norte sur. La frente de la casa salía a la Plaza Ma-

273

yor entre las dos calles dichas, y las espaldas de ella llegaban a la calle que las atraviesa de oriente a poniente, de
manera que estaba hecha isla entre la plaza y las tres calles. Quedaba entre ella y el templo del Sol otra isla grandísima de casas y una plaza grande que hay delante del
templo. De donde se ve claro la falta de relación verdadera que tuvieron los historiadores que dicen que las vírgines estaban en el templo del Sol, y que eran sacerdotisas y
que ayudaban a los sacerdotes en los sacrificios, habiendo
tanta distancia de la una casa a la otra y siendo la principal
intención de aquellos Reyes Incas que en ésta de las monjas no entrasen hombres ni en la del Sol mujeres. Llamá-
base casa de escogidas porque las escogían o por linaje o
por hermosura: habían de ser vírgines, y para seguridad de
que lo eran las escogían de ocho años abajo.[159]

Y porque las vírgines de aquella casa del Cozco eran dedicadas para mujeres del Sol, habían de ser de su misma
sangre, quiero decir, hijas de los Incas, así del Rey como
de sus deudos, los ligítimos y limpios de sangre ajena; porque de las mezcladas con sangre ajena, que llamamos bastardas, no podían entrar en esta casa del Cozco de la cual
vamos hablando. Y la razón de esto decían que como no se
sufría dar al Sol mujer corrupta, sino virgen, así tampoco
era lícito dársela bastarda,[160] con mezcla de sangre ajena;

[159] Existían un grupo de hermosas mujeres dedicadas de por vida a
rendir culto al Sol y al Inca. Las "vírgenes del Sol" o *Acllacunas* eran se-
leccionadas por un funcionario y las más bellas eran sometidas a un régimen educativo y a un género de vida totalmente distinto del resto de las jóvenes. Estas mujeres escogidas podían llegar a ser esposas o concubinas
de los nobles, de los curacas o del mismo Inca.
[160] La sociedad inca vivía bajo un orden social jerárquico y esclavista.
Recientemente, en las excavaciones de Machu Picchu, se encontraron entre las piedras de un santuario los esqueletos de cuarenta y seis jóvenes,
las "vírgenes del Sol", consagradas a Inti, así como la tumba de la Gran
Sacerdotisa con sus pertenencias. Edificada por los Incas tardíos, la ciudad fue abandonada antes de la invasión española, por lo que los conquistadores nunca llegaron a conocerla.

porque, habiendo de tener hijos el Sol, como ellos imaginaban, no era razón que fueran bastardos, mezclados de
sangre divina y humana. Por tanto habían de ser ligítimas
de la sangre real, que era la misma del Sol. Había de ordinario más de mil y quinientas monjas, y no había tasa de
las que podían ser.

Dentro, en la casa, había mujeres mayores de edad que
vivían en la misma profesión, envejecidas en ella, que habían entrado con las mismas condiciones, y, por ser ya viejas y por el oficio que hacían, las llamaban Mamacuna,[161]
que interpretándolo superficialmente bastaría decir matrona, empero, para darle toda su significación, quiere
decir mujer que tiene cuidado de hacer oficio de madre;
porque es compuesto de *mama,* que es madre, y de esta
partícula *cuna,* que por sí no significa nada, y en composición significa lo que hemos dicho, sin otras muchas significaciones, según las diversas composiciones que recibe.
Hacíales bien el nombre, porque unas hacían oficio de
abadesas, otras de maestras de novicias para enseñarlas,
así en el culto divino de su idolatría como en las cosas que
hacían de manos para su ejercicio, como hilar, tejer, coser.
Otras eran porteras, otras provisoras de la casa, para pedir
lo que había menester, lo cual se les proveía abundantísima-
mente de la hacienda del Sol, porque eran mujeres suyas.

[161] *Mamacuna:* las Mamacuna, todas de procedencia noble, escogidas de entre las "vírgenes del Sol", podían convertirse en sacerdotisas o
educadoras de adolescentes, aunque otras eran sacrificadas en rituales religiosos.

CAPÍTULO II

LOS ESTATUTOS Y EJERCICIOS DE LAS VÍRGINES ESCOGIDAS

Vivían en perpetua clausura hasta acabar la vida, con guarda de perpetua virginidad; no tenían locutorio ni torno ni otra parte alguna por donde pudiesen hablar ni ver hombre ni mujer; si no eran ellas mismas unas con otras, porque decían que las mujeres del Sol no habían de ser tan comunes que las viese nadie. Y esta clausura era tan grande que aun el proprio Inca no quería gozar del previlegio que como Rey podía tener de las ver y hablar, por que nadie se atreviese a pedir semejante privilegio. Sola la Coya, que es la Reina, y sus hijas tenían licencia de entrar en la casa y hablar con las encerradas, así mozas como viejas.

Con la Reina y sus hijas enviaba el Inca a las visitas y saber cómo estaban y qué habían menester. Esta casa alcancé yo a ver entera de sus edificios, que sola ella y la del Sol, que eran dos barrios, y otros cuatro galpones grandes, que habían sido casas de los Reyes Incas, respetaron los indios en su general levantamiento contra los españoles, que no las quemaron (como quemaron todo lo demás de la ciudad), porque la una había sido casa del Sol, su Dios, y la otra casa de sus mujeres y las otras de sus Reyes. Tenían entre otras grandezas de su edificio una calleja angosta,

276

capaz de dos personas, la cual atravesaba toda la casa. Tenía la calleja muchos apartados a una mano y a otra, donde había oficinas de la casa donde trabajaban las mujeres de servicio. A cada puerta de aquéllas había porteras de mucho recaudo; en el último apartado, al fin de la calleja, estaban las mujeres del Sol, donde no entraba nadie. Tenía la casa su puerta principal como las que acá llaman puerta reglar, la cual no se abría sino para la Reina y para recebir las que entraban para ser monjas.

Al principio de la calleja, que era la puerta del servicio de la casa, había veinte porteros de ordinario para llevar y traer hasta la segunda puerta lo que en la casa hubiese de entrar y salir. Los porteros no podían pasar de la segunda puerta, so pena de la vida, aunque se lo mandasen de allá adentro, ni nadie lo podía mandar, so la misma pena.

Tenían para servicio de las monjas y de la casa quinientas mozas, las cuales también habían de ser doncellas, hijas de los Incas del privilegio, que el primer Inca dio a los que redujo a su servicio, no de los de la sangre real porque no entraban para mujeres del Sol, sino para criadas. No querían que fuesen hijas de alienígenas, sino hijas de Incas, aunque de previlegio. Las cuales mozas también tenían sus Mamacunas de la misma casta y doncellas, que les ordenaban lo que habían de hacer. Y estas Mamacunas no eran sino las que envejecían en la casa, que, llegadas a tal edad, les daban el nombre y la administración como diciéndoles: "Ya podéis ser madres y gobernar la casa." En el repartimiento que los españoles hicieron para sus moradas de las casas reales de la ciudad del Cozco, cuando la ganaron, cupo la mitad de este convento a Pedro del Barco,[162] de quien adelante haremos mención —fue la parte

[162] *Pedro del Barco:* regidor del Cuzco. Cuando sus hijos quedaron huérfanos, el padre del Inca Garcilaso los acogió en su casa. Fueron compañeros de escuela de Garcilaso.

de las oficinas—, y la otra mitad cupo al Licenciado de la Gama,[163] que yo alcancé en mis niñeces, y después fue de Diego Ortiz de Guzmán,[164] caballero natural de Sevilla que yo conocí y dejé vivo cuando vine a España.

El principal ejercicio que las mujeres del Sol hacían era hilar y tejer y hacer todo lo que el Inca traía sobre su persona de vestido y tocado, y también para la Coya, su mujer ligítima. Labraban asimismo toda la ropa finísima que ofrecían al Sol en sacrificio; lo que el Inca traía en la cabeza era una trenza llamada *llautu,* ancha como el dedo merguerite y muy gruesa, que venía a ser casi cuadrada, que daba cuatro o cinco vueltas a la cabeza, y la borla colorada, que le tomaba de una sien a otra.[165]

El vestido era una camiseta que descendía hasta las rodillas, que llaman *uncu.* Los españoles le llaman *cusma;* no es del general lenguaje, sino vocablo intruso de alguna provincia particular. Traía una manta cuadrada de dos piernas, en lugar de capa, que llaman *yacolla.* Hacían asimismo estas monjas para el Inca unas bolsas que son cuadradas, de una cuarta en cuadro; tráenlas debajo del brazo

---

[163]   *Licenciado de la Gama:* Antonio de la Gama medió en el acto de conciliación entre Pizarro y Almagro en Panamá (Inca Garcilaso, *Historia General del Perú,* V).

[164]   Diego Ortiz de Guzmán: fray Diego de Ortiz fue trágicamente asesinado por los indios para vengar la muerte del Inca Manco, padre de Túpac Amaru y de Titu Cusi Yupanqui.

[165]   Como señalan Carlos Villanes e Isabel Córdova (*Literaturas de la América precolombina,* Madrid, 1990, Istmo, p. 307), las vírgenes "tenían a su cargo la confección de los trajes del soberano, hechos de lana muy fina, bordados con hilos de oro y plata y adornados de piedras preciosas. El inca jamás se ponía un traje dos veces. Una vez utilizados, los reales atavíos eran repartidos entre sus parientes y allegados de la nobleza, para quienes constituía un verdadero privilegio vestirse con los atuendos imperiales. Al inca y a la nobleza les confeccionaban sus vestimentas con lana de vicuña, la fibra más fina y costosa del mundo, y lana de alpaca blanca. En cambio la clase del pueblo sólo se podía vestir con tejidos hechos de lana de llama y también de alpaca, pero en otros colores, como el marrón y el negro."

asida a una trenza muy labrada de dos dedos en ancho,
puesta como tahelí del hombro izquierdo al costado derecho. A estas bolsas llaman *chuspa:* servían solamente de
traer la yerba llamada cuca, que los indios comen, la cual
entonces no era tan común como ahora, porque no la comían sino el Inca y sus parientes y algunos curacas a quien
el Rey, por mucho favor y merced, enviaba algunos cestos
de ella por año.

También hacían unas borlas pequeñas de dos colores,
amarillo y colorado, llamadas *paicha,* asidas a una trenza
delgada de una braza en largo, las cuales no eran para el
Inca, sino para los de su sangre real: traíanlas sobre su cabeza; caían las borlas sobre la sien derecha.

CAPÍTULO XV

INCA ROCA, SEXTO REY, CONQUISTA MUCHAS NACIONES Y ENTRE ELLAS LOS CHANCAS Y HANCOHUALLU

El Rey Inca Roca, cuyo nombre, según atrás queda dicho por el Maestro Blas Valera, significa príncipe prudente y maduro, muerto su padre tomó la borla colorada, y, habiendo cumplido con las solemnidades del entierro, visitó su reino: gastó en la visita los primeros tres años de su reinado. Luego mandó apercebir gente de guerra para pasar adelante en su conquista por la banda de Chinchasuyu, que es al setentrión del Cozco. Mandó que se hiciese una puente en el río Apurímac, que es la que está en el camino real del Cozco a la Ciudad de los Reyes,[166] porque le pareció cosa indigna que, siendo ya Rey, pasase su ejército aquel río en balsas, como lo pasó cuando era príncipe. Entonces no la mandó hacer el Inca pasado porque no tenía sujetas las provincias de la comarca, como al presente lo estaban.

Hecha la puente, salió el Inca del Cozco con veinte mil hombres de guerra y cuatro maeses de campo. Mandó que el ejército pasase la nueva puente en escuadrón formado

[166] *Ciudad de los Reyes:* el puente más famoso construido por los Incas fue el de san Luis Rey, sobre el Apurímac, que estuvo en uso hasta la temprana fecha de 1890.

de tres hombres por fila, para perpetua memoria de su estreno. Llegó al valle Amáncay, que quiere decir azucena, por la infinidad que de ellas se crían en aquel valle. Aquella flor es diferente en forma y olor de la de España, porque la flor *amáncay* es de forma de una campana y el tallo verde, liso, sin hojas y sin olor ninguno. Solamente porque se parece a la azucena en las colores blanca y verde, la llamaron así los españoles. De Amáncay echó a mano derecha del camino hacia la gran cordillera de la Sierra Nevada, y entre la cordillera y el camino halló pocos pueblos, y ésos redujo a su Imperio. Llámanse estas naciones Tacmara y Quiñualla. De allí pasó a Cochacasa, donde mandó hacer un gran pósito. De allí fue a Curampa, y con gran facilidad redujo aquellos pueblos, porque son de poca gente. De Curampa fue a la gran provincia llamada Antahuailla, cuyos moradores se extienden a una mano y otra del camino real, por espacio de diez y seis o diez y siete leguas. Es gente rica y muy belicosa. Esta nación se llama Chanca; jáctanse descender de un león, y así lo tenían y adoraban por dios, y en sus grandes fiestas, antes y después de ser conquistados por los Reyes Incas, sacaban dos docenas de indios de la misma manera que pintan a Hércules[167] cubierto con el pellejo del león, y la cabeza del indio metida en la cabeza del león. Yo las vi así en las fiestas del Sanctísimo Sacramento, en el Cozco.

Debajo de este apellido Chanca se encierran otras muchas naciones, como son Hancohuallu, Utunsulla, Uramarca, Uillca y otras, las cuales se jactan descender de diversos padres, unas de una fuente, otras de una laguna, otras de un collado muy alto; y cada nación tenía por dios a lo que tenía por padre, y le ofrecía sacrificios. Los antepasados de aquellas naciones vinieron de lejos tierras y

[167] Este fragmento nos da una idea de los mitos cosmogónicos y de los símbolos de esta cultura así como del uso que hicieron —al igual que griegos y latinos— de figuraciones animales con las cuales se identificaban.

conquistaron muchas provincias, hasta llegar donde entonces estaban, que es la provincia Antahuailla, la cual ganaron por fuerza de armas, y echaron sus antiguos moradores fuera de ella y arrinconaron y estrecharon a los indios Quechuas en sus provincias, ganándoles muchas tierras; sujetáronles a que les diesen tributo; tratábanlos con tiranía; hicieron otras cosas famosas de que hoy se precian sus descendientes. De todo lo cual iba bien informado el Rey Inca Roca, y así, llegando a los términos de la provincia Antahuailla, envió a los Chancas los requirimientos acostumbrados, que se sometiesen a los hijos del Sol o se apercibiesen a las armas. Aquellas naciones se juntaron para responder al requirimiento, y tuvieron diversos pareces, porque se dividieron en dos parcialidades. Los unos decían que era muy justo recibiesen al Inca por señor, que era hijo del Sol. Los otros decían en contrario (y éstos eran los descendientes del león), que no era justo reconocer señorío ajeno, siendo señores de tantos vasallos y descendientes de un león; que su descendencia sabían, y no querían creer que el Inca fuese hijo del Sol; que, conforme al blasón de ellos y a las hazañas de los Chancas, sus pasados, más honroso les era presumir sujetar otras naciones a su imperio, que no hacerse súbditos del Inca sin haber hecho la última prueba del valor de sus brazos, por lo cual era mejor resistir al Inca y no obedecerle con tanta vileza de ánimo que al primer recaudo se le rindiesen sin desplegar sus banderas ni haber sacado sus armas al campo.

En estas diferencias estuvieron muchos días los Chancas, ya resueltos de recebirle, ya determinados de resistir, sin concordarse. Lo cual sabido por el Inca, determinó entrar por la provincia para amedrentarlos, porque no tomasen ánimo y osadía viendo su mansedumbre y blandura; y también porque, confiados en sus muchas victorias pasadas, no se desvergonzasen a hacer algún desacato a su persona con que le forzasen a les hacer cruel guerra y castigo riguroso. Mandó a sus maeses de campo que entrasen en la provincia Antahuailla, y juntamente envió un mensajero a los Chancas diciéndoles que lo recibiesen por señor o apercibiesen las gargantas, que los había de pasar todos a cuchillo, porque ya no se podía sufrir la pertinacia y rebeldía que hasta allí habían tenido. Los Chancas, viendo la determinación del Inca, y sabiendo que venían en su ejército muchos Quechuas y otras naciones que de tiempos pasados tenían ofendidas, bajaron la soberbia y recibieron el yugo de los Incas, más por temor de sus armas y por que no se vengasen sus enemigos, que no por amor de sus leyes y gobierno. Y así le enviaron a decir que llanamente le obedecían por señor y se sometían a sus leyes y ordenanzas. Mas el rancor del corazón no lo perdieron, como adelante veremos.[168]

El Inca, habiendo dejado los ministros necesarios, pasó adelante en su conquista a otra provincia que llaman Uramarca, que también es del apellido Chanca, pequeña de términos, aunque muy poblada de gente brava y guerrera, la cual se redujo con algún desabrimiento y resistencia. Y si al ánimo gallardo y belicoso igualaran las fuerzas, resistieran de veras, que ya por este paraje no se mostraban los indios tan blandos y amorosos para con los Incas como se mostraron los de Contisuyu y Collasuyu; mas al fin, aunque con señal de disgusto, se rindieron los de Uramarca. De allí pasó el Inca a la provincia y nación llamada Hancohuallu y Uillca, que los españoles llaman Vilcas, y con la misma pesadumbre se sujetaron a su imperio, porque estas naciones, que también son Chancas, eran señores de otras provincias que habían sujetado con las armas, y de día en día iban ganando con mucha ambición y trataban los nuevamente ganados con soberbia y tiranía; la cual reprimió el Rey Inca Roca con sujetarlos a su obediencia, de

[168] Los chanca, de los que hay constancia histórica, fueron el más serio obstáculo a la expansión inca. La batalla de los incas con los chanca se ha comparado, por su importancia, con las guerras púnicas de Roma.

que todos ellos quedaron muy lastimados y guardaron el
rancor en sus ánimos. En ambas estas provincias sacrificaban niños a sus dioses en sus fiestas principales. Lo cual
sabido por el Inca, les hizo una plática persuadiéndoles
adorasen al Sol y quitasen aquella crueldad de entre ellos;
y porque no la usasen de allí adelante les puso ley, pronun-
ciándola por su propria boca porque fuese más respetada,
y les dijo que por un niño que sacrificasen los pasaría todos a cuchillo y poblaría sus tierras de otras naciones que
amasen a sus hijos y no los matasen. Lo cual sintieron
aquellas provincias gravísimamente, porque estaban per-
suadidos de los demonios, sus dioses, que era el sacrificio
más agradable que les hacían.

De Uillca torció el camino a mano izquierda al poniente, que es hacia la costa del mar, y llegó a una de dos provincias muy grandes, ambas de un mismo nombre, Sulla,
aunque para diferenciar la una de la otra llaman la una de
ellas Utumsulla. Estas dos provincias abrazan entre sí muchas naciones de diversos nombres, unas de mucha gente
y otras de poca, que —por excusar hastío— no se refieren,
mas de que pasaban de cuarenta mil vecinos, con los cuales gastó el Inca muchos meses (y aun dicen los naturales
que tres años) por no romper y llegar a las armas, sino atraherlos por caricias y regalos. Mas aquellos indios, viéndose tantos en número, y ellos de suyo belicosos y rústicos,
estuvieron muchas veces a punto de romper la guerra. Empero, la buena maña del Inca y su mucha afabilidad pudieron tanto que al fin de aquel largo tiempo se redujeron a su
servicio y abrazaron sus leyes y admitieron los gobernadores y ministros que el Inca les dijo. El cual se volvió al Cozco con esta victoria. En las dos últimas provincias que conquistó este Inca, llamadas Sulla y Utumsulla, se han
descubierto de treinta y dos años a esta parte algunas minas de plata y otras de azogue, que son riquísimas y de
grande importancia para fundir el metal de plata.

CAPÍTULO XVI

EL PRÍNCIPE YÁHUAR HUÁCAC Y LA INTERPRETACIÓN DE SU NOMBRE

Pasados algunos años, que el Rey Inca Roca gastó en paz y quietud en el gobierno de sus reinos,[169] le pareció enviar al príncipe heredero, llamado Yáhuar Huácac,[170] su hijo, a la conquista de Antisuyu, que es al levante del Cozco y cerca de la ciudad; porque por aquella banda no se había alargado su Imperio más de lo que el primer Inca Manco Cápac dejó ganado, hasta el río Paucartampu.

Antes que pasemos adelante, será bien declaremos la significación del nombre Yáhuar Huácac y la causa por que se lo dieron a este príncipe. Dicen los indios que cuando niño, de tres o cuatro años, lloró sangre. Si fue sola una vez o muchas, no lo saben decir; debió ser que tuviese algún mal de ojos, y que el mal causase alguna sangre en ellos. Otros dicen que nació llorando sangre, y esto tienen por más cierto. También pudo ser que sacase en los ojos

---

[169] Al Inca Roca se le han atribuido las conquistas de Muyna, Pinahua y Caitomarca.

[170] *Yáhuar Huácac:* séptimo rey de la dinastía inca, se cree que inició tímidamente la expansión territorial. Era hijo de Inca Roca y Mama Micay, la hija de un cacique aliado. No obstante, el Inca Garcilaso silencia esta ascendencia e indica, tan sólo, que fue "legítima mujer." El matrimonio, en los comienzos de la dinastía inca, constituía una forma de alianza con los señores vecinos, aunque Garcilaso lo silencie. También Viracocha se casó con la hija de un jefe aliado.

algunas gotas de sangre de la madre, y como tan agoreros y supersticiosos dijeron que eran lágrimas del niño. Como quiera que haya sido, certifican que lloró sangre, y como los indios fueron tan dados a hechicerías, habiendo sucedido el agüero en el príncipe heredero miraron más en ello y tuviéronlo por agüero y pronóstico infelice y temieron en su príncipe alguna gran desdicha o maldición de su padre el Sol, como ellos decían. Ésta es la deducción del nombre Yáhuar Huácac, y quiere decir el que llora sangre, y no lloro de sangre, como algunos interpretan; y el llorar fue cuando niño y no cuando hombre, ni por verse vencido y preso, como otros dicen, que nunca lo fue Inca ninguno hasta el desdichado Huáscar,[171] que lo prendió el traidor de Atahualpa, su hermano bastardo, como diremos en su lugar si el Sumo Dios nos deja llegar allá. Tampoco lo hurtaron cuando niño, como otro historiador dice, que son cosas muy ajenas de la veneración en que los indios tenían a sus Incas, ni en los ayos y criados diputados para el servicio y guarda del príncipe había tanto descuido que lo dejaran hurtar, ni indio tan atrevido que lo hiciera aunque pudiera; antes, si tal imaginara, entendiera que sin ponerlo por obra, sólo por haberlo imaginado, se había de abrir la tierra y tragárselo a él y a toda su parentela, pueblo y provincia, porque, como otras veces lo hemos dicho, adoraban a sus Reyes por dioses, hijos de su Dios el Sol, y los tenían en suma veneración, más que cualquiera otra gentilidad a sus dioses.[172]

---

[171] *Huáscar:* hijo de Huayna Cápac.
[172] Lo cierto es que hay múltiples leyendas acerca del llanto sangriento de Yáhuar Huácac. El Inca Garcilaso contradice a algunos cronistas que cuentan que fue raptado de pequeño por un grupo disidente y que, tras el intento de matarlo, el niño comenzó a llorar lágrimas de sangre. La leyenda relata cómo la madre de Yáhuar Huácac, Mama Micay, hija de un cacique vecino, prefirió la alianza con el señor del Cuzco a las pretensiones del jefe Ayarmaca, Tokay Cápac. Yáhuar Huácac fue raptado por los parientes de Tokay Cápac. El Inca liberó al niño y la paz se selló con su matrimonio posterior con una hija del jefe Ayarmaca.

A semejanza y en confirmación del agüero del llorar sangre se me ofrece otra superstición que los indios cataban en los ojos, en el palpitar de los párpados altos y bajos, que por ser en los ojos no saldremos del propósito, para que se vea y sepa que los Incas y todos sus vasallos tuvieron por agüero bueno o malo, según el párpado que palpitaba. Era buen agüero palpitar el párpado alto del ojo izquierdo; decían que habían de ver cosas de contento y alegría. Pero con grandes ventajas era mejor agüero palpitar el párpado derecho, porque les prometía que verían cosas felicísimas y prosperidades de grandes bienes, de mucho placer y descanso, fuera de todo encarecimiento. Y al contrario eran los párpados bajos, porque el derecho pronosticaba llanto, que habían de ver cosas que les darían pena y dolor, mas no con encarecimiento. Empero, palpitar el párpado bajo izquierdo ya era extremo de males, porque les amenazaba infinidad de lágrimas y que verían las cosas más tristes y desdichadas que pudiesen imaginar. Y tenían tanto crédito en estos sus agüeros que, con este postrer agüero, se ponían a llorar tan tiernamente como si estuvieran ya en medio de cuantos males podían temer, y, para no perecer llorando los males que aún no habían visto, tenían por remedio otra superstición tan ridiculosa como la del mal agüero; y era que tomaban una punta de paja, y, mojándola con la saliva, la pegaban en el mismo párpado bajo y decían consolándose que aquella paja atravesada atajaba que no corriesen las lágrimas que temían derramar y que deshacía el mal pronóstico de la palpitación. Casi lo mismo tuvieron del zumbar de los oídos, que lo dejo por no ser tan a propósito como lo dicho de los ojos, y lo uno y lo otro doy fe que lo vi.

El Rey Inca Roca (como decíamos) determinó enviar a la conquista de Antisuyu a su hijo, para lo cual mandó apercebir quince mil hombres de guerra y tres maeses de campo, que le dio por acompañados y consejeros. Enviólo bien industriado de lo que había de hacer. El príncipe fue con buen suceso hasta el río Paucartampu, y pasó adelante a Challapampa y redujo los pocos indios que por aquella región halló. De allí pasó a Pillcupata, donde mandó poblar cuatro pueblos de gente advenediza. De Pillcupata pasó a Hauisca y a Tunu, que son las primeras chacras de cuca que los Incas tuvieron, que es aquella yerba que los indios tanto estiman. La heredad llamada Hauisca fue después de Garcilaso de la Vega, mi señor, de la cual me hizo merced por donación en vida, y yo la perdí por venirme a España. Para entrar a estos valles donde se cría la cuca se pasa una cuesta llamada Cañac-huay, que tiene cinco leguas de bajada casi perpendicular, que pone grima y espanto sólo el mirarla, cuanto más subir y bajar por ella, porque por toda ella sube el camino en forma de culebra, dando vueltas a una mano y a otra.

CAPÍTULO XIX

DE ALGUNAS LEYES QUE EL REY INCA ROCA HIZO Y LAS ESCUELAS QUE FUNDÓ EN EL COZCO, Y DE ALGUNOS DICHOS QUE DIJO

Lo que el Padre Blas Valera, como gran escudriñador que fue de las cosas de los Incas, dice de este Rey, es que reinó casi cincuenta años, y que estableció muchas leyes, entre las cuales dice por más principales las que se siguen. Que convenía que los hijos de la gente común no aprendiesen las ciencias, las cuales pertenecían solamente a los nobles, porque no se ensoberbeciesen y amenguasen la república. Que les enseñasen los oficios de sus padres, que les bastaban. Que al ladrón y al homicida, al adúltero y al incendiario, ahorcasen sin remisión alguna. Que los hijos sirviesen a sus padres hasta los veinticinco años, y de allí adelante se ocupasen en el servicio de la república. Dice que fue el primero que puso escuelas en la real ciudad del Cozco,[173] para que los amautas enseñasen las ciencias que alcanzaban a los príncipes Incas y a los de su sangre real y a los nobles de su Imperio, no por enseñanza de letras, que no las tuvieron, sino por prática y por uso cotidiano y por experiencia, para que supiesen los ritos, preceptos y ceremonias de su falsa religión y para que entendiesen la razón

---

[173] Al Inca Roca se le atribuye un gran impulso en las infraestructuras del Cuzco (canalizaciones y crecimiento urbanístico).

y fundamento de sus leyes y fueros y el número de ellos y su verdadera interpretación; para que alcanzasen el don de saber gobernar y se hiciesen más urbanos y fuesen de mayor industria para el arte militar; para conocer los tiempos y los años y saber por los nudos las historias y dar cuenta de ellas; para que supiesen hablar con ornamento y elegancia y supiesen criar sus hijos, gobernar sus casas. Enseñábanles poesía, música, filosofía y astrología, eso poco que de cada ciencia alcanzaron. A los maestros llamaban *amautas,* que es tanto como filósofos y sabios, los cuales eran tenidos en suma veneración. Todas estas cosas dice el Padre Blas Valera que instituyó por ley este príncipe Inca Roca, y que después las favoreció, declaró y amplió muy largamente el Inca Pachacútec, su bisnieto, y que añadió otras muchas leyes. También dice de este Rey Inca Roca que, considerando la grandeza del cielo, su resplandor y hermosura, decía muchas veces que se podía concluir que el Pachacámac (que es Dios) era poderosísimo Rey en el cielo, pues tenía tal y tan hermosa morada. Asimismo decía: "Si yo hubiese de adorar alguna cosa de las de acá abajo, cierto yo adorara al hombre sabio y discreto, porque hace ventaja a todas las cosas de la tierra. Empero, el que nace niño y crece y al fin muere; el que ayer tuvo principio y hoy tiene fin; el que no puede librarse de la muerte, ni cobrar la vida que la muerte le quita, no debe ser adorado." Hasta aquí es del Padre Blas Valera.

CAPÍTULO XX

EL INCA LLORA SANGRE, SÉTIMO REY, Y SUS MIEDOS Y CONQUISTAS, Y EL DISFAVOR DEL PRÍNCIPE

Muerto el Rey Inca Roca, su hijo Yáhuar Huácac tomó la corona del reino; gobernólo con justicia, piedad y mansedumbre, acariciando sus vasallos, haciéndoles todo el bien que podía. Deseó sustentarse en la prosperidad que sus padres y abuelos le dejaron, sin pretender conquistas ni pendencia con nadie, porque, con el mal agüero de su nombre y los pronósticos que cada día echaban sobre él, estaba temeroso de algún mal suceso y no osaba tentar la fortuna por no irritar la ira de su padre el Sol, no le enviase algún grave castigo, como ellos decían. Con este miedo vivió algunos años, deseando paz y quietud para sí y para todos sus vecinos; y por no estar ocioso visitó sus reinos una y dos y tres veces. Procuraba ilustrarlos con edificios magníficos; regalaba los vasallos en común y en particular; tratábalos con mayor afición y ternura que mostraron sus antepasados, que eran muestras y efectos del temor; en lo cual gastó nueve o diez años. Empero, por no mostrarse tan pusilánimo que entre todos los Incas fuese notado de cobarde por no haber aumentado su Imperio, acordó enviar un ejército de veinte mil hombres de guerra al sudueste del Cozco, la costa adelante de Arequepa, donde sus pasados habían dejado por ganar una larga punta de tierra, aunque de poca poblazón. Eligió por capitán general a su hermano Inca Maita,[174] que desde aquella jornada, por haber sido general en ella, se llamó siempre Apu Maita, que quiere decir el capitán general Maita. Nombró cuatro Incas experimentados para maeses de campo. No se atrevió el Inca a hacer la conquista por su persona, aunque lo deseó mucho, mas nunca se determinó a ir, porque su mal agüero (en las cosas de la guerra) lo traía sobre olas tan dudosas y tempestuosas, que de donde le arrojaban las del deseo lo retiraban las del temor. Por estos miedos nombró al hermano y a sus ministros, los cuales hicieron su conquista con brevedad y buena dicha, y redujeron al Imperio de los Incas todo lo que hay desde Arequepa hasta Tacama, que llaman Collisuyu, que es el fin y término por la costa de lo que hoy llaman Perú. La cual tierra es larga y angosta y mal poblada, y así se detuvieron y gastaron más tiempo los Incas en caminar por ella que en reducirla a su señorío.

Acabada esta conquista, se volvieron al Cozco y dieron cuenta al Inca Yáhuar Huácac de lo que habían hecho. El cual, cobrando nuevo ánimo con el buen suceso de la jornada pasada, acordó hacer otra conquista de más honra y fama, que era reducir a su imperio unas grandes provincias que habían quedado por ganar en el distrito de Collasuyu, llamadas Caranca, Ullaca, Llipi, Chicha, Ampara. Las cuales, demás de ser grandes, eran pobladas de mucha gente valiente y belicosa, por los cuales inconvenientes los Incas pasados no habían hecho aquella conquista por fuerza de armas, por no destruir aquellas naciones bárbaras e indómitas, sino que de suyo se fuesen domesticando y cultivando poco a poco y aficionándose al imperio y señorío de los Incas, viéndolo en sus comarcanos tan suave, tan piadoso, tan en provecho de los vasallos como lo experimentaban todos ellos.

---

[174] *Inca Maita* (Apo Mayta): Mayta es el nombre de la descendencia de Cápac Yupanqui.

En los cuidados de la conquista de aquellas provincias andaba el Inca Yáhuar Huácac muy congojado, metido entre miedos y esperanzas, que unas veces se prometía buenos sucesos, conforme a la jornada que su hermano Apu Maita había hecho; otras veces desconfiaba de ellos por su mal agüero, por el cual no osaba acometer ninguna empresa de guerra, por los peligros de ella. Andando, pues, rodeado de estas pasiones y congojas, volvió los ojos a otros cuidados domésticos que dentro en su casa se criaban, que días había le daban pena y dolor, que fue la condición áspera de su hijo, el primogénito, heredero que había de ser de sus reinos; el cual desde niño se había mostrado mal acondicionado, porque maltrataba los muchachos que de su edad con él andaban y mostraba indicios de aspereza y crueldad, y aunque el Inca hacía diligencias para corregirle y esperaba que con la edad, cobrando más juicio, iría perdiendo la braveza de su mala condición, parecía salirle vana esta confianza, porque con la edad antes crecía que menguaba la ferocidad de su ánimo. Lo cual para el Inca su padre era de grandísimo tormento, porque, como todos sus pasados se hubiesen preciado tanto de la afabilidad y mansedumbre, érale de suma pena ver al príncipe de contraria condición. Procuró remediarla con persuasiones y con ejemplos de sus mayores, trayéndoselos a la memoria para aficionarle a ellos, y también con reprensiones y disfavores que le hacía; mas todo le aprovechaba poco o nada, porque la mala inclinación en el grande y poderoso pocas veces o nunca suele admitir corrección.

Así le acaeció a este principio que cuanta triaca le aplicaban a su mala inclinación, toda la convertía en la misma ponzoña. Lo cual viendo el Inca su padre, acordó desfavorecerlo del todo y apartarlo de sí con propósito, si no aprovechaba el remedio del disfavor para enmendar la condición, desheredarlo y elegir otro de sus hijos para heredero, que fuese de la condición de sus mayores. Pensaba hacer esto imitando la costumbre de algunas provincias de su

Imperio, donde heredaban los hijos más bienquistos. La cual ley quería el Inca guardar con su hijo, no habiéndose hecho tal entre los Reyes Incas. Con este prosupuesto, mandó echarlo de su casa y de la corte, siendo ya el príncipe de diez y nueve años, y que lo llevasen poco más de una legua al levante de la ciudad, a unas grandes y hermosas dehesas que llaman Chita, donde yo estuve muchas veces. Allí había mucho ganado del Sol; mandó que lo apacentase con los pastores que tenían aquel cuidado. El príncipe, no pudiendo hacer otra cosa, aceptó el destierro y el disfavor que le daban en castigo de su ánimo bravo y belicoso; y llanamente se puso a hacer el oficio de pastor con los demás ganaderos, y guardó el ganado del Sol, que ser del Sol era consuelo para el triste Inca. Este oficio hizo aquel desfavorecido príncipe por espacio de tres años y más, donde lo dejaremos hasta su tiempo, que él nos dará bien que decir, si lo acertásemos a decir bien.

CAPÍTULO XXI

DE UN AVISO QUE UNA FANTASMA DIO AL PRÍNCIPE
PARA QUE LO LLEVE A SU PADRE

Habiendo desterrado el Inca Yáhuar Huácac a su hijo primogénito (cuyo nombre no se sabe cuál era mientras fue príncipe, porque lo borró totalmente el que adelante le dieron, que como no tuvieron letras se les olvidaba para siempre todo lo que por su tradición dejaban de encomendar a la memoria), le pareció dejar del todo las guerras y conquistas de nuevas provincias y atender solamente al gobierno y quietud de su reino, y no perder el hijo de vista, alejándolo de sí, sino tenerlo a la mira y procurar la mejora de su condición, y, no pudiendo haberla, buscar otros remedios, aunque todos los que se le ofrecían como ponerle en perpetua prisión o desheredarle y elegir otro en su lugar, le parecían violentos y mal seguros, por la novedad y grandeza del caso, que era deshacer la deidad de los Incas, que eran tenidos por divinos hijos del Sol, y que los vasallos no consentirían aquel castigo ni cualquiera otro que quisiese hacer en el príncipe.

Con esta congoja y cuidado, que le quitaba todo descanso y reposo, anduvo el Inca más de tres años sin que en ellos se ofreciese cosa digna de memoria. En este tiempo envió dos veces a visitar el reino a cuatro parientes suyos, repartiendo a cada uno las provincias que habían de visitar; mandóles que hiciesen las obras que conviniesen al honor del Inca y al beneficio común de los vasallos, como era sacar nuevas acequias, hacer pósitos y casas reales y fuentes y puentes y calzadas y otras obras semejantes; mas él no osó salir de la corte, donde entendía en celebrar las fiestas del Sol y las otras que se hacían entre años, y en hacer justicia a sus vasallos. Al fin de aquel largo tiempo, un día, poco después de mediodía, entró el príncipe en la casa de su padre, donde menos le esperaban, solo y sin compañía, como hombre desfavorecido del Rey, al cual envió a decir que estaba allí y que tenía necesidad de darle cierta embajada. El Inca respondió con mucho enojo que se fuese luego donde le había mandado residir, si no quería que lo castigase con pena de muerte por inobediente al mandato real, pues sabía que a nadie era lícito quebrantarlo, por muy liviano que fuese el caso que se le mandase. El príncipe respondió diciendo que él no había venido allí por quebrantar su mandamiento, sino por obedecer a otro tan gran Inca como él. El cual le enviaba a decir ciertas cosas, que le importaba mucho saberlas; que si las quería oír le diese licencia para que entrase a decírselas; y si no, que con volver al que le había enviado y darle cuenta de lo que había respondido, habría cumplido con él.

El Inca, oyendo decir otro tan gran Señor como él, mandó que entrase por ver qué disparates eran aquéllos, y saber quién le enviaba recaudos con el hijo desterrado y privado de su gracia; quiso averiguar qué novedades eran aquéllas para castigarlas. El príncipe, puesto ante su padre, le dijo:

—Solo Señor, sabrás que, estando yo recostado hoy a mediodía (no sabré certificarte si despierto o dormido) debajo de una gran peña de las que hay en los pastos de Chita, donde por tu mandato apaciento las ovejas de Nuestro Padre el Sol, se me puso delante un hombre extraño en hábito y en figura diferente de la nuestra, porque tenía barbas en la cara de más de un palmo y el vestido largo y suelto, que le cubría hasta los pies.[175] Traía atado por el pescuezo un animal no conocido. El cual me dijo: "Sobrino, yo soy hijo del Sol y hermano del Inca Manco Cápac y de la Coya Mama Ocllo Huaco, su mujer y hermana, los primeros de tus antepasados; por lo cual soy hermano de tu padre y de todos vosotros. Llámome Viracocha Inca;[176] vengo de parte del Sol, Nuestro Padre, a darte aviso para que se lo des al Inca, mi hermano, cómo toda la mayor parte de las provincias de Chinchasuyu sujetas a su imperio, y otras de las no sujetas, están rebeladas y juntan mucha gente para venir con poderoso ejército a derribarle de su trono y destruir nuestra imperial ciudad del Cozco. Por tanto ve al Inca, mi hermano, y dile de mi parte que se aperciba y prevenga y mire lo que le conviene acerca de este caso. Y en particular te digo a ti que en cualquiera adversidad que te suceda no temas que yo te falte, que en todas ellas te socorreré como a mi carne y sangre. Por tanto no dejes de acometer cualquiera hazaña, por grande que sea, que convenga a la majestad de tu sangre y a la grandeza de tu Imperio, que yo seré siempre en tu favor y amparo y te buscaré los socorros que hubieres menester." Dichas estas palabras (dijo el príncipe), se me desapareció el Inca Viracocha, que no le vi más. Y yo tomé luego el camino para darte cuenta de lo que me mandó te dijese.

[175] Precisamente éstos eran los distintivos que caracterizaban a los españoles.
[176] Viracocha Inca: hermano del Inca Manco Cápac. Es el dios creador, la divinidad que alienta con sus promesas de ayuda al hijo de Yáhuar Huácac. El Inca Garcilaso, más adelante, en un intento de proporcionar verosimilitud a su obra, hablará de tal aparición como de un "sueño".

CAPÍTULO XXII

LAS CONSULTAS DE LOS INCAS SOBRE EL RECAUDO DE LA FANTASMA

El Inca Yáhuar Huácac, con la pasión y enojo que contra su hijo tenía, no quiso creerle; antes le dijo que era un loco soberbio, que los disparates que andaba imaginando venía a decir que eran revelaciones de su padre el Sol; que se fuese luego a Chita y no saliese de allí jamás, so pena de su ira. Con esto se volvió el príncipe a guardar sus ovejas, más desfavorecido de su padre que antes lo estaba. Los Incas más allegados al Rey, como eran sus hermanos y tíos, que asistían a su presencia, como fuesen tan agoreros y supersticiosos, principalmente en cosas de sueños, tomaron de otra manera lo que el príncipe dijo, y dijeron al Inca que no era de menospreciar el mensaje y aviso del Inca Viracocha, su hermano, habiendo dicho que era hijo del Sol y que venía de su parte. Ni era de creer que el príncipe fingiese aquellas razones en desacato del Sol, que fuera sacrilegio el imaginarlas cuanto más decirlas delante del Rey, su padre. Por tanto sería bien se examinasen una a una las palabras del príncipe, y sobre ellas se hiciesen sacrificios al Sol y tomasen sus agüeros, para ver si les pronosticaban bien o mal, y se hiciesen las diligencias necesarias a negocio tan grave; porque dejarlo así desamparado no solamente era hacer en su daño, mas también parecían menospreciar al Sol, padre común, que enviaba aquel aviso, y al

Inca Viracocha, su hijo, que lo había traído, y era amonto-
nar para adelante errores sobre errores.

El Inca, con el odio que a la mala condición de su hijo tenía, no quiso admitir los consejos que sus parientes le daban; antes dijo que no se había de hacer caso del dicho de
un loco furioso, que en lugar de enmendar y corregir la aspereza de su mala condición para merecer la gracia de su
padre venía con nuevos disparates, por los cuales y por
su extrañeza merecía que lo depusieran y privaran del principado y herencia del reino, como lo pensaba hacer muy
presto, y elegir uno de sus hermanos que imitase a sus pasados, el cual, por su clemencia, piedad y mansedumbre,
mereciese el nombre del hijo del Sol, porque no era razón
que un loco, por ser iracundo y vengativo, destruyese con
el cuchillo de la crueldad lo que todos los Incas pasados,
con la mansedumbre y beneficios, habían reducido a su
imperio; que mirasen que aquello era de más importancia
para prevenir y tratar de su remedio que no las palabras
desatinadas de un furioso, que ellas mismas decían cúyas
eran; que si no autorizara su atrevimiento con decir que la
embajada era de un hijo del Sol, mandara le cortaran la cabeza por haber quebrantado el destierro que le había dado. Por tanto les mandaba que no tratasen de aquel caso,
sino que se le pusiese perpetuo silencio, porque le causaba
mucho enojo traerle a la memoria cosa alguna del príncipe, que ya él sabía lo que había de hacer de él.

Por el mandato del Rey callaron los Incas, y no hablaron
más en ello, aunque en sus ánimos no dejaron de temer algún mal suceso, porque estos indios, como toda la demás
gentilidad, fueron muy agoreros y particularmente miraron mucho en sueños, y más si los sueños acertaban a ser
del Rey o del príncipe heredero o del Sumo Sacerdote, que
éstos eran tenidos entre ellos por dioses y oráculos mayores, a los cuales pedían cuenta de sus sueños los adevinos
y hechiceros para los interpretar y declarar, cuando los
mismos Incas no decían lo que había soñado.

CAPÍTULO XXIII

LA REBELIÓN DE LOS CHANCAS Y SUS ANTIGUAS HAZAÑAS

Tres meses después del sueño del príncipe Viracocha Inca[177] (que así le llaman los suyos de aquí adelante por la fantasma que vio), vino nueva, aunque incierta, del levantamiento de las provincias de Chinchasuyu, desde Antahualla adelante, la cual está cerca de cuarenta leguas del Cozco, al norte. Esta nueva vino sin autor, mas de que la fama la trujo confusa y oculta, como ella suele hablar siempre en casos semejantes. Y así, aunque el príncipe Viracocha lo había soñado y conformaba la nueva con el sueño, no hizo el Rey caso de ella, porque le pareció que eran hablillas de camino y un recordar el sueño pasado, que parecía estaba ya olvidado. Pocos días después se volvió a refrescar la misma nueva, aunque todavía incierta y dudosa, porque los enemigos habían cerrado los caminos con grandísima diligencia, para que el levantamiento de ellos no se supiese, sino que primero los viesen en el Cozco que supiesen de su ida. La tercera nueva llegó ya muy certificada, diciendo que las naciones llamadas Chanca, Uramarca,

---

[177] *Príncipe Inca Viracocha:* llamado Viracocha por habérsele aparecido "la fantasma Viracocha", es decir, la divinidad suprema. Su nombre llevaba consigo el anuncio de grandes venturas durante su reinado.

Uillca, Utunsulla, Hancohuallu y otras circunvecinas a ellas se habían rebelado y muerto los gobernadores y ministros regios, y que venían contra la ciudad con ejército de más de cuarenta mil hombres de guerra.

Estas naciones son las que dijimos haberse reducido al imperio del Rey Inca Roca más por el terror de sus armas que por el amor de su gobierno, y, como lo notamos entonces, quedaron con rancor y odio de los Incas para mostrarlo cuando se les ofreciese ocasión. Viendo, pues, al Inca Yáhuar Huácac tan poco belicoso, antes acobardado con el mal agüero de su nombre y escandalizado y embarazado con la aspereza de la condición de su hijo el príncipe Inca Viracocha, y habiéndose divulgado entre estos indios algo del nuevo enojo que el Rey había tenido con su hijo, aunque no se dijo la causa, y los grandes disfavores que le hacían, les pareció bastante ocasión para mostrar el mal ánimo que al Inca tenían y el odio que habían a su imperio y dominio. Y así, con la mayor brevedad y secreto que pudieron, se convocaron unos a otros y llamaron sus comarcanos, y entre todos ellos levantaron un poderoso ejército de más de treinta mil hombres de guerra y caminaron en demanda de la imperial ciudad del Cozco. Los autores de este levantamiento y los que incitaron a los demás señores de vasallos fueron tres indios principales, curacas de tres grandes provincias de la nación Chanca (debajo de este nombre se incluyen otras muchas naciones); el uno se llamó Hancohuallu, mozo de veintiséis años, y el otro Túmay Huaraca y el tercero Astu Huaraca; estos dos últimos eran hermanos, y deudos de Hancohuallu. Los antepasados de estos tres reyecillos tuvieron guerra perpetua, antes de los Incas, con las naciones comarcanas a sus provincias, particularmente con la nación llamada Quechua, que debajo de este apellido entran cinco provincias grandes. A éstas y a otras sus vecinas tuvieron muy rendidas, y se hubieron con ellas áspera y tiránicamente, por lo cual holgaron los Quechuas y sus vecinos de ser vasallos de los Incas y se dieron con facilidad y amor, como en su lugar vimos, por librarse de las insolencias de los Chancas.[178] A los cuales, por el contrario, pesó mucho de que el Inca atajase sus buenas andanzas, y de señores de vasallos los hiciese tributarios; de cuya causa, guardando el odio antiguo que sus padres habían heredado, hicieron el levantamiento presente, pareciéndoles que con facilidad vencerían al Inca por la presteza con que pensaban acometerle y por el descuido con que imaginaban hallarle, desapercebido de gente de guerra, y que con sola una victoria serían señores, no solamente de sus enemigos antiguos, mas también de todo el Imperio de los Incas.

Con esta esperanza convocaron sus vecinos, así de los sujetos al Inca como de los no sujetos, prometiéndoles grande parte de la ganancia; los cuales fueron fáciles de persuadir, tanto por el gran premio que se prometían como por la antigua opinión de los Chancas, que eran valientes guerreros. Eligieron por capitán general a Hancohuallu, que era un valeroso indio, y por maeses de campo a los dos hermanos, y los demás curacas fueron caudillos y capitanes de sus gentes, y a toda diligencia fueron en demanda del Cozco.

[178] Existe constancia histórica de que los quechuas, amenazados por los chanca, se aliaron con los incas y acabaron por darles su lengua, la cual sirvió como instrumento de unificación política y cultural.

CAPÍTULO XXIV

EL INCA DESAMPARA LA CIUDAD Y EL PRÍNCIPE LA SOCORRE

El Inca Yáhuar Huácac se halló confuso con la certificación de la venida de los enemigos, porque nunca había creí-
do que tal pudiera ser, por la gran experiencia que tenían de
que no se había rebelado provincia alguna de cuantas se habían conquistado y reducido a su Imperio, desde el primer
Inca Manco Cápac hasta el presente. Por esta seguridad y
por el odio que al príncipe su hijo tenía, que dio el pronóstico de aquella rebelión, no había querido darle crédito ni tomar los consejos de sus parientes, porque la pasión le cegaba
el entendimiento. Viéndose, pues, ahora anegado porque no
tenía tiempo para convocar gente con que salir al encuentro
a los enemigos, ni presidio en la ciudad para (mientras le viniese el socorro) defenderse de ellos, le pareció dar lugar a la
furia de los tiranos y retirarse hacia Collasuyu, donde se prometía estar seguro de la vida por la nobleza y lealtad de los
vasallos. Con esta determinación se retiró con los pocos Incas que pudieron seguirle, y fue hasta la angostura que llaman de Muina, que está cinco leguas al sur de la ciudad, donde hizo alto para certificarse de lo que hacían los enemigos
por los caminos y dónde llegaban ya.

La ciudad del Cozco, con la ausencia de su Rey, quedó
desamparada sin capitán ni caudillo que osase hablar,

cuanto más pensar defenderla, sino que todos procuraban huir; y así se fueron los que pudieron por diversas partes, donde entendían poder mejor salvar las vidas. Algunos de los que iban huyendo fueron a toparse con el príncipe Viracocha Inca y le dieron nueva de la rebelión de Chinchasuyu, y cómo el Inca su padre se había retirado hacia Collasuyu, por parecerle que no tenía posibilidad para resistir a los enemigos, por el repentino asalto con que le acometían.

El príncipe sintió grandemente saber que su padre se hubiese retirado y desamparado la ciudad. Mandó a los que le habían dado la nueva y a algunos de los pastores que consigo tenía, que fuesen a la ciudad, y a los indios que topasen por los caminos y a los que hallasen en ella les dijesen de su parte que todos los que pudiesen procurasen ir en pos del Inca su señor, con las armas que tuviesen, porque él pensaba hacer lo mismo, y que pasasen la palabra de este mandato de unos en otros. Dada esta orden, salió el príncipe Viracocha Inca en seguimiento de su padre por unos atajos, sin querer entrar en la ciudad, y con la priesa que se dio lo alcanzó en la angostura de Muina, que aún no había salido de aquel puesto. Y lleno de polvo y sudor, con una lanza en la mano, que había llevado por el camino, se puso delante del Rey y con semblante triste y grave le dijo:

—Inca, ¿cómo se permite que por una nueva, falsa o verdadera, de unos pocos de vasallos rebelados, desampares tu casa y corte y vuelvas las espaldas a los enemigos aún no vistos? ¿Cómo se sufre que dejes entregada la casa del Sol, tu padre, para que los enemigos la huellen con sus pies calzados y hagan en ella las abominaciones que tus antepasados les quitaron, de sacrificios de hombres, mujeres y niños, y otras grandes bestialidades y sacrilegios? ¿Qué cuenta daremos de las vírgines que están dedicadas para mujeres del Sol, con observancia de perpetua virginidad, si las dejamos desamparadas para que los enemigos brutos y bestiales hagan de ellas lo que quisieren? ¿Qué honra

habremos ganado de haber permitido estas maldades por
salvar la vida? Yo no la quiero, y así vuelvo a ponerme delante de los enemigos para que me la quiten antes que entren en el Cozco, porque no quiero ver las abominaciones
que los bárbaros harán en aquella imperial y sagrada ciudad, que el Sol y sus hijos fundaron. Los que me quisieren
seguir vengan en pos de mí, que yo les mostraré a trocar vida vergonzosa por muerte honrada.

Habiendo dicho con gran dolor y sentimiento estas razones, volvió su camino hacia la ciudad, sin querer tomar
refresco alguno de comida ni bebida. Los Incas de la sangre real, que habían salido con el Rey, entre ellos hermanos suyos y muchos sobrinos y primos hermanos suyos y
otra mucha parentela, que serían más de cuatro mil hombres, se volvieron todos con el príncipe, que no quedaron
con su padre sino los viejos inútiles. Por el camino y fuera
de él toparon mucha gente que salía huyendo de la ciudad.
Apellidáronles que se volviesen, diéronles nueva, para que
se esforzasen, cómo el príncipe Inca Viracocha volvía a
defender su ciudad y la casa de su padre el Sol. Con esta
nueva se animaron los indios tanto, que volvieron todos
los que huían, principalmente los que eran de provecho y
unos a otros se apellidaban por los campos, pasando la palabra de mano en mano, cómo el príncipe volvía a la defensa de la ciudad, la cual hazaña les era tan agradable
que, con grandísimo consuelo, volvían a morir con el príncipe. El cual mostraba tanto ánimo y esfuerzo que lo ponía
a todos los suyos.

De esta manera entró en la ciudad y mandó que la gente
que se recogía le siguiese luego, y él pasó adelante y tomó
el camino de Chinchasuyu, por donde los enemigos venían, para ponerse entre ellos y la ciudad porque su intención no era de resistirles, que bien entendía que no tendría
fuerzas para contra ellos, sino de morir peleando, antes
que los contrarios entrasen en la ciudad y la hollasen como
bárbaros y enemigos victoriosos, sin respectar al Sol, que

era lo que más sentía. Y porque el Inca Yáhuar Huácac, cuya vida escribimos, no reinó más de hasta aquí, como adelante veremos, me pareció cortar el hilo de esta historia para dividir sus hechos de los de su hijo, Inca Viracocha, y entremeter otras cosas del gobierno de aquel Imperio y variar los cuentos, por que no sean todos de un propósito. Hecho esto, volveremos a las hazañas del príncipe Viracocha, que fueron muy grandes.

FIN DEL LIBRO CUARTO

LIBRO QUINTO

CAPÍTULO II

EL ORDEN QUE TENÍAN EN LABRAR LAS TIERRAS;
LA FIESTA CON QUE LABRABAN LAS DEL INCA
Y LAS DEL SOL

En el labrar y cultivar las tierras también había orden y concierto. Labraban primero las del Sol, luego las de las viudas y huérfanos y de los impedidos por vejez o por enfermedad: todos éstos eran tenidos por pobres, y por tanto mandaba el Inca que les labrasen las tierras. Había en cada pueblo, o en cada barrio si el pueblo era grande, hombres diputados solamente para hacer beneficiar las tierras de los que llamamos pobres. A estos diputados llamaban *llactacamayu,* que es regidor del pueblo. Tenían cuidado, al tiempo del barbechar, sembrar y coger los fructos, subirse de noche en atalayas o torres que para este efecto había hechas, y tocaban una trompeta o caracol para pedir atención, y a grandes voces decían: "Tal día se labran las tierras de los impedidos; acuda cada uno a su pertinencia." Los vecinos de cada colación ya sabían, por el padrón que estaba hecho, a cuáles tierras habían de acudir, que eran las de sus parientes o vecinos más cercanos. Era obligado cada uno a llevar de comer para sí lo que había de comer en su casa, porque los impedidos no tuviesen cuidado de buscarles la comida. Decían que a los viejos, enfermos, viudas y huérfanos les bastaba su miseria, sin cuidar de la ajena. Si los impedidos no tenían semilla, se la daban de los pósitos, de los cuales diremos adelante. Las tierras de los soldados que andaban ocupados en la guerra también se labraban por concejo, como las tierras de las viudas, huérfanos y pobres, que mientras los maridos servían en la milicia las mujeres entraban en la cuenta y lista de las viudas, por el ausencia de ellos. Y así se les hacía este beneficio como a gente necesitada. Con los hijos de los que morían en la guerra tenían gran cuidado en la crianza de ellos, hasta que los casaban.

Labradas las tierras de los pobres, labraba cada uno las suyas, ayudándose unos a otros, como dicen a tornapeón. Luego labraban las del curaca, las cuales habían de ser las postreras que en cada pueblo o provincia se labrasen. En tiempo de Huayna Cápac, en un pueblo de los Chachapuyas, porque un indio regidor antepuso las tierras del curaca, que era su pariente, a las de una viuda, lo ahorcaron, por quebrantador del orden que el Inca tenía dado en el labrar de las tierras, y pusieron la horca en la misma tierra del curaca. Mandaba el Inca que las tierras de los vasallos fuesen preferidas a las suyas, porque decían que de la prosperidad de los súbditos redundaba el buen servicio para el Rey; que estando pobres y necesitados, mal podían servir en la guerra ni en la paz.

Las últimas que labraban eran las del Rey:[179] beneficiábanlas en común; iban a ellas y a las del Sol todos los indios generalmente, con grandísimo contento y regocijo, vestidos de las vestiduras y galas que para sus mayores

---

[179] La explotación de la tierra era la actividad fundamental del trabajo del Tahuantinsuyu. Sus habitantes llegaron a cultivar la tierra a lo largo de sus ocho pisos ecológicos, perfectamente delimitados cada quinientos metros sobre el nivel del mar. Frente a la visión idealista de Garcilaso, tal como explican Carlos Villanes e Isabel Córdova (*ob. cit.*, p. 307), "el pueblo, además de trabajar en las tierras que les habían adjudicado de acuerdo a su sexo (un topo para cada hombre y medio topo para cada mujer), debía cultivar de manera gratuita y obligatoria las tierras del Sol, del Inca, los sacerdotes y las de la nobleza."

fiestas tenían guardadas, llenas de chapería de oro y plata y con grandes plumajes en las cabezas. Cuando barbechaban (que entonces era el trabajo de mayor contento), decían muchos cantares que componían en loor de sus Incas; trocaban el trabajo en fiesta y regocijo, porque era en servicio de su Dios y de sus Reyes.

Dentro en la ciudad del Cozco, a las faldas del cerro donde está la fortaleza, había un andén grande de muchas hanegas de tierra, y hoy estará vivo si ni lo han cubierto de casas; llámase Collcampata. El barrio donde está tomó el nombre proprio del andén, el cual era particular y principal joya del Sol, porque fue la primera que en todo el Imperio de los Incas le dedicaron. Este andén labraban y beneficiaban los de la sangre real, y no podían trabajar otros en él sino los Incas y Pallas. Hacíase con grandísima fiesta, principalmente el barbechar: iban los Incas con todas sus mayores galas y arreos. Los cantares que decían en loor del Sol y de sus Reyes, todos eran compuestos sobre la significación de esta palabra *hailli,* que en la lengua general del Perú quiere decir triunfo, como que triunfaban de la tierra, barbechándola y desentrañándola para que diese fructo. En estos cantares entremetían dichos graciosos, de enamorados discretos y de soldados valientes, todo a propósito de triunfar de la tierra que labraban; y así el retruécano de todas sus coplas era la palabra *hailli,* repetida muchas veces, cuantas eran menester para cumplir el compás que los indios traen en un cierto contrapaso que hacen, barbechando la tierra con entradas y salidas que hacen para tomar vuelo y romperla mejor.

Traen por arado un palo de una brazo en largo; es llano por delante y rollizo por detrás; tiene cuatro dedos de ancho; hácenle una punta para que entre en la tierra; media vara de la punta hacen un estribo de dos palos atados fuertemente al palo principal, donde el indio pone el pie de salto, y con la fuerza hinca el arado hasta el estribo. Andan en cuadrillas de siete en siete y de ocho en ocho, más y

menos, como es la parentela o camarada, y, apalancando
todos juntos a una, levantan grandísimos céspedes, increíbles a quien no los ha visto. Y es admiración ver que
con tan flacos instrumentos hagan obra tan grande, y la hacen con grandísima facilidad, sin perder el compás del canto. Las mujeres andan contrapuestas a los varones, para
ayudar con las manos a levantar los céspedes y volcar las
raíces de las yerbas hacia arriba, para que se sequen y mue-
ran y haya menos que escardar. Ayudan también a cantar a
sus maridos, particularmente con el retruécano *hailli*.

Pareciendo bien estos cantares de los indios y el tono de
ellos al maestro de capilla de aquella iglesia catredal, compuso el año de cincuenta y uno, o el de cincuenta y dos,
una chanzoneta en canto de órgano para la fiesta del Sanctísimo Sacramento, contrahecha muy al natural al canto
de los Incas. Salieron ocho muchachos mestizos, de mis
condiscípulos, vestidos como indios, con sendos arados
en las manos, con que representaron en la procesión el
cantar y el *hailli* de los indios, ayudándoles toda la capilla
al retruécano de las coplas, con gran contento de los españoles y suma alegría de los indios, de ver que con sus cantos y bailes solemnizasen los españoles la fiesta del Señor
Dios nuestro, al cual ellos llaman Pachacámac, que quiere
decir el que da vida al universo.[180]

He referido la fiesta particular que los Incas hacían
cuando barbechaban aquel andén dedicado al Sol, que lo
vi en mis niñeces dos o tres años, para que por ella se saquen las demás fiestas que en todo el Perú se hacían cuando barbechaban las tierras del Sol y las del Inca; aunque
aquella fiesta que yo vi, en comparación de las que hacían
en tiempo de sus Incas, era sombra de las pasadas, según
lo encarecían los indios.

---

[180] José Miguel Oviedo (*ob. cit.,* p. 113) explica cómo este recuerdo
personal de Garcilaso indica que, anteriormente al modelo de teatro jesuítico, ya se fundía en Perú la tradición teatral indígena y la medieval.

CAPÍTULO XVII

EL INCA VIRACOCHA TIENE NUEVA DE LOS ENEMIGOS Y DE UN SOCORRO QUE LE VIENE

Las grandes hazañas del Inca Viracocha nos obligan y fuerzan a que, dejadas otras cosas, tratemos de ellas. Dijimos al fin de la historia de su padre cómo, dejándolo en Muina, se volvió al Cozco, apellidando la gente que andaba derramada por los campos, y cómo salió de la ciudad a recebir los enemigos, para morir peleando con ellos, antes que ver las insolencias y torpezas que habían de hacer en las casas y templo del Sol y en el convento de las vírgines escogidas y en toda aquella ciudad que tenían por sagrada. Ahora es de saber que poco más de media legua de la ciudad, al norte, está un llano grande; allí paró el príncipe Inca Viracocha a esperar la gente que en pos de él salía del Cozco y a recoger los que habían huido por los campos. De los unos y de los otros y de los que trujo consigo, juntó más de ocho mil hombres de guerra, todos Incas, determinados de morir delante de su príncipe. En aquel puesto le llegó aviso que los enemigos quedaban nueve o diez leguas de la ciudad, y que pasaban ya el gran río Apurímac. Otro día después de esta mala nueva, llegó otra buena en favor de los Incas y vino de la parte de Contisuyu, de un socorro de casi veinte mil hombres de guerra que venía pocas leguas de allí en servicio de su príncipe,

313

de las naciones Quechua, Cotapampa y Cotanera y Aimara y otras que por aquellas partes confinan con las provincias rebeladas.

Los Quechuas, por mucho que hicieron los enemigos
por encubrir su traición, la supieron, porque confinan con
tierras de los Chancas; y por parecerles el tiempo corto, no
quisieron avisar al Inca, por no esperar su mandado, sino
que levantaron toda la demás gente que pudieron, con la
presteza que la necesidad pedía, y con ella caminaron hacia la ciudad del Cozco, para socorrerla, si pudiesen, o morir en servicio de su Rey; porque estas naciones eran las
que se redujeron de su voluntad al imperio del Inca Cápac
Yupanqui, como dijimos en su tiempo, y, por mostrar
aquel amor, vinieron con este socorro. También lo hicieron por su proprio interés, por el odio y enemistad antigua
que siempre hubo entre Chancas y Quechuas, de muchos
años atrás; y por no volver a las tiranías de los Chancas (si
por alguna vía venciesen) llevaron aquel socorro. Y por
que los enemigos no entrasen primeros que ellos en la ciudad, fueron atajando para salir al norte de ella a encontrarse con los rebelados. Y así llegaron casi a un tiempo
amigos y enemigos.

El príncipe Inca Viracocha y todos los suyos se esforzaron mucho de saber que les venía tan gran socorro en tiempo de tanta necesidad, y lo atribuyeron a la promesa que
su tío, la fantasma Viracocha Inca, le había hecho cuando
le apareció en sueños y le dijo que en todas sus necesidades le favorecería como a su carne y sangre, y buscaría los
socorros que hubiese menester; de las cuales palabras se
acordó el príncipe viendo el socorro tan a tiempo, y las
volvió a referir muchas veces, certificando a los suyos que
tenían el favor de su dios Viracocha, pues veían cumplida
su promesa; con lo cual cobraron los Incas tanto ánimo,
que certificaban por suya la victoria, y, aunque habían de-
terminado de ir a recebir los enemigos y pelear con ellos en
las cuestas y malos pasos que hay desde el río Apurímac

hasta lo alto de Uillacunca (que por tenerlo alto les tenían ventaja), sabiendo la venida del socorro acordaron estarse quedos hasta que llegasen los amigos para que descansasen y tomasen algún refresco, entretanto que llegaban los enemigos. También le pareció al Inca Viracocha y a sus parientes, los consejeros, que ya que se aumentaban sus fuerzas, no se alejasen de la ciudad, por tener cerca los bastimentos y lo demás necesario para la gente de guerra y para socorrer la ciudad con presteza, si se le ofreciese algún peligro.

Con este acuerdo estuvo el príncipe Inca Viracocha en aquel llano, hasta que llegó el socorro, que fue de doce mil hombres de guerra. El príncipe los recibió con mucho agradecimiento del amor que a su Inca tenían, hizo grandes favores y regalos a los curacas de cada nación y a todos los demás capitanes y soldados, loando su lealtad y ofreciendo para adelante el galardón de aquel servicio tan señalado. Los curacas, después de haber adorado a su Inca Viracocha, le dijeron cómo dos jornadas atrás venían otros cinco mil hombres de guerra, que ellos, por venir apriesa con el socorro, no los habían esperado. El príncipe les agradeció de nuevo la venida de los unos y de los otros, y habiéndolo consultado con los parientes, mandó a los curacas que enviasen aviso a los que venían de lo que pasaba, y cómo el príncipe quedaba en aquel llano con su ejército; que se diesen priesa hasta llegar a unos cerrillos y quebradas que allí cerca había, y que en ellos se emboscasen y estuviesen encubiertos hasta ver qué hacían los enemigos de sí. Porque si quisiesen pelear entrarían en el mayor hervor de la batalla y darían en los contrarios por un lado para vencerlos con más facilidad; y si no quisiesen pelear habrían hecho como buenos soldados. Dos días después que llegó el socorro al Inca, asomó por lo alto de la cuesta de Rimactampu la vanguardia de los enemigos; los cuales, sabiendo que el Inca Viracocha estaba cinco leguas de allí, fueron haciendo pausas y pasaron la palabra atrás para que la batalla y retaguardia se diesen priesa a caminar y se juntasen con la vanguardia. De esta manera caminaron aquel día, y llegaron todos juntos a Sacsahuana, tres leguas y media de donde estaba el príncipe Viracocha y donde fue después la batalla de Gonzalo Pizarro y el de la Gasca.[181]

---

[181] *batalla de Gonzalo Pizarro y el de la Gasca:* Pedro de La Gasca, clérigo nombrado pacificador del Perú y presidente de la Real Audiencia, fue un hábil político que consiguió ganar voluntades para aislar al rebelde Gonzalo Pizarro, hasta el punto de que en la batalla definitiva de Xaquixahuana las tropas de Gonzalo desertaron hacia las filas de La Gasca y prendieron a su propio caudillo. El primero en desertar fue el capitán Garcilaso, acción que premió La Gasca alojándose en su casa del Cuzco mientras asistía a las fiestas por la victoria. El embarque de La Gasca para España fue aprovechado por Hernández Girón para rebelarse en abril de 1550 tras enemistarse con el corregidor Juan de Saavedra.

CAPÍTULO XX

*EL PRÍNCIPE SIGUE EL ALCANCE, VUELVE AL COZCO,
VÉESE CON SU PADRE, DESPOSÉELE DEL IMPERIO*

Despachados los mensajeros, mandó elegir seis mil hombres de guerra que fuesen con él en seguimiento del alcance, y a la demás gente despidió, que se volviesen a sus casas, con promesa que hizo a los curacas de gratificarles a su tiempo aquel servicio. Nombró dos tíos suyos por maeses de campo, que fuesen con él, y dos días después de la batalla salió con su gente en seguimiento de los enemigos; no para maltratarlos, sino para asegurarlos del temor que podían llevar de su delicto. Y así los que por el camino alcanzó, heridos y no heridos, los mandó regalar y curar, y de los mismos indios rendidos envió mensajeros que fuesen a sus provincias y pueblos y les dijesen cómo el Inca iba a perdonarlos y consolarlos, y que no hubiesen miedo. Con estas prevenciones hechas, caminó apriesa, y, cuando llegó a la provincia Antahuailla, que es la de los Chancas, salieron las mujeres y niños que pudieron juntarse, con ramos verdes en las manos aclamando y diciendo: "Solo Señor, hijo del Sol, amador de pobres, habed lástima de nosotros y perdonadnos."[182]

---

[182] La victoria sobre los chanca se fecha en 1438, año generalmente aceptado y que propuso John H. Rowe siguiendo la *Miscelánea Antártica* (1586) de Miguel Cabello de Balboa. La aceptación de la cronología de Rowe supone reducir la expansión incaica a un periodo corto.

El príncipe los recibió con mucha mansedumbre y les mandó decir que de la desgracia recebida habían tenido la culpa sus padres y maridos, y que a todos los que se habían rebelado los tenía perdonados, y que venía a visitarlos por su persona, para que, oyendo el perdón de su propria boca, quedasen más satisfechos y perdiesen de todo el temor que podían tener de su delicto. Mandó que les diesen lo que hubiesen menester y los tratasen con todo amor y caridad y tuviesen gran cuenta con el alimento de las viudas y huérfanos, hijos de los que habían muerto en la batalla de Yahuarpampa.

Corrió en muy breve tiempo todas las provincias que se habían rebelado, y, dejando en ellas gobernadores con bastante gente, se volvió a la ciudad y entró en ella en espacio de una luna (como dicen los indios) que habían salido de ella; porque cuentan los meses por lunas. Los indios, así los leales como los que se habían rebelado, quedaron admirados de ver la piedad y mansedumbre del príncipe, que no lo esperaban de la aspereza de su condición; antes habían temido que, pasada la victoria, había de hacer alguna grande carnicería. Empero decían que su Dios el Sol le había mandado que mudase de condición y semejase a sus pasados. Mas lo cierto es que el deseo de la honra y fama puede tanto en los ánimos generosos, que les hace fuerza a que truequen la brava condición y cualquiera otra mala inclinación en la contraria, como lo hizo este príncipe, para dejar el buen nombre que dejó entre los suyos.

El Inca Viracocha entró en el Cozco a pie, por mostrarse soldado más que no Rey; descendió por la cuesta abajo de Carmenca, rodeado de su gente de guerra, en medio de sus dos tíos; los maeses de campo y los prisioneros en pos de ellos. Fue recebido con grandísima alegría y muchas aclamaciones de la multitud del pueblo. Los Incas viejos salieron a recebirle y adorarle por hijo del Sol; y después de haberle hecho el acatamiento debido, se metieron entre sus soldados, para participar del triunfo de aquella victo-

ria. Daban a entender que deseaban ser mozos para militar debajo de tal capitán. Su madre, la Coya Mama Chicya,
y las mujeres más cercanas en sangre al príncipe, como
hermanas, tías y primas hermanas y segundas, con otra
gran multitud de Pallas, salieron por otra parte a recebirle
con cantares de fiesta y regocijo.[183] Unas le abrazaban,
otras le enjugaban el sudor de la cara, otras le quitaban el
polvo que traía, otras le echaban flores y yerbas olorosas.
De esta manera fue el príncipe hasta la casa del Sol, donde
entró descalzo, según la costumbre de ellos, a rendirle las
gracias de la victoria que le había dado. Luego fue a visitar
las vírgines mujeres del Sol y habiendo hecho estas dos visitas, salió de la ciudad a ver a su padre, que todavía se estaba en el angostura de Muina, donde lo había dejado.

El Inca Yáhuar Huácac recibió al príncipe, su hijo, no
con el regocijo, alegría y contento que se esperaba de hazaña tan grande y victoria tan desconfiada, sino con un
semblante grave y melancólico, que antes mostraba pesar
que placer. O que fuese de envidia de la famosa victoria
del hijo o de vergüenza de su pusilanimidad pasada o de
temor que el príncipe le quitase el reino, por haber desamparado la casa del Sol y las vírgines sus mujeres, y la ciudad imperial: no se sabe cuál de estas tres cosas causase su
pena, o si todas tres juntas.

En aquel auto público pasaron entre ellos pocas palabras, mas después en secreto, hablaron muy largo. Sobre
qué fuese la plática no lo saben decir los indios, mas de
que por conjecturas se entiende que debió de ser acerca
de cuál de ellos había de reinar, si el padre o el hijo, porque
de la plática secreta salió resuelto el príncipe que su padre

[183] Observamos aquí el carácter predominantemente ceremonial, popular y colectivo del pueblo quechua asociado a la danza, el canto y otras
actividades. José Miguel Oviedo (*ob. cit.,* pp. 62-65) especifica los tipos de
cantares o poemas cantados: religiosos, guerreros o heroicos, históricos,
agrícolas, o de naturaleza festiva como el *taki* o el *huaynu* y la *khashua*.

no volviese al Cozco, por haberla desamparado.[184] Y como la
ambición y deseo de reinar, en los príncipes, esté tan dispuesta a abrazar cualquier aparente color, bastó sólo esto
para quitar el reino a su padre. El cual dio lugar a la determinación del hijo, porque sintió inclinada a su deseo toda
la corte, que era la cabeza del reino; y por evitar escánda-
los y guerras civiles, y particularmente por que no pudo
más, consintió en todo lo que el príncipe quiso hacer de él.
Con este acuerdo trazaron luego una casa real, entre el angostura de Muina y Quespicancha, en un sitio ameno (que
todo aquel valle lo es), con todo el regalo y delicias que se
pudieron imaginar de huertas y jardines y otros entreteni-
mientos reales de caza y pesquería; que al levante de la casa pasa cerca de ella el río de Yúcay y muchos arroyos que
entran en él.

Dada la traza de la casa, cuyas reliquias y cimientos hoy
viven, se volvió el príncipe Viracocha Inca a la ciudad, y
dejó la borla amarilla y tomó la colorada. Mas, aunque él
la traía, nunca consintió que su padre se quitase la suya;
que de las insignias se hace poco caudal como falte la realidad del imperio y dominio. Acabada de labrar la casa, le
puso todos los criados y el demás servicio necesario; tan
cumplido, que si no era el gobierno del reino no le faltó al
Inca Yáhuar Huácac otra cosa. En esta vida solitaria vivió
este pobre Rey lo que de la vida le quedó; desposeído del
reino por su proprio hijo y desterrado en el campo a hacer
vida con las bestias, como poco antes tuvo él al mismo hijo.

Esta desdicha decían los indios que había pronosticado
el mal agüero de haber llorado sangre en su niñez. Decían

---

[184] Concepción Bravo (*ob. cit.*, p. 32) señala la importancia de la guerra de los chancas porque revela que ya entonces la línea sucesoria de la
primogenitura no era incuestionable y que la legitimidad del nuevo Inca
se refrendaba con el apoyo de la nobleza y de la casta sacerdotal. Esta última lo hacía mediante el uso de nuevas formas religiosas como, en este
caso, la imposición del dios Viracocha para justificar el derrocamiento de
Yáhuar Huácac y el acceso al trono de su hijo Viracocha.

también, razonando unos con otros, volviendo a la memoria las cosas pasadas, que si este Inca, cuando temía la mala condición del hijo y procuraba remediarla, cayera en darle un poco de tósigo (según la costumbre de los tiranos, y como lo hacían los hechiceros de algunas provincias de su Imperio), quizá no se viera desposeído de él. Otros que hablaban en favor del príncipe, no negando lo mal que lo había hecho con su padre, decían que también pudiera suceder peor al padre si cayera en poder de los enemigos, pues les había vuelto ya las espaldas y desamparado la ciudad; que le quitaran la vida y el reino, la sucesión de los hijos, de manera que perecieran del todo, y que el príncipe lo había remediado con su buen ánimo y valor. Otros, hablando en alabanza común de sus Reyes, decían que aquel malhadado Inca no había caído en el remedio del veneno porque todos antes cuidaban en quitarlo del mundo que en usar de él. Otros, que se tenían por religiosos, encareciendo más la nobleza y generosidad de sus Incas, decían que, aunque le advirtieran del remedio del veneno, no usara de él, porque era cosa indigna de Incas, hijos del Sol, usar con sus hijos lo que a los vasallos prohibían usar con los extraños. De esta suerte decían otras muchas cosas en sus pláticas, como a cada uno le parecía que era más a propósito. Y con esto dejaremos al Inca Llora Sangre, para no hablar más de él.

CAPÍTULO XXI

DEL NOMBRE VIRACOCHA Y POR QUÉ SE LO DIERON A LOS ESPAÑOLES

Volviendo al Príncipe, es de saber que por el sueño pasado le llamaron Viracocha Inca o Inca Viracocha,[185] que todo es uno, porque el nombre Inca no significa más antepuesto que pospuesto. Diéronle el nombre de la fantasma que se le apareció, la cual dijo llamarse así. Y porque el Príncipe dijo que tenía barbas en la cara, a diferencia de los indios que generalmente son lampiños, y que traía el vestido hasta los pies, diferente hábito del que los indios traen, que no les llega más de hasta la rodilla, de aquí nació que llamaron Viracocha a los primeros españoles que

---

[185] *Viracocha:* es el octavo Inca soberano. De niño se llamó Hatun Topa Inca. Se dice de él que fue el primer soberano con aspiraciones imperialistas. Se aseguró el dominio efectivo y permanente de los pueblos conquistados y comenzó la conquista de otras zonas alejadas del valle del Cuzco. Nombró como capitanes a Apo Mayta y Uicaquirao, y con estos dos hábiles capitanes y sus conquistas la nación incaica se erigió en una potencia similar a muchas otras que había en la región central y meridional de la sierra peruana. Canals data de esta época las guerras contra los chanca, dado el espíritu imperialista de la época. Los cronistas se dividen entre los que hacen héroe o antihéroe a Viracocha. Los historiadores actuales —Canals, Disselhoff— siguen la línea de que es Viracocha (y no Yáhuar Huácac como dice Garcilaso) quien, sintiéndose ya viejo, no defendió la ciudad del asedio de los chanca, haciéndolo en su lugar uno de sus hijos, Inca Yupanqui.

entraron en el Perú, porque les vieron barbas y todo el
cuerpo vestido. Y porque luego que entraron los españoles prendieron a Atahualpa, Rey tirano, y lo mataron, el
cual poco antes había muerto a Huáscar Inca,[186] legítimo
heredero, y había hecho en los de la sangre real (sin respectar sexo ni edad) las crueldades que en su lugar diremos,[187] confirmaron de veras el nombre Viracocha a los
españoles, diciendo que eran hijos de su dios Viracocha a
los españoles, diciendo que eran hijos de su dios Viracocha, que los envió del cielo para que sacasen a los Incas y
librasen la ciudad del Cozco y todo su Imperio de las tiranías y crueldades de Atahualpa, como el mismo Viracocha
lo había hecho otra vez, manifestándose al príncipe Inca
Viracocha para librarle de la rebelión de los Chancas. Y
dijeron que los españoles habían muerto al tirano en castigo y venganza de los Incas, por habérselo mandado así el
dios Viracocha, padre de los españoles, y ésta es la razón
por la cual llamaron Viracocha a los primeros españoles.
Y porque creyeron que eran hijos de su dios, los respecta-
ron tanto que los adoraron y les hicieron tan poca defensa,
como se verá en la conquista del reino, pues seis españoles
solos (Hernando de Soto[188] y Pedro del Barco, entre ellos)
se atrevieron a ir desde Casamarca al Cozco y a otras partes, doscientas y trescientas leguas de camino, a ver las riquezas de aquella ciudad y de otras, y los llevaron en andas, por que fuesen más regalados. También les llamaron
Incas, hijos del Sol, como a sus Reyes.

Si a esta vana creencia de los indios correspondieran los
españoles con decirles que el verdadero Dios los había enviado para sacarlos de las tiranías del demonio, que eran

---

[186] *Huáscar Inca:* último rey legítimo de la dinastía que se enfrentará
a su hermano Atahualpa.
[187] La presencia de Atahualpa —como una sombra funesta— es *leitmotiv* de los *Comentarios.*
[188] *Hernando de Soto:* conquistador de la península de la Florida, cuya expedición se encarga Garcilaso de historiar para salvarla del olvido.

mayores que las de Atahualpa, y les predicaran el Sancto
Evangelio con el ejemplo que la doctrina pide, no hay duda sino que hicieran grandísimo fruto. Pero pasó todo tan
diferente, como sus mismas historias lo cuentan, a que me
remito, que a mí no me es lícito decirlo: dirán que, por ser
indio, hablo apasionadamente.[189] Aunque es verdad que
no se deben culpar todos, que los más hicieron oficio de
buenos cristianos; pero entre gente tan simple como eran
aquellos gentiles, destruía más un malo que edificaban cien
buenos.[190]

Los historiadores españoles, y aun todos ellos, dicen
que los indios llamaron así a los españoles porque pasaron
allá por la mar. Y dicen que el nombre Viracocha significa
grosura de la mar, haciendo composición de *uira,* que dicen que es grosura, y *cocha,* que es mar. En la composición se engañan, también como en la significación, porque
conforme a la composición que los españoles hacen, que-
rrá decir mar de sebo, porque *uira,* en propria significación, quiere decir sebo, y con el nombre *cocha,* que es mar,
dice mar de sebo; porque en semejantes composiciones de
nominativo y genitivo, siempre ponen los indios el genitivo delante. De donde consta claro no ser nombre compuesto, sino proprio de aquella fantasma que dijo llamarse Viracocha y que era hijo del Sol. Esto puse aquí para los
curiosos que holgaran de ver la interpretación de este
nombre tan común, y cuánto se engañan en declarar el lenguaje del Perú los que no lo mamaron en la leche de la misma ciudad del Cozco, aunque sean indios, porque los no
naturales de ella también son extranjeros y bárbaros en la
lengua, como los castellanos. Sin la razón dicha, para lla-

[189] Nuevamente aparece el temor de Garcilaso de que duden de su testimonio por sus orígenes.
[190] El autor se posiciona acerca de la conquista española, la cual hubiera podido realizarse de manera pacífica, según su criterio, pues los incas estaban preparados para el advenimiento de enviados que les evange-
lizaran.

mar Viracocha a los españoles diremos adelante otra que
no fue menos principal, que fue la artillería y arcabucería
que llevaron. El Padre Blas Valera, interpretando la significación de este nombre, lo declara por esta dicción nu-
men, que es voluntad y poderío de Dios; dícelo no porque
signifique esto el nombre Viracocha, sino por la deidad en
que los indios tuvieron a la fantasma, que después del Sol
le adoraron por dios y le dieron el segundo lugar, y en pos de
él adoraron a sus Incas y Reyes y no tuvieron más dioses.

El Inca Viracocha quedó con tanta reputación acerca de
sus parientes y vasallos, así por el sueño como por la victoria, que en vida le adoraron por nuevo dios, enviado por
el Sol para reparo de los de su sangre, por que no se perdiese, y para remedio de la imperial ciudad y casa del Sol y
de sus vírgines, que no la destruyesen los enemigos. Y así
le hacían la veneración y acatamiento con nuevas y mayores ostentaciones de adoración que a sus pasados, como
que en él hubiese nueva y mayor deidad que en ellos, pues
habían sucedido por él cosas tan extrañas y admirables. Y
aunque el Inca quiso prohibir a los indios que no le adorasen, sino a su tío, el que se le había aparecido, no pudo
acabarlo con ellos. Empero, quedó acordado que los adorasen a ambos igualmente, y que nombrando a cualesquie-
ra de ellos, pues tenía un mismo nombre, se entendiese
que los nombraban a ambos. Y el Inca Viracocha, para
mayor honra y fama de su tío la fantasma, y de sí proprio,
edificó un templo, como poco adelante diremos.

El sueño puédese creer que el demonio, como tan gran
maestre de maldades, lo causase durmiendo el príncipe, o
que velando se le representase en aquella figura, que no se
sabe de cierto si dormía o velaba; y los indios antes se in-
clinaban a afirmar que no dormía sino que velaba, recostado debajo de aquella peña. Y pudo hacer esto el enemigo del género humano por aumentar crédito y reputación
a la idolatría de los Incas, porque, como viese que el reino
de ellos se iba estableciendo y que los Incas habían de ser

los legisladores de las supersticiones de su gentilidad y vana ley, para que fuesen creídos y tenidos por dioses y obedecidos por tales, haría aquella representación y otras que los indios cuentan, aunque ninguna para ellos de tanta admiración como la del Viracocha Inca, porque la fantasma vino diciendo que era hijo del Sol y hermano de los Incas; y como sucedió después el levantamiento de los Chancas y la victoria contra ellos, quedó el Inca en grandísima autoridad y crédito, hecho un oráculo para lo que de allí adelante quisiese ordenar y mandar a los indios. Éste es el dios fantástico Viracocha que algunos historiadores dicen que los indios tuvieron por principal dios y en mayor veneración que al Sol, siendo falsa relación y adulación que los indios les hacen, por lisonjearlos, diciendo que les dieron el nombre de su más principal dios. Lo cierto es que no tuvieron dios más principal que el Sol (si no fue Pachacámac, dios no conocido), antes, por dar deidad a los españoles, decían a los principios que eran hijos del Sol, como lo dijeron de la fantasma Viracocha.[191]

[191] Garcilaso insiste en el carácter monoteísta de la religión inca, contradiciendo a los cronistas españoles. Para él, Viracocha es un dios moderno, impuesto por causas políticas tras el derrocamiento del padre del Inca Viracocha y la subida al trono de éste. Garcilaso, durante todo su relato, señalará incisivamente que son Pachacámac —fuerza pasiva— y el Sol las únicas divinidades. No obstante, historiadores actuales afirman que es Viracocha la suprema divinidad. Como hemos comentado anteriormente, algunos incluso lo asimilan a Pachacámac.

CAPÍTULO XXII

EL INCA VIRACOCHA MANDA LABRAR UN TEMPLO EN MEMORIA DE SU TÍO LA FANTASMA

Para mayor estima de su sueño y para perpetuarlo en la memoria de las gentes, mandó el Inca Viracocha hacer, en un pueblo llamado Cacha, que está a diez y seis leguas al sur de la ciudad del Cozco, un templo a honor y reverencia de su tío la fantasma, que se le apareció. Mandó que la hechura del templo imitase todo lo que fuese posible al lugar donde se le apareció; que fuese (como el campo) descubierto, sin techo; que le hiciesen una capilla pequeña, cubierta de piedra; que semejase al cóncavo de la peña donde estuvo recostado; que tuviese un soberado, alto del suelo; traza y obra diferente de todo cuanto aquellos indios, antes ni después, hicieron, porque nunca hicieron casa ni pieza con soberado. El templo tenía ciento y veinte pies de hueco en largo y ochenta en ancho. Era de cantería pulida, de piedra hermosamente labrada, como es toda la que labran aquellos indios. Tenía cuatro puertas, a las cuatro partes principales del cielo; las tres estaban cerradas, que no eran sino portadas para ornamento de las paredes. La puerta que miraba al oriente servía de entrada y salida del templo, estaba en medio del hastial, y porque no supieron aquellos indios hacer bóveda para hacer soberado encima de ella, hicieron paredes de la misma cantería, que sirviesen de vigas, por que durasen más que si fueran de madera. Pusiéronlas a trechos, dejando siete pies de hueco entre pared y pared, y las paredes tenían tres pies de macizo; eran doce los callejones que estas paredes hacían. Cerráronlos por lo alto, en lugar de tablas, con losas de a diez pies en largo y media vara de alto, labradas a todas seis haces. Entrando por la puerta del templo, volvían a mano derecha por el primer callejón, hasta llegar a la pared de la mano derecha del templo; luego volvían a mano izquierda por el segundo callejón, hasta la otra pared. De allí volvían otra vez sobre mano derecha por el tercer callejón, y de esta manera (como van los espacios de los renglones de esta plana) iban ganando todo el hueco del templo, de callejón en callejón, hasta el postrero, que era el doceno, donde había una escalera para subir al soberado del templo.

De frente de cada callejón, a una mano y a otra, había ventanas como saeteras, que bastantemente daban luz a los callejones; debajo de cada ventana había un vacío hecho en la pared, donde estaba un portero sentado, sin ocupar el paso del callejón. La escalera estaba hecha a dos aguas, que podían subir y bajar por la una banda o por la otra; venía a salir lo alto de ella de frente del altar mayor. El suelo del soberado estaba enlosado de unas losas negras muy lustrosas, que parecían de azabache, traídas de muy lejos tierras. En lugar de altar mayor había una capilla de doce pies de hueco en cuadro, cubierta de las mismas losas negras, encajadas unas en otras, levantadas en forma de chapitel de cuatro aguas: era lo más admirable de toda la obra. Dentro de la capilla, en el grueso de la pared del templo, había un tabernáculo, donde tenían puesto la imagen de la fantasma Viracocha; a un lado y a otro de la capilla había otros dos tabernáculos, mas no había nada en ellos; solamente servían de ornamento y de acompañar la capilla principal. Las paredes del templo, encima del soberado, subían tres varas en alto, sin ventana ninguna; tenían su cornija de piedra, labrada adentro y afuera, por todos cuatro lienzos. En el tabernáculo que estaba dentro de la capilla había una basa grande; sobre ella pusieron una estatua de piedra que mandó hacer el Inca Viracocha, de la misma figura que dijo habérsele aparecido la fantasma.

Era un hombre de buena estatura, con una barba larga de más de un palmo; los vestidos, largos y anchos como túnica o sotana, llegaban hasta los pies. Tenía un extraño animal, de figura no conocida, con garras de león atado por el pescuezo con una cadena, y el ramal de ella en la una mano de la estatua. Todo esto estaba contrahecho de piedra, y porque los oficiales, por no haber visto la figura ni su retrato, no atinaban a esculpirla como les decía el Inca, se puso él mismo muchas veces en el hábito y figura que dijo haberla visto. Y no consintió que otro alguno se pusiese en ella, porque no pareciese desacatar y menospreciar la imagen de su dios Viracocha,[192] permitiendo que la representase otro que el mismo Rey; en tanto como esto estimaban sus vanos dioses.

La estatua semejaba a las imágenes de nuestros bienaventurados apóstoles, y más propriamente a la del Señor San Bartolomé,[193] porque le pintan con el demonio atado a sus pies, como estaba la figura del Inca Viracocha con su animal no conocido. Los españoles, habiendo visto este templo y la estatua de la forma que se ha dicho, han querido decir que pudo ser que el apóstol San Bartolomé llegase hasta el Perú a predicar a aquellos gentiles, y que en memoria suya hubiesen hecho los indios la estatua y el

---

[192] No hay imágenes del dios Viracocha. El templo de Quisuarcancha albergaba una imagen que, según fray Martín de Morúa, había mandado hacer Pachacútec. Era de oro, tenía forma humana y era del tamaño de un niño de 10 años. Estaba de pie, el brazo derecho en alto, la mano cerrada, menos los dedos pulgar e índice, que estaban en alto, con actitud de mandar.

[193] Como indica Pupo-Walker (*La vocación literaria...*, p. 53), "La imaginación hispánica, sobresaltada por siglos de reconquista guerrera, hizo posible la actualización de fábulas en las que se narraban, por ejemplo, azarosas peregrinaciones de los apóstoles por América." Se ha pensado que estas leyendas fueron divulgadas por los jesuitas, como los relatos acerca de las peregrinaciones de Santo Tomás. Garcilaso, en *La historia general del Perú* (II, 24), asegura que el apóstol Santiago intervino en ayuda de los españoles.

templo. Y los mestizos naturales del Cozco, de treinta años a esta parte, en una cofradía que hicieron de ellos solos, que no quisieron que entrasen españoles en ella, la cual solemnizan con grandes gastos, tomaron por abogado a este bienaventurado apóstol, diciendo que, ya que con ficción o sin ella se había dicho que había predicado en el Perú, lo querían por su patrón, aunque algunos españoles maldicientes, viendo los arreos y galas que aquel día sacan, han dicho que no lo hacen por el apóstol sino por el Inca Viracocha.

Qué motivo tuviese el Inca Viracocha y a qué propósito hubiese mandado hacer aquel templo en Cacha y no en Chita, donde la fantasma se le apareció, o en Yahuarpampa, donde hubo la victoria de los Chancas, siendo cualquiera de aquellos dos puestos más a propósito que el de Cacha, no lo saben decir los indios, mas de que fue voluntad del Inca; y no es de creer sino que tuvo alguna causa oculta. Con ser el templo de tan extraña labor, como se ha dicho, lo han destruido los españoles, como han hecho otras muchas obras famosas que hallaron en el Perú, debiéndolas sustentar ellos mismos, a su costa, para que en siglos venideros vieran las gentes las grandezas con que sus brazos y buena fortuna habían ganado. Mas parece que a sabiendas, como envidiosos de sí proprios, las han derribado por el suelo, de tal manera que el día de hoy apenas quedan los cimientos de esta obra, ni de otras semejantes que había, cosa que a los discretos ha lastimado mucho. La principal causa que les movió a destruir esta obra, y todas las que han derribado, fue decir que no era posible sino que había mucho tesoro debajo de ella. Lo primero que derribaron fue la estatua, porque dijeron que debajo de sus pies había mucho oro enterrado. El templo fueron cavando a tiento, ya aquí, ya allí, hasta los cimientos; y de esta manera lo han derribado todo. La estatua de piedra vivía pocos años ha, aunque toda desfigurada, a poder de pedradas que le tiraban.

CAPÍTULO XXVIII

DIO NOMBRE AL PRIMOGÉNITO, HIZO PRONÓSTICO DE LA IDA DE LOS ESPAÑOLES

En las cosas referidas se ejercitó el Inca Viracocha algunos años, con suma tranquilidad y paz de todo su Imperio, por el buen gobierno que en él había. Al primer hijo que le nació de la Coya Mama Runtu, su legítima mujer y hermana, mandó en su testamento que se llamase Pachacútec (llamándose antes Titu Manco Cápac): es participio de presente; quiere decir el que vuelve, o el que trastorna o trueca el mundo; dicen por vía de refrán *pácham cutin;* quiere decir el mundo se trueca, y por la mayor parte lo dicen cuando las cosas grandes se truecan de bien en mal, y raras veces lo dicen cuando se truecan de mal en bien; porque dicen que más cierto es trocarse de bien en mal que de mal en bien. Conforme al refrán, el Inca Viracocha se había de llamar Pachacútec, porque tuvo en pie su Imperio y lo trocó de mal en bien, que por la rebelión de los Chancas y por la huida de su padre se trocaba de bien en mal. Empero, porque no le fue posible llamarse así, porque todos sus reinos le llamaron Viracocha desde que se le apareció la fantasma, por esto dio al príncipe, su heredero, el nombre Pachacútec, que él había de tener, porque se conservase en el hijo la memoria de la hazaña del padre.

El Maestro Acosta, libro sexto, capítulo veinte, dice: "A este Inca le tuvieron a mal que se intitulase Viracocha, que es el nombre de Dios, y para excusarse dijo que el mismo Viracocha, en sueños, le había parecido y mandado que tomase su nombre. A éste sucedió Pachacuti Inga Yupanqui, que fue muy valeroso conquistador y gran republicano e inventor de la mayor parte de los ritos y supersticiones de su idolatría, como luego diré." Con esto acaba aquel capítulo. Yo alego en mi favor el habérsele aparecido en sueños la fantasma y haber tomado su nombre, y la sucesión del hijo llamado Pachacútec. Lo que Su Paternidad dice en el capítulo veintiuno que el Pachacútec quitó el reino a su padre, es lo que hemos dicho que el Inca Viracocha se lo quitó a su padre, Yahuar Huácac, y no Pachacútec a Viracocha su padre, que atrasaron una generación la relación que a Su Paternidad dieron. Y aunque sea así, huelgo que se le hayan dado, por favorecerme de ella.

El nombre de la Reina, mujer del Inca Viracocha, fue Mama Runtu: quiere decir madre huevo; llamáronla así porque esta Coya fue más blanca de color que lo son en común todas las indias, y por vía de comparación la llamaron madre huevo, que es gala y manera de hablar de aquel lenguaje; quisieron decir madre blanca como el huevo. Los curiosos en lenguas holgarán de oír estas y otras semejantes prolijidades, que para ellos no lo serán. Los no curiosos me las perdonen.

A este Inca Viracocha dan los suyos el origen del pronóstico que los Reyes del Perú tuvieron, que después que hubiese reinado cierto número de ellos había de ir a aquella tierra gente nunca jamás vista y les había de quitar la idolatría y el Imperio. Esto contenía el pronóstico en suma, dicho en palabras confusas, de dos sentidos, que no se dejaban entender. Dicen los indios que como este Inca, después del sueño de la fantasma, quedase hecho oráculo de ellos, los amautas, que eran los filósofos, y el Sumo Sacerdote, con los sacerdotes más antiguos del templo del Sol, que eran los adivinos, le preguntaban a sus tiempos lo que había soñado, y que de los sueños y de las cometas del cielo y de los agüeros de la tierra, que cataban en aves y animales, y de las supersticiones y anuncios que de sus sacrificios sacaban, consultándolo todo con los suyos, salió el Inca Viracocha con el pronóstico referido, haciéndose adivino mayor, y mandó que se guardase por tradición en la memoria de los Reyes y que no se divulgase entre la gente común, porque no era lícito profanar lo que tenían por revelación divina, ni era bien que se supiese ni se dijese que en algún tiempo habían de perder los Incas su idolatría y su Imperio, que caerían de la alteza y divinidad en que los tenían. Por esto no se habló más de este pronóstico hasta el Inca Huayna Cápac, que lo declaró muy al descubierto, poco antes de su muerte, como en su lugar diremos. Algunos historiadores tocan brevemente en lo que hemos dicho: dicen que dio el pronóstico un dios que los indios tenían, llamado Ticci Viracocha. Lo que yo digo lo oí al Inca viejo[194] que contaba las antigüedades y fábulas de sus Reyes en presencia de mi madre.

Por haber dado este pronóstico el Inca Viracocha y por haberse cumplido con la ida de los españoles al Perú y haberlo ganado ellos y quitado la idolatría de los Incas y predicado la fe católica de nuestra Sancta Madre Iglesia Romana, dieron los indios el nombre Viracocha a los españoles, y fue la segunda razón que tuvieron para dárselo, juntándola con la primera, que fue decir que eran hijos del dios fantástico Viracocha, enviados por él (como atrás dijimos) para remedio de los Incas y castigo del tirano. Hemos antepuesto este paso de su lugar por dar cuenta de este maravilloso pronóstico, que tantos años antes lo tuvieron los Reyes Incas; cumplióse en los tiempos de Huáscar y Atahualpa, que fueron choznos de este Inca Viracocha.

---

[194] *lo oí al Inca viejo:* es el anciano Cusi Hualpa quien le dará a conocer el testamento de Huayna Cápac y le habría narrado la leyenda simbólica de los "Hijos del Sol", Manco Cápac y Mama Ocllo (*Comentarios reales*, IX, 14).

CAPÍTULO XXIX

LA MUERTE DEL INCA VIRACOCHA. EL AUTOR VIO SU CUERPO

Murió el Inca Viracocha en la majestad y alteza de estado que se ha referido; fue llorado universalmente de todo su Imperio, adorado por Dios, hijo del Sol, a quien ofrecieron muchos sacrificios. Dejó por heredero a Pachacútec Inca y a otros muchos hijos y hijas, ligítimos en sangre real y no ligítimos; ganó once provincias, las cuatro al mediodía del Cozco y las siete al setentrión. No se sabe de cierto qué años vivió ni cuántos reinó, mas de que comúnmente se tiene que fueron más de cincuenta los de su reinado;[195] y así lo mostraba su cuerpo cuando yo lo vi en el Cozco, al principio del año de mil y quinientos y sesenta, que, habiendo de venirme a España, fui a la posada del licenciado Polo Ondegardo, natural de Salamanca, que era corregidor de aquella ciudad, a besarle las manos y despedirme de él para mi viaje. El cual, entre otros favores que me hizo, me dijo: "Pues que vais a España, entrad en ese aposento; veréis algunos de los vuestros que he sacado a luz, para que llevéis que contar por allá."

---

[195] Las tradiciones orales recogidas por las crónicas discrepan, como hemos comentado, en las dataciones y periodos de los reinados. Además de considerar la distinta concepción del tiempo de los indígenas, debe tenerse en cuenta que la misma oralidad vive en variantes.

En el aposento hallé cinco cuerpos de los Reyes Incas, tres de varón y dos de mujer. El uno de ellos decían los indios que era este Inca Viracocha; mostraba bien su larga edad; tenía la cabeza blanca como la nieve. El segundo decían que era el gran Túpac Inca Yupanqui, que fue bisnieto de Viracocha Inca. El tercero era Huayna Cápac, hijo de Túpac Inca Yupanqui y tataranieto del Inca Viracocha. Los dos últimos no mostraban haber vivido tanto, que, aunque tenían canas, eran menos que las del Viracocha. La una de las mujeres era la Reina Mama Runtu, mujer de este Inca Viracocha. La otra era la Coya Mama Ocllo, madre de Huayna Cápac, y es verisímile que los indios los tuviesen juntos después de muertos, marido y mujer, como vivieron en vida. Los cuerpos estaban tan enteros que no les faltaba cabello, ceja ni pestaña. Estaban con sus vestiduras, como andaban en vida: los llautos en las cabezas, sin más ornamento ni insignia de las reales. Estaban asentados, como suelen sentarse los indios y las indias: las manos tenían cruzadas sobre el pecho, la derecha sobre la izquierda; los ojos bajos, como que miraban al suelo.[196]

El Padre Maestro Acosta, hablando de uno de estos cuerpos, que también los alcanzó Su Paternidad, dice, libro sexto, capítulo veintiuno: "Estaba el cuerpo tan entero

---

[196] Se han producido muchas discrepancias entre los historiadores acerca de la identificación de estas momias. Garcilaso dice haber visto las de tres emperadores: Viracocha, Túpac Yupanqui (bisabuelo del futuro cronista por ser abuelo de Chimpu Ocllo) y Huayna Cápac (tío abuelo materno). Las otras dos momias correspondían a las Coyas Mama Runtu (esposa de Viracocha) y Mama Ocllo (madre de Huayna Cápac y mujer de Túpac Inca Yupanqui). Pero, señala Miró Quesada (*El Inca Garcilaso...*, pp. 78-79), Polo de Ondegardo sólo precisa en su *Relación* (Lima, 1916) a Huayna Cápac, "que fue uno de los cuerpos de los Señores que yo hallé embalsamados." Sarmiento de Gamboa, en *Historia Índica* (Buenos Aires, 1942), escrita a base de las informaciones recogidas de *quipucamayocs* e indios viejos durante el gobierno del virrey Francisco de Toledo, apunta muchos más nombres: las momias de Sinchi Roca, Lloque Yupanqui, Mayta Cápac, Cápac Yupanqui, Pachacútec, Huayna Cápac, así como las cenizas de Viracocha y las de Huayna Cápac.

y bien aderezado con cierto betún, que parecía vivo. Los ojos tenían hechos de una telilla de oro; tan bien puestos, que no le hacían falta los naturales", etc. Yo confieso mi descuido, que no los miré tanto, y fue porque no pensaba escribir de ellos; que si lo pensara, mirara más por entero cómo estaban y supiera cómo y con qué los embalsamaban, que a mí, por ser hijo natural, no me lo negaran, como lo han negado a los españoles, que, por diligencias que han hecho, no ha sido posible sacarlo de los indios: debe de ser porque les falta ya la tradición de esto, como de otras cosas que hemos dicho y diremos. Tampoco eché de ver el betún, porque estaban tan enteros que parecían estar vivos, como Su Paternidad dice. Y es de creer que lo tenían, porque cuerpos muertos de tantos años y estar tan enteros y llenos de sus carnes como lo parecían, no es posible sino que les ponían algo; pero era tan disimulado que no se descubría.

El mismo autor, hablando de estos cuerpos, libro quinto, capítulo sexto, dice lo que se sigue: "Primeramente los cuerpos de los Reyes y señores procuraban conservarlos, y permanecían enteros, sin oler mal ni corromperse, más de doscientos años. De esta manera estaban los Reyes Ingas en el Cozco, cada uno en su capilla y adoratorio, de los cuales el visorrey Marqués de Cañete[197] (por extirpar la idolatría) hizo sacar y traer a la Ciudad de los Reyes tres o cuatro de ellos, que causó admiración ver cuerpos humanos de tantos años, con tan linda tez y tan enteros", etc. Hasta aquí es del Padre Maestro, y es de advertir que la Ciudad de Los Reyes (donde había casi veinte años que los cuerpos estaban cuando Su Paternidad los vio) es tierra muy caliente y húmeda, y por ende muy corrosiva, particu-

---

[197] *Marqués de Cañete:* Andrés Hurtado de Mendoza, marqués de Cañete, nombrado virrey del Perú en 1555. Destituyó al capitán Garcilaso del cargo de corregidor del Cuzco y llegó a informar desfavorablemente de él a la Corte por su despilfarro. Murió en septiembre de 1560.

larmente de carnes, que no se pueden guardar de un día para otro; que con todo eso, dice que causaba admiración ver cuerpos muertos de tantos años con tan linda tez y tan enteros. Pues cuánto mejor estarían veinte años antes y en el Cozco, donde, por ser tierra fría y scca, se conserva la carne sin corromperse hasta secarse como un palo. Tengo para mí que la principal y mejor diligencia que harían para embalsamarlos sería llevarlos cerca de las nieves y tenerlos allí hasta que se secasen las carnes, y después les pondrían el betún que el Padre Maestro dice, para llenar y suplir las carnes que se habían secado, que los cuerpos estaban tan enteros en todo como si estuvieran vivos, sanos y buenos, que, como dicen, no les faltaba sino hablar. Náceme esta conjetura de ver que el tasajo que los indios hacen en todas las tierras frías lo hacen solamente con poner la carne al aire, hasta que ha perdido toda la humidad que tenía, y no le echan sal ni otro preservativo, y así seca la guardan todo el tiempo que quieren. Y de esta manera se hacía todo el carnaje en tiempo de los Incas para bastimento de la gente de guerra.

Acuérdome que llegué a tocar un dedo de la mano de Huayna Cápac; parecía que era de una estatua de palo, según estaba duro y fuerte. Los cuerpos pesaban tan poco que cualquiera indio los llevaba en brazos o en los hombros, de casa en casa de los caballeros que los pedían para verlos. Llevábanlos cubiertos con sábanas blancas; por las calles y plazas se arrodillaban los indios, haciéndoles reverencia, con lágrimas y gemidos; y muchos españoles se quitaban la gorra, porque eran cuerpos de Reyes, de lo cual quedaban los indios tan agradecidos que no sabían cómo decirlo.

Esto es lo que se pudo haber de las hazañas del Inca Viracocha; las demás cosas más menudas de hechos y dichos de este famoso Rey no se saben en particular, por lo cual es lástima que, por falta de letras, muriesen y se enterrasen con ellos mismos las hazañas de hombres tan valerosos.

El Padre Blas Valera refiere sólo un dicho de este Inca
Viracocha; dice que lo repetía muchas veces, y que tres Incas (que nombra) le dieron la tradición de él y de otros dichos, que adelante veremos, de otros Reyes Incas. Es acerca del criar los hijos, que como este Inca se crió con tanta
aspereza y disfavor de su padre, acordándose de lo que había pasado advertía a los suyos de qué manera debían criar
sus hijos para que saliesen bien doctrinados. Decía: "Los
padres muchas veces son causa de que los hijos se pierdan
o corrompan, con las malas costumbres que les dejan tomar en la niñez; porque algunos los crían con sobra de regalos y demasiada blandura, y, como encantados con la
hermosura y ternura de los niños, los dejan ir a toda su voluntad, sin cuidar de lo que adelante, cuando sean hombres, le ha de suceder. Otros hay que los crían con demasiada aspereza y castigo, que también los destruyen;
porque con el demasiado regalo se debilitan y apocan las
fuerzas del cuerpo y del ánimo, y con el mucho castigo des-
mayan y desfallecen los ingenios de tal manera que pierden la esperanza de aprender y aborrecen la doctrina, y los
que lo temen todo no pueden esforzarse a hacer cosa digna de hombres. El orden que se debe guardar es que los
críen en un medio, de manera que salgan fuertes y animo-
sos para la guerra y sabios y discretos para la paz." Con este dicho acaba el Padre Blas Valera la vida de este Inca Viracocha.

FIN DEL LIBRO QUINTO

LIBRO SEXTO

CAPÍTULO VII

POSTAS Y CORREOS, Y LOS DESPACHOS QUE LLEVABAN

Chasqui llamaban a los correos que había puestos por los caminos, para llevar con brevedad los mandatos del Rey y traer las nuevas y avisos que por sus reinos y provincias, lejos o cerca, hubiese de importancia. Para lo cual tenían a cada cuarto de legua cuatro o seis indios mozos y ligeros, los cuales estaban en dos chozas para repararse de las inclemencias del cielo. Llevaban los recaudos por su vez, ya los de una choza, ya los de la otra; los unos miraban a la una parte del camino y los otros a la otra, para descubrir los mensajeros antes que llegasen a ellos, y apercebirse para tomar el recaudo, por que no se perdiese tiempo alguno. Y para esto ponían siempre las chozas en alto, y también las ponían de manera que se viesen las unas a las otras. Estaban a cuarto de legua, porque decían que aquello era lo que un indio podía correr con ligereza y aliento, sin cansarse.[198]

---

[198] Alcina Franch comenta al respecto: "Por eso, a distancias variables —entre 2 y 3 kilómetros— existían a ambos lados del camino dos casas o refugios —*chuclas*— en las que se hallaban preparados día y noche dos chasquis o mensajeros: uno de ellos vigilaba el camino, mientras el otro descansaba. Al divisar la llegada de otro chasquis se preparaba el que aguardaba para recibir el mensaje o el pequeño paquete que debía llevar hasta el puesto siguiente a la mayor velocidad posible. Con este sistema

Llamáronlos *chasqui,* que quiere decir trocar, o dar y tomar, que es lo mismo, porque trocaban, daban y tomaban de uno en otro, y de otro en otro, los recaudos que llevaban. No les llamaron *cacha,* que quiere decir mensajero, porque este nombre lo daban al embajador o mensajero proprio que personalmente iba del un príncipe al otro o del señor al súbdito. El recaudo o mensaje que los *chasquis* llevaban era de palabra, porque los indios del Perú no supieron escrebir. Las palabras eran pocas y muy concertadas y corrientes, por que no se trocasen y por ser muchas no se olvidasen. El que venía con el mensaje daba voces llegando a vista de la choza, para que se apercebiese el que había de ir, como hace el correo en tocar su bocina para que le tengan ensillada la posta, y, en llegando donde le podían entender, daba su recaudo, repitiéndolo dos y tres y cuatro veces, hasta que lo entendía el que lo había de llevar, y si no lo entendía, aguardaba a que llegase y diese muy en forma su recaudo, y de esta manera pasaba de uno en otro hasta donde había de llegar.

Otros recaudos llevaban, no de palabra sino por escrito, digámoslo así, aunque hemos dicho que no tuvieron letras. Las cuales eran nudos dados en diferentes hilos de diversos colores, que iban puestos por su orden, mas no siempre de una misma manera, sino unas veces antepuesto el un color al otro y otras veces trocados al revés, y esta manera de recaudos eran cifras por las cuales se entendían el Inca y sus gobernadores para lo que habían de hacer, y los nudos y las colores de los hilos significaban el número de gente, armas o vestidos o bastimento o cualquiera otra cosa que se hubiese de hacer, enviar o aprestar. A estos hilos anudados llamaban los indios *quipu*[199] (que quiere decir anudar y nudo, que sirve de nombre y verbo), por los cuales se entendían en sus cuentas. En otra parte, capítulo de por sí, diremos largamente cómo eran y de qué servían. Cuando había priesa de mensajes añadían correos, y ponían en cada posta ocho y diez y doce indios chasquis.

Tenían otra manera de dar aviso por estos correos, y era haciendo ahumadas de día, de uno en otro, y llamaradas de noche. Para lo cual tenían siempre los chasquis apercebido el fuego y los hachos, y velaban perpetuamente, de noche y de día, por su rueda, para estar apercebidos para cualquiera suceso que se ofreciese. Esta manera de aviso por los fuegos era solamente cuando había algún levantamiento y rebelión de reino o provincia grande, y hacíase para que el Inca lo supiese dentro de dos o tres horas cuando mucho (aunque fuese de quinientas o seiscientas leguas de la corte), y mandase apercebir lo necesario para cuando llegase la nueva cierta de cuál provincia o reino era el levantamiento. Éste era el oficio de los chasquis y los recaudos que llevaban.

---

guiente, los *quipus* eran un método mnemotécnico (para guardar memoria de sus historias o fábulas, tal como se ve en el capítulo 9 de este libro) y un sistema de cómputo o contabilidad (índice de población, etc.). Algunos estudiosos, no obstante, creen que es imposible que una lengua tan rica y variada careciera de escritura, lo que les ha llevado a afirmar que los incas habrían desarrollado en los *quipus* un tipo de escritura aún no descifrada.

CAPÍTULO VIII

CONTABAN POR HILOS Y NUDOS; HABÍA GRAN FIDELIDAD EN LOS CONTADORES

Quipu quiere decir anudar y nudo, y también se toma por la cuenta, porque los nudos la daban de toda cosa. Hacían los indios hilos de diversos colores: unos eran de un color solo, otros de dos colores, otros de tres y otros de más, porque las colores simples, y las mezcladas, todas tenían su significación de por sí; los hilos eran muy torcidos, de tres o cuatro liñuelos, y gruesos como un huso de hierro y largos de a tres cuartas de vara, los cuales ensartaban en otro hilo por su orden a la larga, a manera de rapacejos. Por las colores sacaban lo que se contenía en aquel tal hilo, como el oro por el amarillo y la plata por el blanco, y por el colorado la gente de guerra.

Las cosas que no tenían colores iban puestas por su orden, empezando de las de más calidad y procediendo hasta las de menos, cada cosa en su género como en las mieses y legumbres. Pongamos por comparación las de España: primero el trigo, luego la cebada, luego el garbanzo, haba, mijo, etc. Y así también cuando daban cuenta de las armas, primero ponían las que tenían por más nobles, como lanzas, y luego dardos, arcos y flechas, porras y hachas, hondas y las demás armas que tenían. Y hablando de los vasallos, daban cuenta de los vecinos de cada pueblo, y luego en junto los de cada provincia: en el primer hilo ponían los viejos de sesenta años arriba; en el segundo los hombres maduros de cincuenta arriba y el tercero contenía los de cuarenta, y así de diez a diez años, hasta los niños de teta. Por la misma orden contaban las mujeres por las edades.

Algunos de estos hilos tenían otros hilitos delgados del mismo color, como hijuelas o excepciones de aquellas reglas generales; como digamos en el hilo de los hombres o mujeres de tal edad, que se entendían ser casados, los hilitos significaban el número de los viudos o viudas que de aquella edad había aquel año, porque estas cuentas eran anales y no daban razón más que de un año solo.

Los nudos se daban por su orden de unidad, decena, centena, millar, decena de millar, y pocas veces o nunca pasaban a la centena de millar; porque, como cada pueblo tenía su cuenta de por sí y cada metrópoli la de su distrito, nunca llegaba el número de éstos o de aquéllos a tanta cantidad que pasase al centena de millar, que en los números que hay de allí abajo tenían harto. Mas si se ofreciera haber de contar por el número de centena de millar, también lo contaran; porque en su lenguaje pueden dar todos los números del guarismo, como él los tiene, mas porque no había para qué usar de los números mayores, no pasaban del decena de millar. Estos números contaban por nudos dados en aquellos hilos, cada número dividido del otro; empero, los nudos de cada número estaban dados todos juntos, debajo de una vuelta, a manera de los nudos que se dan en el cordón del bienaventurado patriarca San Francisco, y podíase hacer bien, porque nunca pasaban de nueve como pasan de nueve las unidades y decenas, etc.

En lo más alto de los hilos ponían el número mayor, que era el decena de millar, y más abajo el millar, y así hasta la unidad. Los nudos de cada número y de cada hilo iban parejos unos con otros, ni más ni menos que los pone un buen contador para hacer una suma grande. Estos nudos o quipus los tenían indios de por sí a cargo, los cuales llamaban *quipucamayu:*[200] quiere decir, el que tiene cargo de las cuentas, y aunque en aquel tiempo había poca diferencia en los indios de buenos a malos, que según su poca malicia y el buen gobierno que tenían todos se podían llamar buenos, con todo eso elegían para este oficio y para otro cualquiera los más aprobados y los que hubiesen dado más larga experiencia de su bondad. No se los daban por favor, porque entre aquellos indios jamás se usó favor ajeno, sino el de su propria virtud. Tampoco se daban vendidos ni arrendados, porque ni supieron arrendar ni comprar ni vender, porque no tuvieron moneda. Trocaban unas cosas por otras, esto es las cosas del comer, y no más, que no vendían los vestidos ni las casas ni heredades.

Con ser los quipucamayus tan fieles y legales como hemos dicho, habían de ser en cada pueblo conforme a los vecinos de él, que, por muy pequeño que fuese el pueblo, había de haber cuatro, y de allí arriba hasta veinte y treinta, y todos tenían unos mismos registros, y aunque por ser los registros todos unos mismos, bastaba que hubiera un contador o escribano, querían los Incas que hubiese muchos en cada pueblo y en cada facultad, por excusar la falsedad que podía haber entre los pocos, y decían que habiendo muchos, habían de ser todos en la maldad o ninguno.

[200] *quipucamayu:* el hombre encargado de custodiar los *quipus*. En el imperio inca, la tradición oral de crónica del estado estaba en manos de estos funcionarios oficiales, lo que permitía, a partir de una difusión centralista, la censura de los hechos a recordar.

El Inca Pachacútec Yupanqui, muerto en 1417, principal constructor del Imperio, que reedificó el templo del Sol. (Dibujo en *Historia del imperio Inca.*, 1587. Museo de Arqueología, Lima)

Un contable y su quipu. (Dibujo de 1609. Museo de Arqueología, Lima)

El Inca Atahualpa prisionero de Francisco Pizarro.
(Ilustración del códice *Nueva Crónica y Buen Gobierno*,
de Guamán Felipe Poma de Ayala)

CAPÍTULO IX

LO QUE ASENTABAN EN SUS CUENTAS, Y CÓMO
SE ENTENDÍAN

Éstos asentaban por sus nudos todo el tributo que daban cada año al Inca, poniendo cada cosa por sus géneros, especies y calidades. Asentaban la gente que iba a la guerra, la que moría en ella, los que nacían y fallecían cada año, por sus meses. En suma, decimos que escribían en aquellos nudos todas las cosas que consistían en cuenta de números hasta poner las batallas y recuentros que se daban, hasta decir cuántas embajadas habían traído al Inca y cuántas pláticas y razonamientos había hecho el Rey. Pero lo que contenía la embajada, ni las palabras del razonamiento ni otro suceso historial, no podían decirlo por los nudos, porque consiste en oración ordenada de viva voz, o por escrito, la cual no se puede referir por nudos, porque el nudo dice el número, mas no la palabra.

Para remedio de esta falta, tenían señales que mostraban los hechos historiales hazañosos o haber habido embajada, razonamiento o plática, hecha en paz o en guerra. Las cuales pláticas tomaban los indios quipucamayus de memoria, en suma, en breves palabras, y las encomendaban a la memoria, y por tradición las enseñaban a los sucesores, de padres a hijos y descendientes principales y particularmente en los pueblos o provincias donde habían pasado, y allí se conservaban más que en otra parte, porque los naturales se preciaban de ellas. También usaban de otro remedio para que sus hazañas y las embajadas que traían al Inca y las respuestas que el Inca daba se conservasen en la memoria de las gentes, y es que los *amautas,* que eran los filósofos y sabios, tenían cuidado de ponerlas en prosa, en cuentos historiales, breves como fábulas, para que por sus edades los contasen a los niños y a los mozos y a la gente rústica del campo, para que, pasando de mano en mano y de edad en edad, se conservasen en la memoria de todos. También ponían las historias en modo fabuloso con su alegoría, como hemos dicho de algunas y adelante diremos de otras. Asimismo los *harauicus,* que eran los poetas, componían versos breves y compendiosos, en los cuales encerraban la historia o la embajada o la respuesta del Rey; en suma, decían en los versos todo lo que no podían poner en los nudos, y aquellos versos cantaban en sus triunfos y en sus fiestas mayores y los recitaban a los Incas noveles cuando los armaban caballeros, y de esta manera guardaban la memoria de sus historias. Empero, como la experiencia lo muestra, todos eran remedios perecederos, porque las letras son las que perpetúan los hechos; mas como aquellos Incas no las alcanzaron, valiéronse de lo que pudieron inventar, y, como si los nudos fueran letras, eligieron historiadores y contadores que llamaron *quipucamayu,* que es el que tiene cargo de los nudos, para que por ellos y por los hilos y por los colores de los hilos, y con el favor de los cuentos y de la poesía, escribiesen y retuviesen la tradición de sus hechos. Ésta fue la manera del escribir que los Incas tuvieron en su república.[201]

---

[201] La narración fue el género más cultivado por los quechuas. Se han dividido las formas de la prosa en cuatro categorías: mitos, leyendas, fábulas y cuentos. Sus fábulas son moralizadoras o edificantes. Es literatura lúdica y didáctica y sus personajes suelen ser animales convertidos en arquetipos humanos. Las fábulas y apólogos servían para inculcar los preceptos por los que se regía la sociedad. Fueron creados por amautas y aravikus

A estos quipucamayus acudían los curacas y los hombres nobles en sus provincias a saber las cosas historiales que de sus antepasados deseaban saber o cualquier otro acaecimiento notable que hubiese pasado en aquella tal provincia; porque éstos, como escribanos y como historiadores, guardaban los registros, que eran los quipus anales que de los sucesos dignos de memoria se hacían, y, como obligados por el oficio, estudiaban perpetuamente en las señales y cifras que en los nudos había, para conservar en la memoria la tradición que de aquellos hechos famosos tenían, porque, como historiadores, habían de dar cuenta de ellos cuando se la pidiesen, por el cual oficio eran reservados de tributos y de cualquiera otro servicio, y así nunca jamás soltaban los nudos de las manos.

Por la misma orden daban cuenta de sus leyes y ordenanzas, ritos y cerimonias, que, por el color del hilo y por el número de los nudos, sacaban la ley que prohibía tal o tal delicto y la pena que se daba al quebrantador de ella. Decían el sacrificio y ceremonia que en tales y tales fiestas se hacían al Sol. Declaraban la ordenanza y fuero que hablaba en favor de las viudas o de los pobres o pasajeros; y así daban cuenta de todas las demás cosas, tomadas de memoria por tradición. De manera que cada hilo y nudo les traía a la memoria lo que en sí contenía, a semejanza de los mandamientos o artículos de nuestra Sancta Fe Católica y obras de misericordia, que por el número sacamos lo que debajo de él se nos manda. Así se acordaban los indios, por los nudos, de las cosas que sus padres y abuelos les habían enseñado por tradición, la cual tomaban con grandísima atención y veneración, como cosas sagradas de su

---

que gratificaban de esta manera el comportamiento de niños y entretenían a los mayores. Como señalan Carlos Villanes e Isabel Córdova, "al llegar el español traía también decálogos y preceptos morales que muy pronto encontraron en la oralidad su mejor canal de acercamiento al nativo" (*ob. cit.*, p. 315).

idolatría y leyes de sus Incas, y procuraban conservarlas en la memoria por la falta que tenían de escritura; y el indio que no había tomado de memoria por tradición las cuentas, o cualquiera otra historia que hubiese pasado entre ellos, era tan ignorante en lo uno y en lo otro como el español o cualquiera otro extranjero. Yo traté los quipus y nudos con los indios de mi padre, y con otros curacas, cuando por San Juan y Navidad venían a la ciudad a pagar sus tributos. Los curacas ajenos rogaban a mi madre que me mandase les cotejase sus cuentas porque, como gente sospechosa, no se fiaban de los españoles que les tratasen verdad en aquel particular, hasta que yo les certificaba de ella, leyéndoles los traslados que de sus tributos me traían y cotejándolos con sus nudos, y de esta manera supe de ellos tanto como los indios.

CAPÍTULO XX

*LA FIESTA PRINCIPAL DEL SOL Y CÓMO SE PREPARABAN
PARA ELLA*

Este nombre *Raimi* suena tanto como Pascua o fiesta solemne. Entre cuatro fiestas que solemnizaban los Reyes Incas en la ciudad del Cozco, que fue otra Roma, la solemnísima era la que hacían al Sol por el mes de junio, que llamaban Intip Raimi, que quiere decir la Pascua solemne del Sol, y absolutamente le llamaban Raimi, que significa lo mismo, y si a otras fiestas llamaban con este nombre era por participación de esta fiesta, a la cual pertenecía derechamente el nombre Raimi; celebrábanla pasado el solsticio de junio.[202]

Hacían esta fiesta al Sol en reconocimiento de tenerle y adorarle por sumo, solo y universal Dios, que con su luz y virtud criaba y sustentaba todas las cosas de la tierra.

---

[202] El Inti Raimi era la Pascua del Sol y se celebraba dos veces al año, coincidiendo con los solsticios. El llamado Cápac Raimi tenía lugar en el solsticio de diciembre. Cristóbal de Molina, "El Cuzqueño", especifica en su *Relación de las fábulas y ritos de los incas* (redactada hacia 1575) que llamaban Cápac Raimi —que quiere decir fiesta del señor Inca— al mes de noviembre y que era una de las tres fiestas principales del año. "En este mes —añade— armaban a caballeros y les horadaban y daban bragas, que en su lengua dicen ellos *guara*, para la cual dicha fiesta y armas."

Y en reconocimiento de que era padre natural del primer Inca Manco Cápac y de la Coya Mama Ocllo Huaco y de todos los Reyes y de sus hijos y descendientes, enviados a la tierra para el beneficio universal de las gentes, por estas causas, como ellos dicen, era solemnísima esta fiesta.

Hallábanse a ella todos los capitanes principales de guerra ya jubilados y los que no estaban ocupados en la milicia, y todos los curacas, señores de vasallos, de todo el Imperio; no por precepto que les obligase a ir a ella, sino porque ellos holgaban de hallarse en la solemnidad de tan gran fiesta; que, como contenía en sí la adoración de su Dios, el Sol, y la veneración del Inca, su Rey, no quedaba nadie que no acudiese a ella. Y cuando los curacas no podían ir por estar impedidos de vejez o de enfermedad o con negocios graves en servicio del Rey o por la mucha distancia del camino, enviaban a ella los hijos y hermanos, acompañados de los más nobles de su parentela, para que se hallasen a la fiesta en nombre de ellos. Hallábase a ella el Inca en persona, no siendo impedido en guerra forzosa o en visita del reino.

Hacía el Rey las primeras cerimonias como Sumo Sacerdote, que, aunque siempre había Sumo Sacerdote de la misma sangre, porque lo había de ser hermano o tío del Inca, de los legítimos de padre y madre, en esta fiesta, por ser particular del Sol, hacía las cerimonias el mismo Rey, como hijo primogénito de ese Sol a quien primero y principalmente tocaba solemnizar su fiesta.

Los curacas venían con todas sus mayores galas y invenciones que podían haber: unos traían los vestidos chapados de oro y plata, y guirnaldas de lo mismo en las cabezas, sobre sus tocados.

Otros venían ni más ni menos que pintan a Hércules, vestida la piel de león y la cabeza encajada en la del indio, porque se precian los tales descendir de un león.

Otros venían de la manera que pintan los ángeles, con grandes alas de un ave que llaman *cúntur*. Son blancas y negras, y tan grandes que muchas han muerto los españoles de catorce y quince pies de punta a punta de los vuelos; porque se jatan descendir y haber sido su origen de un cúntur.

Otros traían máscaras hechas aposta de las más abominables figuras que pueden hacer, y éstos son los yuncas. Entraban en las fiestas haciendo ademanes y visajes de locos, tontos y simples. Para lo cual traían en las manos instrumentos apropiados, como flautas, tamborinos mal concertados, pedazos de pellejos, con que se ayudan para hacer sus tonterías.

Otros curacas venían con otras diferentes invenciones de sus blasones. Traía cada nación sus armas con que peleaban en las guerras: unos traían arcos y flechas, otros lanzas, dardos, tiraderas, porras, hondas y hachas de asta corta para pelear con una mano, y otras de asta larga, para combatir a dos manos.

Traían pintadas las hazañas que en servicio del sol y de los Incas habían hecho; traían grandes atabales y trompetas, y muchos ministros que los tocaban; en suma, cada nación venía lo mejor arreado y más bien acompañado que podía, procurando cada uno en su tanto aventajarse de sus vecinos y comarcanos, o de todos, si pudiese.

Preparábanse todos generalmente para el Raimi del Sol con ayuno riguroso, que en tres días no comían sino un poco de maíz blanco, crudo y unas pocas de yerbas que llaman *chúcam* y agua simple. En todo este tiempo no encendían fuego en toda la ciudad, y se abstenían de dormir con sus mujeres.

Pasado el ayuno, la noche antes de la fiesta, los sacerdotes Incas deputados para el sacrificio entendían en apercebir los carneros y corderos que se habían de sacrificar y las demás ofrendas de comida y bebida que al Sol se había de ofrecer. Todo lo cual se prevenía sabida la gente que a la fiesta había venido, porque de las ofrendas habían de alcanzar todas las naciones, no solamente los curacas y los embajadores sino también los parientes, vasallos y criados de todos ellos.

354 INCA GARCILASO DE LA VEGA

Las mujeres del Sol entendían aquella noche en hacer grandísima cantidad de una masa de maíz que llaman *zancu;* hacían panecillos redondos del tamaño de una manzana común, y es de advertir que estos indios no comían nunca su trigo amasado y hecho pan sino en esta fiesta y en otra que llamaban Citua, y no comían este pan a toda la comida, sino dos o tres bocados al principio; que su comida ordinaria, en lugar de pan, es la zara tostada o cocida en grano.

La harina para este pan, principalmente lo que el Inca y los de su sangre real habían de comer, la molían y amasaban las vírgines escogidas, mujeres del Sol, y estas mismas guisaban toda la demás vianda de aquella fiesta; porque el banquete más parecía que lo hacía el Sol a sus hijos que sus hijos a él; y por tanto guisaban las vírgines, como mujeres que eran del Sol.

Para la demás gente común amasaban el pan y guisaban la comida otra infinidad de mujeres diputadas para esto. Empero, el pan, aunque era para la comunidad, se hacía con atención y cuidado de que a lo menos la harina la tuviesen hecha doncellas porque este pan lo tenían por cosa sagrada, no permitido comerse entre año, sino en sólo esta festividad, que era fiesta de sus fiestas.

CAPÍTULO XXI

ADORABAN AL SOL, IBAN A SU CASA, SACRIFICABAN UN CORDERO

Prevenido lo necesario, el día siguiente, que era el de la fiesta, al amanecer, salía el Inca acompañado de toda su parentela, la cual iba por su orden, conforme a la edad y dignidad de cada uno, a la plaza mayor de la ciudad, que llaman Haucaipata. Allí esperaban a que saliese el Sol y estaban todos descalzos y con grande atención, mirando al oriente, y en asomando el Sol se ponían todos de cuclillas (que entre estos indios es tanto como ponerse de rodillas) para le adorar, y con los brazos abiertos y las manos alzadas y puestas en derecho del rostro, dando besos al aire (que es lo mismo que en España besar su propria mano o la ropa del príncipe, cuando le reverencian) le adoraban con grandísimo afecto y reconocimiento de tenerle por su Dios y padre natural.[203]

Los curacas, porque no eran de la sangre real, se ponían en otra plaza, pegada a la principal, que llaman Cusipata; hacían al sol la misma adoración que los Incas. Luego el

---

[203] Según Concepción Bravo, en la religión inca "sobre una base de creencias animistas se advertía la existencia de un culto solar, impuesto como instrumento de control ideológico y político del Cuzco sobre sus súbditos" (*ob. cit.,* p. 149).

Rey se ponía en pie, quedando los demás de cuclillas, y tomaba dos grandes vasos de oro, que llaman *aquilla,* llenos del brebaje que ellos beben. Hacía esta cerimonia (como primogénito) en nombre de su padre el Sol, y con el vaso de la mano derecha le convidaba a beber, que era lo que el Sol había de hacer, convidando el Inca a todos sus parientes, porque eso del darse a beber unos a otros era la mayor y más ordinaria demostración que ellos tenían del beneplácito del superior para con el inferior y de la amistad del un amigo con el otro.

Hecho el convite del beber, derramaba el vaso de la mano derecha, que era dedicada al Sol, en un tinajón de oro, y del tinajón salía a un caño de muy hermosa cantería, que desde la plaza mayor iba hasta la casa del Sol, como que él se lo tuviese debido. Y del más vaso de la mano izquierda, tomaba el Inca un trago, que era su parte, y luego se repartía lo demás por los demás Incas, dando a cada uno un poco en un vaso pequeño de oro o plata que para lo recebir tenía apercebido, y de poco en poco recebaban el vaso principal que el Inca había tenido, para que aquel licor primero, sanctificado por mano del Sol o del Inca, o de ambas a dos, comunicase su virtud al que le fuesen echando. De esta bebida bebían todos los de la sangre real, cada uno un trago. A los demás curacas, que estaban en la otra plaza, daban a beber del mismo brebaje que las mujeres del Sol habían hecho, pero no de la sanctificada, que era solamente para los Incas.

Hecha esta cerimonia, que era como salva de lo que después se había de beber, iban todos por su orden a la casa del Sol, y doscientos pasos antes de llegar a la puerta se descalzaban todos, salvo el Rey, que no se descalzaba hasta la misma puerta del templo. El Inca y los de su sangre entraban dentro, como hijos naturales, y hacían su adoración a la imagen del Sol. Los curacas, como indignos de tan alto lugar porque no eran hijos, quedaban fuera, en una gran plaza que hoy está ante la puerta del templo.

El Inca ofrecía de su propria mano los vasos de oro en que había hecho la cerimonia; los demás Incas daban sus vasos a los sacerdotes Incas que para servicio del Sol estaban nombrados y dedicados, porque a los no sacerdotes, aunque de la misma sangre del Sol (como a seglares), no les era permitido hacer oficio de sacerdotes. Los sacerdotes, habiendo ofrecido los vasos de los Incas, salían a la puerta a recebir los vasos de los curacas, los cuales llegaban por su antigüedad, como habían sido reducidos al Imperio, y que daban sus vasos, y otras cosas de oro y plata que para presentar al Sol habían traído de sus tierras, como ovejas, corderos, lagartijas, sapos, culebras, zorras, tigres y leones y mucha variedad de aves; en fin, de lo que más abundancia había en sus provincias, todo contrahecho al natural en plata y oro, aunque en pequeña cantidad cada cosa.

Acababa la ofrenda, se volvían a sus plazas por su orden: luego venían los sacerdotes Incas, con gran suma de corderos, ovejas machorras y carneros de todas colores, porque el ganado natural de aquella tierra es de todas colores, como los caballos de España. Todo este ganado era del Sol. Tomaban un cordero negro, que este color fue entre estos indios antepuesto a los demás colores para los sacrificios, porque lo tenían por de mayor deidad, porque decían que la res prieta era en todo prieta, y que la blanca, aunque lo fuese en todo su cuerpo, siempre tenía el hocico prieto, lo cual era defecto, y por tanto era tenida en menos que la prieta. Y por esta razón los Reyes lo más del tiempo vestían de negro, y el de luto de ellos era el vellorí, color pardo que llaman.

Este primer sacrificio del cordero prieto era para catar los agüeros y pronósticos de su fiesta. Porque todas las cosas que hacían de importancia, así para la paz como para la guerra, casi siempre sacrificaban un cordero, para mirar y certificarse por el corazón y pulmones si era acepto al Sol, esto es, si había de ser felice o no aquella jornada de

guerra, si habían de tener buena cosecha de frutos aquel
año. Para unas cosas tomaban su agüeros en un cordero,
para otras en un carnero, para otras en una oveja estéril,
que cuando se dijere oveja siempre se ha de entender estéril, porque las paridoras nunca las mataban, ni aun para su
comer, sino cuando eran ya inútiles para criar.

Tomaban el cordero o carnero y poníanle la cabeza hacia el oriente; no le ataban las manos ni los pies, sino que
lo tenían asido tres o cuatro indios, abríanle vivo por el
costado izquierdo, por do metían la mano y sacaban el corazón, con los pulmones y todo el gazgorro arrancándolo
con la mano y no cortándolo, y había de salir entero desde
el paladar.[204]

---

[204] En el Inti Raimi se sacrificaban animales, principalmente llamas.
Sin embargo, a pesar de que Garcilaso y Blas Valera nieguen los sacrificios humanos en los rituales religiosos, estudios arqueológicos y diversas
fuentes confirman que éstos, aunque de forma excepcional, se practica-
ban cuando el Inca iba a guerrear o caía enfermo. Las víctimas solían ser
niños de 10 años de edad sin defectos físicos. Por lo que respecta al sacrificio de animales, normalmente las llamas de color oscuro se destinaban a
Viracocha, las blancas al Sol y las de varios colores a Illapa. También se
ofrendaban alimentos, chicha, tejidos y objetos preciosos.

CAPÍTULO XXIV

ARMABAN CABALLEROS A LOS INCAS, Y CÓMO LOS EXAMINABAN

Este nombre *huaracu* es de la lengua general del Perú: suena tanto como en castellano armar caballero, porque era dar insignias de varón a los mozos de la sangre real y habilitarlos, así para ir a la guerra como para tomar estado. Sin las cuales insignias no eran capaces ni para lo uno ni para lo otro, que, como dicen los libros de caballerías,[205] eran donceles que no podían vestir armas. Para darles estas insignias, que las diremos adelante, pasaban los mozos que se disponían a recebirlas por un noviciado rigurosísimo, que era ser examinados en todos los trabajos y necesidades que en la guerra se les podían ofrecer, así en próspera como en adversa fortuna, y para que nos demos mejor a entender, será bien vamos desmembrando esta fiesta y solemnidad, recitándola a pedazos, que, cierto, para gente tan bárbara tiene muchas cosas de pulicía y admiración, encaminadas a la milicia. Es de saber que era fiesta de mucho regocijo para la gente común y de gran honra y majestad para los Incas, así viejos como mozos, para los ya aprobados y para los que entonces se aprobaban. Porque la

---

[205] A pesar de que Garcilaso dice no ser aficionado a los libros de caballerías, tampoco él pudo sustraerse a la importancia que tuvieron éstos en la época.

honra o infamia que de esta aprobación los novicios sacaban, participaba toda la parentela, y como la de los Incas
fuese toda una familia, principalmente la de los ligítimos y
limpios en sangre real, corría por todos ellos el bien o mal
que cada uno pasaba, aunque más en particular por los
más propincuos.[206]

Cada año o cada dos años, o más o menos, como había
la dispusición, admitían los mozos Incas (que siempre se
ha de entender de ellos y no de otros, aunque fuesen hijos
de grandes señores) a la aprobación militar: habían de ser
de diez y seis años arriba. Metíanlos en una casa que para
estos ejercicios tenían hecha en el barrio llamado Collcampata, que aún yo la alcancé en pie y vi en ella alguna
parte de estas fiestas, que más propriamente se pudieran
decir sombras de las pasadas que realidad y grandeza de
ellas. En esta casa había Incas viejos, experimentados en
paz y en guerra, que eran maestros de los novicios, que los
examinaban en las cosas que diremos y en otras que la memoria ha perdido. Hacíanles ayunar seis días un ayuno
muy riguroso, porque no les daban más de sendos puña-
dos de *zara* cruda, que es su trigo, y un jarro de agua simple, sin otra cosa alguna, ni sal, ni *uchu,* que es lo que en
España llaman pimiento de las Indias, cuyo condimiento
enriquece y saborea cualquiera pobre y mala comida que
sea, aunque no sea sino de yerbas, y por esto se lo quitaban
a los novicios.

No se permitía ayunar más de tres días este ayuno riguroso; empero, doblábanselo a los noveles, por que era
aprobación y querían ver si eran hombres para sufrir cual-

---

[206] Tenía la sociedad inca muchos ritos de tránsito, como la ceremonia del taparrabo, que se celebraba a los 14 años de edad. A cada chico se
le imponía su primer taparrabo y a los hijos de la nobleza se les armaba caballero. Esta ceremonia consistía en horadarles el lóbulo de las orejas para que de ahí en adelante pudieran lucir el adorno auricular que les consa-
graba como *orejones*. En las clases elevadas la celebración se efectuaba
con toda pompa, con peregrinaciones, carreras y sacrificios.

quiera sed o hambre que en la guerra se les ofreciese. Otro ayuno menos riguroso ayunaban los padres y hermanos y los parientes más cercanos de los noveles, con grandísima observancia, rogando todos a su padre el Sol diese fuerzas y ánimo a aquellos sus hijos para que saliesen con honra aprobados de aquellos ejercicios. Al que en este ayuno se mostraba flaco y debilitado o pedía más comida, lo reprobaban y echaban del noviciado. Pasado el ayuno, habiéndolos confortado con alguna más vianda, los examinaban en la ligereza de sus personas, para lo cual les hacían correr desde el cerro llamado Huanacauri (que ellos tenían por sagrado) hasta la fortaleza de la misma ciudad, que debe de haber casi legua y media, donde les tenían puesta una señal, como pendón o bandera, y el primero que llegaba quedaba elegido por capitán de todos los demás. También quedaban con grande honra el segundo, tercero y cuarto, hasta el décimo de los primeros y más ligeros; y por el semejante quedaban notados de infamia y reprobados los que se desalentaban y desmayaban en la carrera. En la cual se ponían a trechos los padres y parientes a esforzar los que corrían, poniéndoles delante la honra y la infamia, diciéndoles que eligiesen por menos mal reventar, antes que desmayar en la carrera.

Otro día los dividían en dos números iguales: a los unos mandaban quedar en la fortaleza y a los otros salir fuera, y que peleasen unos contra otros, unos para ganar el fuerte y otros por defenderle. Y habiendo combatido de esta manera todo aquel día, los trocaban el siguiente, que los que habían sido defensores fuesen ofensores, para que de todas maneras mostrasen la agilidad y habilidad que en ofender o defender las plazas fuertes les convenía tener. En estas peleas, aunque les templaban las armas para que no fuesen tan rigurosas como en las veras, había muy buenas heridas, y algunas veces muertes, porque la codicia de la victoria los encendía hasta matarse.

CAPÍTULO XXV

HABÍAN DE SABER HACER SUS ARMAS Y EL CALZADO

Pasados estos ejercicios en común, les hacían luchar unos con otros, los más iguales en edad, y que saltasen y tirasen una piedra chica o grande y una lanza y un dardo y cualquiera otra arma arrojadiza. Hacíanles tirar al terrero con arcos y flechas, para ver la destreza que tenían en la puntería y uso de estas armas. También les hacían tirar a tira más tira, para prueba de la fortaleza y ejercicio de sus brazos. Lo mismo les hacían hacer con las hondas, mandándoles tirar a puntería y a lo largo. Sin estas armas, los examinaban en todas las demás que ellos usaban en la guerra, para ver la destreza que en ellas tenían. Hacíanles velar en veces diez o doce noches puestos como centinelas, para experimentar si eran hombres que resistían la fuerza del sueño: requeríanlos a sus horas inciertas, y al que hallaban durmiendo reprobaban con grande ignominia, diciéndole que era niño para recebir insignias militares de honra y majestad. Heríanlos ásperamente con varas de mimbre y otros renuevos en los brazos y piernas, que los indios del Perú en su hábito común traen descubiertas, para ver qué semblante mostraban a los golpes; y si hacían sentimiento de dolor con el rostro o con encoger tanto cuanto las piernas o brazos, lo repudiaban diciendo que quien no era para sufrir golpes de varas tan tiernas, menos

sufriría los golpes y heridas de las armas duras de sus enemigos. Habían de estar como insensibles.

Otras veces los ponían trechos calle,[207] y en ella entraba
un capitán maestro de armas con una arma a manera de
montante, o digamos porra, porque le es más semejante,
que se juega a dos manos, que los indios llaman *macana;*
otras veces con una pica, que llaman *chuqui,* y con cualquiera de estas armas jugaba diestrísimamente entre los noveles y les pasaba los botes por delante de los ojos, como
que se los quisiese sacar, o por las piernas, como para las
quebrar, y si por desgracia hacían algún semblante de temor, palpitando los ojos o retrayendo la pierna, los echaban
de la aprobación, diciendo que quien temía los ademanes de
las armas que sabían que no les habían de herir, mucho más
temería las de los enemigos, pues eran ciertos que se los tiraban para matarlos; por lo cual les convenía estar sin moverse, como rocas combatidas del mar y del viento.

Sin lo dicho, habían de saber hacer de su mano todas las
armas ofensivas que en la guerra hubiesen menester, a lo
menos las más comunes y las que no tienen necesidad de
herrería, como un arco y flechas: una tiradera que se podrá llamar bohordo, porque se tira con amiento de palo o
de cordel; una lanza, la punta aguzada en lugar de hierro;
una honda de cáñamo o esparto que a necesidad se sirven
y aprovechan de todo. De armas defensivas no usaron de
ningunas, sino fueron rodelas o paveses, que ellos llaman
huallcanca. Estas rodelas habían de saber hacer también
de lo que pudiesen haber. Habían de saber hacer el calzado que ellos traen, que llaman *usuta,* que es de una suela
de cuero o de esparto o de cáñamo, como las suelas de los
alpargates que en España hacen; no les supieron dar cape-
llada, empero atan las suelas al pie con unos cordeles del

---

[207] *trechos calle:* según Miró Quesada, que parte de una corrección
—posiblemente del mismo Garcilaso— hecha en uno de los ejemplares de
la edición príncops, debe poner "hechos calle".

mismo cáñamo o lana, que por abreviar diremos que son a
semejanza de los zapatos abiertos que los religiosos de San
Francisco traen.[208]

Los cordeles para este calzado hacen de lana torcida con
un palillo; la lana tienen al torcer en la una mano y el palillo en la otra, y con media braza de cordel tienen harto para el un pie. Es grueso como el dedo mergarite porque,
cuanto más grueso, menos ofende el pie. A esta manera de
torcer un cordel, y para el efecto que vamos contando, dice un historiador de las Indias, hablando de los Incas, que
hilaban, sin decir cómo ni para qué. Podrásele perdonar
esta falsa relación que le hicieron, con otras muchas que
así en perjuicio de los indios como de los españoles recibió
sin culpa suya, porque escribió de lejos y por relaciones
varias y diversas, compuestas conforme al interés y pretensión de los que se las daban. Por lo cual sea regla general que en toda la gentilidad no ha habido gente más varo-
nil, que tanto se haya preciado de cosas de hombres, como
los Incas, ni que tanto aborreciesen las cosas mujeriles;
porque, cierto, todos ellos generalmente fueron magnáni-
mos y aspiraron a las cosas más altas de las que maneja-
ron; porque se preciaban de hijos del Sol, y este blasón levantaba a ser heroicos.

Llaman a esta manera de torcer lana *mílluy*. Es verbo
que solo, sin más dicciones, significar torcer lana con pali-

---

[208] Los soldados, que eran todos indios tributarios, vestían la clásica
camiseta andina y el taparrabos y se tocaban con una especie de yelmo o
morrión de madera adornado con plumas. Llevaban pectorales y adornos
en los tobillos y debajo de las rodillas. Según el historiador Canals (*ob.
cit.*, pp. 362-363), la oficialidad estaba compuesta sólo por nobles. Como
armas defensivas, llevaban un relleno de algodón o se envolvían el pecho
con largas tiras de tela y poseían escudos circulares o cuadrados. Las armas ofensivas consistían en hondas y boleadoras. Los grupos procedentes
del Antisuyu usaban el arco y la flecha y los de la costa el dardo y el pro-
pulsor. Para la lucha cuerpo a cuerpo, las armas preferidas eran el rompe-
cabezas estrellado, la lanza con punta de cobre o bronce, las hachas de
combate y la macana de doble filo.

llo para cordel de calzado o para sogas de cargar, que también las hacían de lana, y porque este oficio era de hombres no usaban de este verbo las mujeres en su lenguaje, porque era hacerse hombres. Al hilar de las mujeres dicen *buhca:* es verbo; quiere decir hilar con huso para tejer; también significa el huso. Y porque este oficio era proprio de las mujeres, no usaban del verbo *buhca* los hombres, porque era hacerse mujeres. Y esta manera de hablar usan mucho en aquel lenguaje, como adelante notaremos en otros verbos y nombres que los curiosos holgarán ver. De manera que los españoles que escriben en España historias del Perú, no alcanzando estas propriedades del lenguaje, y los que las escriben en el Perú, no dándoseles nada por ellas, no es mucho que las interpreten conforme a su lengua española y que levanten falsos testimonios a los Incas sin quererlo hacer. Volviendo a nuestro cuento, decimos que los noveles habían de saber hacer las armas y el calzado que en la guerra, en tiempo de necesidad, hubiesen menester. Todo lo cual les pedían para que en la necesidad forzosa de cualquiera acaecimiento no se hallasen desamparados, sino que tuviesen habilidad y maña para poderse valer por sí.

CAPÍTULO XXXIV

ILUSTRA EL INCA SU IMPERIO Y SUS EJERCICIOS HASTA SU MUERTE

El Inca Pachacútec,[209] viéndose ya viejo, le pareció descansar y no hacer más conquistas, pues había aumentado a su Imperio más de ciento y treinta leguas de largo, norte sur, y de ancho todo lo que hay de la gran cordillera de la Sierra Nevada hasta la mar, que por aquel paraje hay por partes sesenta leguas leste hueste, y por otras setenta, y más y menos. Entendió en lo que siempre había entendido, en confirmar las leyes de sus pasados y hacer otras de nuevo para el beneficio común.

Fundó muchos pueblos de advenedizos, en las tierras que, por su industria, de estériles e incultas, se hicieron

---

[209] *Pachacútec:* según los historiadores, el Inca Yupanqui incorporó a su nombre el título de Pachacútec y se hizo nombrar Inca aún en vida de su padre y contra la voluntad de éste. Viracocha Inca, anteriormente, había designado sucesor a otro hijo, Inca Urcon, pero fue asesinado por los partidarios del vencedor de los chanca. De ahí que se considere que Pachacuti o Pachacútec Inca Yupanqui es el noveno Inca y el primer soberano histórico. Según Concepción Bravo (*ob. cit.,* p. 37), la asunción al poder de Pachacuti (se invistió con la borla imperial en vida de su padre) parece un acto de usurpación. También es posible que las presiones por parte de la nobleza obligaran al viejo Inca a abdicar en favor de Pachacuti.

fértiles y abundantes mediante las muchas acequias que mandó sacar.

Edificó muchos templos al Sol,[210] a imitación del que había en el Cozco, y muchas casas de las vírgines que llamaban escogidas. Ordenó que se renovasen y labrasen muchos pósitos de nuevo, por los caminos reales, donde se pusiesen los bastimentos, armas y munición para los ejércitos que por ellos pasasen, y mandó se hiciesen casas reales donde los Incas se alojasen cuando caminasen.

Mandó que también se hiciesen pósitos en todos los pueblos grandes o chicos, donde no los hubiese, para guardar mantenimiento con que socorrer los moradores en años de necesidad, los cuales pósitos mandó que se bastaciesen de sus rentas reales y de las del Sol.

En suma, se puede decir que renovó su Imperio en todo, así en su vana religión, con nuevos ritos y cerimonias, quitando muchos ídolos a sus vasallos, como en las costumbres y vida moral, con nuevas leyes y premáticas, prohibiendo muchos abusos y costumbres bárbaras que los indios tenían antes de su reinado.

También reformó la milicia[211] en lo que le pareció que convenía, por mostrarse tan gran capitán como Rey y sacerdote, y la amplió en favores y honras y mercedes, para los que en ella se aventajasen. Y particularmente ilustró y amplió la gran ciudad del Cozco con edificios y moradores. Mandó labrar una casa para sí, cerca de las escuelas que su bisabuelo, Inca Roca, fundó. Por estas cosas y por su afable condición y suave gobierno, fue amado y adorado

---

[210] Pachacuti o Pachacútec es considerado el gran reformador y el auténtico fundador del estado inca. Como elementos de cohesión impuso e hizo oficiales una lengua (el quechua) y una religión (el culto al Sol). Se dice que remodeló absolutamente el Cuzco y que a él se debe la construcción del Coricancha.

[211] Entre 1438 y 1471 —años de su mandato— se sentaron las bases del imperio inca. Su expansión no se limitó a conquistas cercanas sino que se dirigió a la costa, la región del lago Titicaca y la selva oriental.

como otro Júpiter. Reinó, según dicen, más de cincuenta años,[212] otros dicen que más de sesenta. Vivía en suma paz y tranquilidad, tan obedecido como amado y tan servido como su bondad lo merecía, y al fin de este largo tiempo falleció. Fue llorado universalmente de todos sus vasallos y puesto en el número de sus dioses, como los demás Reyes Incas sus antepasados. Fue embalsamado conforme a la costumbre de ellos y los llantos, sacrificios y ceremonias del entierro, según la misma costumbre, duraron un año.

Dejó por su universal heredero a Inca Yupanqui, su hijo y de la Coya Anahuarque, su ligítima mujer y hermana; dejó otros, más de trescientos hijos y hijas, y aun quieren decir, según su larga vida y multitud de mujeres, que más de cuatrocientos ligítimos en sangre y no ligítimos; que, con ser tantos, dicen los indios que eran pocos para hijos de tal padre.

A estos dos Reyes, padre y hijo, confunden los historiadores españoles, dando los nombres de ambos a uno solo. El padre se llamó Pachacútec: fue su nombre proprio: el nombre Inca fue común a todos ellos, porque fue apellido desde el primer Inca, llamado Manco Cápac, cuyo nieto se llamó Lloque Yupanqui, en cuya vida dijimos lo que significaba la dición Yupanqui, la cual dición también se hizo apellido después de aquel Rey, y juntando ambos apellidos, que son Inca Yupanqui, se lo dicen a todos los Reyes Incas, como no tengan por nombre proprio el Yupanqui, y estánles bien estos renombres, porque es como

[212] Los comienzos de su reinado, a pesar de que se le considera el primer soberano histórico, son míticos, como la victoria milagrosa contra los chanca que le permitió coronarse en el año 1438, fecha en la que comienza la época imperial del estado inca. Algunos historiadores creen probable que se adjudicara éxitos anteriores para legitimarse (no olvidemos el control oficial sobre la oralidad mediante los *quipucamayocs*). Eso explicaría las discrepancias entre las distintas crónicas sobre qué soberano venció a los chanca, si Viracocha o Pachacútec, aunque quizá fueran ambos en distintas ocasiones.

decir César Augusto a todos los Emperadores. Pues como los indios, contando las hazañas de sus Reyes y nombrando sus nombres, dicen Pachacútec Inca Yupanqui, entienden los españoles que es nombre de un Rey solo, y no admiten al hijo sucesor de Pachacútec, que se llamó Inca Yupanqui,[213] el cual tomó ambos apellidos por nombre proprio y dio el mismo nombre Inca Yupanqui a su hijo heredero. A quien los indios, por excelencia y por diferenciarle de su padre, llamaron Túpac (quiere decir el que resplandece) Inca Yupanqui, padre de Huayna Cápac Inca Yupanqui, y abuelo de Huáscar Inca Yupanqui, y así se puede decir a todos los demás Incas, por apellido. Esto he dicho para que no se confundan los que leyeren las historias.

FIN DEL LIBRO SEXTO

[213] *Inca Yupanqui:* Garcilaso resta protagonismo a Pachacútec y a Túpac Inca Yupanqui e incluye entre ambos un nuevo rey, Inca Yupanqui. Los cronistas no dan fe de la existencia de este rey, ni tampoco los historiadores actuales. Como recuerda Roberto Leville (*Los incas*, Sevilla, CSIC, 1956, pp. 165 y ss.), los *Quipucamayos* de Vaca de Castro (fechados en 1540, cuando los orejones que conocieron a Inca Yupanqui tendrían setenta años; es decir, a tan corta distancia temporal es difícil la confusión) afirman que Inca Yupanqui no era más que otro nombre de Pachacútec.

LIBRO SÉPTIMO

CAPÍTULO I

LOS INCAS HACÍAN COLONIAS; TUVIERON DOS LENGUAJES

Los reyes Incas trasplantaban indios de unas provincias a otras para que habitasen en ellas; hacíanlo por causa que les movían, unas en provecho de sus vasallos, otras en beneficio proprio, para asegurar sus reinos de levantamientos y rebeliones. Los Incas, yendo conquistando, hallaban algunas provincias fértiles y abundantes de suyo, pero mal pobladas y mal cultivadas por falta de moradores; a estas tales provincias, porque no estuviesen perdidas, llevaban indios de otras de la misma calidad y temple, fría o caliente, porque no se les hiciese de mal la diferencia del temperamento. Otras veces los trasplantaban cuando multiplicaban mucho de manera que no cabían en sus provincias; buscábanles otras semejantes en que viviesen; sacaban la mitad de la gente de la tal provincia, más o menos, la que convenía. También sacaban indios de provincias flacas y estériles para poblar tierras fértiles y abundantes. Esto hacían para beneficio así de los que iban como de los que quedaban, porque, como parientes, se ayudasen con sus cosechas los unos a los otros, como fue en todo el Collao, que es una provincia de más de ciento y veinte leguas de largo y que contiene en sí otras muchas provincias de diferentes naciones, donde, por ser la tierra muy fría, no se da el maíz, ni el *uchu,* que los españoles llaman pimiento, y se dan en grande abundancia otras semillas y legumbres que no se dan en las tierras calientes como la que llaman *papa* y *quinua,* y se cría infinito ganado.

De todas aquellas provincias frías sacaron por su cuenta y razón muchos indios y los llevaron al oriente de ellas, que es a los Antis, y al poniente, que es a la costa de la mar, en las cuales regiones había grandes valles fertilísimos de llevar maíz y pimiento y frutas, las cuales tierras y valles antes de los Incas no se habitaban; estaban desamparados, como desiertos, porque los indios no habían sabido ni tenido maña para sacar acequias para regar los campos.[214] Todo lo cual bien considerado por los Reyes Incas, poblaron muchos valles de aquellos incultos con los indios que, a una mano y a otra, más cerca les caían; diéronles riego, allanando las tierras para que gozasen del agua, y les mandaron por ley que se socorriesen como parientes, trocando los bastimentos que sobraban a los unos y faltaban a los otros. También hicieron esto los Incas por su provecho, por tener renta de maíz para sus ejércitos, porque, como ya se ha dicho, eran suyas las dos tercias partes de las tierras que sembraban; esto es, la una tercia parte del Sol y la otra del Inca. De esta manera tuvieron los Reyes abundancia de maíz en aquella tierra, tan fría y estéril, y los Collas llevaban en su ganado, para trocar con los parientes trasplantados, grandísima cantidad de *quinua* y *chuñu,* que son papas pasadas, y mucho tasajo, que llaman *charqui,* y volvían cargados de maíz y pimientos y frutas, que no las había en sus tierras; y éste fue un aviso y prevención que los indios estimaron en mucho.

Pedro de Cieza de León, hablando en este mismo pro-

---

[214] Las necesidades de riego del maíz exigieron la elaboración de todo un sistema de canalizaciones. El control del agua, junto con la numerosa mano de obra y la extensión de las tierras de cultivo mediante el sistema de terrazas, permitió la prosperidad económica del imperio.

pósito, capítulo noventa y nueve, dice: "Siendo el año abundante, todos los moradores de este Collao viven contentos y sin necesidad; mas si es estéril y falto de agua, pasan grandísima necesidad. Aunque a la verdad, como los Reyes Incas que mandaron este Imperio fueron tan sabios y de tan buena gobernación y tan bien proveídos, establecieron cosas y ordenaron leyes a su usanza, que verdaderamente, si no fuera mediante ello, las más de las gentes de su señorío pasaran con gran trabajo y vivieran con gran necesidad, como antes que por ellos fueran señoreados. Y esto helo dicho porque en estos Collas y en todos los más valles del Perú, que por ser fríos no eran tan fértiles y abundantes como los pueblos cálidos y bien proveídos, mandaron que, pues la gran serranía de los Andes comarcaba con la mayor parte de los pueblos, que de cada uno saliese cierta cantidad de indios con sus mujeres, y estos tales, puestos en las partes que sus caciques les mandaban y señalaban, labraban los campos en donde sembraban lo que faltaba en sus naturalezas, proveyendo con el fruto que cogían a sus señores o capitanes, y eran llamados mitimaes. Hoy día sirven y están debajo de la encomienda principal, y crían y curan la preciada coca. Por manera que, aunque en todo el Collao no se coge ni siembra maíz, no les falta a los señores naturales de él y a los que quieren procurar con la orden ya dicha; porque nunca dejan de traer cargas de maíz, coca y frutas de todo género y cantidad de miel." Hasta aquí es de Pedro de Cieza, sacado a la letra.

Trasplantábanlos por otro respecto, y era cuando habían conquistado alguna provincia belicosa, de quien se temía que, por estar lejos del Cozco y por ser de gente feroz y brava, no había de ser leal ni había de querer servir en buena paz. Entonces sacaban parte de la gente de aquella tal provincia, y muchas veces la sacaban toda, y la pasaban a otra provincia de las domésticas, donde, viéndose por todas partes rodeados de vasallos leales y pacíficos, procurasen ellos también ser leales, bajando la cerviz al yugo que ya no podían desechar. Y en estas maneras de mudar indios siempre llevaban Incas de los que lo eran por privilegio del primer Rey Manco Cápac, y enviábanlos para que gobernasen y doctrinasen a los demás. Con el nombre de estos Incas honraban a todos los demás que con ellos iban, porque fuesen más respectados de los comarcanos. A todos estos indios, trocados de esta manera, llamaban *mítmac,* así a los que llevaban como a los que traían: quiere decir: trasplantados o advenedizos, que todo es uno.

Entre otras cosas que los Reyes Incas inventaron para buen gobierno de su Imperio, fue mandar que todos sus vasallos aprendiesen la lengua de su corte, que es la que hoy llaman lengua general, para cuya enseñanza pusieron en cada provincia maestros Incas de los de privilegio; y es de saber que los Incas tuvieron otra lengua particular, que hablaban entre ellos, que no la entendían los demás indios ni les era lícito aprenderla, como lenguaje divino. Ésta, me escriben del Perú que se ha perdido totalmente, porque, como pereció la república particular de los Incas, pereció también el lenguaje de ellos. Mandaron aquellos Reyes aprender la lengua general por dos respectos principales. El uno fue por no tener delante de sí tanta muchedumbre de intérpretes como fuera menester para entender y responder a tanta variedad de lenguas y naciones como había en su Imperio. Querían los Incas que sus vasallos les hablasen boca a boca (a lo menos personalmente, y no por terceros) y oyesen de la suya el despacho de sus negocios, porque alcanzaron cuánta más satisfacción y consuelo da una misma palabra dicha por el príncipe, que no por el ministro. El otro respecto y más principal fue porque las naciones extrañas (las cuales, como atrás dijimos, por no entenderse unas a otras se tenían por enemigas y se hacían cruel guerra), hablándose y comunicándose lo interior de sus corazones, se amasen unos a otros como si fuesen de una familia y parentela y perdiesen la esquiveza que les causaba el no entenderse.

Con este artificio domesticaron y unieron los Incas tanta variedad de naciones diversas y contrarias en idolatría y costumbres como las que hallaron y sujetaron a su Imperio, y los trajeron mediante la lengua a tanta unión y amistad que se amaban como hermanos, por lo cual muchas provincias que no alcanzaron el Imperio de los Incas, aficionados y convencidos de este beneficio, han aprendido después acá la lengua general del Cozco y la hablan y se entienden con ella muchas naciones de diferentes lenguas, y por sola ella se han hecho amigos y confederadores donde solían ser enemigos capitales. Y al contrario, con el nuevo gobierno la han olvidado muchas naciones que la sabían, como lo testifica el Padre Blas Valera, hablando de los Incas, por estas palabras: "Mandaron que todos hablasen una lengua, aunque el día de hoy, por la negligencia (no sé de quién), la han perdido del todo muchas provincias, no sin gran daño de la predicación evangélica, porque todos los indios que, obedeciendo esta ley, retienen hasta ahora la lengua del Cozco, son más urbanos y de ingenios más capaces, lo cual no tienen los demás."[215] Hasta aquí es del Padre Blas Valera; quizá adelante pondremos un capítulo suyo donde dice que no se debe permitir que se pierda la lengua general del Perú, porque, olvidada aquélla, es necesario que los predicadores aprendan muchas lenguas para predicar el Evangelio, lo cual es imposible.

[215] Garcilaso hace suyas las palabras de Blas Valera. Según Porras Barrenechea, "la justificación del Incario y la exaltación de la lengua cortesana del Cuzco las hace con argumentos tan viejos, que ya los esgrimían en el siglo XII los imperialistas germanos" (*El Inca Garcilaso en Montilla*, p. 269).

CAPÍTULO II

LOS HEREDEROS DE LOS SEÑORES SE CRIABAN EN LA CORTE, Y LAS CAUSAS POR QUÉ

Mandaron también aquellos Reyes que los herederos de los señores de vasallos se criasen en la corte y residiesen en ella mientras no heredasen sus estados, para que fuesen bien doctrinados y se hiciesen a la condición y costumbres de los Incas, tratando con ellos amigablemente, para que después, por la comunicación y familiaridad pasada, los amasen y sirviesen con afición: llamábanles *mítmac,* porque eran advenedizos. También lo hacían por ennoblecer y honrar su corte con la presencia y compañía de tantos herederos de reinos, estados y señoríos como en aquel Imperio había. Este mandato facilitó que la lengua general se aprendiese con más gusto y menos trabajo y pesadumbre; porque, como los criados y vasallos de los herederos iban por su rueda a la corte a servir a sus señores, siempre que volvían a sus tierras llevaban algo aprendido de la lengua cortesana, y la hablaban con gran vanagloria entre los suyos, por ser lengua de gente que ellos tenían por divina, y causaban grande envidia para que los demás la deseasen y procurasen saber, y los que así sabían algo, por pasar adelante en el lenguaje, trataban más a menudo y más familiarmente con los gobernadores y ministros de la justicia y de la hacienda real, que asistían en sus tierras. De esta manera, con suavidad y facilidad, sin la particular industria de los maestros, aprendieron y hablaron la lengua general del Cozco en pocas menos de mil y trescientas leguas de largo que ganaron aquellos Reyes.

Sin la intención de ilustrar su corte con la asistencia de tantos príncipes, tuvieron otra aquellos Reyes Incas para mandarlo, y fue por asegurar sus reinos y provincias de levantamientos y rebeliones, que, como tenían su Imperio tan extendido que había muchas provincias que estaban a cuatrocientas y a quinientas y a seiscientas leguas de su corte, y eran las mayores y más belicosas, como eran las del reino de Quitu y Chili, y otras sus vecinas, de las cuales se recelaban que por la distancia del lugar y ferocidad de la gente se levantarían en algún tiempo y procurarían desechar el yugo del Imperio, y aunque cada una de por sí no era parte, podrían convocarse y hacer liga entre muchas provincias y en diversas partes y acometer el Reino por todos cabos, que fuera un gran peligro para que se perdiera el señorío de los Incas. Para asegurarse de todos estos inconvenientes y otros que suceden en imperios tan grandes tomaron por remedio mandar que todos los herederos asistiesen en su corte, donde, en presencia y ausencia del Inca, se tenía cuidado de tratarlos con regalo y favores, acariciando a cada uno conforme a sus méritos, calidad y estado. De los cuales favores particulares y generales daban los príncipes cuenta a sus padres a menudo, enviándoles los vestidos y preseas que el Inca les daba de su proprio traer y vestir, que era tan estimado entre ellos que no se puede encarecer. Con lo cual pretendían los Reyes Incas obligar a sus vasallos a que en agradecimiento de sus beneficios les fuesen leales, y cuando fuesen tan ingratos que no los reconociesen, a lo menos temiesen y reprimiesen sus malos deseos, viendo que estaban sus hijos y herederos en la corte como en rehenes y prendas de la fidelidad de ellos.

Con esta industria y sagacidad y otras semejantes, y con la rectitud de su justicia, tuvieron los Incas su Imperio en tanta paz y quietud, que en todo el tiempo que imperaron casi apenas hubo rebelión ni levantamiento que aplacar o castigar. El Padre Joseph de Acosta, hablando del gobierno de los Reyes Incas, libro seis, capítulo doce, dice: "Sin duda era grande la reverencia y afición que esta gente tenía a sus Incas, sin que se halle jamás haberles hecho ninguno de ellos traición; porque en su gobierno procedían, no sólo con gran poder, sino también con mucha rictitud y justicia, no consintiendo que nadie fuese agraviado. Ponía el Inca sus gobernadores por diversas provincias, y había unos supremos e inmediatos a él, otros más moderados y otros particulares, con extraña subordenación, en tanto grado que ni emborracharse ni tomar una mazorca de maíz de su vecino se atrevían." Hasta aquí es del Padre Maestro Acosta.

CAPÍTULO VIII

LA DESCRIPCIÓN DE LA IMPERIAL CIUDAD DEL COZCO

El Inca Manco Cápac fue el fundador de la ciudad del Cozco, la cual los españoles honraron con renombre largo y honroso, sin quitarle su proprio nombre: dijeron la Gran Ciudad del Cozco, cabeza de los reinos y provincias del Perú. También le llamaron la Nueva Toledo, mas luego se les cayó la memoria este segundo nombre, por la impropriedad de él, porque el Cozco no tiene río que la ciña como a Toledo, ni le asemeja en el sitio, que su poblazón empieza de las laderas y faldas de un cerro alto y se tiende a todas partes por un llano grande y espacioso; tiene calles anchas y largas y plazas muy grandes, por lo cual los españoles todos en general, y los escribanos reales y los notarios en sus escripturas públicas, usan del primer título; porque el Cozco, en su Imperio, fue otra Roma en el suyo, y así se puede cotejar la una con la otra porque se asemejan en las cosas más generosas que tuvieron. La primera y principal, en haber sido fundadas por sus primeros Reyes. La segunda, en las muchas y diversas naciones que conquistaron y sujetaron a su Imperio. La tercera, en las leyes tantas y tan buenas y bonísimas que ordenaron para el gobierno de sus repúblicas. La cuarta, en los varones tantos y tan excelentes que engendraron y con su buena doctrina urbana y militar criaron. En los cuales Roma hizo ventaja al Cozco, no por haberlos criado mejores, sino por haberlo sido más venturosa en haber alcanzado letras y eternizado con ellas a sus hijos, que los tuvo no menos ilustres por las ciencias que excelentes por las armas; los cuales se honraron al trocado unos a otros; éstos, haciendo hazañas en la guerra y en la paz, y aquéllos escribiendo las unas y las otras, para honra de su patria y perpetua memoria de todos ellos, y no sé cuáles de ellos hicieron más, si los de las armas o los de las plumas, que, por ser estas facultades tan heroicas, corren lanzas, parejas, como se vee en el muchas veces grande Julio César, que las ejercitó ambas con tantas ventajas que no se determina en cuál de ellas fue más grande.

También se duda cuál de estas dos partes de varones famosos debe más a la otra, si los guerreadores a los escriptores, porque escribieron sus hazañas y las eternizaron para siempre, o si los de las letras a los de las armas, porque les dieron tan grandes hechos como los que cada día hacían, para que tuvieran qué escribir toda su vida. Ambas partes tienen mucho que alegar, cada una en su favor; dejarlas hemos, por decir la desdicha de nuestra patria, que aunque tuvo hijos esclarecidos en armas y de gran juicio y entendimiento, y muy hábiles y capaces para las ciencias, porque no tuvieron letras no dejaron memoria de sus grandes hazañas y agudas sentencias, y así perecieron ellas y ellos juntamente con su república. Sólo quedaron algunos de sus hechos y dichos, encomendados a una tradición flaca y miserable enseñanza de palabras, de padres a hijos, la cual también se ha perdido con la entrada de la nueva gente y trueque de señorío y gobierno ajeno, como suele acaecer siempre que se pierden y truecan los imperios.

Yo, incitado del deseo de la conservación de las antiguallas de mi patria, esas pocas que han quedado, porque no se pierdan del todo, me dispuse al trabajo tan excesivo como hasta aquí me ha sido y delante me ha de ser, el es-

cribir su antigua república hasta acabarla,[216] y porque la
ciudad del Cozco, madre y señora de ella, no quede olvidada en su particular, determiné dibujar en este capítulo la descripción de ella, sacada de la misma tradición
que como a hijo natural me cupo y de lo que yo con proprios ojos vi diré los nombres antiguos que sus barrios tenían, que hasta el año de mil y quinientos y sesenta, que
yo salí de ella,[217] se conservaban en su antigüedad. Después acá se han trocado algunos nombres de aquéllos,
por las iglesias parroquiales que en algunos barrios se
han labrado.

[216] Este fragmento es fundamental para entender las intenciones de
Garcilaso al escribir su obra: dotar de escritura a su pueblo para recuperar su tradición y rescatarlo del olvido. Garcilaso es consciente de que su
testimonio será el que pasará a la historia y por eso —haciendo una reinterpretación a través de la traducción— establece analogías entre la cultura inca y la cultura cristiana. Garcilaso pretende dignificar el concepto europeo acerca del pueblo inca, y para ello no duda en utilizar la visión utópica e idealista que le proporciona su época renacentista. Como señala
Jakfalvi-Leiva (ob. cit., p. 58), para Garcilaso la cultura inca, despojada y
alienada, sólo podía recuperar su espacio con una contraconquista consistente en "conquistar la escritura de los extranjeros y desespañolizar su
versión del Incario."

[217] El viaje del entonces Gómez Suárez de Figueroa puede datarse hacia el 20 de enero de 1560 y se inició, según informa Miró Quesada (El Inca Garcilaso..., pp. 79 y ss.), por la cuesta de Carmenca, que era la salida
habitual del viejo camino al Chinchaysuyo. Iba en una cabalgadura de color castaño oscuro, con una G por hierro, como que había sido del capitán
Garcilaso, y que su madrastra, doña Luisa Martel, le había entregado para el viaje que siguió este recorrido: camino de Chinchaysuyo, desde donde contemplaron las colinas del Cuzco, la fortaleza de Sacsahuaman,
Yáhuarpampa —donde el emperador Viracocha derrota a los chanca—,
Xaquixahuana —lugar de la derrota de las fuerzas de Gonzalo Pizarro y
de Carvajal ante La Gasca—, Limatambo o Rímac-tampu, la heredad llamada Marcahuasi, los caminos pedregosos hasta el Apurímac (III, 10),
y posiblemente bordeara la cordillera de Masima, Huayllaripa (III, 11),
Los Llanos (III, 13 y 18; VI, 17), valle de Chincha (VI, 17 y 18), valle de
Huarcu (VI, 29), valle de Pachacámac y Lima. El 4 de marzo de 1560 se
dirigió al puerto de Callao de Lima para embarcarse rumbo a Panamá (VI,
32; VIII, 19), cabo de Pasau (I, 1; IX, 8), Panamá y el istmo (IX, 22). Prosiguiendo su itinerario, se embarcó luego en la flota que partía para España (I, 13).

El Rey Manco Cápac, considerando bien las comodidades que aquel hermoso valle del Cozco tiene, el sitio llano, cercado por todas partes de sierras altas, con cuatro arroyos de agua, aunque pequeños, que riegan todo el valle, y que en medio de él había una hermosísima fuente de agua salobre para hacer sal, y que la tierra era fértil y el aire sano, acordó fundar su ciudad imperial en aquel sitio, conformándose, como decían los indios, con la voluntad de su padre el Sol, que, según la seña que le dio de la barrilla de oro, quería que asentase allí su corte, porque había de ser cabeza de su Imperio. El temple de aquella ciudad antes es frío que caliente, mas no tanto que obligue a que busquen fuego para calentarse; basta entrar en un aposento donde no corra aire para perder el frío que traen de la calle, mas si hay brasero encendido sabe muy bien, y si no lo hay, se pasan sin él; lo mismo es en la ropa del vestir, que, si se hacen a andar como de verano, les basta; y si como de invierno, se hallan bien. En la ropa de la cama es lo mismo; que si no quieren más de una frizada, tienen harto, y si quieren tres, no congojan, y esto es todo el año, sin diferencia del invierno al verano, y lo mismo es en cualquiera otra región fría, templada o caliente de aquella tierra, que siempre es de una misma manera. En el Cozco, por participar como decimos más de frío y seco que de calor y húmido, no se corrompe la carne; que si cuelgan un cuarto de ella en un aposento que tenga ventanas abiertas, se conserva ocho días y quince y treinta y ciento, hasta que se seca como un tasajo. Esto vi en la carne del ganado de aquella tierra; no sé qué será en la del ganado que han llevado de España, si por ser la del carnero de acá más caliente que la de allá habrá lo mismo o no sufrirá tanto; que esto no lo vi, porque en mis tiempos, como adelante diremos, aún no se mataban carneros de Castilla por la poca cría que había de ellos. Por ser el temple frío no hay moscas en aquella ciudad, sino muy pocas, y ésas se hallan al sol, que en los aposentos no entra ninguna. Mosquitos de los que pican no hay ninguno, ni otras sabandijas enfadosas: de todas es limpia aquella ciudad.

Las primeras casas y moradas de ellas se hicieron en las laderas y faldas del cerro llamado Sacsahuaman,[218] que está entre el oriente y el septentrión de la ciudad. En la cumbre de aquel cerro edificaron después los sucesores de este Inca aquella soberbia fortaleza, poco estimada, antes aborrecida de los mismos que la ganaron, pues la derribaron en brevísimo tiempo. La ciudad estaba dividida en las dos partes que al principio se dijo: Hanan Cozco, que es Cozco el alto, y Hurin Cozco, que es Cozco el bajo.[219] Dividíalas el camino de Antisuyu, que es el que va al oriente: la parte septentrional se llamaba Hanan Cozco y la meridional Hurin Cozco. El primer barrio, que era el más principal, se llamaba Collcampata: *cóllcam* debe de ser dicción de la lengua particular de los Incas, no sé qué signifique; *pata* quiere decir andén; también significa grada de escalera, y porque los andenes se hacen en forma de escalera, les dieron este nombre; también quiere decir poyo, cualquiera que sea.

En aquel andén fundó el Inca Manco Cápac su casa real, que después fue de Paullu, hijo de Huayna Cápac. Yo alcancé de ella un galpón muy grande y espacioso, que servía de plaza, en días lloviosos, para solemnizar en él sus

[218] "El urbanismo incaico —señala Alcina Franch— ha cubierto todo el territorio del Tahuantinsuyu de innumerables ciudades y centros urbanos de carácter diverso. De todas aquellas ciudades, Cuzco era la más importante. Poblada por 150.000 o 200.000 habitantes, concentraba el mayor número de importantes palacios de diversos Incas —Pachacuti, Túpac Yupanqui, etc.—, casas de vírgenes, templos como el Coricancha, fortalezas como la de Sacsahuaman, etc." (*ob. cit.,* p. 107).

[219] Como hemos comentado más arriba, es posible que los orígenes de la nación inca se remonten a una dualidad étnica que habría dado lugar a la antigua división de la ciudad en Hanan Cuzco y Hurin Cuzco. Garcilaso especifica en I, 16 que en la parte alta de la ciudad —Hanan Cuzco— se habrían asentado los restos de la población primitiva, mientras que en la parte baja —Hurin Cuzco— morarían los invasores.

fiestas principales; sólo aquel galpón quedaba en pie cuando salí del Cozco, que otros semejantes, de que diremos, los dejé todos caídos.[220] Luego se sigue, yendo en cerco hacia el oriente, otro barrio llamado Cantutpata; quiere decir: andén de clavellinas. Llaman *cántut* a unas flores muy lindas, que semejan en parte las clavellinas de España. Antes de los españoles no había clavelinas en aquella tierra. Seméjase el cántut, en rama y hoja y espinas, a las cambroneras del Andalucía; son matas muy grandes, y porque en aquel barrio las había grandísimas (que aún yo las alcancé), le llamaron así. Siguiendo el mismo viaje en cerco al levante, se sigue otro barrio llamado Pumacurcu; quiere decir: viga de leones. *Puma* es león; *curcu,* viga, porque en unas grandes vigas que había en el barrio ataban los leones que presentaban al Inca, hasta domesticarlos y ponerlos donde habían de estar. Luego se sigue otro barrio grandísimo, llamado Tococachi: no sé qué signifique la compostura de este nombre, porque *toco* quiere decir ventana; *cachi* es la sal que se come. En buena compostura de aquel lenguaje dirá sal de ventana, que no sé qué quisiesen decir por él, sino es que sea nombre proprio y tenga otra significación que yo no sepa. En este barrio estuvo edificado primero el convento del divino San Francisco. Torciendo un poco al mediodía, yendo en cerco, se sigue el barrio que llaman Munaicenca; quiere decir: ama la nariz, porque *muna* es amar o querer, y *cenca* es nariz. A qué fin pusiesen tal nombre, no lo sé; debió ser con alguna ocasión o superstición, que nunca los ponían acaso. Yendo todavía con el cerco al mediodía, se sigue otro gran barrio, que llaman Rimacpampa: quiere decir: la plaza que habla, porque en ella se apregonaban algunas ordenanzas, de las que

---

[220] Miró Quesada explica (*El Inca Garcilaso...*, p. 43) que "las contingencias de las guerras civiles y los estragos producidos durante la rebelión del Inca Manco" dejaron el Cuzco desmedrado y hubo que pensar en reconstruirlo casi totalmente.

para el gobierno de la república tenían hechas. Apregoná-
banlas a sus tiempos para que los vecinos las supiesen y
acudiesen a cumplir lo que por ellas se les mandaba, y porque la plaza estaba en aquel barrio, le pusieron el nombre
de ella; por esta plaza sale el camino real que va a Collasuyu. Pasado el barrio de Rimacpampa está otro, al mediodía de la ciudad, que se dice Pumapchupan; quiere decir:
cola de león, porque aquel barrio fenece en punta, por dos
arroyos que al fin de él se juntan, haciendo punta de escuadra. También le dieron este nombre por decir que era
aquel barrio lo último de la ciudad: quisieron honrarle con
llamarle cola y cabo del león. Sin esto, tenían leones en él,
y otros animales fieros. Lejos de este barrio, al poniente de
él, había un pueblo de más de trescientos vecinos llamado
Cayaucachi. Estaba aquel pueblo más de mil pasos de las
últimas casas de la ciudad; esto era el año de mil y quinientos y sesenta; ahora, que es el año de mil y seiscientos
y dos, que escribo esto,[221] está ya (según me han dicho)
dentro, en el Cozco, cuya poblazón se ha extendido tanto
que lo ha abrazado en sí por todas partes.

Al poniente de la ciudad, otros mil pasos de ella, había
otro barrio llamado Chaquillchaca, que también es nombre impertinente para compuesto, si ya no es proprio. Por
allí sale el camino real que va a Cuntisuyu; cerca de aquel
camino están dos caños de muy linda agua, que va encaña-
da por debajo de tierra; no saben decir los indios de dónde
la llevaron, porque es obra muy antigua, y también porque
van faltando las tradiciones de cosas tan particulares. Llaman *collquemachác-huay* a aquellos caños; quiere decir:
culebras de plata, porque el agua se asemeja en lo blanco a
la plata y los caños a las culebras, en las vueltas que van
dando por la tierra. También me han dicho que llega ya la
poblazón de la ciudad hasta Chaquillchaca. Yendo con el

---

[221] Es decir que, según su propio testimonio, han pasado 42 años desde que abandonó su tierra.

mismo cerco, volviendo del poniente hacia el norte, había otro barrio, llamado Pichu. También estaba fuera de la ciudad. Adelante de éste, siguiendo el mismo cerco, había otro barrio, llamado Quilipata. El cual también estaba fuera de lo poblado. Más adelante, al norte de la ciudad, yendo con el mismo cerco, está el gran barrio llamado Carmenca, nombre proprio y no de la lengua general. Por él sale el camino real que va a Chinchasuyu. Volviendo con el cerco hacia el oriente, está luego el barrio llamado Huacapuncu; quiere decir: la puerta del santuario, porque *huaca,* como en su lugar declaramos, entre otras muchas significaciones que tiene, quiere decir templo o santuario; *puncu* es puerta. Llamáronle así porque por aquel barrio entra el arroyo que pasa por medio de la plaza principal del Cozco, y con el arroyo baja una calle muy ancha y larga, y ambos atraviesan toda la ciudad, y legua y media de ella van a juntarse con el camino real de Collasuyu. Llamaron aquella entrada puerta del santuario o del templo, porque demás de los barrios dedicados para templo del Sol y para la casa de las vírgines escogidas, que eran sus principales santuarios, tuvieron toda aquella ciudad por cosa sagrada y fue uno de sus mayores ídolos; y por este respecto llamaron a esta entrada del arroyo y de la calle puerta del santuario, y a la salida del mismo arroyo y calle dijeron cola de león, por decir que su ciudad era santa en sus leyes y vana religión y un león en sus armas y milicia. Este barrio Huacapuncu llega a juntarse con el de Collcampata, de donde empezamos a hacer el cerco de los barrios de la ciudad; y así queda hecho el cerco entero.

CAPÍTULO IX

LA CIUDAD CONTENÍA LA DESCRIPCIÓN DE TODO EL IMPERIO

Los Incas dividieron aquellos barrios conforme a las cuatro partes de su Imperio, que llamaron Tahuantinsuyu, y esto tuvo principio desde el primer Inca Manco Cápac, que dio orden que los salvajes que reducía a su servicio fuesen poblando conforme a los lugares de donde venían: los del oriente al oriente y los del poniente al poniente, y así a los demás. Conforme a esto estaban las casas de aquellos primeros vasallos en la redondez de la parte de adentro de aquel gran cerco, y los que se iban conquistando iban poblando conforme a los sitios de sus provincias. Los curacas hacían sus casas para cuando viniesen a la corte, y cabe las del uno hacía otro las suyas, y luego otro y otro, guardando cada uno de ellos el sitio de su provincia; que si estaba a mano derecha de su vecina, labraba sus casas a su mano derecha, y si a la izquierda a la izquierda, y si a las espaldas a las espaldas, por tal orden y concierto, que, bien mirados aquellos barrios y las casas de tantas y tan diversas naciones como en ellas vivían, se veía y comprehendía todo el Imperio junto como en el espejo o en una pintura de cosmografía.[222]

---

[222] Los incas, explica Concepción Bravo (*ob. cit.,* p. 137), "concibieron el imperio como un todo económico que se ajustara al modelo del

Pedro de Cieza, escribiendo el sitio del Cozco, dice al mismo propósito lo que se sigue, capítulo noventa y tres: "Y como esta ciudad estuviese llena de naciones extranjeras y tan peregrinas, pues había indios de Chile Pasto, Cañares, Chachapoyas, Guancas, Collas y de los demás linajes que hay en las provincias ya dichas, cada linaje de ellos estaba por sí, en el lugar y parte que les era señalado por los gobernadores de la misma ciudad. Éstos guardaban las costumbres de sus padres, andaban al uso de sus tierras, y, aunque hubiese juntos cien mil hombres, fácilmente se conocían con las señales que en las cabezas se ponían", etc. Hasta aquí es de Pedro de Cieza.

Las señales que traían en las cabezas eran maneras de tocados que cada nación y cada provincia traía, diferente de la otra para ser conocida.[223] No fue invención de los Incas, sino uso de aquellas gentes; los Reyes mandaron que se conservase, porque no se confundiesen las naciones y linajes de Pasto a Chile, según el mismo autor, capítulo treinta y ocho, hay más de mil y trescientas leguas. De manera que en aquel gran cerco de barrios y casas vivían solamente los vasallos de todo el Imperio, y no los Incas ni los de su sangre real; eran arrabales de la ciudad, la cual iremos ahora pintando por sus calles, de septentrión al mediodía, y los barrios y casas que hay entre calle y calle como ellas van; diremos las casas de los Reyes y a quién cupieron en el repartimiento que los españoles hicieron de ellas cuando las ganaron.

Cuzco, centro y corazón de esa red, en cuya traza urbana y en la distribución de sus espacios estaba representado, según Garcilaso de la Vega, como si se tratara de una imponente maqueta, todo el conjunto de sus territorios." Bravo ratifica que estudios realizados por arqueólogos han demostrado la veracidad de las aseveraciones de Garcilaso.

[223] El tocado era distinto según la región. Señala Canals (*ob. cit.*, p. 353) que "la forma más general consistía en una vincha tejida o trenzada que se llamaba llauto, y en la que llevaban el distintivo de su origen o función. A veces era una honda que dando varias vueltas alrededor de la cabeza servía de tocado y de ocasional arma a la vez."

Del cerro llamado Sacsahuaman desciende un arroyo de poca agua, y corre norte sur hasta el postrer barrio, llamado Pumapchupan. Va dividiendo la ciudad de los arrabales. Más adentro de la ciudad hay una calle que ahora llaman la de san Agustín, que sigue el mismo viaje norte sur, descendiendo dende las casas del primer Inca Manco Cápac hasta en derecho de la plaza Rimacpampa. Otras tres o cuatro calles atraviesan de oriente a poniente aquel largo sitio que hay entre aquella calle y el arroyo. En aquel espacio largo y ancho vivían los Incas de la sangre real, divididos por sus *aillus,* que es linajes, que aunque todos ellos eran de una sangre y de un linaje, descendientes del Rey Manco Cápac, con todo ello hacían sus divisiones de descendencia de tal o tal Rey, por todos los Reyes que fueron, diciendo: éstos descienden del Inca fulano y aquéllos del Inca zutano; y así por todos los demás. Y esto es lo que los historiadores españoles dicen en confuso, que tal Inca hizo tal linaje y tal Inca otro linaje llamado tal, dando a entender que eran diferentes linajes, siendo todo uno, como lo dan a entender los indios con llamar en común a todos aquellos linajes divididos: Cápac Aillu, que es linaje augusto, de sangre real. También llamaron Inca, sin división alguna, a los varones de aquel linaje, que quiere decir varón de la sangre real, y a las mujeres llamaron Palla, que es mujer de la misma sangre real.

En mis tiempos vivían en aquel sitio, descendiendo de lo alto de la calle, Rodrigo de Pineda,[224] Juan de Saavedra,[225] Diego Ortiz de Guzmán, Pedro de los Ríos[226] y su

---

[224] *Rodrigo de Pineda:* en la casa de Rodrigo de Pineda, los caballeros Santillán y Cataño escondieron al soldado Aguirre tras asesinar al licenciado Esquivel.
[225] *Juan de Saavedra:* Juan de Saavedra fue uno de los compañeros de fuga del capitán Garcilaso cuando éste no quiso comprometerse en la rebelión de Gonzalo Pizarro. Mientras que el capitán Garcilaso consiguió escapar y ser postcriormente perdonado, Saavedra fue prendido y ahorcado por orden de Gonzalo como muestra de escarmiento.
[226] *Pedro de los Ríos:* capitán de Diego de Centeno.

hermano Diego de los Ríos,[227] Jerónimo Costillas,[228] Gaspar Jara —cúyas eran las casas que ahora son conventos del Divino Augustino—, Miguel Sánchez, Juan de Santa Cruz, Alonso de Soto, Gabriel Carrera, [229] Diego de Trujillo,[230] conquistador de los primeros y uno de los trece compañeros que perseveraron con Don Francisco Pizarro,[231]

[227] *Diego de los Ríos:* vecino del Cuzco, nombrado uno de los albaceas y ejecutores del testamento del capitán Garcilaso.

[228] *Jerónimo Costillas:* natural de Zamora, acompañó a Almagro en su expedición a Chile (*Historia General del Perú*, II, 20).

[229] *Gabriel Carrera:* fue padre de un amigo de Garcilaso, el mercedario fray Gabriel Carrera.

[230] *Diego de Trujillo:* fue uno de los primeros conquistadores. Presumía falsamente de haberse hallado entre los "trece" de la isla del Gallo. Garcilaso lo utiliza como fuente de información para la *Historia General del Perú*.

[231] *Don Francisco Pizarro:* (1478-1541), pasó a las Indias en 1502 en busca de fortuna. En 1513 participó con Balboa en el descubrimiento del Pacífico (1513). En 1519 se asoció con Diego de Almagro, también soldado y encomendero, para explotar una hacienda. Ya alcalde de Panamá (1522) y con una estimable fortuna, formó, junto con Almagro y el clérigo Hernando Luque, una compañía de exploraciones (1524). Tras un primer viaje fracasado (1524-1525), un segundo viaje en el que le acompañó Almagro como segundo capitán también resultó lleno de calamidades y enfrentamientos con los indios; sin embargo, toparon en Túmbez con una balsa de indios incas, primer signo de una cultura altamente desarrollada. Tal hallazgo motivó que Pizarro tomara la decisión de enviar a Almagro a por refuerzos mientras él quedaba a la espera con trece soldados en la isla del Gallo, los "trece de la fama." Siete meses de penalidades acabaron con la llegada de los refuerzos, los cuales permitieron a Pizarro proseguir hacia el sur y descubrir el incario. Sabedor de la guerra civil entre Huáscar y Atahualpa y viendo las posibilidades de conquista, volvió a Panamá en busca de un apoyo que el nuevo gobernador, Pedro de los Ríos, le negó. Los socios de la compañía convinieron en enviar a Pizarro a España para entrevistarse con el rey Carlos V, de quien el conquistador obtuvo importantes privilegios y plenos poderes para proseguir su empresa. Almagro obtuvo beneficios considerablemente menores. De vuelta a Panamá, Pizarro embarcó hacia Túmbez con 180 hombres (1531), entre ellos sus hermanos Gonzalo, Juan y Hernando. Este último acentuó las diferencias entre Almagro y Francisco Pizarro. Tras fundar la ciudad de San Miguel de Piura (1532), la expedición entró en Cajamarca, donde un ardid permitió a Francisco Pizarro apresar a un Atahualpa desconocedor del poder de las armas de fuego y los caballos, confiado en la abrumadora superioridad

como en su lugar diremos; Antón Ruiz de Guevara, Juan de Salas,[232] hermano del Arzobispo de Sevilla e Inquisidor general Valdés de Salas, sin otros de que no me acuerdo; todos eran señores de vasallos, que tenían repartimiento de indios, de los segundos conquistadores del Perú. Sin éstos, vivían en aquel sitio otros muchos españoles que no tenían indios. En una de aquellas casas se fundó el convento del Divino Augustino, después que yo salí de aquella ciudad. Llamamos conquistador de los primeros a cualquiera de los ciento y sesenta españoles que se hallaron con Don Francisco Pizarro en la prisión de Atahuallpa; y los segundos son los que entraron con Don Diego de Almagro, y los que fueron con Don Pedro de Alvarado, que todos entraron casi juntos; a todos éstos dieron nombre de conquistadores del Perú, y no a más, y los segundos honraban mucho a los primeros, aunque algunos fuesen de menos cantidad y de menos calidad que no ellos, porque fueron primeros.

Volviendo a lo alto de la calle de San Agustín, para entrar más adentro en la ciudad, decimos que en lo alto de

---

numérica y envalentonado por la victoria que había conseguido sobre su hermano Huáscar, el legítimo rey Inca que contaba con el apoyo de la nobleza del Cuzco. Desde su prisión Atahualpa ordenó el asesinato de Huáscar, cuyos partidarios se aliaron momentáneamente con Pizarro, que en 1533 consintió en la ejecución de Atahualpa por temor a una rebelión. La resistencia inca se intensificó (duró hasta casi cuarenta años después). Pedro de Alvarado, gobernador de Guatemala, invadió la demarcación peruana de Pizarro, del cual consiguió una compensación económica para abandonar la zona. Pizarro fundó Lima (1535) mientras se profundizaban las discrepancias con un Almagro que codiciaba el Cuzco desde su gobernación de Nueva Toledo, por lo que decidió enviarle a la conquista de Chile. El nombrado rey Manco Inca, en 1533, aprovechó para asediar Lima y Cuzco, ciudad ésta de la que tuvo que retirarse ante la llegada de Almagro, quien se apoderó de ella e hizo rehén a Hernando Pizarro. Aunque Almagro venció luego al pizarrista Alonso de Alvarado, posteriormente fue derrotado en la batalla de las Salinas (1538). Los almagristas respondieron asesinando a Francisco Pizarro en 1541.

[232] *Juan de Salas:* alcalde de Cuzco, dio la orden de abrir el testamento del capitán Garcilaso a su muerte.

ella está el convento de Sancta Clara; aquellas casas fueron
primero de Alonso Díaz,[233] yerno del gobernador Pedro
Arias de Ávila; a mano derecha del convento hay muchas
casas de españoles: entre ellas estaban las de Francisco de
Barrientos,[234] que después fueron de Juan Álvarez Maldonado.[235] A mano derecha de ellas están las que fueron de
Hernando Bachicao[236] y después de Juan Alonso Palomino;[237] de frente de ellas, al mediodía, están las casas epis-
copales, las cuales fueron antes de Juan Balsa[238] y luego
fueron de Francisco de Villacastín.[239] Luego está la Iglesia
Catedral, que sale a la plaza principal. Aquella pieza, en
tiempo de los Incas, era un hermoso galpón, que en días
lluviosos les servía de plaza para sus fiestas. Fueron casas
del Inca Viracocha, octavo Rey; yo no alcancé de ellas más
del galpón; los españoles, cuando entraron en aquella ciudad, se alojaron todos en él, por estar juntos para lo que se
les ofreciese. Yo la conocí cubierta de paja y la vi cubrir de
teja. Al norte de la Iglesia Mayor, calle en medio, hay mu-

[233] *Alonso Díaz:* Alonso Díaz de Belcázar. En 1599 pagó 110 ducados
de la deuda de 600 u 800 ducados que su tío, el soldado Gonzalo Silvestre, había contraído con el Inca Garcilaso.
[234] *Francisco de Barrientos:* escribano depositario del testamento del
capitán Garcilaso (3 de marzo de 1559).
[235] *Juan Álvarez Maldonado:* gobernador, vecino del Cuzco y amigo
del capitán Garcilaso, testificó en el expediente de hidalguía de la hija del
capitán, Francisca de la Vega, fruto de su relación con la Palla María Pil-
cosisa, anterior a la que tuvo con Chimpu Ocllo.
[236] *Hernando Bachicao:* apoyó la rebelión de Gonzalo Pizarro. Cuando el capitán Garcilaso abandonó a Gonzalo, Bachicao disparó contra su
casa del Cuzco mientras en ella se hallaban Chimpu Ocllo y sus hijos, el
ayo Juan de Alcobaza, los hijos de éste y los criados. Los vecinos interce-
dieron para detener la agresión.
[237] *Juan Alonso Palomino:* murió en el asalto al banquete de bodas
(que celebraba el casamiento de Alonso de Loaysa y María de Castilla)
con el que Hernández Girón comenzó su segunda rebelión.
[238] *Juan Balsa:* almagrista, con su hijo homónimo compartió Garcilaso las clases de Juan de Cuéllar.
[239] *Francisco de Villacastín:* alcalde del Cuzco, popular por su anécdota con la mona, relato que Garcilaso refiere en sus *Comentarios.*

chas casas con sus portales, que salen a la plaza principal; servían de tiendas para oficiales. Al mediodía de la Iglesia Mayor, calle en medio, están en las tiendas principales de los mercaderes más caudalosos.

A las espaldas de la iglesia están las casas que fueron de Juan de Berrio,[240] y otras de cuyos dueños no me acuerdo.

A las espaldas de las tiendas principales están las casas que fueron de Diego Maldonado[241] llamado el Rico, porque lo fue más que otro alguno de los del Perú: fue de los primeros conquistadores. En tiempo de los Incas se llamaba aquel sitio Hatuncancha; quiere decir barrio grande. Fueron casas de uno de los Reyes, llamado Inca Yupanqui; al mediodía de las de Diego Maldonado, calle en medio, están las que fueron de Francisco Hernández Girón. Adelante de aquéllas, al mediodía, están las casas que fueron de Antonio Altamirano, conquistador de los primeros, y Francisco de Frías y Sebastián de Cazalla, con otras muchas que hay a sus lados y espaldas; llámase aquel barrio Puca Marca; quiere decir barrio colorado. Fueron casas del Rey Túpac Inca Yupanqui. Adelante de aquel barrio, al mediodía, está otro grandísimo barrio, que no me acuerdo de su nombre; en él están las casas que fueron de Alonso de Loaysa,[242] Martín de Meneses, Juan de Figueroa,[243] Don Pedro Puertocarrero,[244] García de Melo,[245] Francisco

---

[240] *Juan de Berrio:* fue testigo en el testamento del capitán Garcilaso.

[241] *Diego Maldonado el Rico:* apresado por Almagro, fue posteriormente designado alcalde del Cuzco por Francisco Pizarro en 1535. Mantuvo amistad con el capitán Garcilaso y ejerció de testigo en su testamento. Garcilaso le recordará en su *Historia General del Perú* (V, 13).

[242] *Alonso de Loaisa* o *Alonso de Loaysa:* Hernández Girón se presentó armado a su banquete de bodas para iniciar una rebelión. Resultó herido en la batalla de las Salinas.

[243] *Juan de Figueroa:* propietario de la casa vecina por la que pudieron escapar Garcilaso y su padre cuando Hernández Girón asaltó el banquete de bodas de Alonso Loaysa.

[244] *Pedro Puertocarrero:* teniente de gobernador, vecino del Cuzco.

[245] *García de Melo:* obsequió al capitán Garcilaso los primeros espárragos del Cuzco.

Delgado, sin otras muchas de señores de vasallos cuyos nombres se me han ido de la memoria. Más adelante de aquel barrio, yendo todavía al sur, está la plaza llamada Intipampa; quiere decir plaza del Sol, porque estaba delante de la casa y templo del Sol, donde llegaban los que no eran Incas con las ofrendas que le llevaban, porque no podían entrar dentro en la casa. Allí las recebían los sacerdotes y las presentaban a la imagen del Sol, que adoraban por Dios. El barrio donde estaba el templo del Sol se llamaba Coricancha,[246] que es barrio de oro, plata y piedras preciosas, que como en otra parte dijimos, había en aquel templo y en aquel barrio. Al cual se sigue el que llaman Pumapchupan, que son ya arrabales de la ciudad.

[246] *Coricancha:* cerco de oro formado por el Templo del Sol con capillas laterales para la luna, las estrellas, el dios trueno y el relámpago. El Coricancha es prueba de la extraordinaria riqueza que alcanzó el Cuzco.

CAPÍTULO XIII

NUEVA CONQUISTA QUE EL REY INCA YUPANQUI PRETENDE HACER

El buen Inca Yupanqui, habiendo tomado la borla colorada y cumplido así con la solemnidad de la posesión del Imperio, como con las obsequias de sus padres, por mostrarse benigno y afable quiso que lo primero que hiciese fuese visitar todos sus reinos y provincias, que, como ya se ha dicho, era lo más favorable y agradable que los Incas hacían con sus vasallos, que como una de sus vanas creencias era creer que aquellos sus Reyes eran dioses hijos del Sol y no hombres humanos, tenían en tanto el verlos en sus tierras y casas que ningún encarecimiento basta a ponerlo en su punto. Por esta causa salió el Inca a visitar sus reinos, en los cuales fue recibido y adorado conforme a su gentileza. Gastó el Inca Yupanqui en esta visita más de tres años, y habiéndose vuelto a su ciudad y descansado de tan largo camino, consultó con los de su Consejo sobre hacer una brava y dificultosa jornada, que era hacia los Antis, al oriente del Cozco, porque, como por aquella parte atajaba los términos de su Imperio la gran cordillera de la Sierra Nevada, deseaba atravesarla y pasar de la otra parte por alguno de los ríos que de la parte del poniente pasan por ella al levante, que por lo alto de la sierra es imposible atravesarla por la mucha nieve que tiene y por la que perpetuamente le cae.

Tenía este deseo Inca Yupanqui, por conquistar las naciones que hubiese de aquella parte, para reducirlas a su Imperio y sacarlas de las bárbaras y inhumanas costumbres que tuviesen y darles el conocimiento de su padre el Sol, para que lo tuviesen y adorasen por su Dios, como habían hecho las demás naciones que los Incas habían conquistado. Tuvo el Inca este deseo por cierta relación que sus pasados y él habían tenido, de que en aquellas anchas y largas regiones había muchas tierras, de ellas pobladas y de ellas inhabitables, por las grandes montañas, lagos, ciénagas y pantanos que tenían, por las cuales dificultades no se podían habitar.

Tuvo nueva que, entre aquellas provincias pobladas, una de las mejores era la que llaman Musu y los españoles llaman los Mojos, a la cual se podría entrar por un río grande que en los Antis, al oriente de la ciudad, se hace de muchos ríos que en aquel paraje se juntan en uno, que los principales son cinco, cada uno con nombre proprio, sin otra infinidad de arroyos, los cuales todos hacen un grandísimo río llamado Amarumayu. Dónde vaya a salir este río a la Mar del Norte, no lo sabré decir, mas de que por su grandeza y por el viaje que lleva corriendo hacia levante sospecho que sea uno de los grandes que, juntándose con otros muchos, se llama el Río de la Plata, llamado así porque preguntando los españoles (que lo descubrieron) a los naturales de aquella costa si había plata en aquella provincia, le dijeron que en aquella tierra no la había; empero, que en los nacimientos de aquel gran río había mucha. De estas palabras se le dedujo el nombre que hoy tiene, y se llama Río de Plata sin tener ninguna, famoso y tan famoso en el mundo que de los que hasta hoy se conocen tiene el segundo lugar, permitiendo que el Río de Orellana tenga el primero.

El Río de la Plata se llama en lengua de los indios Parahuay; si esta dicción es del general lenguaje del Perú quiere decir llovedme, y podríase interpretar, en frasis de la misma lengua, que el río, como que jatándose de sus admirables crecientes, diga: "llovedme y veréis maravillas"; porque como otras veces hemos dicho, es frasis de aquel lenguaje decir en una palabra significativa la razón que se puede contener en ella. Si la dicción Parahuay es de otro lenguaje, y no del Perú, no sé qué signifique.

Juntándose aquellos cinco ríos grandes, pierde cada uno su nombre proprio, y todos juntos, hechos uno, se llaman Amarumayu. *Mayu* quiere decir río y *amaru* llaman a las culebras grandísimas que hay en las montañas de aquella tierra, que son como atrás las hemos pintado, y por la grandeza del río le dieron este nombre por excelencia, dando a entender que es tan grande entre los ríos como el *amaru* entre las culebras.

CAPÍTULO XXVI

VIDA QUIETA Y EJERCICIOS DEL REY INCA YUPANQUI HASTA SU MUERTE

El rey Inca Yupanqui, habiendo dado orden y asiento en las provincias que sus capitanes conquistaron en el reino de Chili, así en su idolatría como en el gobierno de los vasallos y en la hacienda real y del Sol, determinó dejar del todo las conquistas de nuevas tierras, por parecerle que eran muchas las que por su persona y por sus capitanes había ganado, que pasaba ya su Imperio de mil leguas de largo, por lo cual quiso atender lo que de la vida le quedaba en ilustrar y ennoblecer sus reinos y señoríos, y así mandó, para memoria de sus hazañas, labrar muchas fortalezas y nuevos y grandes edificios de templos para el Sol y casas para las escogidas, y para los reyes hizo pósitos reales y comunes; mandó sacar grandes acequias y hacer muchos andenes. Añadió riquezas a las que había en el templo del Sol en el Cozco, que, aunque la casa no las había menester, le pareció adornarla todo lo que pudiese por mostrarse hijo del que tenía por padre. En suma, no dejó cosa, de las buenas que sus pasados habían hecho para ennoblecer su Imperio, que él no hiciese. Particularmente se ocupó en la obra de la fortaleza del Cozco, que su padre le dejó trazada y recogida grandísima cantidad de piedras o peñas para aquel bravo edificio, que luego veremos. Visitó sus reinos

por ver por sus ojos las necesidades de los vasallos, para
que se remediasen. Las cuales socorría con tanto cuidado
que mereció el renombre de pío. En estos ejercicios vivió
este Príncipe algunos años en suma paz y quietud, servido
y amado de los suyos. Al cabo de ellos enfermó, y, sintiéndose cercano a la muerte llamó al príncipe heredero y a los
demás sus hijos, y en lugar de testamento les encomendó
la guarda de su idolatría, sus leyes y costumbres, la justicia
y rectitud con los vasallos y el beneficio de ellos; díjoles
quedasen en paz, que su padre el Sol le llamaba para que
fuese a descansar con él. Así falleció lleno de hazañas y
trofeos, habiendo alargado su Imperio más de quinientas
leguas de largo a la parte del sur, desde Atacama hasta el
río Maulli. Y por la parte del norte más de ciento y cuarenta leguas por la costa, desde Chincha hasta Chimu.

Fue llorado con gran sentimiento; celebraron sus obsequias un año, según la costumbre de los Incas; pusiéronle
en el décimo número de sus dioses, hijos del Sol, porque
fue el décimo Rey. Ofreciéronle muchos sacrificios. Dejó
por sucesor y universal heredero a Túpac Inca Yupanqui,[247] su hijo primogénito y de la Coya Chimpu Ocllo, su
mujer y hermana. El nombre proprio de esta Reina fue
Chimpu; el nombre Ocllo era apellido sagrado entre ellos,
y no proprio.[248] Dejó que muchos hijos y hijas legítimos
en sangre y no legítimos, que pasaron de doscientos y

[247] *Túpac Inca Yupanqui:* (1471-1493), para los historiadores, como
hemos comentado más arriba, éste sería el décimo rey Inca, sucesor de Pachacútec Inca Yupanqui. Según las crónicas, había jurado que conquis-
taría todo el mundo. Hasta Pedro Sarmiento de Balboa anota que llegó a
explorar el océano por espacio de meses y que conquistó algunas islas.
Durante su gobierno se alcanzaron prácticamente las fronteras definitivas
de lo que se denomina el Tahuantinsuyu.
[248] Chimpu Ocllo era también el nombre de la madre de Garcilaso.
Chimpu era nombre propio y Ocllo un patronímico, no exactamente sagrado sino prestigioso y restringido. Miró Quesada explica (*El Inca Garcilaso...*, p. 141) que tras la llegada de los españoles, el uso del apellido
Ocllo, antes símbolo de veneración, se haría más lato.

cincuenta, que no son muchos considerada la multitud de mujeres escogidas que en cada provincia tenían aquellos Reyes. Y porque este Inca dio principio a la obra de la fortaleza del Cozco, será bien la pongamos luego en pos de su autor, para que sea trofeo de sus trofeos, no solamente de los suyos, mas también de todos sus antepasados y sucesores; porque la obra era tan grande que podía servir de dar fama a todos sus Reyes.

CAPÍTULO XXVII

LA FORTALEZA DEL COZCO; EL GRANDOR DE SUS PIEDRAS

Maravillosos edificios hicieron los Incas Reyes del Perú en fortalezas, en templos, en casas reales, en jardines, en pósitos y en caminos y otras fábricas de grande excelencia, como se muestran hoy por las ruinas que de ellas han quedado, aunque mal se puede ver por los cimientos lo que fue todo el edificio.[249]

La obra mayor y más soberbia que mandaron hacer para mostrar su poder y majestad fue la fortaleza del Cozco,[250] cuyas grandezas son increíbles a quien no las ha visto, y al que las ha visto y mirado con atención le hacen imaginar y aun creer que son hechas por vía de encantamento y que las hicieron demonios y no hombres; porque la multitud de las piedras, tantas y tan grandes, como las que hay puestas en las tres cercas (que más son peñas que piedras), causa admiración imaginar cómo las pudieron cortar de las canteras de donde se sacaron; porque los

[249] Históricamente muchas construcciones se fechan en la época del reinado de Túpac Inca Yupanqui, como la fortaleza de Sacsahuaman o los palacios de la *panaca* de Túpac Yupanqui, en Chinchero, camino de Yucay.

[250] Sacsahuaman es una perfecta cantería de piedra tallada, no superada hasta hoy, de 125 toneladas de peso y 500 metros de altitud. En el interior de esta fortaleza se descubrieron, hace tiempo, los cimientos de una estructura de planta circular cuya función sigue siendo oscura.

indios no tuvieron hierro ni acero para las cortar, ni labrar; pues pensar cómo las trujeron al edificio es dar en
otra dificultad no menor, porque no tuvieron bueyes, ni
supieron hacer carros, ni hay carros que las puedan sufrir
ni bueyes que basten a tirarlas; llevábanlas arrastrando a
fuerza de brazos con gruesas maromas; ni los caminos por
do las llevaban eran llanos, sino sierras muy ásperas, con
grandes cuestas, por do las subían y bajaban a pura fuerza
de hombres. Muchas de ellas llevaron de diez, doce, quince leguas, particularmente la piedra o, por decir mejor, la
peña que los indios llaman Saycusca, que quiere decir cansada (porque no llegó al edificio); se sabe que la trujeron
de quince leguas de la ciudad y que pasó el río de Yúcay,
que es poco menor que Guadalquivir por Córdoba. Las
que llevaron de más cerca fueron de Muina, que está cinco
leguas del Cozco. Pues pasar adelante con la imaginación
y pensar cómo pudieron ajustar tanto unas piedras tan
grandes que apenas pueden meter la punta de un cuchillo
por ellas, es nunca acabar. Muchas de ellas están tan ajustadas que apenas se aparece la juntura; para ajustarlas tanto era menester levantar y asentar la una piedra sobre la
otra muchas veces, porque no tuvieron escuadra ni supieron valerse siquiera de una regla para asentarla encima de
una piedra y ver por ella si estaba ajustada con la otra.

Tampoco supieron hacer grúas ni garruchas ni otro ingenio alguno que les ayudara a subir y bajar las piedras, siendo ellas tan grandes que espantan, como lo dice el muy reverendo Padre Joseph de Acosta hablando de esta misma
fortaleza: que yo, por no tener la precisa medida del grandor de muchas de ellas, me quiero valer de la autoridad de
este gran varón, que, aunque la he pedido a los condiscípulos y me la han enviado, no ha sido la relación tan clara y
distinta como yo la pedía[251] de los tamaños de las piedras

---

[251] Garcilaso no esconde sus fuentes, en este caso testimonios escritos
de carácter informativo que pidió para la elaboración de su crónica.

mayores, que quisiera la medida por varas y ochavas, y no
por brazas como me la enviaron; quisiérala con testimonios de escribanos, porque lo más maravilloso de aquel edificio es la increíble grandeza de las piedras, por el incom-
portable trabajo que era menester para las alzar y bajar
hasta ajustarlas y ponerlas como están; porque no se alcanza cómo se pudo hacer con no más ayuda de costa que la de
los brazos. Dice, pues, el Padre Acosta, libro seis, capítulo
catorce: "Los edificios y fábricas que los Incas hicieron en
fortalezas, en templos, en caminos, en casas de campo y
otras, fueron muchos y de excesivo trabajo, como lo mani-
fiestan el día de hoy las ruinas y pedazos que han quedado,
como se ven en el Cozco y en Tiaguanaco y en Tambo y en
otras partes, donde hay piedras de inmensa grandeza, que
no se puede pensar cómo se cortaron y trajeron y asentaron
donde están; para todos estos edificios y fortalezas que el
Inca mandaba hacer en el Cozco y en diversas partes de su
reino, acudía grandísimo número de todas las provincias;
porque la labor es extraña y para espantar, y no usaban de
mezcla ni tenían hierro ni acero para cortar y labrar las piedras, ni máquinas ni instrumentos para traerlas; y con todo
eso están tan polidamente labradas que en muchas partes
apenas se ve la juntura de unas con otras. Y son tan grandes
muchas piedras de estas como está dicho, que sería cosa increíble si no se viese. En Tiaguanaco medí yo una piedra de
treinta y ocho pies de largo y de diez y ocho de ancho, y el
grueso sería de seis pies; y en la muralla de la fortaleza del
Cozco, que es de mampostería, hay muchas piedras de mucho mayor grandeza, y lo que más admira es que, no siendo
cortadas estas que digo de la muralla por regla, sino entre sí
muy desiguales en el tamaño y en la facción, encajan unas
con otras con increíble juntura, sin mezcla. Todo esto se
hacía a poder de mucha gente y con gran sufrimiento en el
labrar, porque para encajar una piedra con otra era forzoso
proballa muchas veces, no estando las más de ellas iguales
ni llanas", etc. Todas son palabras del Padre Maestro Acosta,

sacadas a la letra, por las cuales se verá la dificultad y el trabajo con que hicieron aquella fortaleza, porque no tuvieron instrumentos ni máquinas de qué ayudarse.

Los Incas, según lo manifiesta aquella su fábrica, parece
que quisieron mostrar por ella la grandeza de su poder,
como se vee en la inmensidad y majestad de la obra; la cual
se hizo más para admirar que no para otro fin. También
quisieron hacer muestra del ingenio de sus maestros y ar-
tífices, no sólo en la labor de la cantería pulida (que los españoles no acaban de encarecer), mas también en la obra
de la cantería tosca, en la cual no mostraron menos primor
que en la otra. Pretendieron asimesmo mostrarse hombres
de guerra en la traza del edificio, dando a cada lugar lo necesario para defensa contra los enemigos.

La fortaleza edificaron en un cerro alto que está al setentrión de la ciudad, llamado Sacsahuaman, de cuyas faldas empieza la poblazón del Cozco y se tiende a todas partes por gran espacio. Aquel cerro (a la parte de la ciudad)
está derecho, casi perpendicular, de manera que está segu-
ra la fortaleza de que por aquella banda la acometan los
enemigos en escuadrón formado ni de otra manera, ni hay
sitio por allí donde puedan plantar artillería, aunque los
indios no tuvieron noticia de ella hasta que fueron los españoles; por la seguridad que por aquella banda tenía, les
pareció que bastaba cualquiera defensa, y así echaron solamente un muro grueso de cantería de piedra, ricamente
labrada por todas cinco partes, si no era por el trasdós, como dicen los albañís; tenía aquel muro más de doscientas
brazas de largo: cada hilada de piedra era de diferente altor, y todas las piedras de cada hilada muy iguales y asentadas por hilo, con muy buena trabazón; y tan ajustadas
unas con otras por todas cuatro partes, que no admitían
mezcla.[252] Verdad es que no se la echaban de cal y arena,

---

[252] A pesar de que no utilizaban ninguna argamasa ni otro aglutinante,
hay quien cree que empleaban sustancias químicas para ablandar la piedra, dada la justeza con que los bloques de piedra se adaptaron entre sí.

porque no supieron hacer cal; empero, echaban por mezcla una lechada de un barro colorado que hay, muy pego-
joso, para que hinchese y llenase las picaduras que al labrar la piedra se hacían. En esta cerca mostraron fortaleza
y pulicía, porque el muro era grueso y la labor muy pulida
a ambas partes.

CAPÍTULO XXIX

TRES TORREONES, LOS MAESTROS MAYORES Y LA PIEDRA CANSADA

Pasadas aquellas tres cercas, hay una plaza larga y angosta, donde había tres torreones fuertes, en triángulo prolongado, conforme al sitio. Al principal de ellos, que estaba en medio, llamaron Móyoc Marca; quiere decir fortaleza redonda, porque estaba hecho en redondo. En ella había una fuente de mucha y muy buena agua, traída de lejos, por debajo de tierra. Los indios no saben decir de dónde ni por dónde. Entre el Inca y los del Supremo Concejo, andaba secreta la tradición de semejantes cosas. En aquel torreón se aposentaban los Reyes cuando subían a la fortaleza a recrearse, donde todas las paredes estaban adornadas de oro y plata, con animales y aves y plantas contrahechas al natural y encajadas en ellas, que servían de tapicería. Había asimismo mucha vajilla y todo el demás servicio que hemos dicho que tenían las casas reales.

Al segundo torreón llamaron Páucar Marca, y al tercero Sácllac Marca; ambos eran cuadrados; tenían muchos aposentos para los soldados que había de guarda, los cuales se remudaban por su orden; habían de ser de los Incas del previlegio, que los de otras naciones no podían entrar en aquella fortaleza, porque era casa del Sol, de armas y guerra, como lo era el templo de oración y sacrificios. Tenía su capitán general como alcaide; había de ser de la sangre real y de los legítimos; el cual tenía sus tinientes y ministros, para cada ministerio el suyo: para la milicia de los soldados, para la provisión de los bastimentos, para la limpieza y pulicía de las armas, para el vestido y calzado que había de depósito para la gente de guarnición que en la fortaleza había.

Debajo de los torreones había labrado, debajo de tierra, otro tanto como encima; pasaban las bóvedas de un torreón a otro, por las cuales se comunicaban los torreones, también como por cima. En aquellos soterraños mostraron grande artificio; estaban labrados con tantas calles y callejas, que cruzaban de una parte a otra con vueltas y revueltas, y tantas puertas, unas en contra de otras y todas de un tamaño que, a poco trecho que entraban en el labirinto, perdían el tino y no acertaban a salir; y aun los muy pláticos no osaban entrar sin guía, la cual había de ser un ovillo de hilo grueso que al entrar dejaban atado a la puerta, para salir guiándose por él. Bien muchacho, con otros de mi edad, subí muchas veces a la fortaleza, y con estar ya arruinado todo el edificio pulido —digo lo que estaba sobre la tierra y aun mucho de lo que estaba debajo—, no osábamos entrar en algunos pedazos de aquellas bóvedas que habían quedado, sino hasta donde alcanzaba la luz del Sol, por no perdernos dentro, según el miedo que los indios nos ponían.

No supieron hacer bóveda de arco; yendo labrando las paredes, dejaban para los soterraños unos canecillos de piedra, sobre los cuales echaban, en lugar de vigas, piedras largas, labradas a todas seis haces, muy ajustadas, que alcanzaban de una pared a otra. Todo aquel gran edificio de la fortaleza fue de cantería pulida y cantería tosca, ricamente labrada, con mucho primor, donde mostraron los Incas lo que supieron y pudieron, con deseo que la obra se aventajase en artificio y grandeza a todas las demás que hasta allí habían hecho, para que fuese trofeo de sus trofeos, y así fue el último de ellos, porque pocos años después que se acabó entraron los españoles en aquel Imperio y atajaron otros tan grandes que se iban haciendo.

Entendieron cuatro maestros mayores en la fábrica de aquella fortaleza. El primero y principal, a quien atribuyen la traza de la obra, fue Huallpa Rimachi Inca, y para decir que era el principal le añidieron el nombre *Apu,* que es capitán o superior en cualquier ministerio, y así le llaman Apu Huallpa Rimachi; al que le sucedió le llaman Inca Maricanchi. El tercero fue Acahuana Inca; a éste atribuyen mucha parte de los grandes edificios de Tiahuanacu, de los cuales hemos dicho atrás. El cuarto y último de los maestros se llamó Calla Cúnchuy; en tiempo de éste trujeron la piedra cansada, a la cual puso el maestro mayor su nombre porque en ella se conservase su memoria, cuya grandeza también, como de las demás sus iguales, es increíble. Holgara poner aquí la medida cierta del grueso y alto de ella; no he merecido haberla precisa; remítome a los que la han visto. Está en el llano antes de la fortaleza; dicen los indios que del mucho trabajo que pasó por el camino, hasta llegar allí, se cansó y lloró sangre, y que no pudo llegar al edificio. La piedra no está labrada sino tosca, como la arrancaron de donde estaba escuadrada. Mucha parte de ella está debajo de tierra; dícenme que ahora está más metida debajo de tierra que yo la dejé, porque imaginaron que debajo de ella había gran tesoro y cavaron como pudieron para sacarlo; mas antes que llegasen al tesoro imaginado, se les hundió aquella gran peña y escondió la mayor parte de su grandor, y así lo más de ella está debajo de tierra. A una de sus esquinas altas tiene un agujero o dos, que, si no me acuerdo mal, pasan la esquina de una parte a otra. Dicen los indios que aquellos agujeros son los ojos de la piedra, por do lloró la sangre; del polvo que en los agujeros se recoge y del agua que llueve y corre por la piedra abajo, se hace una mancha o señal algo bermeja, porque la tierra es bermeja en aquel sitio: dicen los indios que aquella señal quedó de la sangre que derramó cuando lloró. Tanto como esto afirmaba esta fábula, y yo se la oí muchas veces.

La verdad historial, como la contaban los Incas amautas, que eran los sabios, filósofos y doctores en toda cosa de su gentilidad, es que traían la piedra más de veinte mil indios, arrastrándola con grandes maromas; iban con gran tiento; el camino por do la llevaban es áspero, con muchas cuestas agras que subir y bajar; la mitad de la gente tiraba de las maromas por delante, la otra mitad iba sosteniendo la peña con otras maromas que llevaba asidas atrás, porque no rodase por las cuestas abajo y fuese a parar donde no pudiesen sacarla.

En una de aquellas cuestas (por descuido que hubo entre los que iban sosteniendo, que no tiraron todos a la par), venció el peso de la peña a la fuerza de los que la sostenían, y se soltó por la cuesta abajo y mató tres o cuatro mil indios de los que la iban guiando; mas con toda esta desgracia la subieron y pusieron en el llano donde ahora está. La sangre que derramó dicen que es la que lloró, porque la lloraron ellos y porque no llegó a ser puesta en el edificio. Decían que se cansó y que no pudo llegar allá porque ellos se cansaron de llevarla; de manera que lo que por ellos pasó atribuyen a la peña. De esta suerte tenían otras muchas fábulas que enseñaban por tradición a sus hijos y descendientes, para que quedase memoria de los acaecimientos más notables que entre ellos pasaban.

Los españoles, como envidiosos de sus admirables victorias, debiendo sustentar aquella fortaleza aunque fuera reparándola a su costa, para que por ella vieran en siglos venideros cuán grandes habían sido las fuerzas y el ánimo de los que la ganaron y fuera eterna memoria de sus hazañas, no solamente no la sustentaron, mas ellos proprios la derribaron para edificar las casas particulares que hoy tienen en la ciudad del Cozco, que, por ahorrar la costa y la tardanza y pesadumbre con que los indios labraban las piedras para los edificios, derribaron todo lo que de cantería pulida estaba edificado dentro de las cercas, que hoy no hay casa en la ciudad que no haya sido labrada con aquella piedra, a lo menos las que han labrado los españoles.[253]

---

[253] Todavía hoy, después de su destrucción por los españoles durante

Las piedras mayores, que servían de vigas en los soterraños, sacaron para umbrales y portadas, y las piedras menores para los cimientos y paredes; y para las gradas de las es-
caleras buscaban las hiladas de piedra del altor que les
convenía, y, habiéndola hallado, derribaban todas las hiladas que había encima de la que habían menester, aunque
fuesen diez o doce hiladas o muchas más. De esta manera
echaron por tierra aquella gran majestad, indigna de tal es-
trago, que eternamente hará lástima a los que la miraren con
atención de lo que fue; derribáronla con tanta priesa que aun
yo no alcancé de ella sino las pocas reliquias que he dicho.
Las tres murallas de peñas dejé en pie, porque no las pueden
derribar por la grandeza de ellas; y aun con todo eso, según
me han dicho, han derribado parte de ellas, buscando la cadena o maroma de oro que Huayna Cápac hizo; porque tuvieron conjeturas o rastros que la habían enterrado por allí.

Dio principio a la fábrica de aquella no bien encarecida y
mal dibujada fortaleza el buen Rey Inca Yupanqui, décimo
de los Incas, aunque otros quieren decir que fue su padre Pachacútec Inca; dícenlo porque dejó la traza y el modelo hecho y recogida grandísima cantidad de piedra y peñas, que
no hubo otro material en aquella obra. Tardó en acabarse
más de cincuenta años hasta los tiempos de Huayna Cápac,
y aun dicen los indios que no estaba acabada, porque la piedra cansada la habían traído para otra gran fábrica que pensaban hacer, la cual, con otras muchas que por todo aquel
Imperio se hacían, atajaron las guerras civiles que poco después entre los dos hermanos Huáscar Inca y Atahuallpa se
levantaron, en cuyo tiempo entraron los españoles, que las
atajaron y derribaron del todo, como hoy están.

FIN DEL LIBRO SÉPTIMO

---

la conquista, sigue considerándose esta fortaleza como una de las más só-
lidas jamás construidas.

LIBRO OCTAVO

CAPÍTULO VII

HACE EL INCA LA CONQUISTA DE QUITU; HÁLLASE EN ELLA EL PRÍNCIPE HUAINA CÁPAC

Habiendo gastado Túpac Inca Yupanqui algunos años en la quietud de la paz, determinó hacer la conquista del reino de Quitu, por ser famoso y grande, que tiene setenta leguas de largo y treinta de ancho, tierra fértil y abundante, dispuesta para cualquiera beneficio de los que se hacían para la agricultura y provecho de los naturales. Para la cual mandó apercebir cuarenta mil hombres de guerra, y con ellos se puso en Tumi Pampa, que está a los términos de aquel reino, de donde envió los requirimientos acostumbrados al rey Quitu, que había el mismo nombre de su tierra. El cual de su condición era bárbaro, de mucha rusticidad, y conforme a ella era áspero y belicoso, temido de todos sus comarcanos por su mucho poder, por el gran señorío que tenía. El cual, confiado en sus fuerzas, respondió con mucha soberbia diciendo que él era señor, y no quería reconocer otro ni quería leyes ajenas, que él daba a sus vasallos las que se le antojaban, ni quería dejar sus dioses, que eran de sus pasados y se hallaba bien con ellos, que eran venados y árboles grandes que les daban leña y carne para el sustento de la vida. El Inca, oída la respuesta, fue contemporizando la guerra, sin romperla de hecho, por atraherlos con caricias y afabilidad, conforme a la cos-

tumbre de sus antepasados, mas los de Quitu se mostraban tanto más soberbios cuanto más afable sentían al Inca, de lo cual se causó durar la guerra muchos meses y
años, con escaramuzas, recuentros y batallas ligeras, en
las cuales hubo muertos y heridos de ambas partes.

Viendo Túpac Inca Yupanqui que la conquista iba muy
a la larga, envió por su hijo primogénito, llamado Huayna
Cápac,[254] que era el príncipe heredero, para que se ejercitase en la milicia. Mandó que llevase consigo doce mil
hombres de guerra. Su madre, la Reina, se llamó Mama
Ocllo; era hermana de su padre, según la costumbre de
aquellos Reyes. Llamaron a este príncipe Huayna Cápac,
que según la común interpretación de los historiadores españoles y según el sonido de la letra, quieren que diga Mozo Rico, y parece que es así, según el lenguaje común. Mas
aquellos indios, en la imposición de los nombres y renombres que daban a sus Reyes, tenían (como ya hemos dicho)
otro intento, otro frasis y elegancia, diferente del común
lenguaje, que era mirar con atención las muestras y señales que los príncipes, cuando mozos, daban de las virtudes
reales que prometían para adelante; miraban también los
beneficios y grandezas que hacían cuando hombres, para
darles el nombre y renombre conforme a ellas; y porque
este príncipe mostró desde muy mozo las realezas y magnanimidad de su ánimo, le llamaron Huayna Cápac, que
en los nombres reales quiere decir desde mozo rico de hazañas magnánimas; que por las que hizo el primer Inca
Manco Cápac con sus primeros vasallos le dieron este
nombre Cápac, que quiere decir rico, no de bienes de fortuna, sino de excelencia y grandezas de ánimo; y de allí
quedó aplicarse este nombre solamente a las casas reales,
que dicen Cápac Aillu, que es la generación y parentela re-

---

[254] *Huayna Cápac:* nombre de Tito Cusi Huallpa, undécimo monarca
Inca según los historiadores. Le impusieron la borla colorada hacia 1493
y su reinado alcanzó hasta su muerte en 1529 o 1530.

al; Cápac Raimi llamaban a la fiesta principal del Sol, y, bajando más abajo, decían Cápac Runa, que es vasallos del rico, que se entendía por el Inca y no por otro señor de vasallos, por muchos que tuviese ni por muy rico que fuese, y así otras muchas cosas semejantes que querían engrandecer con este apellido Cápac.

Entre otras grandezas que este príncipe tuvo, con las cuales obligó a sus vasallos a que le diesen tan temprano el nombre Cápac, fue una que guardó siempre, así cuando era príncipe como después cuando fue monarca, la cual los indios estimaron sobre todas las que tuvo, y fue que jamás negó petición que mujer alguna le hiciese, de cualquiera edad, calidad y condición que fuese; y a cada una respondía conforme a la edad que tenía. A la que era mayor de días que el Inca, le decía: "Madre, hágase lo que mandas"; y a la que era igual en edad, poco más o menos le decía: "Hermana, hacerse ha lo que quieres"; y a la que era menor decía: Hija, cumplirse ha lo que pides." Y a todas igualmente les ponía la mano derecha sobre el hombro izquierdo, en señal de favor y testimonio de la merced que les hacía. Y esta magnanimidad la tuvo tan constante, que aun en negocios de grandísima importancia, contra su propria majestad, la sustentó, como adelante veremos.

Este príncipe, que era ya de cerca de veinte años, reforzó la guerra y fue ganando el reino poco a poco, ofreciendo siempre la paz y amistad que los Incas ofrecían en sus conquistas; mas los contrarios, que era gente rústica, mal vestida y nada política, nunca la quisieron admitir.

Túpac Inca Yupanqui, viendo la buena maña que el príncipe daba a la guerra, se volvió al Cozco, para atender al gobierno de su Imperio, dejando a Huayna Cápac absoluto poder para lo de la milicia. El cual, mediante sus buenos capitanes, ganó todo el reino en espacio de tres años, aunque los de Quitu dicen que fueron cinco; deben de contar dos años o poco menos que Túpac Inca Yupanqui gastó en la conquista antes que llamase al hijo; y así dicen los indios que ambos ganaron aquel reino. Duró tanto la conquista de Quitu porque los Reyes Incas, padre y hijo, no quisieron hacer la guerra a fuego y a sangre, sino que iban ganando la tierra como los naturales la iban dejando y retirándose poco a poco. Y aun dicen que durara más si al cabo de los cinco años no muriera el Rey de Quitu; el cual murió de aflicción de ver perdida la mayor parte de su principado y que no podía defender lo que le quedaba ni osaba fiar de la clemencia del Príncipe ni aceptar los partidos que le ofrecía, por parecerle que su rebeldía pasada no merecía perdón ninguno. Metido en estas aflicciones y fatigado de ellas, murió aquel pobre Rey; sus capitanes se entregaron luego a merced del Inca Huayna Cápac, el cual los recibió con mucha afabilidad y les hizo merced de mucha ropa de su vestir, que era lo más estimado de los indios, y otras dádivas muy favorables; y a la gente común mandó que tratasen con mucho regalo y amistad. En suma, hizo con los de aquel reino todas las generosidades que pudo, para mostrar su clemencia y mansedumbre; y a la misma tierra mostró también el amor que le tenía por ser la primera que ganaba; que luego, como se aquietó la guerra, sin las acequias de agua y los demás beneficios ordinarios que se hacían para fertilizar el campo, mandó hacer templo para el Sol y casa de escogidas, con todo el ornamento y riqueza que las demás casas y templos tenían. En todo lo cual se aventajaron mucho aquellos indios, porque la tierra tenía mucho oro sacado para el servicio de su Rey y mucho más que después sacaron para servir al príncipe Huayna Cápac, porque le sintieron el afición que les había cobrado; la cual creció adelante en tanto grado, que le hizo hacer extremos nunca usados por los Reyes Incas, que fueron causa que su Imperio se perdiese y su sangre real se apagase y consumiese.

Huayna Cápac pasó adelante de Quitu y llegó a otra provincia llamada Quillacenca; quiere decir nariz de hierro, porque se horadaban la ternilla que hay entre las ventanas de las narices, y traían colgando sobre los labrios un joyelito de cobre o de oro o de plata, como un zarcillo; hallólos el Inca muy viles y sucios, mal vestidos y llenos de piojos que no eran para quitárselos, sin idolatría alguna, que no sabían qué cosa era adorar, si ya no dijésemos que adoraban la carne porque son tan golosos por ella que hurtan cualquier ganado que hallan; y el caballo o yegua o cualquiera otra res que hoy hallen muerta, por muy podrida que esté, se la comen con grandísimo gusto; fueron fáciles de reducir, como gente vil, poco menos que bestias. De allí pasó el Inca a otra provincia, llamada Pastu, de gente no menos vil que la pasada, y tan contraria en el comer de la carne que de ninguna manera la comían; y apretándoles que la comiesen, decían que no eran perros. Atrajéronlos al servicio del Inca con facilidad, diéronles maestros que les enseñasen a vivir, y entre los demás beneficios que les hicieron para la vida natural, fue imponerles el tributo de los piojos, porque no se dejasen morir comidos de ellos.

De Pastu fue a otra provincia llamada Otauallu, de gente más política y más belicosa que la pasada; hicieron alguna resistencia al Inca, mas luego se rindieron, porque vieron que no podían defenderse de un príncipe tan poderoso. Dejando allí la orden que convenía, pasó a otra gran provincia que ha por nombre Caranque, de gente barbarísima en vida y costumbres: adoraban tigres y leones y culebras grandes, ofrecían en sus sacrificios corazones y sangre humana, la que podían haber de sus comarcanos, que con todos ellos tenían guerra solamente por el gusto y codicia de tener enemigos que prender y matar, para comérselos. A los principios resistieron al Inca con gran ferocidad, mas en pocos días se desengañaron y se rindieron. Huayna Cápac les dio maestros para su idolatría y vida moral; mandóles quitar los ídolos y el sacrificar sangre y comer carne humana, que fue lo que ellos más sintieron,

porque eran golosísimos de ella. Ésta fue la última conquista de las provincias que por aquella banda confinaban
con el reino de Quitu.[255]

---

[255] Los historiadores señalan que Huayna Cápac no conquistó más
que el territorio del actual Ecuador. Ocupó los alrededores del golfo de
Guayaquil y los Andes septentrionales, hasta el Ancasmayo, el río que
marca hoy la frontera entre Ecuador y Colombia.

CAPÍTULO VIII

TRES CASAMIENTOS DE HUAYNA CÁPAC; LA MUERTE DE SU PADRE Y SUS DICHOS

Túpac Inca Yupanqui, del todo apartado de la guerra, entendía en gobernar su Imperio; visitábalo a sus tiempos, por regalar los vasallos, que sentían grandísimo favor de ver al Inca en sus tierras; ocupóse muy de veras en la obra de la fortaleza del Cozco, que su padre dejó trazada y empezada. Había muchos años que duraba esta obra, en la cual trabajaban más de veinte mil indios con tanta orden y concierto que cada nación, cada provincia, acudía al trabajo y al oficio que le estaba señalado, que parecía una casa muy puesta en orden. Visitaba por sus gobernadores el reino de Chili cada dos, tres años; enviaba mucha ropa fina y preseas de su persona para los curacas y sus deudos, y otra mucha ropa de la común para los vasallos. De allá le enviaban los caciques mucho oro y mucha plumería y otros frutos de la tierra; y esto duró hasta que Don Diego de Almagro entró en aquel reino como adelante veremos.

El príncipe Huayna Cápac, hecha la conquista del reino de Quitu y de las provincias Quillacenca, Pastu, Otauallu y Caranque, y dada orden de lo que convenía a toda aquella frontera, se volvió al Cozco a dar cuenta a su padre de lo que en su servicio había hecho; fue recibido con grandísimo triunfo; de esta venida casó segunda vez con la

segunda hermana, llamada Raua Ocllo, porque de la primera mujer y hermana mayor, que había por nombre Pill-
cu Huaco, no tuvo hijos, y porque el heredero del reino
fuese heredero legítimo por el padre y por la madre, como
aquellos Reyes lo tenían de ley y costumbre, casó con la segunda hermana; también casó legítimamente, según sus leyes y fueros, con Mama Runtu, su prima hermana, hija de su
tío Auqui Amaru Túpac Inca,[256] hermano segundo de su padre. Auqui es nombre apelativo: quiere decir infante; daban
este apellido a los hijos segundos del Rey, y por participación a todos los de la sangre real, y no a la gente común,
por grandes señores que fuesen. *Amaru* es nombre de las
muy grandes culebras que hay en los Antis. Los Incas tomaban semejantes nombres de animales o flores o yerbas, dando a entender que, como aquellas cosas se extremaban entre las de su especie, así lo habían de hacer ellos entre los
hombres.

El Rey Túpac Inca Yupanqui y todos los de su Consejo
ordenaron que aquellas dos mujeres fuesen ligítimas mujeres, tenidas por Reinas como la primera, y no por concubinas; cuyos hijos sucediesen por su orden en la herencia
del Reino; hicieron esta prevención por la esterilidad de la
primera, que los escandalizó mucho; y el tercer casamiento fue con la prima hermana, porque no tuvo Huayna Cápac hermana tercera ligítima de padre y madre; y por falta
de ella le dieron por mujer la prima hermana, que después
de sus hermanas era la más propincua al árbol real. De
Raua Ocllo, su hermana, hubo Huayna Cápac a Huáscar
Inca.[257] Huáscar es nombre apelativo; adelante, en su lugar, diremos cómo y por qué le pusieron este nombre, siendo el suyo proprio Inti Cusi Huallpa. De la tercera mujer,

---

[256] *Auqui Amaru Túpac Inca:* segundo hijo de Túpac Inca Yupanqui.
[257] *Huáscar Inca:* su nombre original era Inti Cusi Huallpa, pero se lo
cambiaron por el de Huáscar, tal como va a explicar Garcilaso en IX, 1.
Es el príncipe heredero de Huayna Cápac.

que fue su prima hermana, hubo a Manco Inca,[258] que también sucedió en el reino, aunque no más de en el nombre, porque estaba ya enajenado, como adelante veremos.

Pasados algunos años de la quietud y sosiego en que Túpac Inca Yupanqui vivía, adoleció de manera que sintió morirse; llamó al príncipe Huayna Cápac y a los demás hijos que tenía, que fueron muchos, que entre varones y hembras pasaron de doscientos. Hízoles el parlamento que los reyes acostumbraban por vía de testamento; encomendóles la paz y justicia y el beneficio de los vasallos; encargóles que en todo se mostrasen verdaderos hijos del Sol. Al príncipe heredero le encomendó en particular la reducción y conquista de los bárbaros, que los atrajese a la adoración y servicio del Sol y a la vida política, y que en todo presumiese parecer a sus antepasados. A lo último le encargó el castigo de la alevosía y traición que los de Puerto Viejo y su comarca, principalmente los Huancauillcas, hicieron en matar los capitanes y los demás ministros que a pedimiento de ellos mismos les habían enviado para que los dotrinasen y sacasen de la vida ferina que tenían, que aún no sabían labrar los campos ni cubrir sus carnes; que no era lícito aquella ingratitud pasase sin castigo, porque los demás vasallos no imitasen el mal ejemplo. Díjoles se quedasen en paz, que él se iba a la otra vida porque su padre el Sol le llamaba para que descansase con él. Así murió el gran Túpac Inca Yupanqui, dejando perpetua memoria entre los suyos de su piedad, clemencia y mansedumbre y de los muchos beneficios que a todo su Imperio hizo; por los cuales, sin los demás renombres que a los demás Reyes habían puesto, le llamaron Túpac Yaya, que quiere decir el padre que resplandece. Dejó de su ligítima mujer Mama Ocllo, sin el príncipe heredero, otros cinco hijos varones;

---

[258] *Manco Inca:* se rebeló contra los españoles en 1536 y llegó a amenazar gravemente a las ciudades de Lima y Cuzco. Murió a manos del soldado almagrista Gómez Pérez.

al segundo llamaron Auqui Amaru Túpac Inca, como a su
padre, por tener delante siempre su nombre; el tercero se
llamó Quéhuar Túpac; el cuarto fue Huallpa Túpac Inca
Yupanqui:²⁵⁹ éste fue mi abuelo materno; el quinto, Titu
Inca Rimachi; el sexto, Auqui Maita. Embalsamaron su
cuerpo, como yo lo alcancé ver después, el año de mil y quinientos y cincuenta y nueve, que parecía que estaba vivo.

El Padre Blas Valera dice de este Inca lo que se sigue, sacado a la letra, de su latín en romance: "Tópac Inca Yupanqui dijo: 'Muchos dicen que el Sol vive y que es el hacedor de todas las cosas; conviene que el que hace alguna
cosa asista a la cosa que hace, pero muchas cosas se hacen
estando el Sol ausente; luego, no es el hacedor de todas las
cosas; y que no vive se colige de que dando siempre vueltas no se cansa: si fuera cosa viva se cansara como nosotros, o si fuera libre llegara a visitar otras partes del cielo,
a donde nunca jamás allega. Es como una res atada, que
siempre hace un mismo cerco; o es como la saeta que va
donde la envían y no donde ella querría'. Dice también
que repetía muchas veces un dicho de los de Inca Roca,
sexto Rey, por parecerle muy importante para la república. Decía: 'No es lícito que enseñen a los hijos de los plebeyos las ciencias que pertenecen a los generosos y no más;
porque como gente baja no se eleven y ensoberbezcan y
menoscaben y apoquen la república; bástales que aprendan los oficios de sus padres, que el mandar y gobernar no
es de plebeyos, que es hacer agravio al oficio y a la república encomendársela a gente común'. También dijo: 'La
avaricia y la ambición hacen que el hombre no sepa mode-
rarse a sí proprio ni a otros, porque la avaricia divierte el
ánimo del bien público y común y de su familia; y la ambi-

²⁵⁹ *Huallpa Túpac Inca Yupanqui:* cuarto hijo de Túpac Inca Yupanqui y abuelo materno de Garcilaso, tal como éste testifica. En el testamento de la madre de Garcilaso, fechado el 22 de noviembre de 1571, aparece ésta con el nombre cristiano de Isabel Suárez y allí se declara que es hija
de Huallpa Túpac y de su mujer Cusi Chimpu.

ción acorta el entendimiento para que no pueda tomar los
buenos consejos de los sabios y virtuosos sino que siga su
antojo.' Hasta aquí es del Padre Blas Valera, de los dichos
sentenciosos del gran Túpac Inca Yupanqui.

Y porque andamos ya cerca de los tiempos que los españoles fueron a ganar aquel Imperio, será bien decir en el
capítulo siguiente las cosas que había en aquella tierra para el sustento humano;[260] y adelante, después de la vida y
hechos del gran Huayna Cápac, diremos las cosas que no
había, que después acá han llevado los españoles, para que
no se confundan las unas con las otras.

---

[260] En los siguientes capítulos Garcilaso documenta la gran variedad
de productos alimenticios —patata, frijoles, tomate, pimiento, maguey,
chirimoya, piña, plátano, papaya, etc.— que los incas cultivaron a lo largo
de sus ocho pisos ecológicos. La domesticación de plantas alimenticias es
la aportación más importante de los incas a la nutrición del mundo entero.

CAPÍTULO XV

DE LA PRECIADA HOJA LLAMADA CUCA *Y DEL TABACO*

No será razón dejar en olvido la yerba que los indios llaman *cuca*[261] y los españoles *coca,* que ha sido y es la principal riqueza del Perú para los que la han manejado en tratos y contratos; antes será justo se haga larga mención de ella, según lo mucho que los indios la estiman, por las muchas y grandes virtudes que de ella conocían antes y muchas más que después acá los españoles han experimentado en cosas medicinales. El Padre Blas Valera, como más curioso y que residió muchos años en el Perú y salió de él más de treinta años después que yo, escribe de las unas y de las otras como quien vio la prueba de ellas; diré llanamente lo que Su Paternidad dice, y adelante añadiré lo poco que dejó de decir, por no escribir largo desmenuzando mucho cada cosa. Dice, pues: "La cuca es un cierto arbolillo del altor y grosor de la vid; tiene pocos ramos, y en ellos muchas hojas delicadas, del anchor del dedo pulgar y el largo como la mitad del mismo dedo, y de buen olor, pero poco suave; las cuales hojas llaman *cuca* indios y españo-

---

[261] *cuca:* coca. "Las hojas de coca eran utilizadas sólo por el Inca y la nobleza como ofrenda en sus ceremonias rituales, y en infusión, por sus propiedades medicinales. Jamás fue masticada por el pueblo. A éste le estaba prohibido su consumo" (Carlos Villanes e Isabel Córdova, *ob. cit.,* p. 308).

les. Es tan agradable la cuca a los indios, que por ella posponen el oro y la plata y las piedras preciosas; plántanla con gran cuidado y diligencia y cógenla con mayor; porque cogen las hojas de por sí, con la mano, y las secan al Sol, y así seca la comen los indios, pero no la tragan; solamente gustan del olor y pasan el jugo. De cuánta utilidad y fuerza sea la cuca para los trabajadores, se colige de que los indios que la comen se muestran más fuertes y más dispuestos para el trabajo; y muchas veces, contentos con ella, trabajan todo el día sin comer. La cuca preserva el cuerpo de muchas enfermedades, y nuestros médicos usan de ella hecha polvos, para atajar y aplacar la hinchazón de las llagas; para fortalecer los huesos quebrados; para sacar el frío del cuerpo o para impedirle que no entre; para sanar las llagas podridas, llenas de gusanos. Pues si a las enfermedades de afuera hace tantos beneficios, con virtud tan singular, en las entrañas de los que la comen ¿no tendrá más virtud y fuerza? Tiene también otro gran provecho, y es que con la mayor parte de la renta del Obispo y de los canónigos y de los demás ministros de la Iglesia Catredal del Cozco es de los diezmos de las hojas de la cuca; y muchos españoles han enriquecido y enriquecen con el trato y contrato de esta yerba; empero algunos, ignorando todas estas cosas, han dicho y escrito mucho contra este arbolillo, movidos solamente de que en tiempos antiguos los gentiles, y ahora algunos hechiceros y adevinos, ofrecen y ofrecieron la cuca a los ídolos; por lo cual, dicen, se debía quitar y prohibir del todo. Ciertamente fuera muy buen consejo si los indios hubieran acostumbrado a ofrecer al demonio solamente esta yerba. Pero si los antiguos gentiles y los modernos idólatras sacrificaron y sacrifican las mieses, las legumbres y frutos que encima y debajo de la tierra se crían, y ofrecen su brebaje y el agua fría y la lana y los vestidos y el ganado y otras muchas cosas, en suma, todo cuanto tienen, y como todas no se les deben quitar, tampoco aquélla. Deben doctrinarles que, aborreciendo las supersticiones, sirvan de veras a un solo Dios y usen cristianamente de todas aquellas cosas." Hasta aquí es del Padre Blas Valera.

Añadiendo lo que falta, para mayor abundancia, decimos que aquellos arbolillos son del altor de un hombre; para plantarlos echan la semilla en almácigo, como las verduras; hácenles hoyos, como para las vides; echan la planta acodada, como la vid; tienen gran cuenta con que ninguna raíz, por pequeña que sea, quede doblada, porque basta para que la planta se seque. Cogen la hoja, tomando cada rama de por sí entre los dedos de la mano, la cual corren con tiento hasta llegar al pimpollo: no han de llegar a él porque se seca toda la rama; la hoja de la haz y del envés en verdor y hechura, es ni más ni menos que la del madroño, salvo que tres o cuatro hojas de aquéllas, por ser muy delicadas, hacen tanto grueso como una de las del madroño. Huelgo mucho de hallar en España cosas tan apropiadas a que comparar las de mi tierra, y que no las haya en ella, para que allá y acá se entiendan y conozcan las unas por las otras. Cogida la hoja, la secan al sol; no ha de quedar del todo seca porque pierde mucho del verdor, que es muy estimado, y se convierte en polvo, por ser tan delicada, ni ha de quedar con mucha humidad, porque en los cestos donde la echan para llevarla de unas partes a otras, se enmohece y se pudre; han de dejarla en un cierto punto, que participe de uno y de otro; los cestos hacen de cañas hendidas, que las hay muchas y muy buenas, gruesas y delgadas, en aquellas provincias de los Antis; y con las hojas de las cañas gruesas, que son anchas de más de una tercia y larga de más de media vara, cubren por de fuera los cestos, porque no se moje la cuca, que la ofende mucho el agua; y con un cierto género de cáñamo, que también lo hay en aquel distrito, enredan los cestos. Considerar la cantidad que de cada cosa de éstas se gasta para el beneficio de la cuca es más para dar gracias a Dios, que así lo provee todo, dondequiera que es menester, que para

lo escrebir, por ser increíble. Si todas estas cosas o cualquiera de ellas se hubiera de llevar de otra parte, fuera más
el trabajo y la costa que el provecho. Cógese aquella yerba
de cuatro en cuatro meses, tres veces al año, y se escarda
bien y a menudo la mucha yerba que con ella se cría de
contino, porque la tierra en aquella región es muy húmida
y muy caliente, se anticipa más de quince días cada cosecha; de manera que viene a ser casi cuatro cosechas al año;
por lo cual, un dezmero codicioso, de los de mi tiempo, co-
hechó a los capataces de las heredades más ricas y principales que había en el término del Cozco porque tuviesen
cuidado de mandar que las escardasen a menudo; con esta
diligencia quitó al dezmero del año siguiente las dos tercias partes del diezmo de la primera cosecha; por lo cual
nació entre ellos un pleito muy reñido que yo, como muchacho, no supe en qué paró. Entre otras virtudes de la cuca se dice que es buena para los dientes.

De la fuerza que pone al que la trae en la boca, se me
acuerda un cuento que oí en mi tierra a un caballero en
sangre y virtud que se decía Rodrigo Pantoja, y fue que caminando del Cozco a Rímac topó a un pobre español (que
también los hay allá pobres como acá), que iba a pie y llevaba a cuestas una hijuela suya de dos años; era conocido
del Pantoja, y así se hablaron ambos. Díjole el caballero:
"¿Cómo vais así cargado?" Respondió el peón: "No tengo
posibilidad para alquilar un indio que me lleve esta
muchacha, y por eso la llevo yo." Al hablar del soldado, le
miró Pantoja la boca y se la vio llena de cuca; y como entonces abominaban los españoles todo cuanto los indios
comían y bebían, como si fueran idolatrías, particularmente el comer la cuca, por parecerles cosa vil y baja, le dijo: "Puesto que sea así lo que decís de vuestra necesidad
¿por qué coméis *cuca,* como hacen los indios, cosa tan as-
querosa y aborrecida de los españoles?" Respondió el soldado: "En verdad, señor, que no la abominaba yo menos
que todos ellos, mas la necesidad me forzó a imitar los

indios y traerla en la boca; porque os hago saber que si no la llevara, no pudiera llevar la carga; que mediante ella siento tanta fuerza y vigor que puedo vencer este trabajo que llevo." Pantoja se admiró de oírle, y contó el cuento en muchas partes, y de allí adelante daban algún crédito a los indios, que la comían por necesidad y no por golosina y así es de creer, porque la yerba no es de buen gusto. Adelante diremos cómo la llevan a Potocsí y tratan y contratan con ella.

Del arbolillo que los españoles llaman *tabaco* y los indios *sairi,* dijimos en otra parte. El doctor Monardes escribe maravillas de él. La zarzaparrilla no tiene necesidad que nadie la loe, pues bastan para su loor las hazañas que en el mundo nuevo y viejo ha hecho y hace contra las bubas y otras graves enfermedades. Otras muchas yerbas hay en el Perú de tanta virtud para cosas medicinales, que, como dice el Padre Blas Valera, si las conocieran todas no hubieran necesidad de llevarlas de España ni de otras partes; mas los médicos españoles se dan tan poco por ellas, que aun de las que antes conocían los indios se ha perdido la noticia de la mayor parte de ellas. De las yerbas, por su multitud y menudencia, será dificultoso dar cuenta; baste decir que los indios las comen todas, las dulces y las amargas, de ellas crudas, como acá las lechugas y los rábanos, de ellas en sus guisados y potajes, porque son el caudal de la gente común, que no tenían abundancia de carne y pescado como los poderosos; las yerbas amargas, como son las hojas de las matas que llaman *sunchu* y de otras semejantes, las cuecen en dos, tres aguas y las secan al sol y guardan para el invierno, cuando no las hay; y es tanta la diligencia que ponen en buscar y guardar las yerbas para comer, que no perdonan ninguna, que hasta las ovas y los gusarapillos que se crían en los ríos y arroyos sacan y aliñan para su comida.

CAPÍTULO XXIV

DEL ORO Y PLATA

De la riqueza de oro y plata que en el Perú se saca,[262] es buen testigo España, pues de más de veinticinco años, sin los de atrás, le traen cada año doce, trece millones de plata y oro, sin otras cosas que no entran en esta cuenta; cada millón monta diez veces cien mil ducados. El oro se coge en todo el Perú; en unas provincias es en más abundancia que en otras, pero generalmente lo hay en todo el Reino. Hállase en la superficie de la tierra y en los arroyos y ríos, donde lo llevan las avenidas de las lluvias; de allí lo sacan, lavando la tierra o la arena, como lavan acá los plateros la escubilla de sus tiendas, que son las barreduras de ellas. Llaman los españoles lo que así sacan *oro en polvo,* porque sale como limalla; algunos granos se hallan gruesos, de dos, tres pesos y más; yo vi granos de a más de veinte pesos; llámanles *pepitas;* algunas son llanas, como pepitas de melón o calabaza; otras redondas, otras largas como huevos. Todo el oro del Perú es de diez y ocho a veinte quilates de ley, poco más, poco menos. Sólo el que se saca en las minas de Callauaya o Callahuaya es finísimo, de a vein-

---

[262] Garcilaso no exagera al documentar las enormes cantidades de oro que se extrajeron del Perú. Otros testimonios, al respecto, aparecen en las crónicas de Cieza de León, Fernández de Oviedo o Las Casas.

ticuatro quilates, y aun pretende pasar de ellos, según me
lo han dicho algunos plateros en España.

El año de mil y quinientos y cincuenta y seis, se halló en
un resquicio de una mina, de las de Callahuaya, una piedra
de las que se crían con el metal, del tamaño de la cabeza de
un hombre; el color, propriamente, era color de bofes, y aun
la hechura lo parecía, porque toda ella estaba agujereada de
unos agujeros chicos y grandes, que la pasaban de un cabo a
otro. Por todos ellos asomaban punta de oro, como si le hubieran echado oro derretido por cima: unas puntas salían
fuera de la piedra, otras emparejaban con ella, otras quedaban más adentro. Decían los que entendían de minas que si
no la sacaran de donde estaba, que por tiempo viniera a convertirse toda la piedra en oro. En el Cozco la miraban los españoles por cosa maravillosa; los indios la llamaban *huaca,*
que, como en otra parte dijimos, entre otras muchas significaciones que este nombre tiene una es decir admirable cosa,
digna de admiración por ser linda, como también significa
cosa abominable por ser fea; yo la miraba con los unos y con
los otros. El dueño de la piedra, que era hombre rico, determinó venirse a España y traerla como estaba para presen-
tarla al Rey Don Felipe Segundo,[263] que la joya por su extrañeza era mucho de estimar. De los que vinieron en el
armada en que él vino, supe en España que la nao se había
perdido, con otra mucha riqueza que traía.

La plata se saca con más trabajo que el oro, y se benefi-
cia y purifica con más costa. En muchas partes del Perú se
han hallado y hallan minas de plata, pero ningunas como
las de Potocsí,[264] las cuales se descubrieron y registraron
año de mil y quinientos y cuarenta y cinco, catorce años
después que los españoles entraron en aquella tierra. El
cerro donde están se dice Potocsí, porque aquel sitio se lla-

---

[263] *Rey Don Felipe Segundo:* reinó entre 1556 y 1598.
[264] *Minas de Potosí:* milenaria sierra de plata que dio a los españoles
abundantísimas riquezas. Su descubrimiento originó sobre América nuevas leyendas de tesoros escondidos por los chibchas, incas y otros pueblos.

maba así; no sé qué signifique en el lenguaje particular de
aquella provincia, que en la general del Perú no significa
nada. Está en un llano, es de forma de un pilón de azúcar;
tiene de circuito, por lo más bajo, una legua, y de alto más
de un cuarto de legua; lo alto del cerro es redondo; es hermoso a la vista, porque es solo; hermoseólo la naturaleza
para que fuese tan famoso en el mundo como hoy lo es. Algunas mañanas amanece lo alto cubierto de nieve, porque aquel sitio es frío. Era entonces aquel sitio del repartimiento de Gonzalo Pizarro, que después fue de Pedro de
Hinojosa; cómo lo hubo, diremos adelante, si es lícito
ahondar y declarar tanto los hechos secretos que pasan en
las guerras, sin caer en odio, que muchas cosas dejan de
decir los historiadores por este miedo. El Padre Acosta, libro cuatro, escribe largo del oro y plata y azogue que en
aquel Imperio se ha hallado, sin lo que cada día va descu-
briendo el tiempo; por esto dejaré yo de escribirlo; diré
brevemente algunas cosas notables de aquellos tiempos, y
cómo beneficiaban y fundían los indios el metal antes que
los españoles hallaran el azogue; en lo demás remito a
aquella historia al que lo quisiere ver más largo, donde hallará cosas muy curiosas, particularmente del azogue.

Es de saber que las minas del cerro de Potocsí las descubrieron ciertos indios criados de españoles, que en su lenguaje llaman *yanacuna*,[265] que en toda su significación
quiere decir hombre que tiene obligación de hacer oficio
de criado; los cuales, debajo de secreto, en amistad y buena compañía, gozaron algunos días de la primera veta que
hallaron; mas como era tanta la riqueza y ella sea mala de
encubrir, no pudieron o no quisieron encubrirla de sus
amos, y así las descubrieron a ellos y registraron la veta
primera, por la cual se descubrieron las demás. Entre los

---

[265] *yanacuna:* yanacona, siervo. Bajo el régimen incaico, los yana-
conas constituían la última casta de la población. Eran una especie de es-
clavos, o por nacimiento o por haber cometido algún delito. Bajo el régimen colonial se llamó así a los indios de servicio.

españoles que se hallaron en aquel buen lance fue uno que se llamó Gonzalo Bernal,[266] mayordomo que después fue de Pedro de Hinojosa; el cual, poco después del registro, hablando un día delante de Diego Centeno[267] (famoso caballero) y de otra mucha gente noble, dijo: "Las minas prometen tanta riqueza, que a pocos años que se labren, valdrá más el hierro que la plata." Este pronóstico vi yo cumplido los años de mil y quinientos y cincuenta y cuatro y cincuenta y cinco, que en la guerra de Francisco Hernández Girón valió una herradura de caballo cinco pesos, que son seis ducados, y una de mula cuatro pesos; dos clavos de herrar, un tomín, que son cincuenta y seis maravedís; vi comprar un par de borceguís en treinta y seis ducados; una mano de papel en cuatro ducados; la vara de grana fina de Valencia a sesenta ducados; y a este respecto los paños finos de Segovia y las sedas y lienzos y las demás mercaderías de España.

Causó esta carestía aquella guerra, porque en dos años que duró no pasaron armadas al Perú, que llevan las cosas de España. También la causó la mucha plata que daban las minas, que tres y cuatro años antes de los que hemos nombrado, llegó a valer un cesto de la yerba que llaman cuca treinta y seis ducados, y una hanega de trigo veinte y cuatro y veinte y cinco ducados; lo mismo valió el maíz, y al respecto el vestir y calzar, y el vino, que las primeras botijas, hasta que hubo abundancia, se vendían a doscientos y más ducados. Y con ser la tierra tan rica y abundante de oro y plata y piedras preciosas, como todo el mundo sabe, los naturales de ella son la gente más pobre y mísera que hay en el universo.[268]

FIN DEL LIBRO OCTAVO

[266] *Gonzalo Bernal:* mayordomo de Pedro de Hinojosa.
[267] *Diego Centeno:* se alzó contra Gonzalo Pizarro en las Charcas y éste le derrotó en la llanura de Huarina. Su hijo, Gaspar Centeno, fue compañero de Garcilaso en las clases de Juan de Cuéllar.
[268] Garcilaso, claramente, condena la explotación y expoliación del Perú por parte de los conquistadores españoles.

LIBRO NONO

CAPÍTULO I

HUAYNA CÁPAC MANDA HACER UNA MAROMA
DE ORO; POR QUÉ Y PARA QUÉ

El poderoso Huayna Cápac, quedando absoluto señor de su Imperio, se ocupó el primer año en cumplir las obsequias de su padre; luego salió a visitar sus reinos, con grandísimo aplauso de los vasallos, que por doquiera que pasaba salían los curacas e indios a cubrir los caminos de flores y juncia, con arcos triunfales que de las mismas cosas hacían. Recebíanle con grandes aclamaciones de los renombres reales, y el que más veces repetían era el nombre del mismo Inca, diciendo: "¡Huayna Cápac, Huayna Cápac!", como que era el nombre que más lo engrandecía, por haberlo merecido desde su niñez, con el cual le dieron también la adoración (como a Dios) en vida. El Padre Joseph de Acosta, hablando de este Príncipe, entre otras grandezas que en su loa escribe, dice estas palabras, libro sexto, capítulo veintidós: "Este Huayna Cápac fue adorado de los suyos por dios en vida, cosa que afirman los viejos que con ninguno de sus antecesores se hizo", etc.

Andando en esta visita, a los principios de ella, tuvo el Inca Huayna Cápac nueva que era nacido el príncipe heredero, que después llamaron Huáscar Inca. Por haber sido este príncipe tan deseado, quiso su padre hallarse a la fiesta de su nacimiento, y así se volvió al Cozco con toda la priesa que le fue posible, donde fue recebido con las ostentaciones de regocijo y placer que el caso requería. Pasada la solemnidad de la fiesta, que duró más de veinte días, quedando Huayna Cápac muy alegre con el nuevo hijo, dio en imaginar cosas grandes y nunca vistas, que se inventasen para el día que le destetasen y tresquilasen el primer cabello y pusiesen el nombre proprio, que, como en otra parte dijimos, era fiesta de las más solemnes que aquellos Reyes celebraban, y al respecto de allí abajo, hasta los más pobres, porque tuvieron en mucho los primogénitos. Entre otras grandezas que para aquella fiesta se inventaron, fue una la cadena de oro tan famosa en todo el mundo, y hasta ahora aún no vista por los extraños, aunque bien deseada.[269] Para mandarla hacer tuvo el Inca la ocasión que diremos.

Es de saber que todas las provincias del Perú, cada una de por sí, tenía manera de bailar diferente de las otras, en la cual se conocía cada nación, también como en los diferentes tocados que traían en las cabezas. Y estos bailes eran perpetuos, que nunca los trocaban por otros. Los Incas tenían un bailar grave y honesto, sin brincos ni saltos ni otras mudanzas, como los demás hacían. Eran varones los que bailaban, sin consentir que bailasen mujeres entre ellos; asíanse de las manos, dando cada uno las suyas por delante, no a los primeros que tenía a sus lados, sino a los segundos, y así las iban dando de mano en mano, hasta los últimos, de manera que iban encadenados. Bailaban doscientos y trescientos hombres juntos, y más, según la solemnidad de la fiesta. Empezaban el baile apartados del Príncipe ante quien se hacía. Salían todos juntos; daban tres pasos en compás, el primero hacia atrás y los otros dos hacia adelante, que eran como los pasos que en las danzas españolas llaman *dobles y represas;* con estos pasos, yendo y viniendo, iban ganando tierra siempre para delante,

<hr/>

[269] Véase, al respecto, el relato "un tesoro escondido" en III, 25.

hasta llegar en medio cerco adonde el Inca estaba. Iban cantando a veces, ya unos, ya otros, por no cansarse si cantasen todos juntos; decían cantares a compás del baile, compuestos en loor del Inca presente y de sus antepasados y de otros de la misma sangre que por sus hazañas, hechas en paz o en guerra, eran famosos. Los Incas circunstantes ayudaban al canto, por que la fiesta fuese de todos. El mismo Rey bailaba algunas veces en las fiestas solemnes, por solemnizarlas más.

Del tomarse las manos para ir encadenados, tomó el Inca Huayna Cápac ocasión para mandar hacer la cadena de oro; porque le pareció que era más decente, más solemne y de mayor majestad, que fuesen bailando asidos a ella y no a las manos. Este hecho en particular, sin la fama común, lo oí al Inca viejo, tío de mi madre, de quien al principio de esta historia hecimos mención que contaba las antiguallas de sus pasados. Preguntándole yo qué largo tenía la cadena, me dijo que tomaba los dos lienzos de la Plaza Mayor del Cozco, que es el ancho y el largo de ella, donde se hacían las fiestas principales, y que (aunque para el bailar no era menester que fuera tan larga) mandó hacerla así el Inca para mayor grandeza suya y mayor ornato y solemnidad de la fiesta del hijo, cuyo nacimiento quiso solemnizar en extremo. Para los que han visto aquella plaza, que los indios llaman *Haucaipata,* no hay necesidad de decir el grandor de ella; para los que no la han visto, me parece que tendrá de largo, norte sur, doscientos pasos de los comunes, que son de a dos pies, y de ancho, este hueste, tendrá ciento y cincuenta pasos, hasta el mismo arroyo, con lo que toman las casas que por el largo del arroyo hicieron los españoles, año de mil y quinientos y cincuenta y seis, siendo Garcilaso de la Vega, mi señor, Corregidor de aquella gran ciudad. De manera que a esta cuenta tenía la cadena trescientos y cincuenta pasos de largo, que son setecientos pies; preguntando yo al mismo indio por el grueso de ella, alzó la mano derecha, y, señalando la muñeca,

dijo que cada eslabón era tan grueso como ella. El Contador general Agustín de Zárate, libro primero, capítulo catorce, ya por mí otra vez alegado cuando hablamos de las
increíbles riquezas de las casas reales de los Incas, dice cosas muy grandes de aquellos tesoros. Parecióme repetir
aquí lo que dice en particular de aquella cadena, que es lo
que se sigue, sacado a la letra: "Al tiempo que le nació un
hijo, mandó hacer Guainacaba una maroma de oro, tan
gruesa (según hay muchos indios vivos que lo dicen), que
asidos a ella doscientos indios orejones no la levantaban
muy fácilmente, y en memoria de esta tan señalada joya
llamaron al hijo Guasca, que en su lengua quiere decir soga, con el sobrenombre de Inga, que era de todos los Reyes, como los Emperadores romanos se llamaban Augus-
tos", etc. Hasta aquí es de aquel caballero, historiador del
Perú.

Esta pieza, tan rica y soberbia, escondieron los indios
con el demás tesoro que desaparecieron, luego que los españoles entraron en la tierra, y fue de tal suerte que no hay
rastro de ella. Pues como aquella joya tan grande, rica y soberbia, se estrenase al tresquilar y poner el nombre al niño
Príncipe heredero del Imperio, demás del nombre proprio
que le pusieron, que fue Inti Cusi Huallpa, le añadieron
por renombre el nombre Huáscar, por dar más ser y calidad a la joya. *Huasca* quiere decir soga y porque los indios
del Perú no supieron decir cadena, la llamaban soga, añadiendo el nombre del metal de que era la soga, como acá
decimos cadena de oro o de plata o de hierro; y porque en
el príncipe no sonase mal el nombre Huasca por su significación, para quitársela le disfrezaron con la *r*, añadida en
la última sílaba, porque con ella no significa nada, y quisieron que retuviese la denominación de Huasca, pero no
la significación de soga; de esta suerte fue impuesto el
nombre Huáscar a aquel príncipe, y de tal manera se le apro-
prió, que sus mismos vasallos le nombraban por el nombre impuesto y no por el proprio, que era Inti Cusi Huall-

pa; quiere decir Huallpa Sol de alegría; que ya como en
aquellos tiempos se veían los Incas tan poderosos, y como
la potencia, por la mayor parte, incite a los hombres a vanidad y soberbia, no se preciaron de poner a su príncipe
algún nombre de los que hasta entonces tenían por nombres de grandeza y majestad, sino que se levantaron hasta
el cielo y tomaron el nombre del que honraban y adoraban
por Dios y se lo dieron a un hombre llamándole *Inti,* que
en su lengua quiere decir Sol; *Cusi* quiere decir alegría,
placer, contento y regocijo, y esto baste de los nombres y
renombres del príncipe Huáscar Inca.

Y volviendo a su padre Huayna Cápac, es de saber que,
habiendo dejado el orden y traza de la cadena y de las demás grandezas que para la solemnidad del tresquilar y poner nombre a su hijo se habían de hacer, volvió a la visita
de su Reino, que dejó empezada, y anduvo en ella más de
dos años, hasta que fue tiempo de destetar el niño; entonces volvió al Cozco, donde se hicieron las fiestas y regocijos que se puedan imaginar, poniéndole el nombre proprio
y el renombre Huáscar.

CAPÍTULO X

LO QUE HUAYNA CÁPAC DIJO ACERCA DEL SOL

El rey Huayna Cápac, como se ha dicho, mandó volver su ejército de la provincia llamada Pasau, la cual señaló por término y límite de su Imperio por aquella banda, que es al norte; y habiéndolo despedido, se volvió hacia el Cozco, visitando sus reinos y provincias, haciendo mercedes y administrando justicia a cuantos se la pedían. De este viaje, en uno de los años que duró la visita, llegó al Cozco a tiempo que pudo celebrar la fiesta principal del Sol, que llamaban Raimi. Cuentan los indios que un día, de los nueve que la fiesta duraba, con nueva libertad de la que solían tener de mirar al Sol (que les era prohibido, por parecerles desacato), puso los ojos en él o cerca, donde el Sol lo permite; y estuvo así algún espacio de tiempo mirándole. El Sumo Sacerdote, que era uno de sus tíos y estaba a su lado, le dijo: "¿Qué haces, Inca? ¿No sabes que no es lícito hacer eso?"

El Rey por entonces bajó los ojos, mas dende a poco volvió a alzarlos con la misma libertad y los puso en el Sol. El Sumo Sacerdote replicó diciendo: "Mira, solo señor, lo que haces, que demás de sernos prohibidos el mirar con libertad a Nuestro Padre el Sol, por ser desacato, das mal ejemplo a toda tu corte y a todo tu Imperio, que está aquí cifrado para celebrar la veneración y adoración que a tu

padre deben hacer, como a solo y supremo señor." Huayna Cápac, volviéndose al sacerdote, le dijo: "Quiero hacerte dos preguntas para responder a lo que me has dicho. Yo
soy vuestro Rey y señor universal, ¿habría alguno de vosotros tan atrevido que por su gusto me mandase levantar de
mi asiento y hacer un largo camino?" Respondió el sacerdote: "¿Quién habría tan desatinado como eso?" Replicó
el Inca: "¿Y habría algún curaca de mis vasallos, por más
rico y poderoso que fuese, que no me obedeciese si yo le
mandase ir por la posta de aquí a Chili?" Dijo el sacerdote: "No, Inca, no habría alguno que no lo obedeciese hasta
la muerte todo lo que le mandases."

El Rey dijo entonces: "Pues yo te digo que este Nuestro
Padre el Sol debe de tener otro mayor señor y más poderoso que no él. El cual le manda hacer este camino que cada
día hace sin parar, porque si él fuera el Supremo Señor,
una vez que otra dejara de caminar, y descansara por su
gusto, aunque no tuviera necesidad alguna." Por este dicho y otros semejantes que los españoles oyeron contar a
los indios de este Príncipe, decían que si alcanzara a oír la
doctrina cristina, recibiera con mucha facilidad la fe católica, por su buen entendimiento y delicado ingenio.[270] Un
capitán español, que entre otros muchos debió de oír este
cuento de Huayna Cápac, que fue público en todo el Perú,
lo ahijó para sí y lo contó por suyo al Padre Maestro Acosta, y pudo ser que también lo fuese. Su Paternidad lo escribe en el libro quinto de la historia del *Nuevo Orbe,* capítulo quinto, y luego, en pos de este cuento, escribe el dicho
de Huayna Cápac, sin nombrarle, que también llegó a su
noticia, y dice estas palabras: "Refiérese de uno de los Reyes Ingas, hombre de muy delicado ingenio, que, viendo
cómo todos sus antepasados adoraban al Sol, dijo que no

---

[270] Aquí aparece la idea de Garcilaso de la prefiguración del cristianismo por parte de los incas. Éstos prepararon el camino para la llegada
del cristianismo y la evangelización en el Nuevo Mundo.

le parecía a él que el Sol era Dios ni lo podía ser. Porque
Dios es gran señor, y con gran sosiego y señorío hace sus
cosas, y que el Sol nunca para de andar, y que cosa tan in-
quieta no le parecía ser Dios. Dijo muy bien, y si con razones suaves y que se dejen percebir les declaran a los indios
sus engaños y cegueras, admirablemente se convencen y
rinden a la verdad." Hasta aquí es del Padre Acosta, con
que acaba aquel capítulo. Los indios, como tan agoreros y
tímidos en su idolatría, tomaron por mal pronóstico la novedad que su Rey había hecho en mirar al Sol con aquella
libertad. Huayna Cápac la tomó por lo que oyó decir del
Sol a su padre Túpac Inca Yupanqui, que es casi lo mismo,
según se refirió en su vida.

CAPÍTULO XIV

TUVO NUEVAS HUAYNA CÁPAC DE LOS ESPAÑOLES QUE ANDABAN EN LA COSTA

Huayna Cápac, ocupado en las cosas dichas, estando en los reales palacios de Tumipampa, que fueron de los más soberbios que hubo en el Perú, le llegaron nuevas que gentes extrañas y nunca jamás vistas en aquella tierra andaban en un navío por la costa de su Imperio, procurando saber qué tierra era aquélla; la cual novedad despertó a Huayna Cápac a nuevos cuidados, para inquirir y saber qué gente era aquélla y de dónde podía venir. Es de saber que aquel navío era de Vasco Núñez de Balboa, primer descubridor de la Mar del Sur, y aquellos españoles fueron los que (como al principio dijimos) impusieron el nombre Perú a aquel Imperio, que fue el año mil y quinientos y quince, y el descubrimiento de la Mar del Sur fue dos años antes. Un historiador dice que aquel navío y aquellos españoles eran Don Francisco Pizarro y sus trece compañeros, que dice fueron los primeros descubridores del Perú. En lo cual se engañó, que por decir primeros ganadores dijo primeros descubridores; y también se engañó en el tiempo, porque de lo uno a lo otro pasaron diez y seis años, si no fueron más; porque el primer descubrimiento del Perú y la imposición de este nombre fue año de mil y quinientos y quince, y Don Francisco Pizarro y sus cuatro hermanos y Don Diego de Almagro entraron en el Perú, para le ganar, año de mil y quinientos y treinta y uno, y Huayna

Cápac murió ocho años antes, que fue el año de mil y quinientos y veinte y tres, habiendo reinado cuarenta y dos años,
según lo testifica el Padre Blas Valera en sus rotos y destrozados papeles, donde escribía grandes antiguallas de aquellos Reyes, que fue muy gran inquiridor de ellas.

Aquellos ocho años que Huayna Cápac vivió después de
la nueva de los primeros descubridores los gastó en gobernar su Imperio en toda paz y quietud; no quiso hacer
nuevas conquistas, por estar a la mira de lo que por la mar
viniese; porque la nueva de aquel navío le dio mucho cuidado, imaginando en un antiguo oráculo que aquellos Incas tenían que, pasados tantos Reyes, habían de ir gentes
extrañas y nunca vistas y quitarles el reino y destruir su república y su idolatría; cumplíase el plazo en este Inca, como adelante veremos. Asimesmo es de saber que tres años
antes que aquel navío fuese a la costa del Perú, acaeció en
el Cozco un portento y mal agüero que escandalizó mucho
a Huayna Cápac y atemorizó en extremo a todo su Imperio;
y fue que, celebrándose la fiesta solemne que cada año hacían a su Dios el Sol, vieron venir por el aire un águila real,
que ellos llaman *anca,* que la iban persiguiendo cinco o seis
cernícalos y otros tantos halconcillos, de los que, por ser
tan lindos, han traído muchos a España, y en ella les llaman
aletos y en el Perú *huaman.* Los cuales, trocándose ya los
unos, ya los otros, caían sobre el águila, que no la dejaban
volar, sino que la mataban a golpes. Ella, no pudiendo defenderse, se dejó caer en medio de la plaza mayor de aquella ciudad, entre los Incas, para que le socorriesen. Ellos la
tomaron y vieron que estaba enferma, cubierta de caspa,
como sarna, y casi pelada de las plumas menores. Diéronle
de comer y procuraron regalarla, mas nada le aprovechó,
que dentro de pocos días se murió, sin poderse levantar del
suelo. El Inca y los suyos lo tomaron por mal agüero,[271] en

---

[271] En las crónicas, la muerte de Huayna Cápac y la destrucción de su
imperio vienen precedidas por anuncios sobrenaturales.

cuya interpretación dijeron muchas cosas los adivinos que para semejantes casos tenían elegidos; y todas eran amenazadas de la pérdida de su Imperio, de la destruición de su república y de su idolatría; sin esto, hubo grandes terremotos y temblores de tierra, que aunque el Perú es apasionado de esta plaga, notaron que los temblores eran mayores que los ordinarios y que caían muchos cerros altos. De los indios de la costa supieron que la mar, con sus crecientes y menguantes, salía muchas veces de sus términos comunes; vieron que en el aire se aparecían muchas cometas muy espantosas y temerosas.

Entre estos miedos y asombros, vieron que una noche muy clara y serena tenía la Luna tres cercos muy grandes: el primero era de color de sangre; el segundo, que estaba más afuera, era de un color negro que tiraba a verde; el tercero parecía que era de humo. Un adivino o mágico, que los indios llaman *llaica*, habiendo visto y contemplado los cercos que la Luna tenía, entró donde Huayna Cápac estaba, y con un semblante muy triste y lloroso, que casi no podía hablar, le dijo: "solo señor, sabrás que tu madre la Luna, como madre piadosa, te avisa que el Pachacámac, criador y sustentador del mundo, amenaza a tu sangre real y a tu Imperio con grandes plagas que ha de enviar sobre los tuyos; porque aquel primer cerco que tu madre tiene, de color de sangre, significa que después que tú hayas ido a descansar con tu padre el Sol, habrá cruel guerra entre tus descendientes y mucho derramamiento de tu real sangre, de manera que en pocos años se acabará toda, de lo cual quisiera reventar llorando; el segundo cerco negro nos amenaza que de las guerras y mortandad de los tuyos se causará la destruición de nuestra religión y república y la enajenación de tu Imperio, y todo se convertirá en humo, como lo significa el cerco tercero, que parece de humo." El Inca recibió mucha alteración, mas, por no mostrar flaqueza, dijo al mágico: "Anda, que tú debes de haber soñado esta noche esas burlerías, y dices que son revelaciones de mi madre." Respondió el mágico: "Para que me creas, Inca, podrás salir a ver las señales de tu madre por tus proprios ojos, y mandarás que vengan los demás adivinos y sabrás lo que dicen de estos agüeros."

El Inca salió de su aposento, y, habiendo visto las señales, mandó llamar todos los mágicos que en su corte había, y uno de ellos, que era de la nación Yauyu, a quien los demás reconocían ventaja, que también había mirado y considerado los cercos, le dijo lo mismo que el primero. Huayna Cápac, porque los suyos no perdiesen el ánimo con tan tristes pronósticos, aunque conformaban con el que él tenía en su pecho, hizo muestra de no creerlos, y dijo a los adivinos: "Si no me lo dice el mismo Pachacámac, yo no pienso dar crédito a vuestros dichos, porque no es de imaginar que el Sol, mi padre, aborrezca tanto su propria sangre que permita la total destruición de sus hijos." Con esto despidió los adivinos; empero, considerando lo que le habían dicho, que era tan al proprio del oráculo antiguo que de sus antecesores tenía, y juntando lo uno y lo otro con las novedades y prodigios que cada día aparecían en los cuatro elementos, y que sobre todo lo dicho se aumentaba la ida del navío con la gente nunca vista ni oída, vivía Huayna Cápac con recelo, temor y congoja; estaba apercebido siempre de un buen ejército escogido de la gente más veterana y plática que en las guarniciones de aquellas provincias había. Mandó hacer muchos sacrificios al Sol; y que los agoreros y hechiceros, cada cual en sus provincias, consultasen a sus familiares demonios, particularmente al gran Pachacámac y al diablo Rímac, que daba respuestas a lo que le preguntaban, que supiesen de él lo que de bien o de mal pronosticaban aquellas cosas tan nuevas que en la mar y en los demás elementos se habían visto. De Rímac y de las otras partes le trujeron respuestas escuras y confusas, que ni dejaban de prometer algún bien ni dejaban de amenazar mucho mal; y los más de los hechiceros daban malos agüeros, con que todo el Imperio estaba temeroso de alguna grande adversidad; mas como en los primeros tres o cuatro años no hubiese novedad alguna de las que temían, volvieron a su antigua quietud, y en ella vivieron algunos años, hasta la muerte de Huayna Cápac.

La relación de los pronósticos que hemos dicho, demás de la fama común que hay de ellos por todo aquel Imperio, la dieron en particular dos capitanes de la guarda de Huayna Cápac, que cada uno de ellos llegó a tener más de ochenta años; ambos se bautizaron; el más antiguo se llamó Don Juan Pechuta;[272] tomó por sobrenombre el nombre que tenía antes del bautismo, como lo han hecho todos los indios generalmente; el otro se llamaba Chauca Rimachi,[273] el nombre cristiano ha borrado de la memoria el olvido. Estos capitanes, cuando contaban estos pronósticos y los sucesos de aquellos tiempos, se derretían en lágrimas llorando, que era menester divertirles de la plática, para que dejasen de llorar; el testamento y la muerte de Huayna Cápac, y todo lo demás que después de ella sucedió, diremos de relación de aquel Inca viejo que había nombre Cusi Huallpa, y mucha parte de ello, particularmente las crueldades que Atahuallpa en los de la sangre real hizo, diré de relación de mi madre y de un hermano suyo, que se llamó Don Fernando Huallpa Túpac Inca Yupanqui,[274] que entonces eran niños de menos de diez años y se hallaron en la furia de ellas dos años y medio que duraron, hasta que los españoles entraron en la tierra; y en su lugar diremos cómo se escaparon ellos y los pocos que de aquella sangre escaparon de la muerte que Atahuallpa les daba, que fue por beneficio de los mismos enemigos.

---

[272] *Don Juan Pechuta:* capitán del tío abuelo de Garcilaso, Huayna Cápac.

[273] *Chauca Rimachi:* otro capitán de Huayna Cápac.

[274] *Don Fernando Huallpa Túpac Inca Yupanqui:* en el capítulo IX, 38 Garcilaso llama a este tío suyo Francisco Huallpa Túpac Inca Yupanqui. Se trata de la misma persona.

CAPÍTULO XV

TESTAMENTO Y MUERTE DE HUAYNA CÁPAC, Y EL PRONÓSTICO DE LA IDA DE LOS ESPAÑOLES

Estando Huayna Cápac en el reino de Quitu, un día de los últimos de su vida, se entró en un lago a bañar, por su recreación y deleite; de donde salió con frío, que los indios llaman *chucchu,* que es temblar, y como sobreviniese la calentura, la cual llaman *rupa* (*r* blanda), que es quemarse, y otro día y los siguientes se sintiese peor y peor, sintió que su mal era de muerte, porque de años atrás tenía pronósticos de ella, sacados de las hechicerías y agüeros y de las interpretaciones que largamente tuvieron aquellos gentiles; los cuales pronósticos, particularmente los que hablaban de la persona real, decían los Incas que eran revelaciones de su padre el Sol, por dar autoridad y crédito a su idolatría.

Sin los pronósticos que de sus hechicerías habían sacado y los demonios les habían dicho, aparecieron en el aire cometas temerosas, y entre ellas una muy grande, de color verde, muy espantosa, y el rayo que dijimos que cayó en casa de este mismo Inca, y otras señales prodigiosas que escandalizaron mucho a los amautas, que eran los sabios de aquella república, y a los hechiceros y sacerdotes de su gentilidad; los cuales, como tan familiares del demonio, pronosticaron, no solamente la muerte de su Inca Huayna

Cápac,[275] mas también la destruición de su real sangre, la pérdida de su Reino, y otras grandes calamidades y desventuras que dijeron habían de padecer todos ellos en general y cada uno en particular; las cuales cosas no osaron publicar por no escandalizar la tierra en tanto extremo que la gente se dejase morir de temor, según era tímida y facilísima a creer novedades y malos prodigios.

Huayna Cápac, sintiéndose mal, hizo llamamiento de los hijos y parientes que tenía cerca de sí, y de los gobernadores y capitanes de la milicia de las provincias comarcanas que pudieron llegar a tiempo, y les dijo: "Yo me voy a descansar al cielo con Nuestro Padre el Sol, que días ha me reveló que de lago o de río me llamaría, y pues yo salí del agua con la indispusición que tengo, es cierta señal que Nuestro Padre me llama. Muerto yo, abriréis mi cuerpo, como se acostumbra hacer con los cuerpos reales; mi corazón y entrañas, con todo lo interior, mando se entierren en Quitu, en señal del amor que le tengo, y el cuerpo llevaréis al Cozco, para ponerlo con mis padres y abuelos. Encomiéndoos a mi hijo Atahuallpa, que yo tanto quiero, el cual queda por Inca en mi lugar en este reino de Quitu y en todo lo demás que por su persona y armas ganare y aumentare a su Imperio, y a vosotros los capitanes de mi ejército, os mando en particular le sirváis con la fidelidad y amor que a vuestro Rey debéis, que por tal os lo dejo, para que en todo y por todo le obedezcáis y hagáis lo que él os mandare, que será lo que yo le revelaré por orden de Nuestro Padre el Sol. También os encomiendo la justicia y clemencia para con los vasallos, porque no se pierda el renombre que nos han puesto, de amador de pobres, y en

---

[275] Según la leyenda, un mensajero desconocido, cubierto por un manto negro, se presentó con una cajita. De ella salieron, al destaparla —lo que nos evoca el mito griego de la caja de Pandora—, unas mariposas que propagaron por el país una epidemia mortal que alcanzó al propio Inca y a muchos de sus guerreros. Huayna Cápac murió inesperadamente, por lo que no dejó nombrado sucesor.

todo os encargo hagáis como Incas, hijos del Sol." Hecha
esta plática a sus hijos y parientes, mandó llamar los demás capitanes y curacas que no eran de la sangre real, y les
encomendó la fidelidad y buen servicio que debían hacer a
su Rey, y a lo último les dijo: "Muchos años ha que por revelación de Nuestro Padre el Sol tenemos que, *pasados
doce Reyes de sus hijos,* vendrá gente nueva y no conocida
en estas partes, y ganará y sujetará a su imperio todos
nuestros reinos y otros muchos; yo me sospecho que serán
de los que sabemos que han andado por la costa de nuestro mar; será gente valerosa, que en todo os hará ventaja.
También sabemos que se cumple en mí el número de los
doce Incas. Certifícoos que pocos años después que yo me
haya ido de vosotros, vendrá aquella gente nueva y cumplirá lo que Nuestro Padre el Sol nos ha dicho y ganará
nuestro Imperio y serán señores de él. Yo os mando que
les obedezcáis y sirváis como a hombres que en todo os harán ventaja,[276] que su ley será mejor que la nuestra y sus armas poderosas e invencibles más que las vuestras. Queda-
os en paz, que yo me voy a descansar con mi Padre el Sol,
que me llama."

Pedro de Cieza de León, capítulo cuarenta y cuatro, toca este pronóstico que Huayna Cápac dijo de los españoles, que después de sus días había de mandar el Reino gente extraña y semejante a la que venía en el navío. Dice
aquel autor que dijo esto el Inca a los suyos en Tumipampa, que es cerca de Quitu, donde dice que tuvo nueva de
los primeros españoles descubridores del Perú.

Francisco López de Gómara, capítulo ciento y quince,
contando la plática que Huáscar Inca tuvo con Hernando
de Soto (gobernador que después fue de la Florida) y con
Pedro del Barco, cuando fueron los dos solos dende Casamarca hasta el Cozco, como se dirá en su lugar, entre otras

---

[276] Tal pronóstico le sirve a Garcilaso para justificar tanto la facilidad
con que los conquistadores entraron y sometieron el Tahuantinsuyu como
la preparación de los incas de la llegada del cristianismo.

palabras que refiere de Huáscar, que iba preso, dice éstas, que son sacadas a la letra: "Y finalmente le dijo cómo él era derecho señor de todos aquellos reinos, y Atabáliba tirano; que por tanto quería informar y ver al capitán de cristianos, que deshacía los agravios y le restituiría su libertad y reinos; ca su padre Guaina Cápac le mandara, al tiempo de su muerte, fuese amigo de las gentes blancas y barbudas que viniesen, porque habían de ser señores de la tierra", etc. De manera que este pronóstico de aquel Rey fue público en todo el Perú, y así lo escriben estos historiadores.

Todo lo que arriba se ha dicho dejó Huayna Cápac mandado en lugar de testamento, y así lo tuvieron los indios en suma veneración y lo cumplieron al pie de la letra. Acuérdome que un día, hablando aquel Inca viejo en presencia de mi madre, dando cuenta de estas cosas y de la entrada de los españoles y de cómo ganaron la tierra, le dije: "Inca, ¿cómo siendo esta tierra de suyo tan áspera y fragosa, y siendo vosotros tantos y tan belicosos y poderosos para ganar y conquistar tantas provincias y reinos ajenos, dejásteis perder tan presto vuestro Imperio y os rendísteis a tan pocos españoles?" Para responderme volvió a repetir el pronóstico acerca de los españoles, que días antes lo había contado, y dijo cómo su Inca les había mandado que los obedeciesen y sirviesen, porque en todo se les aventajarían. Habiendo dicho esto, se volvió a mí con algún enojo de que les hubiese motejado de cobardes y pusilánimos, y respondió a mi pregunta diciendo: "Estas palabras que nuestro Inca nos dijo, que fueron las últimas que nos habló, fueron más poderosas para no sujetar y quitar nuestro Imperio que no las armas que tu padre y sus compañeros trujeron a esta tierra."[277] Dijo esto aquel Inca por dar a

[277] Lo que sí que parece posible es que la magnitud del reino de los incas y el hecho de que Huayna Cápac no viviera en el Cuzco, sino en la corte de Tomebamba, lejos de la ciudad santa, fueran las causas de la ruina del imperio. A ello se suman los graves conflictos internos producidos en la corte del Cuzco.

entender cuánto estimaban lo que sus Reyes les mandaban, cuánto más lo que Huayna Cápac les mandó a lo último de su vida, que fue más querido de todos ellos.

Huayna Cápac murió de aquella enfermedad; los suyos,
en cumplimiento de lo que les dejó mandado, abrieron su
cuerpo y lo embalsamaron y llevaron al Cozco,[278] y el corazón dejaron enterrado en Quitu. Por los caminos, dondequiera que llegaban, celebraban sus obsequias con grandísimo sentimiento de llanto, clamor y alaridos, por el amor
que le tenían; llegando a la imperial ciudad, hicieron las
obsequias por entero, que, según la costumbre de aquellos
Reyes, duraron un año; dejó más de doscientos hijos y hijas, y más de trescientos, según afirmaban algunos Incas
por encarecer la crueldad de Atahuallpa, que los mató casi todos. Y porque se propuso decir aquí las cosas que no
había en el Perú, que después acá se han llevado, las diremos en el capítulo siguiente.

[278] Relata el historiador H. D. Disselhoff (*El imperio de los incas*, Barcelona, Tuset, 1978, p. 106) que cuando los españoles llegaron al Cuzco
se extasiaron al ver las riquezas de la ciudad y se apoderaron de ellas. "No
obstante —señala—, no se atrevieron a tocar la momia de un inca cuya
arrugada faz se ocultaba detrás de una máscara de oro: era Huayna Cápac,
el padre de Atahualpa, y éste había exigido que lo respetaran. La mano del
soberano muerto empuñaba un cetro de oro, el codiciado metal que reful-
gía asimismo sembrado en su vestimenta de sedosa lana de vicuña."

CAPÍTULO XXXII

HUÁSCAR INCA PIDE RECONOCIMIENTO DE VASALLAJE A SU HERMANO ATAHUALLPA

Muerto Huayna Cápac, reinaron sus dos hijos cuatro o cinco años en pacífica posesión y quietud entre sí el uno con el otro, sin hacer nuevas conquistas ni aun pretenderlas, porque el Rey Huáscar quedó atajado por la parte setentrional con el reino de Quitu, que era de su hermano, por donde había nuevas tierras que conquistar; que por las otras tres partes estaban ya todas ganadas, desde las bravas montañas de los Antis hasta la mar, que es de oriente a poniente, y al mediodía tenía sujetado hasta el reino de Chili. El Inca Atahuallpa tampoco procuró nuevas conquistas, por atender al beneficio de sus vasallos y al suyo proprio. Habiendo vivido aquellos pocos años en esta paz y quietud, como el reinar no sepa sufrir igual ni segundo, dio Huáscar Inca en imaginar que había hecho mal en consentir lo que su padre le mandó acerca del reino de Quitu, que fuese de su hermano Atahuallpa; porque demás de quitar y enajenar de su Imperio un reino tan principal, vio que con él quedaba atajado para no poder pasar adelante en sus conquistas; las cuales quedaban abiertas y dispuestas para que su hermano las hiciese y aumentase su reino, de manera que podía venir a ser mayor que el suyo, y que

455

él, habiendo de ser monarca, como lo significa el nombre
Zapa Inca, que es solo señor, vendría por tiempo a tener
otro igual y quizá superior, y que, según su hermano era
ambicioso e inquieto de ánimo, podría, viéndose poderoso, aspirar a quitarle el Imperio.[279]

Estas imaginaciones fueron creciendo de día en día más
y más, y causaron en el pecho de Huáscar Inca tanta congoja, que no pudiéndola sufrir, envió un pariente suyo por
mensajero a su hermano Atahuallpa, diciendo que bien sabía que por antigua constitución del primer Inca Manco
Cápac, guardada por todos sus descendientes, el reino de
Quitu y todas las demás provincias que con él poseía eran
de la corona e Imperio del Cozco; y que haber concedido
lo que su padre le mandó, más había sido forzosa obediencia del padre que rectitud de justicia, porque era en daño
de la corona y perjuicio de los sucesores de ella; por lo
cual, ni su padre lo debía mandar ni él estaba obligado a lo
cumplir. Empero, que ya que su padre lo había mandado y
él lo había consentido, holgaba pasar por ello con dos condiciones: la una, que no había de aumentar un palmo de
tierra a su reino, porque todo lo que estaba por ganar era
del Imperio, y la otra que, antes todas cosas, le había de reconocer vasallaje y ser su feudatario.

Este recaudo recibió Atahuallpa con toda la sumisión y
humildad que pudo fingir, y dende a tres días, habiendo
mirado lo que le convenía, respondió con mucha sagacidad, astucia y cautela, diciendo que siempre en su corazón
había reconocido y reconocía vasallaje al Zapa Inca, su se-

---

[279] Según Concepción Bravo (*ob. cit.,* p. 78), no sólo parte de la nobleza, sino el propio Huayna Cápac había dudado de la conveniencia de
convertir a Huáscar en heredero al trono. Huáscar, el hijo mayor, se hizo
coronar en la ciudad del Cuzco en tanto Atahualpa quedaba en Quito con
las mismas pretensiones. La estancia de Atahualpa y la nobleza en Quito
despertó los recelos de Huáscar. Tras un periodo de intrigas y disensiones
se produjo una guerra fratricida. La muerte de Huayna Cápac, la victoria
de Atahualpa y la llegada de los españoles se produjeron al mismo tiempo.

ñor, y que no solamente no aumentaría cosa alguna en el reino de Quitu, mas que si Su Majestad gustaba de ello, se desposeería de él y se lo renunciaría y viviría privadamente en su corte, como cualquiera de sus deudos, sirviéndole en paz y en guerra, como debía a su Príncipe y señor en todo lo que le mandase. La respuesta de Atahuallpa envió el mensajero del Inca por la posta, como le fue ordenado, porque no se detuviese tanto por el camino si lo llevase él proprio, y él se quedó en la corte de Atahuallpa, para replicar y responder lo que el Inca enviase a mandar. El cual recibió con mucho contento la respuesta, y replicó diciendo que holgaba grandemente que su hermano poseyese lo que su padre le había dejado, y que de nuevo se lo confirmaba, con que dentro de tal término fuese al Cozco a darle la obediencia y hacer el pleito homenaje que debía de fidelidad y lealtad. Atahuallpa respondió que era mucha felicidad para él saber la voluntad del Inca para cumplirla; que él iría dentro del plazo señalado a dar su obediencia, y que para que la jura se hiciese con más solemnidad y más cumplidamente, suplicaba a Su Majestad le diese licencia para que todas las provincias de su estado fuesen juntamente con él a celebrar en la ciudad del Cozco las obsequias del Inca Huayna Cápac, su padre, conforme a la usanza del reino de Quitu y de las otras provincias; y que cumplida aquella solemnidad harían la jura, y sus vasallos juntamente. Huáscar Inca concedió todo lo que su hermano le pidió, y dijo que a su voluntad ordenase todo lo que para las obsequias de su padre quisiese, que él holgaba mucho se hiciese en su tierra, conforme a la costumbre ajena, y que fuese al Cozco cuando bien le estuviese; con esto quedaron ambos hermanos muy contentos, el uno muy ajeno de imaginar la máquina y traición que contra él se armaba para quitarle la vida y el Imperio; y el otro muy diligente y cauteloso, metido en el mayor golfo de ella para no dejarle gozar de lo uno ni de lo otro.

CAPÍTULO XXXIII

ASTUCIAS DE ATAHUALLPA PARA DESCUIDAR AL HERMANO

El rey Atahuallpa mandó echar bando público por todo su reino y por las demás provincias que poseía, que toda la gente útil se apercibiese para ir al Cozco, dentro de tantos días, a celebrar las obsequias del gran Huayna Cápac, su padre, conforme a las costumbres antiguas de cada nación, y hacer la jura y homenaje que al monarca Huáscar Inca se había de hacer, y que para lo uno y para lo otro llevasen todos los arreos, galas y ornamentos que tuviesen, porque deseaba que la fiesta fuese solemnísima. Por otra parte mandó en secreto a sus capitanes que cada uno en su distrito escogiese la gente más útil para la guerra, y les mandase que llevasen sus armas secretamente, porque más los quería para batallas que no para obsequias. Mandó que caminasen en cuadrillas de a quinientos y a seiscientos indios, más y menos; que se disimulasen de manera que pareciesen gente de servicio y no de guerra; que fuese cada cuadrilla dos, tres leguas una de otra. Mandó que los primeros capitanes, cuando llegasen diez o doce jornadas del Cozco, las acortasen para que los que fuesen en pos de ellos los alcanzasen más aína y a los de las últimas cuadrillas mandó que, llegando a tal paraje, doblasen las jornadas, para juntarse en breve con los primeros. Con

458

esta orden fue enviando el Rey Atahuallpa más de treinta mil hombres de guerra, que los más de ellos eran de la gente veterana y escogida que su padre le dejó, con capitanes experimentados y famosos que siempre traía consigo; fueron por caudillos y cabezas principales dos maeses de campo: el uno llamado Challcuchima[280] y el otro Quízquiz,[281] y el Inca echó fama que iría con los últimos.

Huáscar Inca, fiado en las palabras de su hermano, y mucho más en la experiencia tan larga que entre aquellos indios había del respecto y lealtad que al Inca tenían sus vasallos, cuando más sus parientes y hermanos, como lo dice por estas palabras el Padre Maestro Acosta, libro sexto, capítulo doce: "Sin duda era grande la reverencia y afición que esta gente tenía a sus Incas, sin que se halle jamás haberles hecho ninguno de los suyos traición", etc. Por lo cual, no solamente no sospechó Huáscar Inca cosa alguna de la traición, mas antes, con gran liberalidad, mandó que les diesen bastimentos y les hiciesen toda buena acogida, como a proprios hermanos que iban a las obsequias de su padre y a hacer la jura que le debían. Así se hubieron los unos con los otros: los de Huáscar, con toda la simplicidad y bondad que naturalmente tenían; y los de Atahuallpa, con toda la malicia y cautela que en su escuela habían aprendido.

Atahuallpa Inca usó de aquella astucia y cautela de ir disfrezado y disimulado contra su hermano porque no era poderoso para hacerle guerra al descubierto; pretendió y esperó más en el engaño que no en sus fuerzas, porque hallando descuidado al Rey Huáscar, como le halló, ganaba el juego; y dándole lugar que se apercibiese, lo perdía.

---

[280] *Challcuchima:* Chalcochima, general de Atahualpa.
[281] *Quízquiz:* general de Atahualpa.

CAPÍTULO XXXIV

AVISAN A HUÁSCAR, EL CUAL HACE LLAMAMIENTO
DE GENTE

Con la orden que se ha dicho, caminaron los de Quitu casi cuatrocientas leguas, hasta llegar cerca de cien leguas del Cozco. Algunos Incas viejos, gobernadores de las provincias por do pasaban, que habían sido capitanes y eran hombres experimentados en paz y en guerra, viendo pasar tanta gente, no sintieron bien de ello; porque les parecía que para las solemnidades de las obsequias bastaban cinco o seis mil hombres, y cuando mucho diez mil; y para la jura no era menester la gente común, que bastaban los curacas, que eran los señores de vasallos, y los gobernadores y capitanes de guerra y el Rey Atahuallpa, que era el principal, de cuyo ánimo inquieto, astuto y belicoso, no se podía esperar paz ni buena hermandad; con esta sospecha y temores enviaron avisos secretos a su Rey Huáscar Inca, suplicándole se recatase de su hermano Atahuallpa, que no les parecía bien que llevase tanta gente por delante.

Con estos recaudos despertó Huáscar Inca del sueño de la confianza y descuido en que dormía; envió a toda diligencia mensajeros a los gobernadores de las provincias de Antisuyu, Collasuyu y Contisuyu; mandóles que con la brevedad necesaria acudiesen al Cozco con toda la más gente de guerra que pudiesen levantar. Al districto Chin-

chasuyu, que era el mayor y de gente más belicosa, no
envió mensajeros, porque estaba atajado con el ejército
contrario que por él iba caminando; los de Atahuallpa,
sintiendo el descuido de Huáscar y de los suyos, iban de
día en día cobrando más ánimo y creciendo en su malicia,
con la cual llegaron los primeros a cuarenta leguas del
Cozco, y de allí fueron acortando las jornadas, y los segundos y últimos las fueron alargando; de manera que en espacio de pocos días se hallaron más de veinte mil hombres
de guerra al paso del río Apurímac, y lo pasaron sin contradicción alguna, y de allí fueron, como enemigos de-
clarados, con las armas y banderas e insignias militares
descubiertas; caminaron poco a poco, en dos tercios de escuadrón que eran la vanguardia y la batalla, hasta que se
les juntó la retroguardia, que era de más de otros diez mil
hombres; llegaron a lo alto de la cuesta de Uillacunca, que
está seis leguas de la ciudad. Atahuallpa se quedó en los
confines de su reino, que no osó acercarse tanto hasta ver
el suceso de la primera batalla, en la cual tenía puesta toda
su esperanza, por la confianza y descuido de sus enemigos
y por el ánimo y valor de sus capitanes y soldados vetera-
nos.[282]

El Rey Huáscar Inca, entretanto que sus enemigos se
acercaban, hizo llamamiento de gente, con toda la priesa
posible; mas los suyos, por la mucha distancia del distrito
Collasuyu, que tiene más de doscientas leguas de largo, no
pudieron venir a tiempo que fuesen de provecho; y los de
Antisuyu fueron pocos, porque de suyo es la tierra mal poblada, por las grandes montañas que tiene; de Contisuyu,
por ser el districto más recogido y de mucha gente, acudieron todos los curacas, con más de treinta mil hombres;

---

[282] Lo que se sabe es que mientras los generales de Atahualpa —Quízquiz y Chalcochima— contendían en el sur con Huáscar (a quien hicieron
preso y ejecutaron), Atahualpa se quedó esperando a los españoles en
compañía de "Ojo de Piedra" o Rumiñahui, en las proximidades de Cajamarca.

pero mal usados en las armas, porque con la paz tan larga que habían tenido no las habían ejercitado. Eran bisoños, gente descuidada de guerra. El Inca Huáscar, con todos sus parientes y la gente que tenía recogida, que eran casi diez mil hombres, salió a recibir los suyos al poniente de la ciudad, por donde venían, para juntarlos consigo y esperar allí la demás gente que venía.

CAPÍTULO XXXV

BATALLA DE LOS INCAS, VICTORIA DE ATAHUALLPA, Y SUS CRUELDADES

Los de Atahuallpa, como gente plática, viendo que en la dilación arresgaban la victoria y con la brevedad la aseguraban, fueron en busca de Huáscar Inca para darle la batalla antes que se juntase más gente en su servicio. Halláronle en unos campos grandes que están dos o tres leguas al poniente de la ciudad, donde hubo una bravísima pelea, sin que de una parte a otra hubiese precedido apercibimiento ni otro recaudo alguno; pelearon cruelísimamente, los unos por haber en su poder al Inca Huáscar, que era una presa inestimable, y los otros por no perderla, que era su Rey, y muy amado; duró la batalla todo el día, con gran mortandad de ambas partes. Mas al fin, por la falta de los Collas y porque los de Huáscar eran bisoños y nada pláticos en la guerra, vencieron los del Inca Atahuallpa, que, como gente ejercitada y experimentada en la milicia, valía uno por diez de los contrarios. En el alcance prendieron a Huáscar Inca, por la mucha diligencia que sobre él pusieron, porque entendían no haber hecho nada si se les escapaba; iba huyendo con cerca de mil hombres que se le habían recogido, los cuales murieron todos en su presencia, parte que mataron los enemigos y parte que ellos mismos se mataron, viendo su Rey preso; sin la persona real, prendieron muchos curacas, señores de vasallos, muchos capitanes y gran número

463

de gente noble, que, como ovejas sin pastor, andaban perdidos sin saber huir ni a dónde acudir. Muchos de ellos,
pudiendo escaparse de los enemigos, sabiendo que su Inca
estaba preso, se vinieron a la prisión con él, por el amor y
lealtad que le tenían.

Quedaron los de Atahuallpa muy contentos y satisfechos
con tan gran victoria y tan rica presa como la persona imperial de Huáscar Inca y de todo los más principales de su ejército; pusiéronle a grandísimo recaudo; eligieron para su
guarda cuatro capitanes y los soldados de mayor confianza
que en su ejército había, que por horas le guardasen, sin
perderle de vista de día ni de noche. Mandaron luego echar
bando que publicase la prisión del Rey Huáscar, para que se
divulgase por todo su Imperio, porque si alguna gente hubiese hecha para venir en su socorro, se deshiciese sabiendo
que ya estaba preso. Enviaron por la posta el aviso de la victoria y de la prisión de Huáscar a su Rey Atahuallpa.

Ésta fue la suma y lo más esencial de la guerra que hubo
entre aquellos dos hermanos, últimos Reyes del Perú. Otras
batallas y recuentros que los historiadores españoles cuentan de ella son lances que pasaron en los confines del un reino y del otro, entre los capitanes y gente de guarnición que
en ellos había, y la prisión que dicen de Atahuallpa fue novela que él mismo mandó echar para descuidar a Huáscar y a
los suyos; y el fingir luego, después de las prisión, y decir que
su padre el Sol lo había convertido en culebra para que se saliese de ella por un agujero que había en el aposento, fue para con aquella fábula autorizar y abonar su tiranía, para que
la gente común entendiese que su Dios, el Sol, favorecía su
partido, pues lo libraba del poder de sus enemigos que, como aquellas gentes eran tan simples, creían muy de veras
cualquier patraña que los Incas publicaban del Sol, porque
eran tenidos por hijos suyos.[283]

---

[283] El incidente de la prisión y huida de Atahualpa fue un argumento
en que éste se apoyó para presentarse en Quito como un héroe mitológico,

Atahuallpa usó cruelísimamente de la victoria, porque, disimulando y fingiendo que quería restituir a Huáscar en su reino, mandó hacer llamamiento de todos los Incas que por el Imperio había, así gobernadores y otros ministros en la paz, como maeses de campo, capitanes y soldados en la guerra; que dentro en cierto tiempo se juntasen en el Cozco, porque dijo que quería capitular con todos ellos ciertos fueros y estatutos que de allí adelante se guardasen entre los dos Reyes, para que viviesen en toda paz y hermandad. Con esta nueva acudieron todos los Incas de la sangre real; que no faltaron sino los impedidos por enfermedad o por vejez, y algunos que estaban tan lejos que no pudieron o no osaron venir a tiempo ni fiar del victorioso. Cuando los tuvieron recogidos, envió Atahuallpa a mandar que los matasen todos con diversas muertes, por asegurarse de ellos, porque no tramasen algún levantamiento.

---

amparado por su padre el Sol. Según Bravo, "Atahualpa decía que sus dioses peleaban por él, y, ciertamente, sus seguidores pudieron pensar en la eficacia de esa protección, porque, a partir de ese momento, la marcha incontenible de los ejércitos de Quito les llevó en una sucesión de victorias al dominio total, aunque efímero, del Tahuantinsuyu" (*ob. cit.*, p. 57).

CAPÍTULO XXXVIII

ALGUNOS DE LA SANGRE REAL ESCAPARON DE LA CRUELDAD DE ATAHUALLPA

Algunos se escaparon de aquella crueldad,[284] unos que no vinieron a su poder y otros que la mesma gente de Atahuallpa, de lástima de ver perecer la sangre que ellos tenían por divina, cansados ya de ver tan fiera carnicería, dieron lugar a que se saliesen del cercado en que los tenían, y ellos mismos los echaban fuera, quitándoles los vestidos reales y poniéndoles otros de la gente común, porque no los conociesen; que, como queda dicho, en la estofa del vestido conocían la calidad del que lo traía. Todos los que así faltaron fueron niños y niñas, muchachos y muchachas de diez y once años abajo; una de ellas fue mi madre y un hermano suyo llamado Don Francisco Huallpa Túpac Inca Yupanqui,[285] que yo conocí, que después que

---

[284] Atahualpa ha ido apareciendo a lo largo de los *Comentarios reales* como una sombra, un fantasma que presagiaba el terrible final del imperio inca. Hay constancia histórica de las crueldades de Atahualpa para con sus parientes. Sus habilidades políticas y guerreras, lógicamente, quedan silenciadas en los *Comentarios,* pues el propio Garcilaso sufrió las consecuencias de tales crueldades ya que gran parte de su familia fue exterminada por la figura mítica de Atahualpa.
[285] *Don Francisco Huallpa Túpac Inca Yupanqui:* hermano de la madre de Garcilaso, es el mismo que aparece también con el nombre de Fernando.

estoy en España me ha escrito; y de la relación que muchas veces les oí es todo lo que de esta calamidad y plaga voy diciendo; sin ellos, conocí otros pocos que escaparon de aquella miseria. Conocí dos Auquis, que quiere decir infantes; eran hijos de Huayna Cápac; el uno llamado Paullu, que era ya hombre en aquella calamidad, de quien las historias de los españoles hacen mención; el otro se llamaba Titu; era de los legítimos en sangre; era muchacho entonces; del bautismo de ellos y de sus nombres cristianos dijimos en otra parte. De Paullu quedó sucesión mezclada con sangre española, que su hijo Don Carlos Inca,[286] mi condiscípulo de escuela y gramática, casó con una mujer noble nacida allá, hija de padres españoles, de la cual hubo a Don Melchor Carlos Inca, que el año pasado de seiscientos y dos vino a España, así a ver la corte de ella como a recebir las mercedes que allá le propusieron se le harían acá por los servicios que su abuelo hizo en la conquista y pacificación del Perú y después contra los tiranos, como se verá en las historias de aquel Imperio; mas principalmente se le deben por ser bisnieto de Huayna Cápac por línea de varón, y que de los pocos que hay de aquella sangre real es el más notorio y el más principal. El cual está al presente en Valladolid esperando las mercedes que se le han de hacer, que por grandes que sean se les deben mayores.

De Titu no sé que haya sucesión. De las ñustas, que son infantas, hijas de Huayna Cápac, legítimas en sangre, conocí dos, la una se llamaba Doña Beatriz Coya; casó con Martín de Mustincia,[287] hombre noble, que fue contador o fator en el Perú de la hacienda del Emperador Carlos Quinto; tuvieron tres hijos varones, que se llamaron los

[286] *Don Carlos Inca:* hijo del Inca Paullu, nieto de Huayna Cápac.
[287] *Martín Mustincia:* el verdadero nombre no es Martín Mustincia sino Pedro de Bustinza o Bustincia. Miró Quesada cree que la confusión puede deberse a que uno de los hijos de ambos, Martín de Bustinza, casó con una hermana materna de Garcilaso, Ana Ruiz, hija de Juan del Pedroche y de Chimpu Ocllo. Beatriz Coya era hija de Huayna Cápac.

Bustincias, y otro, sin ellos, que se llamó Juan Sierra de Leguizamo, que fue mi condiscípulo en la escuela y en el estudio. La otra ñusta se decía Doña Leonor Coya;[288] casó
primera vez con un español que se decía Juan Balsa, que yo
no conocí, porque fue en mi niñez; tuvieron un hijo del
mismo nombre, que fue mi condiscípulo en la escuela; segunda vez casó con Francisco de Villacastín, que fue conquistador del Perú, de los primeros, y también lo fue de
Panamá y de otras tierras.

Un cuento historial digno de memoria se me ofrece de
él, y es que Francisco López de Gómara dice en su *Historia,* capítulo sesenta y seis, estas palabras, que son sacadas
a la letra: "Pobló Pedrarias el Nombre de Dios y a Panamá.
Abrió el camino que va de un lugar a otro con gran fatiga y
maña, por ser de montes muy espesos y peñas; había infi-
nitos leones, tigres, osos y onzas, a lo que cuentan, y tanta
multitud de monas, de diversa hechura y tamaño, que eno-
jadas, gritaban de tal manera que ensordecían los trabajadores: subían piedras a los árboles y tiraban al que llegaba." Hasta aquí es de Gómara. Un conquistador del Perú
tenía marginado de su mano un libro que yo vi de los de este autor, y en este paso decía estas palabras: "Una hirió
con una piedra a un ballestero que se decía Villacastín, y le
derribó dos dientes; después fue conquistador del Perú y
señor de un buen repartimiento que se dice Ayauiri; murió
preso en el Cozco, porque se halló de la parte de Pizarro en
Xaquixaguana, donde le dio una cuchillada en la cara, después de rendido, uno que estaba mal con él; fue hombre de
bien y que hizo mucho bien a muchos, aunque murió pobre y despojado de indios y hacienda. El Villacastín mató
la mona que le hirió, porque a un tiempo acertaron a soltar
él su ballesta y la mona la piedra." Hasta aquí es del con-

---

[288] *Doña Leonor Coya:* hija de Huayna Cápac, casó con Juan Balsa,
hi-jo del almagrista Juan Balsa, y en segundas nupcias con Francisco de
Villacastín.

quistador,[289] y yo añadiré que le vi los dientes quebrados y eran los delanteros altos, y era pública voz y fama en el Perú habérselos quebrado la mona; puse esto aquí con testigos, por ser cosa notable, y siempre que los hallare holgaré presentarlos en casos tales.

Otros Incas y Pallas, que no pasarían de doscientos, conocí de la misma sangre real, de menos nombre que los dichos; de los cuales he dado cuenta porque fueron hijos de Huayna Cápac. Mi madre fue su sobrina, hija de un hermano suyo, legítimo de padre y madre, llamado Huallpa Túpac Inca Yupanqui.[290]

Del Rey Atahuallpa conocí un hijo y dos hijas; la una de ellas se llamaba Doña Angelina,[291] en la cual hubo el Marqués Don Francisco Pizarro un hijo que se llamó Don Francisco, gran émulo mío y yo suyo, porque de edad de ocho a nueve años, que éramos ambos, nos hacía competir en correr y saltar su tío Gonzalo Pizarro. Hubo asimismo el Marqués una hija que se llamó Doña Francisca Pizarro; salió una valerosa señora, casó con su tío Hernando Pizarro; su padre, el Marqués, la hubo en una hija de Huayna Cápac, que se llamaba Doña Inés Huayllas Ñusta; la cual casó después con Martín de Ampuero, vecino que fue de la Ciudad de los Reyes. Estos dos hijos del Marqués y otro de Gonzalo Pizarro, que se llamaba Don Fernando, trujeron

---

[289] Señala Miró Quesada (notas a los *Comentarios Reales,* p. 278), que "efectivamente, la nota marginal aparece en el ejemplar de la *Historia* de Gómara que poseyó el Inca Garcilaso. Éste anotó, a su vez, al 'conquistador viejo' que fue el primitivo propietario de ese ejemplar y escribió al lado: 'Esta nota de Villacastín con la mona la puso un conquistador del Perú, y yo alcancé al Villacastín, tenía menos dos dientes los delanteros altos que la mona le derribó de la pedrada; dos hijos suyos fueron mis condiscípulos de leer y escribir'."

[290] *Huallpa Túpac Inca Yupanqui:* nuevamente observamos aquí el carácter autobiográfico de la crónica que confluye en este final con el que el autor pretende engrandecer su propio linaje.

[291] *Doña Angelina:* hija de Atahualpa, tuvo un hijo con Pizarro llamado también Francisco Pizarro, que fue compañero de juegos de Garcilaso.

a España, donde los varones fallecieron temprano, con
gran lástima de los que les conocían, porque se mostraban
hijos de tales padres. El nombre de la otra hija de Atahuallpa no se me acuerda bien si se decía Doña Beatriz o Doña
Isabel; casó con un español extremeño que se decía Blas
Gómez; segunda vez casó con un caballero mestizo que se
decía Sancho de Rojas. El hijo se decía Don Francisco
Atahuallpa;[292] era lindo mozo de cuerpo y rostro, como lo
eran todos los Incas y Pallas; murió mozo; adelante diremos un cuento que sobre su muerte me pasó con el Inca
viejo, tío de mi madre, a propósito de las crueldades de
Atahuallpa que vamos contando. Otro hijo varón quedó
de Huayna Cápac, que yo no conocí; llamóse Manco Inca;
era legítimo heredero del Imperio; porque Huáscar murió
sin hijo varón; adelante se hará larga mención de él.

---

[292] *Don Francisco Atahuallpa:* hijo de Atahualpa, perseguido por los
familiares de Huáscar, quienes se regocijaron con su muerte.

CAPÍTULO XXXIX

PASA LA CRUELDAD A LOS CRIADOS DE LA CASA REAL

Volviendo a las crueldades de Atahuallpa, decimos que, no contento con las que había mandado hacer en la sangre real y en los señores de vasallos, capitanes y gente noble, mandó que pasasen a cuchillo los criados de la casa real, los que servían en los oficios y ministerios de las puertas adentro; los cuales, como en su lugar dijimos cuando hablamos de los criados de ella, no eran personas particulares, sino pueblos que tenían cargo de enviar los tales criados y ministros, que remudándose por sus tiempos servían en sus oficios; a los cuales tenía odio Atahuallpa, así porque eran criados de la casa real como porque tenían el apellido de Inca, por el previlegio y merced que les hizo el primer Inca Manco Cápac. Entró el cuchillo de Atahuallpa en aquellos pueblos con más y menos crueldad, conforme como ellos servían más y menos cerca de la persona real; que los que tenían oficios más allegados a ella, como porteros, guardajoyas, botilleros, cocineros y otros tales, fueron los peor librados, porque no se contentó con degollar todos los moradores de ambos sexos y de todas edades, sino con quemar y derribar los pueblos y las casas y edificios reales que en ellos había; los que servían de más lejos, como leñadores, aguadores, jardineros y otros semejantes, padecieron menos, mas con todo eso a unos pueblos dezmaron,

471

que mataron la décima parte de sus moradores, chicos y grandes, y a otros quintaron y a otros terciaron; de manera que ningún pueblo, de los que había cinco y seis y siete leguas en derredor de la ciudad del Cozco, dejó de padecer particular persecución de aquella crueldad y tiranía, sin la general que todo el Imperio padecía, porque en todo él había derramamiento de sangre, incendio de pueblos, robos, fuerzas y estrupos y otros males, según la libertad militar los suele hacer cuando toma la licencia de sí mesma.

Tampoco escaparon de esta calamidad los pueblos y provincias alejadas de la ciudad del Cozco, porque luego que Atahuallpa supo la prisión de Huáscar mandó hacer guerra a fuego y a sangre a las provincias comarcanas a su reino, particularmente a los Cañaris, porque a los principios de su levantamiento no quisieron obedecerle; después, cuando se vio poderoso, hizo cruelísima venganza en ellos, según lo dice también Agustín de Zárate, capítulo quince, por estas palabras: "Y llegando a la provincia de los Cañares, mató sesenta mil hombres de ellos, porque le habían sido contrarios, y metió a fuego y a sangre y asoló la población de Tumibamba, situada en un llano, ribera de tres grandes ríos, la cual era muy grande; de allí fue conquistando la tierra, y de los que se le defendían no dejaba hombre vivo", etc. Lo mismo dice Francisco López de Gómara, casi por las mismas palabras. Pedro de Cieza lo dice más largo y más encarecidamente, que habiendo dicho la falta de varones y sobra de mujeres que en su tiempo había en la provincia de los Cañaris, y que en las guerras de los españoles daban indias en lugar de indios, para que llevasen la cargas del ejército, diciendo por qué lo hacían, dice estas palabras, capítulo cuarenta y cuatro: "Algunos indios quiere decir que más hacen esto por la gran falta que tienen de hombres y abundancia de mujeres, por causa de la gran crueldad que hizo Atabálipa en los naturales de esta provincia al tiempo que entró en ella, después de haber, en el pueblo de Ambato, muerto y desbaratado al capitán general de Guáscar Inga, su hermano llamado Antoco, que afirman que no embargante que salieron los hombres y niños con ramos verdes y hojas de palma a pedir misericordia, con rostro airado acompañado de gran severidad, mandó a sus gentes y capitanes de guerra que los matasen a todos, y así fueron muertos gran número de hombres y niños, según que yo trato en la tercera parte de la historia. Por lo cual los que agora son vivos dicen que hay quince veces más mujeres que hombres", etc. Hasta aquí es de Pedro de Cieza, con lo cual se ha dicho harto de las crueldades de Atahuallpa; dejaremos la mayor de ellas para su lugar.

De estas crueldades nació el cuento que ofrecí decir de Don Francisco, hijo de Atahuallpa, y fue que murió pocos meses antes que yo me viniese a España; el día siguiente a su muerte, bien de mañana, antes de su entierro, vinieron los pocos parientes Incas que había a visitar a mi madre, y entre ellos vino el Inca viejo de quien otras veces hemos hecho mención. El cual, en lugar de dar el pésame, porque el difunto era sobrino de mi madre, hijo de primo hermano, le dio el pláceme, diciéndole que el Pachacámac la guardase muchos años, para que viese la muerte y fin de todos sus enemigos, y con esto dijo otras muchas palabras semejantes con gran contento y regocijo. Yo, no advirtiendo por qué era la fiesta, le dije: "Inca, ¿cómo nos hemos de holgar de la muerte de Don Francisco, siendo tan pariente nuestro?" Él se volvió a mí con gran enojo, y tomando el cabo de la manta que en lugar de capa traía, lo mordió (que entre los indios en señal de grandísima ira) y me dijo: "¿Tú has de ser pariente de un *auca* hijo de otro *auca* (que es tirano traidor), de quien destruyó nuestro Imperio?, ¿de quien mató nuestro Inca?, ¿de quien consumió y apagó nuestra sangre y descendencia?, ¿de quien hizo tantas crueldades, tan ajenas de los Incas, nuestros padres? Dénmelo así muerto, como está, que yo me lo comeré crudo, sin pimiento; que aquel traidor de Atahuallpa, su padre, no era hijo de Huayna Cápac, nuestro Inca, sino de algún

indio Quitu con quien su madre haría traición a nuestro
Rey; que si él fuera Inca, no sólo no hiciera las crueldades
y abominaciones que hizo, mas no las imaginara, que la
doctrina de nuestros pasados nunca fue que hiciésemos
mal a nadie, ni aun a los enemigos, cuanto más a los parientes, sino mucho bien a todos. Por tanto no digas que es
nuestro pariente el que fue tan en contra de todos nuestros
pasados; mira que a ellos y a nosotros y a ti mesmo te hacen mucha afrenta en llamarnos parientes de un tirano
cruel, que de Reyes hizo siervos a esos pocos que escapa-
mos de su crueldad." Todo esto y mucho más me dijo aquel
Inca, con la rabia que tenía de la destruición de todos los
suyos; y con la recordación de los males que las abominaciones de Atahuallpa les causaron trocaron en grandísimo
llanto el regocijo que pensaban tener de la muerte de Don
Francisco, el cual, mientras vivió, sintiendo este odio que
los Incas y todos los indios en común le tenían, no trataba
con ellos ni salía de su casa; lo mismo hacían sus dos hermanas, porque a cada paso oían el nombre *auca,* tan significativo de tiranías, crueldades y maldades, digno apellido
y blasón de los que lo pretenden.

CAPÍTULO XL

LA DESCENDENCIA QUE HA QUEDADO DE LA SANGRE
REAL DE LOS INCAS

Muchos días después de haber dado fin a este libro nono, recebí ciertos recaudos del Perú, de los cuales saqué el
capítulo que se sigue, porque me pareció que convenía a la
historia y así lo añadí aquí.

De los pocos Incas de la sangre real que sobraron de las
crueldades y tiranías de Atahuallpa y de otras que después
acá ha habido, hay sucesión, más de la que yo pensaba,
porque al fin del año de seiscientos y tres escribieron todos ellos a Don Melchior Carlos Inca[293] y a Don Alonso de
Mesa,[294] hijo de Alonso de Mesa, vecino que fue del Cozco, y a mí también, pidiéndonos que en nombre de todos
ellos suplicásemos a Su Majestad se sirviese de mandarlos
exentar de los tributos que pagan y otras vejaciones que
como los demás indios comunes padecen. Enviaron poder

---

[293] *Don Melchior Carlos Inca:* Melchor Carlos Inca, hijo de Carlos Inca. Llegó a España a fines de 1602 con objeto de lograr mercedes para los
nobles incas y allí se encontró con Garcilaso. Para facilitar sus propias
pretensiones, evitó hablar en favor del resto de nobles que le habían co-
misionado (*Historia General del Perú*, VIII, 21).

[294] *Don Alonso de Mesa:* vivía en una casa situada frente a la del capitán Garcilaso en cuyo huerto se descubrieron ciento veinte barras de plata, hecho que Garcilaso presenció en persona.

476 INCA GARCILASO DE LA VEGA

in solidum para todos tres,[295] y probanza de su descendencia, quiénes y cuántos (nombrados por sus nombres) descendían de tal Rey, y cuántos de tal, hasta el último de los
Reyes; y para mayor verificación y demostración enviaron
pintado en vara y media de tafetán blanco de la China el
árbol real, descendiendo desde Manco Cápac hasta Huayna Cápac y su hijo Paullu. Venían los Incas pintados en su
traje antiguo. En las cabezas traían la borla colorada y en
las orejas sus orejeras; y en las manos sendas partesanas
en lugar de cetro real; venían pintados de los pechos arriba, y no más. Todo este recaudo vino dirigido a mí, y yo lo
envié a Don Melchior Carlos Inca y a Don Alonso de Mesa, que residen en la corte en Valladolid, que yo, por estas
ocupaciones, no pude solicitar esta causa, que holgara emplear la vida en ella, pues no se podía emplear mejor.

La carta que me escribieron los Incas es de letra de uno
de ellos y muy linda; el frasis o lenguaje en que hablan mucho de ello es conforme a su lengua y otro mucho a lo castellano, que ya están todos españolados; la fecha, de diez y
seis de abril de mil y seiscientos y tres. No la pongo aquí
por no causar lástima con las miserias que cuentan de su
vida. Escriben con gran confianza (y así lo creemos todos)
que, sabiéndolas Su Majestad Católica, las mandará remediar y les hará otras muchas mercedes, porque son descendientes de Reyes. Habiendo pintado las figuras de los
Reyes Incas, ponen al lado de cada uno de ellos su descendencia, con este título: *"Cápac Ayllu"*, que es generación
augusta o real,[296] que es lo mismo. Este título es a todos en
común, dando a entender que todos descienden del primer Inca Manco Cápac. Luego ponen otro título en parti-

---

[295] Señala Miró Quesada (notas a los *Comentarios Reales,* p. 281)
que "el poder fue enviado en realidad no a tres sino a cuatro. El cuarto,
que no menciona Garcilaso, fue su sobrino Alonso Márquez de Figueroa,
hijo de su hermana materna Luisa de Herrera y de Pedro Márquez Galeo-
te." Parece que fue una omisión voluntaria.
[296] De ahí el título de su obra: *Comentarios reales.*

cular a la descendencia de cada Rey, con nombres diferentes, para que se entienda por ellos los que son de tal o tal
Rey. A la descendencia de *Manco Cápac* llaman Chima
Panaca: son cuarenta Incas los que hay de aquella sucesión. A la de *Sinchi Roca* llaman Raurava Panaca: son sesenta y cuatro Incas. A la de *Lloque Yupanqui,* tercero Inca, llaman Hahuanina Aillu: son sesenta y tres Incas. A los
de *Cápac Yupanqui* llaman Apu Maita: son cincuenta y
seis. A los de *Maita Cápac,* quinto Rey, llaman Usca Maita: son treinta y cinco. A los de *Inca Roca* dicen Uicaqui-
rau: son cincuenta. A los de *Yáhuar Huácac,* séptimo Rey,
llaman Ailli Panaca: son cincuenta y uno. A los de *Viracocha Inca* dicen Zoczo Panaca: son sesenta y nueve. A la
descendencia del *Inca Pachacútec* y a la de su hijo, *Inca
Yupanqui,* juntándolas ambas,[297] llaman Inca Panaca, y
así es doblado el número de los descendientes, porque son
noventa y nueve. A la descendencia de *Túpac Inca Yupanqui* llaman Cápac Aillu, que es descendencia imperial, por
confirmar lo que arriba dije con el mismo nombre, y no
son más de diez y ocho. A la descendencia de *Huayna Cápac* llaman Tumi Pampa, por una fiesta solemnísima que
Huayna Cápac hizo al Sol en aquel campo, que está en la
provincia de los Cañaris, donde había palacios reales y de-
pósitos para la gente de guerra, y casa de escogidas y templo del Sol, todo tan principal y aventajado y tan lleno de
riquezas y bastimento como donde más aventajado lo había, como lo refiere Pedro de Cieza, con todo el encarecimiento que puede, capítulo cuarenta y cuatro, y por parecerle que todavía se había acortado, acaba diciendo: "En

---

[297] Las junta porque, como hemos señalado, cronistas e historiadores
actuales —no nuestro autor— entienden que Pachacútec e Inca Yupanqui
son un mismo rey, llamado Pachacútec Inca Yupanqui. Es de notar que en
este último recuento que hace Garcilaso de los reyes incas del Perú, como
colofón a sus *Comentarios,* deja de contar numéricamente a partir de Pachacútec Inca Yupanqui, dado el desajuste.

fin, no puedo decir tanto que no quede corto en querer engrandecer las riquezas que los Ingas tenían en estos sus
palacios reales", etc.

La memoria de aquella fiesta tan solemne quiso Huayna
Cápac que se conserve en el nombre y apellido de su descendencia, que es Tumi Pampa, y no son más de veinte y
dos; que como la de Huayna Cápac y la de su padre Túpac
Inca Yupanqui eran las descendencias más propincuas al
árbol real, hizo Atahuallpa mayor diligencia para extirpar
éstas que las demás, y así se escaparon muy pocos de su
crueldad, como lo muestra la lista de todos ellos; la cual,
sumada, hace número de quinientos y sesenta y siete personas; y es de advertir que todos son descendientes por
línea masculina, que de la feminina, como atrás queda
dicho, no hicieron caso los Incas, si no eran hijos de los españoles, conquistadores y ganadores de la tierra, porque a
éstos también les llamaron Incas, creyendo que eran descendientes de su Dios, el Sol. La carta que me escribieron
firmaron once Incas, conforme a las once descendencias, y
cada uno firmó por todos los de la suya, con los nombres
del bautismo, y por sobrenombre los de sus pasados. Los
nombres de las demás descendencias, sacadas estas dos
últimas, no sé qué signifiquen, porque son nombres de la
lengua particular que los Incas tenían para hablar ellos entre sí, unos con otros, y no de la general que hablaban en la
corte.

Resta decir de Don Melchior Carlos Inca, nieto de Paullu y bisnieto de Huayna Cápac, de quien dijimos que vino
a España el año de seiscientos y dos a recebir mercedes. Es
así que al principio de este año de seiscientos y cuatro salió la consulta en su negocio, de que se le hacía merced de
siete mil y quinientos ducados de renta perpetuos, situa-
dos en la caja real de Su Majestad en la Ciudad de Los Reyes, y que se le daría ayuda de costa para traer su mujer y
casa a España, y un hábito de Sanctiago y esperanzas de
plaza de asiento en la casa real, y que los indios que el Coz-

co tenía, heredados de su padre y abuelo, se pusiesen en la Corona Real, y que él no pudiese pasar a Indias. Todo esto me escribieron de Valladolid que había salido de la consulta; no sé que hasta ahora (que es fin de marzo) se haya efetuado nada para poderlo escrebir aquí. Y con esto entraremos en el libro décimo[298] a tratar de las heroicas e increíbles hazañas de los españoles que ganaron aquel Imperio.

FIN DEL LIBRO NONO
Y DE LOS *COMENTARIOS REALES DE LOS INCAS*

---

[298] *libro décimo:* será el libro I de su *Historia General del Perú.*

APÉNDICE

ÍNDICE DE LA OBRA COMPLETA
COMENTARIOS REALES

Los capítulos que van precedidos de un guión medio son los que integran la presente edición.

PROEMIO AL LECTOR
ADVERTENCIAS ACERCA DE LA LENGUA GENERAL DE LOS IN-
DIOS DEL PERÚ

LIBRO PRIMERO

– CAPÍTULO I. Si hay muchos mundos. Trata de las cinco zonas
  CAPÍTULO II. Si hay antípodas
– CAPÍTULO III. Cómo se descubrió el Nuevo Mundo
– CAPÍTULO IV. La deducción del nombre Perú
  CAPÍTULO V. Autoridades en confirmación del nombre Perú
  CAPÍTULO VI. Lo que dice un autor acerca del nombre Perú
  CAPÍTULO VII. De otras deducciones de nombres nuevos
– CAPÍTULO VIII. La descripción del Perú
– CAPÍTULO IX. La idolatría y los dioses que adoraban antes de los
  Incas
  CAPÍTULO X. De otra gran variedad de dioses que tuvieron
– CAPÍTULO XI. Maneras de sacrificios que hacían
  CAPÍTULO XII. La vivienda y gobierno de los antiguos, y las co-
  sas que comían

CAPÍTULO XIII. Cómo se vestían en aquella antigüedad

CAPÍTULO XIV. Diferentes casamientos y diversas lenguas. Usaban de veneno y de hechizos

– CAPÍTULO XV. El origen de los Incas Reyes del Perú

– CAPÍTULO XVI. La fundación del Cozco, ciudad imperial

– CAPÍTULO XVII. Lo que redujo el primer Inca Manco Cápac

– CAPÍTULO XVIII. De fábulas historiales del origen de los Incas

– CAPÍTULO XIX. Protestación del autor sobre la historia

CAPÍTULO XX. Los pueblos que mandó poblar el primer Inca

– CAPÍTULO XXI. La enseñanza que el Inca hacía a sus vasallos

CAPÍTULO XXII. Las insignias favorables que el Inca dio a los suyos

CAPÍTULO XXIII. Otras insignias más favorables, con el nombre Inca

CAPÍTULO XXIV. Nombres y renombres que los indios pusieron a su Rey

– CAPÍTULO XXV. Testamento y muerte del Inca Manco Cápac

– CAPÍTULO XXVI. Los nombres reales y la significación de ellos

LIBRO SEGUNDO

– CAPÍTULO I. La idolatría de la segunda edad y su origen

– CAPÍTULO II. Rastrearon los Incas al verdadero Dios Nuestro Señor

CAPÍTULO III. Tenían los Incas una † en lugar sagrado

CAPÍTULO IV. De muchos dioses que los historiadores españoles impropiamente aplican a los indios

CAPÍTULO V. De otras muchas cosas que el nombre huaca significa

CAPÍTULO VI. Lo que un autor dice de los dioses que tenían

– CAPÍTULO VII. Alcanzaron la inmortalidad del ánima y la resurrección universal

– CAPÍTULO VIII. Las cosas que sacrificaban al Sol

CAPÍTULO IX. Los sacerdotes, ritos y ceremonias y sus leyes atribuyen al primer Inca

CAPÍTULO X. Comprueba el autor lo que ha dicho con los historiadores españoles

CAPÍTULO XI. Dividieron el Imperio en cuatro districtos. Registraban los vasallos

CAPÍTULO XII. Dos oficios que los decuriones tenían

– CAPÍTULO XIII. De algunas leyes que los Incas tuvieron en su gobierno

CAPÍTULO XIV. Los decuriones daban cuenta de los que nacían y morían

CAPÍTULO XV. Niegan los indios haber hecho delicto ninguno Inca de la sangre real

– CAPÍTULO XVI. La vida y hechos de Sinchi Roca, segundo rey de los Incas

– CAPÍTULO XVII. Lloque Yupanqui, Rey Tercero, y la significación de su nombre

CAPÍTULO XVIII. Dos conquistas que hizo el Inca Lloque Yupanqui

CAPÍTULO XIX. La conquista de Hatun Colla y los blasones de los Collas

– CAPÍTULO XX. La gran provincia Chucuitu se reduce de paz. Hacen lo mismo otras muchas provincias

CAPÍTULO XXI. Las ciencias que los Incas alcanzaron. Trátase primero de la Astrología

CAPÍTULO XXII. Alcanzaron la cuenta del año y los solsticios y equinoccios

– CAPÍTULO XXIII. Tuvieron cuenta con los eclipses del Sol, y lo que hacían con los de la Luna

– CAPÍTULO XXIV. La medicina que alcanzaron y la manera de curarse

CAPÍTULO XXV. Las yerbas medicinales que alcanzaron

– CAPÍTULO XXVI. De la Geométrica, Geografía, Aritmética y Música que alcanzaron

– CAPÍTULO XXVII. La poesía de los Incas Amautas, que son filósofos, y Harauicus, que son poetas

– CAPÍTULO XXVIII. Los pocos instrumentos que los indios alcanzaron para sus oficios

LIBRO TERCERO

– CAPÍTULO I. Maita Cápac, cuarto Inca, gana a Tiahuanacu, y los edificios que allí hay

CAPÍTULO II. Redúcese Hatunpacasa y conquistan a Cac-yauiri

CAPÍTULO III. Perdonan los rendidos y declárase la fábula

CAPÍTULO IV. Redúcense tres provincias, conquístanse otras, llevan colonias, castigan a los que usan de veneno

CAPÍTULO V. Gana el Inca tres provincias, vence una batalla muy reñida

CAPÍTULO VI. Ríndense los de Huaichu; perdónanlos afablemente

CAPÍTULO VII. Redúcense muchos pueblos; el Inca manda hacer una puente de mimbre

– CAPÍTULO VIII. Con la fama de la puente se reducen muchas naciones de su grado

– CAPÍTULO IX. Gana el Inca otras muchas y grandes provincias y muere pacífico

CAPÍTULO X. Cápac Yupanqui, Rey Quinto, gana muchas provincias en Cuntisuyu

CAPÍTULO XI. La conquista de los Aimaras; perdonan a los Curacas. Ponen mojoneras en sus términos

– CAPÍTULO XII. Envía el Inca a conquistar los Quechuas. Ellos se reducen de su grado

CAPÍTULO XIII. Por la costa de la mar reducen muchos valles. Castigan los sodomitas

CAPÍTULO XIV. Dos grandes Curacas comprometen sus diferencias en el Inca y se hacen vasallos suyos

CAPÍTULO XV. Hacen una puente de paja, enea y juncia en el desaguadero, redúcese Chayanta

– CAPÍTULO XVI. Diversos ingenios que tuvieron los indios para pasar los ríos y para sus pesquerías

CAPÍTULO XVII. De la reducción de cinco provincias grandes, sin otras menores

CAPÍTULO XVIII. El príncipe Inca Roca reduce muchas y grandes provincias mediterráneas y marítimas

– CAPÍTULO XIX. Sacan indios de la costa para colonias la tierra adentro. Muere el Inca Cápac Yupanqui

– CAPÍTULO XX. La descripción del templo del Sol y sus grandes riquezas

– CAPÍTULO XXI. Del claustro del templo y de los aposentos de la Luna y estrellas, trueno y relámpago y arco del cielo

CAPÍTULO XXII. Nombre del sumo sacerdote y otras partes de la casa

CAPÍTULO XXIII. Los sitios para los sacrificios y el término donde se descalzaban para ir al templo. Las fuentes que tenían

CAPÍTULO XXIV. Del jardín de oro y otras riquezas del templo, a cuya semejanza había otros muchos en aquel Imperio

– CAPÍTULO XXV. Del famoso templo de Titicaca y de sus fábulas y alegorías

LIBRO CUARTO

– CAPÍTULO I. La casa de las vírgines dedicadas al Sol

– CAPÍTULO II. Los estatutos y ejercicios de las vírgines escogidas

CAPÍTULO III. La veneración en que tenían las cosas que hacían las escogidas y la ley contra los que las violasen

CAPÍTULO IV. Que había otras muchas casas de escogidas. Compruébase la ley rigurosa

CAPÍTULO V. El servicio y ornamento de las escogidas y que no las daban por mujeres a nadie

CAPÍTULO VI. De cuáles mujeres hacía merced el Inca

CAPÍTULO VII. De otras mujeres que guardaban virginidad y de las viudas

CAPÍTULO VIII. Cómo casaban en común y cómo asentaban la casa

CAPÍTULO IX. Casaban al príncipe heredero con su propria hermana, y las razones que para ello daban

CAPÍTULO X. Diferentes maneras de heredar los estados

CAPÍTULO XI. El destetar, tresquilar y poner nombre a los niños

CAPÍTULO XII. Criaban los hijos sin regalo ninguno

CAPÍTULO XIII. Vida y ejercicio de las mujeres casadas

CAPÍTULO XIV. Cómo se visitaban las mujeres, cómo trataban su ropa, y que las había públicas

– CAPÍTULO XV. Inca Roca, sexto Rey, conquista muchas naciones y entre ellas los Chancas y Hancohuallu

– CAPÍTULO XVI. El Príncipe Yáhuar Huácac y la interpretación de su nombre

CAPÍTULO XVII. Los ídolos de los indios Antis y la conquista de los Charcas

CAPÍTULO XVIII. El razonamiento de los viejos y cómo reciben al Inca

– CAPÍTULO XIX. De algunas leyes que el Rey Inca Roca hizo y las escuelas que fundó en el Cozco, y de algunos dichos que dijo

– CAPÍTULO XX. El Inca Llora Sangre, sétimo Rey, y sus miedos y conquistas, y el disfavor del príncipe

– CAPÍTULO XXI. De un aviso que una fantasma dio al príncipe para que lo lleve a su padre
– CAPÍTULO XXII. Las consultas de los Incas sobre el recaudo de la fantasma
– CAPÍTULO XXIII. La rebelión de los Chancas y sus antiguas hazañas
– CAPÍTULO XXIV. El Inca desampara la ciudad y el príncipe la socorre

LIBRO QUINTO

CAPÍTULO I. Cómo acrecentaban y repartían las tierras a los vasallos
– CAPÍTULO II. El orden que tenían en labrar las tierras; la fiesta con que labraban las del Inca y las del Sol
CAPÍTULO III. La cantidad de tierra que daban a cada indio y cómo la beneficiaban
CAPÍTULO IV. Cómo repartían el agua para regar. Castigaban a los flojos y descuidados
CAPÍTULO V. El tributo que daban al Inca y la cuenta de los orones
CAPÍTULO VI. Hacían de vestir, armas y calzado para la gente de guerra
CAPÍTULO VII. El oro y plata y otras cosas de estima no era de tributo, sino presentadas
CAPÍTULO VIII. La guarda y el gasto de los bastimentos
CAPÍTULO IX. Daban de vestir a los vasallos. No hubo pobres mendigantes
CAPÍTULO X. El orden y división del ganado y de los animales extraños
CAPÍTULO XI. Leyes y ordenanzas de los Incas para el beneficio de los vasallos
CAPÍTULO XII. Cómo conquistaban y domesticaban los nuevos vasallos
CAPÍTULO XIII. Cómo proveían los ministros para todos oficios
CAPÍTULO XIV. La razón y cuenta que había en los bienes comunes y particulares
CAPÍTULO XV. En que pagaban el tributo la cantidad de él y las leyes acerca de él

CAPÍTULO XVI. Orden y razón para cobrar los tributos. El Inca hacía merced a los Curacas de las cosas preciadas que le presentaban

– CAPÍTULO XVII. El Inca Viracocha tiene nueva de los enemigos y de un socorro que le viene

CAPÍTULO XVIII. Batalla muy sangrienta y el ardid con que se venció

CAPÍTULO XIX. Generosidades del príncipe Inca Viracocha después de la victoria

– CAPÍTULO XX. El príncipe sigue el alcance, vuelve al Cozco, véese con su padre, desposéele del Imperio

– CAPÍTULO XXI. Del nombre Viracocha y por qué se lo dieron a los españoles

– CAPÍTULO XXII. El Inca Viracocha manda labrar un templo en memoria de su tío la fantasma

CAPÍTULO XXIII. Pintura famosa y la gratificación a los del socorro

CAPÍTULO XXIV. Nuevas provincias que el Inca sujeta, y una acequia para regar los pastos

CAPÍTULO XXV. El Inca visita su Imperio; vienen embajadores ofreciendo vasallaje

CAPÍTULO XXVI. La huida del bravo Hancohuallu del Imperio de los Incas

CAPÍTULO XXVII. Colonias en las tierras de Hancohuallu; el valle de Yucay ilustrado

– CAPÍTULO XXVIII. Dio nombre al primogénito, hizo pronóstico de la ida de los españoles

– CAPÍTULO XXIX. La muerte del Inca Viracocha. El autor vio su cuerpo

LIBRO SEXTO

CAPÍTULO I. La fábrica y ornamento de las casas reales

CAPÍTULO II. Contrahacían de oro y plata cuanto había, para adornar las casas reales

CAPÍTULO III. Los criados de la casa real y los que traían las andas del Rey

CAPÍTULO IV. Salas que servían de plaza y otras cosas de las casas reales

CAPÍTULO V. Cómo enterraban los Reyes. Duraban las obsequias un año

CAPÍTULO VI. Cacería solemne que los Reyes hacían en todo el reino

– CAPÍTULO VII. Postas y correos, y los despachos que llevaban

– CAPÍTULO VIII. Contaban por hilos y nudos; había gran fidelidad en los contadores

– CAPÍTULO IX. Lo que asentaban en sus cuentas, y cómo se entendían

CAPÍTULO X. El Inca Pachacútec visita su imperio; conquista la nación Huanca

CAPÍTULO XI. De otras provincias que ganó el Inca, y de las costumbres de ellas y castigo de la sodomía

CAPÍTULO XII. Edificios y leyes y nuevas conquistas que el Inca Pachacútec hizo

CAPÍTULO XIII. Gana el Inca las provincias rebeldes con hambre y astucia militar

CAPÍTULO XIV. Del buen Curaca Huamachucu y cómo se redujo

CAPÍTULO XV. Resisten los de Casamarca y al fin se rinden.

CAPÍTULO XVI. La conquista de Yauyu y el triunfo de los Incas tío y sobrino

CAPÍTULO XVII. Redúcense dos valles, y Chincha responde con soberbia

CAPÍTULO XVIII. La pertinacia de Chincha y cómo al fin se reduce

CAPÍTULO XIX. Conquistas antiguas y jatancias falsas de los Chinchas

– CAPÍTULO XX. La fiesta principal del Sol y cómo se preparaban para ella

– CAPÍTULO XXI. Adoraban al Sol, iban a su casa, sacrificaban un cordero

CAPÍTULO XXII. Los agüeros de sus sacrificios, y fuego para ellos

CAPÍTULO XXIII. Bríndanse unos a otros, y con qué orden

– CAPÍTULO XXIV. Armaban caballeros a los Incas, y cómo los examinaban

– CAPÍTULO XXV. Habían de saber hacer sus armas y el calzado

CAPÍTULO XXVI. Entraba el príncipe en la aprobación; tratábanle con más rigor que a los demás

CAPÍTULO XXVII. El Inca daba la principal insignia y un pariente las demás

CAPÍTULO XXVIII. Divisas de los Reyes y de los demás Incas, y los maestros de los noveles

CAPÍTULO XXIX. Ríndese Chuquimancu, señor de cuatro valles

CAPÍTULO XXX. Los valles de Pachacámac y Rímac y sus ídolos

CAPÍTULO XXXI. Requieren a Cuismancu; su respuesta y capitulaciones

CAPÍTULO XXXII. Van a conquistar al Rey Chimu, y la guerra cruel que se hacen

CAPÍTULO XXXIII. Pertinacia y aflictiones del gran Chimu, y cómo se rinde

– CAPÍTULO XXXIV. Ilustra el Inca su imperio y sus ejercicios hasta su muerte

CAPÍTULO XXXV. Aumentó las escuelas, hizo leyes para el buen gobierno

CAPÍTULO XXXVI. Otras muchas leyes del Inca Pachacútec, y sus dichos sentenciosos

LIBRO SÉPTIMO

– CAPÍTULO I. Los Incas hacían colonias; tuvieron dos lenguajes

– CAPÍTULO II. Los herederos de los señores se criaban en la corte, y las causas por qué

CAPÍTULO III. De la lengua cortesana

CAPÍTULO IV. De la utilidad de la lengua cortesana

CAPÍTULO V. Tercera fiesta solemne que hacían al Sol

CAPÍTULO VI. Cuarta fiesta; sus ayunos y el limpiarse de sus males

CAPÍTULO VII. Fiesta nocturna para desterrar los males de la ciudad

– CAPÍTULO VIII. La descripción de la imperial ciudad del Cozco

– CAPÍTULO IX. La ciudad contenía la descripción de todo el Imperio

CAPÍTULO X. El sitio de las escuelas y el de tres casas reales y el de las escogidas

CAPÍTULO XI. Los barrios y casas que hay al poniente del arroyo

CAPÍTULO XII. Dos limosnas que la ciudad hizo para obras pías

– CAPÍTULO XIII. Nueva conquista que el Rey Inca Yupanqui pretende hacer

CAPÍTULO XIV. Los sucesos de la jornada de Musu hasta el fin de ella

CAPÍTULO XV. Rastros que de aquella jornada se han hallado

CAPÍTULO XVI. De otros sucesos infelices que en aquella provincia han pasado

CAPÍTULO XVII. La nación Chirihuana y su vida y costumbres

CAPÍTULO XVIII. Prevenciones para la conquista de Chili

CAPÍTULO XIX. Ganan los Incas hasta el valle que llaman Chili, y los mensajes y respuestas que tienen con otras nuevas naciones

CAPÍTULO XX. Batalla cruel entre los Incas y otras diversas naciones, y el primer español que descubrió a Chili

CAPÍTULO XXI. Rebelión de Chili contra el Gobernador Valdivia

CAPÍTULO XXII. Batalla con nueva orden y ardid de guerra de un indio, capitán viejo

CAPÍTULO XXIII. Vencen los indios por el aviso y traición de uno de ellos

CAPÍTULO XXIV. Matan a Valdivia; ha cincuenta años que sustentan la guerra

CAPÍTULO XXV. Nuevos sucesos desgraciados del reino de Chili

– CAPÍTULO XXVI. Vida quieta y ejercicios del Rey Inca Yupanqui hasta su muerte

– CAPÍTULO XXVII. La fortaleza del Cozco; el grandor de sus piedras

CAPÍTULO XXVIII. Tres muros de la cerca, lo más admirable de la obra

– CAPÍTULO XXIX. Tres torreones, los maestros mayores y la piedra cansada

LIBRO OCTAVO

CAPÍTULO I. La conquista de la provincia Huacrachucu, y su nombre

CAPÍTULO II. La conquista de los primeros pueblos de la provincia Chachapuya

CAPÍTULO III. La conquista de otros pueblos y otras naciones bárbaras

CAPÍTULO IV. La conquista de tres grandes provincias belicosas y muy pertinaces

CAPÍTULO V. La conquista de la provincia Cañari, sus riquezas y templo

CAPÍTULO VI. La conquista de otras muchas y grandes provincias, hasta los términos de Quitu
– CAPÍTULO VII. Hace el Inca la conquista de Quitu; hállase en ella el príncipe Huayna Cápac
– CAPÍTULO VIII. Tres casamientos de Huayna Cápac; la muerte de su padre y sus dichos
CAPÍTULO IX. Del maíz y lo que llaman arroz, y de otras semillas
CAPÍTULO X. De las legumbres que se crían debajo de tierra
CAPÍTULO XI. De las frutas de árboles mayores
CAPÍTULO XII. Del árbol mulli y del pimiento
CAPÍTULO XIII. Del árbol maguey y de sus provechos
CAPÍTULO XIV. Del plátano, piña y otras frutas
– CAPÍTULO XV. De la preciada hoja llamada *cuca* y del tabaco
CAPÍTULO XVI. Del ganado manso y las recuas que de él había
CAPÍTULO XVII. Del ganado bravo y de otras sabandijas
CAPÍTULO XVIII. Leones, osos, tigres, micos y monas
CAPÍTULO XIX. De las aves mansas y bravas de tierra y de agua
CAPÍTULO XX. De las perdices, palomas y otras aves menores
CAPÍTULO XXI. Diferencias de papagayos, y su mucho hablar
CAPÍTULO XXII. De cuatro ríos famosos y del pescado que en los del Perú se cría
CAPÍTULO XXIII. De las esmeraldas, turquesas y perlas
– CAPÍTULO XXIV. Del oro y plata
CAPÍTULO XXV. Del azogue y cómo fundían el metal antes de él

LIBRO NONO

– CAPÍTULO I. Huayna Cápac manda hacer una maroma de oro; por qué y para qué
CAPÍTULO II. Redúcense de su grado diez valles de la costa, y Tumpiz se rinde
CAPÍTULO III. El castigo de los que mataron los ministros de Túpac Inca Yupanqui
CAPÍTULO IV. Visita el Inca su Imperio, consulta los oráculos, gana la isla Puna
CAPÍTULO V. Matan los de Puna a los capitanes de Huayna Cápac
CAPÍTULO VI. El castigo que se hizo en los rebelados
CAPÍTULO VII. Motín de los Chachapuyas y la magnanimidad de Huayna Cápac

CAPÍTULO VIII. Dioses y costumbres de la nación Manta, y su reducción y la de otras muy bárbaras

CAPÍTULO IX. De los gigantes que hubo en aquella región y la muerte de ellos

– CAPÍTULO X. Lo que Huayna Cápac dijo acerca del Sol

CAPÍTULO XI. Rebelión de los Caranques y su castigo

CAPÍTULO XII. Huayna Cápac hace Rey de Quitu a su hijo Atahuallpa

CAPÍTULO XIII. Dos caminos famosos que hubo en el Perú

– CAPÍTULO XIV. Tuvo nuevas Huayna Cápac de los españoles que andaban en la costa

– CAPÍTULO XV. Testamento y muerte de Huayna Cápac, y el pronóstico de la ida de los españoles

CAPÍTULO XVI. De las yeguas y caballos, y cómo los criaban a los principios y lo mucho que valían

CAPÍTULO XVII. De las vacas y bueyes, y sus precios altos y bajos

CAPÍTULO XVIII. De los camellos, asnos y cabras, y sus precios y mucha cría

CAPÍTULO XIX. De las puercas y su mucha fertilidad

CAPÍTULO XX. De las ovejas y gatos caseros

CAPÍTULO XXI. Conejos y perros castizos

CAPÍTULO XXII. De las ratas y la multitud de ellas

CAPÍTULO XXIII. De las gallinas y palomas

CAPÍTULO XXIV. Del trigo

CAPÍTULO XXV. De la vid y del primero que metió uvas en el Cozco

CAPÍTULO XXVI. Del vino y del primero que hizo vino en el Cozco, y de sus precios

CAPÍTULO XXVII. Del olivo y quién lo llevó al Perú

CAPÍTULO XXVIII. De las frutas de España y cañas de azúcar

CAPÍTULO XXIX. De la hortaliza y yerbas, y de la grandeza de ellas

CAPÍTULO XXX. Del lino, espárragos, visnagas y anís

CAPÍTULO XXXI. Nombres nuevos para nombrar diversas generaciones

– CAPÍTULO XXXII. Huáscar Inca pide reconocimiento de vasallaje a su hermano Atahuallpa

– CAPÍTULO XXXIII. Astucias de Atahuallpa para descuidar al hermano

– CAPÍTULO XXXIV. Avisan a Huáscar, el cual hace llamamiento de gente

– CAPÍTULO XXXV. Batalla de los Incas, victoria de Atahuallpa, y
   sus crueldades

 CAPÍTULO XXXVI. Causas de las crueldades de Atahuallpa y sus
   efectos cruelísimos

 CAPÍTULO XXXVII. Pasa la crueldad a las mujeres y niños de la
   sangre real

– CAPÍTULO XXXVIII. Algunos de la sangre real escaparon de la
   crueldad de Atahuallpa

– CAPÍTULO XXXIX. Pasa la crueldad a los criados de la casa real

– CAPÍTULO XL. La descendencia que ha quedado de la sangre real de los Incas

ÍNDICE DE LÁMINAS

Entre páginas

Portada de la primera edición. 116-117

Grabado de la primera edición. 116-117

Dedicatoria a Dña. Catalina de Portugal. 130-131

Leyenda de El Dorado. 204-205

Poblado y minas en el cerro de Potosí. 204-205

Serie sucesiva de soberanos del Perú desde Manco
    Capac I hasta Fernando VI. 204-205

El Inca Pachacútec Yupanqui. 346-347

El contable y su quipu. 346-347

El Inca Atahualpa prisionero de Francisco Pizarro... 346-347

ESTE LIBRO
SE TERMINÓ DE IMPRIMIR
EL DÍA 29 DE FEBRERO DE 2000